백제, 축제로 부활하다

백제문화제 60년

백제,
축제로 부활하다

초판인쇄일	2014년 8월 22일
초판발행일	2014년 8월 27일
지 은 이	최석원 외
발 행 인	김선경
책 임 편 집	김윤희, 김소라
발 행 처	도서출판 서경문화사
	주소 : 서울시 종로구 이화장길 70-14동숭동 105호
	전화 : 743-8203, 8205 / 팩스 : 743-8210
	메일 : sk8203@chol.com
인 쇄	태영인쇄
제 책	반도제책사
등 록 번 호	제 300-1994-41호
ISBN	978-89-6062-134-3　03900

* 파본은 본사나 구입처에서 교환하여 드립니다.

　정가 25,000원

백제, 축제로 부활하다

백제문화제 60년

최석원 외

서경문화사

차 례

– 사진정리 / 김혜식, 서은성
– 기획 / 유기준, 윤용혁, 김혜식

백제문화제 60년, 새 출발을 위하여

공주대 총장 이후 뜻하지 않게 백제문화제 추진위원장을 맡고, 그것도 7년이라는 오랜 기간을 끌게 되었다. 공주와 부여에서 각각 열리던 백제문화제를 통합 개최하고, 세계적 명품 축제로 발전시킨 다는 목표 아래 이루어진 충청남도의 새로운 시도였다.

위원장을 맡아달라는 이완구 지사의 요청에 나는 "축제에는 문외한"이라고 여러차례 고사하였다. 그러나 축제는 전문가와 공무원들이 알아서 추진하는 것이므로, 충청남도 · 공주시 · 부여군 3개 지자체의 조정 역할만 해주면 된다는 것이었다. 그렇게 해서 맡게 된 추진위원장 7년에 지금은 내 나름 축제에 대한 일정한 생각을 갖게 되었고, 축제를 만드는 사람들과 함께 문제에 대해 고민할 수 있는 정도가 되었다. 그 사이 백제문화제는 많은 발전을 이루었지만, 축제 기획에 참여했던 전문가와 공무원들은 몇 년 터울로 계속 바뀌었다. 나 역시 지난 해를 끝으로 비상근의 추진위원장 직을 마감하고, 금년 8월 말로 35년을 봉직한 공주대학교에서의 퇴임을 맞게 되었다.

이 책은 이같은 시점에서 60년을 맞는 백제문화제를 간략히 점검하는 내용으로 만들어진 것이다. 내가 겪은 소중한 경험이 앞으로의 새로운 단계의 백제문화제 발전에 조그만 도움이라도 될까 하는 생각으로 꾸민 것이다.

백제문화제는 3개 지자체가 공동으로 만들어가는 축제인만큼 지자체 간 협력과 양해가 필수적이다. 대통령 소속 지역발전위원회는 자치단체 간 공동사업의 성공 모델로 백제문화제를 들기도 하였다. 그러나 아직도 양보와 협력을 쌓아가야 할 부분이 적지 않다.

이 책의 구성은 1부와 2부로 나누어져 있다. 1부에는 주로 백제문화제를 이해하는 내용으로 역사축제로서의 백제문화제, 백제문화와 역사적 의미, 백제문화 프로그램, 평가와 발전방안 등을 수록하였으며 문화제의 현재와 미래에 대하여 질문과 답 형식으로 문화제의 현안사항과 미래에 대하여 검토하였다. 제2부에서는 백제문화제에 관계했던 분들이 축제를 추진하면서 현장에서 경험하고 느낀 점들을 정리한 것이다. 축제를 준비하는 과정에서부터 끝날 때까지, 실수한 것이나 실패한 것 혹은 잘못된 내용까지 가감 없이 포함하려고 노력하였다. 이 내용들은 앞으로 축제를 만드는 사람들은 물론 축제를 공부하는 학생들에게도 도움이 될 것이라고 생각한다.

백제문화제는 금년에 60년을 맞는다. 한국에서 가장 오랜 축제의 연륜을 갖는 셈이다. 금년까지는 위원장 역할을 해야 하는 것이 아니냐는 여러 이야기를 들었지만, 축제를 돕는 방법은 여러 가지가 있을 것이다. 최근 몇 년 동안의 발전을 통하여 백제문화제는 앞으로도 안정적인 추진이 가능할 것으로 나는 믿고 있다. 백제문화제를 아끼고 사랑하는 지역주민들과 함께 머리를 맞대고 꾸려 나간다면, 백제문화제는 앞으로도 지역 발전을 위한 성장 동력의 역할을 충분히 감당하게 될 것이다.

마지막으로, 이 책의 원고를 써주신 집필자 여러분께 깊이 감사드린다. 또 책의 전체적 모양을 만들고 체계를 잡아주신 유기준 교수께 감사드린다. 백제문화제 추진위원장을 맡는 동안 적극적으로 도와주신 도지사, 시장, 군수를 비롯한 공무원과 시민들께도 감사의 인사를 전하고 싶다. 백제문화제가 세계적인 역사문화축제가 되고 유네스코에 등록되는 축제가 되는 날이 있기를 기원한다.

2014. 7. 17

집필자를 대표하여 **최석원** 씀

1부 백제문화제의 이해

1장 역사축제로서의 백제문화제

유기준
공주대학교
관광학부 교수

1. 세계 유명축제의 뿌리는 전통문화이다

오늘날 세계 각 지역에서는 고대인들처럼 종교적 의미보다는 놀이와 여가활용의 방편으로 축제가 재창조되거나 새롭게 생겨나고 있다. 이러한 축제 중에 세계적으로 널리 알려진 축제들은 대부분 자신들의 전통문화에 그 뿌리를 둔 경우가 많으며 새로 생겨난 축제들도 해당 지역사회의 문화 전통에 어떠한 방식으로든지 관련을 맺으며 독자성과 독특성을 지니고 있다.

전통문화란 역사적으로 전승된 유형의 물질, 무형의 사고와 행위양식, 사람이 사건에 대한 인식 등 상징군으로 표출되는 전래문화를 의미한다. 이러한 문화는 현대와 단절된 것이 아니라 현대사회에서도 적합성을 갖고 있는 문화이고 미래의 새로운 문화를 창조하는 원동력이며 문화발전의 방향을 정립하는 초석이 된다.

최근, 이러한 독특한 문화적 요소를 간직하고 있는 곳이 한 국가 속의 지역이라는 인식이 확대되면서 지역문화에 대한 관심이 많아지고 있다. 그리고 지역문화에 대한 이해는 학문이나 예술의 성과로 창출된 것이라는 관념적인 것에서 벗어나 문화 그 자체의 가치만이 아니라 경제, 산업 등과 연결되어 문화의 경제적 가치창출에 주목하면서 문화산업이라는 용어도 나타나고 있다. 즉 문화가 자본이라는 인식이 확산되고 나아가 우리의 삶의 질과 융합되며 문화에 대한 인식은 보존과 유산의 개념을 넘어 적극적 활용이라는 측면이 부각되고, 예전 문화의 영역에서 소외되었던 계층을 대중문화라는 큰 틀 속으로 끌어들이는 등, 문화에 대한 인식의 폭과 깊이가 넓어지고 있다.

과거의 문화상품은 거래나 경제적 수익보다는 작품의 창작성이나 예술성 그 자체를 중요시하는 비시장재의 성격을 띠었다. 그러나 오늘날 문화시대 속의 문화는 경제와 분리된 영역으로 존재하는 것이 아니라 고부가가치의 창조적 상품을 매개하는 핵심산업으로 인식되며 지역의 차별화된 문화자원은 단순한 정체성 확보차원에서만 머무는 것이 아닌 그것이 곧 상품이고 경쟁력이 되고 있다. 즉 문화를 경제적으로 활용하려는 컬쳐노믹스Culturenomics의 부상이다.

이러한 문화의 활용은 국가 간 또는 지역 간 경쟁적 발전을 위한 전략적 도구로 받아들여지고 있다. 이에 세계 선진각국에서는 가치와 이미지가 중요시되는 21세기 새로운 시장 변화에 발맞추며 글로벌 경쟁시장을 겨냥하여 지역문화자원의 개발과 자신의 문화적 전통과 고유성을 문화자원상품으로 활용하려는 전략을 추구하고 있는데 그 대표적인 사례가 축제의 개최이다.

축제를 관광지 계획과 연관시킬 경우 축제는 지역의 매력물로, 이미지 창출자로, 관광지 시설 활성화의 자극제로, 관광지 개발의 촉매자로 많은 역할을 수행하고 있다. 또한 축제는 지역전통문화의 현재적 계승뿐만 아니라 지역민을 단합시키는 요소로 그리고 세계인들에게는 지역의 문화를 이해할 수 있는 요소로 작용하면서 현재에 이르고 있다.

특히 지역의 역사와 문화 등을 뿌리로 하는 지역축제는 지역의 매력을 극대화함으로써 잠재적 관광객을 실제 관광객으로 변화시킬 수 있는 가장 효과적인 방법으로 논의 되고 있다. 이에 우리 정부도 고유문화예술 등과 연계하여 관광의 질적 수준을 높여가는 소프트웨어 중심의 창조적 문화관광을 표방하고 있고 독특한 전통문화자원을 활용한 축제를 세계적인 축제로 육성하기위한 많은 노력을 하고 있다.

2. 한국 축제문화의 흐름과 성격

우리나라는 예로부터 축제가 다양하게 계승 발전되어 왔다. 그것은 지역의 특수성에 따라 한 지역에 국한하여 발전하여 온 것도 있으나 경우에 따라서는 전국적으로 확산되어 전승되어 오고 있는 것도 있다. 그 흐름과 성격을 시대별로 살펴보려한다.

고대사회의 축제

고대사회에서 축제는 일상생활과는 다른 성스러운 종교제의이면서 유의성을 강조하였는데 이때의 종교제의는 단순한 제의가 아니라 제천과 계절제의 성격을 띤 것으로 일년의 일정한 때에 국중대회를 열고 며칠씩 밤낮으로 음주가무하였던 신명함이 있는 지연공동체 구성원들의 공동체적, 국가적 축제였다. 이러한 축제는 일상적인 삶 속에서 공동체 구성원들이 가지는 현실적 염원을 '집단적 신명'을 통해 결집시킴으로서 현실의 질곡을 극복해 나가고자하는 하나의 실천적 의례라 할 수 있다.

축제에서 이러한 모습은 동서고금에 있어서 마찬가지였으니 춤과 음악을 통하여 신의 뜻을 얻고 신기神氣를 순조롭게 하여 인간의 소원을 전달하고 또한 소원이 달성된 것에 대하여 감사의 뜻을 표시한 것이다. 춤은 신을 즐겁게 하기 위한 것일 뿐 만 아니라 신과 인간이 교제하는 기술이요 제의의 일부라 할 수 있다. 고대사회의 축제가 비록 공동체적 제천의례에서 분화되지 않은 단계라 할 수 있지만 축제는 제의와 관계가 있고 또한 제의는 종교적 요소가 강하니 당시의 축제는 이러한 종교적 요소를 적절히 가미하여 예술로 승화시킨 것이라 할 수 있다. 따라서 축제는 고대제의인 굿에서 발전하여 현존 예술에 이르는 중간단계로서 종교의 진지함과 예술적 놀이정신을 결합한 것으로 보기도 한다.

고대사회에서 제의의 축제적 모습은 백제에서 하늘에 제사 지낼 때 북과 피리를 사용하였다한 것을 보면 우리 사회가 고대국가로의 국가체제가 확립될 때도 이어지고 있음을 알 수 있다. 이러한 축제문화의 또 다른 모습을 엿볼 수 있는 예로 신라 유리이사금 9년에 거행된 가배嘉俳날의 모습이 있다. 한 달 동안 진행된 이 가배날의 모습에서 주목되는 것은 근세에 이르기까지 축제전통의 핵심을 이루고 있는 편싸움 형식의 뒤풀이가 결합되어 있는 대동놀이의 등장이다. 놀이가 집단적으로 행해질 때는 그 대립적인 면과 비일상적인 면이 작용하여 한데 어우러지는 대동의 축제적인 공간을 만들어낸다. 집단의 놀이에서 보이는 이원적인 대립은 극적인 구성을 이루어 집단의 의식을 고양하고 일종의 향연과 축제의 분위기를 연출한다. 이러한 놀이들은 지역민의 협동심과 단결심을 북돋우는데 중심 역할을 한다. 이렇게 편을 짜서 승부를 가리는 의식은 지금까지 계승되고 있는 축제의 모습이고 더 흥미 있는 축제로 고양시키는 역할을 한다.

고려시대의 축제

고대사회의 국가적 축제 전통은 고려의 연등회燃燈會와 팔관회八關會로 이어졌다.

연등회는 연중 상반기의 큰 행사로서, 그 시기는 처음에 매년 1월 15일에 거행되다가 후에는 2월 15일로 바뀌었다. 연등회는 왕궁이 있는 개성에서부터 지방의 향읍에 이르기까지 전국적으로 행하였다. 국도인 개성에서의 연등회는 군신이 함께 조상을 참배한 후 음악과 춤 노래 그리고 갖가지 놀이가 있는 일종의 집단놀이이자 의례로서 행하여졌다.

고려에서의 팔관회는 건국의 해918년, 11월에 시작되어 매년 거행되었다. 팔관회는 본래 불가佛家에서 속인俗人들이 불교의 여덟 가지 계율을 하룻밤에 한하여 엄격히 지키게 하는 의식이었다. 국가적 제의라 할 수 있는 팔관회는 신라에도 있었는데 이를 계승한 고려조의 팔관회는 국가적 행사로 고구려의 동맹과 신라의 팔관회를 통합한 민족적 축제 행사로서 상원上元의 연등회와 더불어 양대 국가 축전의 행사였다. 팔관회는 연등회 보다 시설이 훨씬 컸으며 고려에서는 불교적인 격식 그대로 열리는 데 그치지 않고 보다 널리 천신天神, 수신水神, 지신地神 등 여러 토속신에 대한 제사도 아울러 겸하였다. 국가를 위하여 전사한 장병들의 명복을 비는 의미에서 지신과 수신을 즐겁게 하였을 뿐만 아니라, 가을의 풍성한 추수에 대해 천신에게 감사하기도 하였으니, 팔관회는 종합적인 종교 행사였으며 문화축제였다.

고려에선 섣달그믐이 되면 나례儺禮를 행하였다. 이 또한 국가적 축제의 성격을 지녔다. 나례儺禮는 한 해의 재앙의 근원인 사귀邪鬼를 쫓아내는 의식을 하고 춤추고 연희를 베풀면서 즐겁고 경사스런 새해를 맞이하기 위하여 음력 12월 제야에 궁중에서 행하는 의식이다. 이 날이 되면 왕을 위시한 모든 신하들과 백성이 함께 모여 신에게 절을 올리며 연희를 벌이고 즐거워하였다. 이러한 나례는 점차 악귀를 쫓아내는 종교적 의식에 그치지 않고 관중을 즐겁게 하는 축제적인 구경거리에 더 비중을 두게 되었다.

고려에서는 팔관회와 연등회와 나례 이외에 도교신앙에서 나와 축제적인 행사의 성격을 띤 수경신守庚申의 행사가 있었다. 수경신守庚申은 경신수야庚申守夜라고도 하며 경신일 마다 잠을 자지 않고 세우는 도교에서 나온 습속이다. 이 경신일庚申日에 잠을 자지 않고 세우는 것은 도교의 장생법에서 출발한 행사인데, 고려의 일반적 풍습이 경신일이 올 때마다 반드시 술 마시고 밤을 지새웠다고 하는 것을 보면 고려의 상하층을 막론하고 수경신守庚申하는 축제적 전통이 널리 퍼져있었고 궁중에서도 축제적인 행사가 이루지고 있었다는 것을 알 수 있다.

조선시대의 축제

유학을 근본으로 하는 조선조에 들어와 축제의 양상은 국가적인 축제와 서민의 축제로 나눠지기 시작했다. 고려까지의 국가적 축제였던 팔관회는 폐지되었고, 연등회도 축소되어 석가탄신일에 행해져 이 유풍이 관등놀이로 이어졌다. 다만 국가적 차원에서 나례는 그대로 계승되면서 광해군 11년에는 나례도감儺禮都監이 설치되는 등 더욱 성행 속에 이어지고 있었으며 경신축제의 행사도 그 규모가 확대되면서 계승되었다.

조선시대의 국가적 축제에서는 우리의 민족정신의 구심점이라 할 수 있는 시조신에 대한 관념이 옅어지고 또한 고대 하늘에 제사 지내는 그러한 모습은 찾아 볼 수 없어 고대사회의 축제에서 느껴지는 그러한 신명은 덜 했다. 이에 비하면 동제나 별신굿은 일반 서민들의 신명을 북돋우는 현장이었다. 여러 경우 조선왕조의 마을축제도 금무禁巫의 법령과 함께 유례화儒禮化되고 지방수령이 마을축제를 주관하면서 마을 축제판이 위축되기도 했지만 마을축제인 민간의 동제洞祭에서 고대사회의 제천 의례적 전통을 찾아 볼 수 있다.

조선시대 축제의 전통은 국가 또는 왕실이 주체가 되어 국가와 왕실의 태평을 기원하는 큰 규모의 국가적 행사로서의 축제와 마을 사람이 주체가 되어 풍요 다산과 마을의 안녕을 기원하는 작은 규모의 민간적 행사로서의 축제인 별신굿, 단오굿, 동제 등으로 전승되어 오면서 우리나라 축제의 맥을 이어 왔다고 할 수 있다.

일제강점기의 축제

우리의 축제적 전통은 우리민족 문화를 말살하려는 일제 강점기의 일제의 식민지정책으로 인하여 쇠약해졌다. 일제는 우리 전통축제의 근간이라 할 수 있는 마을 단위로 이어져 오고 있던 동제洞祭를 비롯한 전통신앙을 미신으로 일축하고 신사참배를 강요하였다. 신앙은 일종의 이념체계이므로 어떤 과학적인 합리성으로 미신여부를 가릴 것은 아닌데 우리의 축제문화의 근간이라 할 수 있는 대동적 공동체적 성격이 강한 동제의 탄압은 우리의 축제문화를 위축시키고 단절되게 하였다.

근·현대의 축제

일제 강점기를 거치면서 단절된 우리의 축제전통은 1960년대 이후 일본 식민지 정책에 의해 탄압 받았던 전통문화의 부활이라는 의미로 향토축제가 다수 만들어지기 시작했다. 특히 새마을 운동의 주체인 마을 사람들에게 자부심을 갖게 하기 위하여 향토축제를 만들었는데 거의 관이 주도하였다.

이후 1980년대에 이르러 향토축제는 지역문화의 활성화란 정책을 배경으로 123개가 신설되며 1990년대에 이르러서는 지방자치제에 따른 관광상품화와 맞물려 이러한 추세는 더욱 심화되어 새로운 축제가 이곳저곳에서 우후죽순처럼 생겨나기 시작했다. 그 주제도 다양하여 지역문화 뿐만 아니라 지역의 특산물, 먹거리, 영화 등 특정한 이벤트에 초점을 둔 축제들도 새롭게 기획되고 또 개최되고 있다. 가히 축제의 홍수 시대라 해도 과언은 아니다.

그러나 우리나라 지역축제는 지역 논리를 무시한 채 여러 경우 관 주도의 개발논리에 치우쳐 있었다. 이러한 상황에서 1994년 관광업무가 교통부에서 문화체육부로 이관되면서 하드웨어 중심의 문화정책들은 소프트웨어를 중시하는 방향으로 전환하였고 서울 수도권 중심의 문화집중을 없애고 지방으로 확산하는 노력을 하기 시작했다. 즉 문화복지 차원에서 전 국민의 삶의 질 향상이라는 명제아래 지방문화의 활성화에 주목했고 관광과 문화의 접목을 통한 관광산업의 활성화와 문화의 향상을 동시에 추구하는 새로운 정책목표를 갖게 되었는데 그 대안으로서 가장 먼저 부각된 것이 전국에 산재되어 있는 지역 축제들을 문화관광상품으로 개발하는 것이었다. 이에 전국에 있는 지역축제 가운데 관광 상품화의 가능성을 지닌 축제들을 선별하고 이들을 문화관광축제라는 타이틀 아래 정책적으로 지원하고 육성하는 형식으로 나타났다.

문화관광축제는 관광 상품성이 큰 축제를 대상으로 국가에서 지원 육성하고 있는 문화관광 상품화 전략의 일종이라 할 수 있다. 이에 따라 1995년에는 이천도자기축제와 한산대첩제가 문화관광축제로 선정되어 정책적인 지원을 받기 시작하고 이후 2014년에는 40개의 축제가 선정되어 현재에 이른다.

3. 차별화된 역사축제로의 백제문화제

흔히 21세기를 문화의 시대라 하면서 이러한 시대에 살고 있는 우리가 나아갈 방향을 제시할 때 세계화 국제화란 논리 하에 문화의 세계화란 말도 하고 있다. 이때 문화의 세계화는 문화의 보편화 또는 획일화를 의미하는 것이 아닌 그 민족 나름대로의 문화적 전통과 고유성을 유지 발전시켜 각 민족이 지니고 있는 다양한 민족문화가 서로 조화롭게 어우러지는 것이 진정한 의미의 세계화이고 또한 이러 할 때 인류사회는 잔정으로 발전할 수 있는 것이다. 생물의 다양성이 무너지면 생태계 전체가 위협을 받고 파괴되듯이 문화의 다양성이 훼손되면 오랫동안 인류가 축적해온 인류문화와 그 정신 세계의 근본이 위기를 맞게 될 수 있기 때문이다.

세계화의 방향은 국가 간 문화적 경계가 불분명해지면서 동질화가 진행되는 동시에, 지역과 국가 차원에서 자신의 문화정체성을 찾는 방향으로 진행될 것이다. 우리 인간은 내면에 동질성과 이질성이라는 패러독스가 존재하여 세계화의 큰 조류 속에서 어느 정도 동질성이 확보됨에 따라 다름을 찾으려하는 이질성이 확대되기 때문이라 생각한다. 아마도 우리의 행동이 보편화되면 될수록 세계화를 통하여 문화의 동질화의 현상이 가속화 되면 될수록 심리적인 균형을 찾기 위하여 우리의 행동은 더욱 이질화되고, 한 국가 또는 한 지역이 지니고 있는 독자성과 정체성이 있는 독특한 차별화된 문화를 찾으려 할 것이다. 따라서 세계화 속에서 무엇을 동질화시키고 무엇을 이질화시킬 것인가 하는 문제는 21세기에 우리가 풀어가야 할 숙제이다. 이것이 바로 글로벌리즘Globalism과 로컬리즘Localism의 합성적인 개념인 글로컬리즘Glocalism이라 생각한다. 이때 글로벌리즘Globalism은 무엇을 세계와 동질화시킬 것 인가이고 로컬리즘 Localism은 무엇을 이질화시킬 것 인가를 의미한다.

지역의 고유문화에 대한 연구는 21세기에 매우 중요한 주제가 되고 있고 독특한 지역문화를 통한 정체성의 확보는 결국 로컬리즘localism을 낳고 따라서 21세기에 세계화가 진행되면 될수록 상대적으로 지역문화의 필요성이 더욱 강화될 것이다. 지역문화의 독특함과 차별성은 관광객들에게 많은 매력을 주는 요인이 된다. 관광의 매력은 문화가 다른 지역을 방문하여 새로운 문화체험을 하는 것으로 한 지역의 역사와 문화는 그 지역을 방문하는 관광객들에게 많은 관심의 대상이 되고 있다. 전반적으로 사회가 고령화, 고학력화 되어 갈수록 문화관광과 축제에 대한 관심이 더욱 커지는 것으로 보고되고 있다.

정부도 고유문화예술 등과 연계하여 관광의 질적 수준을 높여가는 소프트웨어 중심의 전통문화를 관광상품화하는 문화관광을 표방하면서 전통문화체험 관광상품 개발 등의 세부 과제를 선정하기도 하였다. 이러한 전략은 문화의 가치가 새롭게 조명됨에 따라 문화 정체성의 한 근간을 이루는 역사·문화자원의 정비 보존이 매우 중요하게 대두되고, 지속 가능한 관광개발이 이루어지기 위해서는 각 지역에 산재한 문화자원의 효율적인 보전 관리를 통한 관광자원화 추진이 요구된다.

문화관광자원으로서 지역축제는 지방화시대를 맞이하여, 지역문화 정체성의 확립에 중요한 기여요소일 뿐더러 지역의 관광자원으로 인식되고 있다. 그러나 우리나라의 여러 축제에서 축제 주제의 선정이나 프로그램이 해당지역의 사회적, 문화적, 역사적 고유한 특성을 반영하지 못하고 다른 지역 축제와 유사하다는 지적을 받고 있는데 이는 곧 그 지역 고유의 축제 요소를 발굴하려는 노력이 부족해서 발생하는 일이다. 그러나 축제에서 지역의 고유 요소를 발견하고 차별화된 프로그램의 기획과 운영을 한다는 것은 쉬운 일이 아니다. 설사 차별화된 프로그램을 기획하였어도 그 독창성과 차별성을 오랫동안 유지하기란 현실적으로 불가능하다. 늘 모방과 도전이 따르기 때문이다. 그렇다 할지라도 프로그램의 개발은 지역의 문화와 자연에 바탕을 두어야 한다. 왜냐하면 지역에 기초한 문화콘텐츠에서 개발된 프로그램은 다른 지역에서도 겉으로는 형식적인 모방이 가능하지만 그 문화에 대한 인식의 폭과 깊이는 모방할 수 없기 때문이다. 따라서 지역문화 속에 있지만 별로 관심을 두고 있지 않았던 많은 문화요소를 찾으려는 노력이 결국 차별화 되고 좋은 프로그램을 만들 수 있는 첩경이 된다.

지역문화축제가 성공하기위해서는 무엇보다도 중요한 것은 지역마다의 독특한 문화적 전통과 지역적 특성을 반영한 그 지역만의 독특한 프로그램을 개발하여 다른 지

1965년 제11회 백제문화제
수륙재

역의 어느 곳에서나 볼 수 있는 다수의 행사프로그램의 나열이 아니라 축제의 주요 프로그램을 지역문화로 테마화시켜 차별화되고 특화된 문화축제로의 자리매김이 필요하다. 이러할 때 지역민들은 축제를 통하여 새로운 문화를 창조할 수 있게 되고 정신적 문화적으로도 만족감을 느낄 수 있게 된다.

검이불루 화이불치儉而不陋 華而不侈로 상징화 시킬 수 있는 우아함과 검소함과 세련미 넘치는 백제문화는 국내에서 뿐만 아니라 특히 일본인들에게도 거부감 없이 다가갈 수 있다. 700년의 역사를 간직하고 고구려나 신라보다 오히려 보다 세련되고 독창적인 아름다움이 있는 백제문화자원이 21세기에 특화된 연구주제이자 대상으로 부각되고 있다.

이러한 측면에서 올해 갑년을 맞이하는 백제문화제는 백제 특유의 문화자원과 지역전통을 표현하면서 지역주민과 함께 차별화된 역사축제로 발전하고 있다. 축제는 한 지역이 지니고 있는 자연적, 문화적, 경제적 자원을 최대한 활용 하면서 지역의 문화적 역량을 총체적으로 표현 할 수 있기 때문이다.

4. 세계의 역사축제 사례

세계의 역사축제는 역사문화의 재현을 중심으로 하는 4가지 사례를 조사하였다. 백제문화제와 교류를 하고 있는 일본 오사카의 시텐노지왓소마츠리와 덴마크의 리베 바이킹축제, 그리이스 로도스섬의 중세 재현축제 그리고 체코의 민속축제로 역사문화재현형 축제이다.

오사카의 시텐노지왓소마츠리는 재일한국인의 민족마츠리에서 오사카의 시민축제로 변화하며 역사성과 주제성이 강조되는 축제이다. 반면 유럽은 다양한 형태의 퍼레이드와 축제 방문객이 방문당시부터 중세 사람으로 분장하여 참여하는 등 축제 방문객에게 새로운 경험을 줄 수 있는 재미와 새로움이라는 축제성을 느낄 수 있는 축제이다.

(1) 일본 오사카의 시텐노지왓소마츠리四天王寺ワッソまつり

•**축제장소** : 일본 오사카

- 축제기간 : 11월 첫 번째 일요일 문화의 날
- 축제명성격 : 시텐노지왓소마츠리四天王寺ワッソまつり 역사재현형 축제
- 축제내용

시텐노지 **왓소행렬**

고대 오사카는 '나니와노츠'라 불리는 국제교류의 큰 거점으로 한국과 중국을 비롯해 동아시아로부터 많은 위인들이 도래하여 다양한 문화와 문물을 전하는 뜻 깊은 지역이다. 일본 문화의 형성에 지대한 공헌을 한 동아시아의 많은 위인들이 일본으로 들어갈 때 그 현관문이 된 곳이 오사카·나니와노츠이며 특히 시텐노지四天王寺는 당시의 영빈관적 존재로 고대 국제 교류의 중심적 무대였다.

고대 오사카의 고대 국제교류의 모습을 현재에 재현한 시텐노지왓소 마츠리는 1990년에 오사카은행 이사장 이희건씨의 발의로 시작되었다. 초기의 규모는 후나단지리ふなだんじり, 수레모양의 배 15기, 가마 60기가 참여하고 고증에 의하여 재현된 고대의 의상을 입고 악대가 연주하는 행렬과 함께 여러 나라에서 도래한 사절단이 후나단지리ふなだんじり를 타거나 또는 도보로 "왓소, 왓소"의 구호를 외치며 총 3600여 명의 화려한 대열이 오사카 시내의 타니마치킨에서 시텐노지까지 약 1.5km를 순행하였고 관광객도 35만-50만 명에 이르렀다한다. 그러나 시텐노지왓소의 지원기업의 경영파산으로 일시 중단 되었다가 2004년부터 재오사카일본기업의 지원과 일본인의 참가를 얻어 새로운 오사카의 마츠리로 재생되었다.

재현된 시텐노지왓소 마츠리는 규모적인 면에서 뿐 만 아니라 행사의 운영에서도 변화가 있었다. 즉, 2004년에 개최된 제13회부터 타니마치킨에서 시텐노지까지의 거리 퍼레이드와 시텐노지에서의 의식이 없어지고 모든 행사는 오사카성 근처의 사적 나니와노미야아토 공원에서 이루어진다. 등장인물의 범위도 고대 삼국 고구려, 백제, 신라시대의 인물들로 축소하였다. 또 다른 차이는 참가자가 재일 한국계학교 뿐만 일본학교 학생들의 참가가 증가되었고, 운영요원들도 약 80%정도가 일본인이고, 협찬기업도 재일한국계보다 일본기업의 참여가 많아졌다. 고대의 한일교류의 테마는 유지되면서 재일의 민족 마츠리로부터 새로운 오사카의 마츠리로 전환된 것이다. 즉 오사카의

시민축제로 부활되었다 할 수 있다.

시텐노지왓소는 고대를 중심으로 일본 열도와 한반도 사이의 선린우호의 관계를 기축으로 하면서 그 기획 원칙은 다음과 같다.

① 가급적 옛 방식에 따라서 역사적 사실에 부합하는 등장인물을 선정 할 것
② 의상은 옛 모습의 것으로, 후나단지리, 가마, 악기 등의 리듬도 고풍에 따라 고증할 것
③ 시텐노지의 전통에 어울리는 연출을 할 것

2004년에 재생된 시텐노지왓소는 축제의 방향성을 왓소의 국제성, 시민성, 사회성, 미래성의 4가지로 선정하였다. 또한 고대의 교류에서 시사점을 얻고 지역교류, 국제교류, 세대교류 청소년 교류를 통한 서로의 융합과 공생을 목적으로 하고 있다. 재생되어 부활된 시텐노지왓소가 표방하는 4가지 축은 아래 그림과 같다.

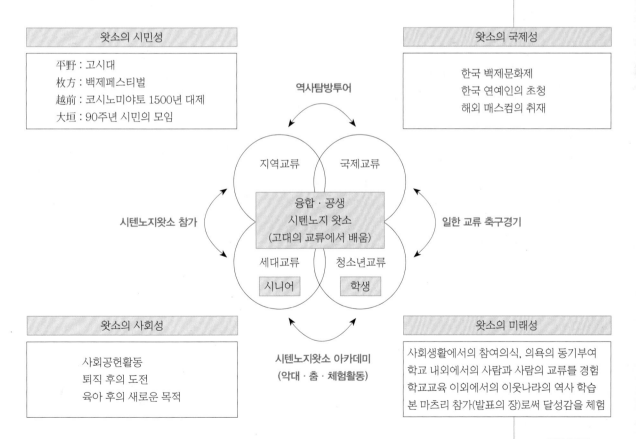

NPO법인 오사카왓소문화교류협회는 시텐노지사업을 통하여 활기찬 오사카의 창조와 또한 한국을 시작하는 동아시아 여러 나라들과 교류의 촉진에 기여하고 축제가 새로운 오사카의 문화재산으로 자리매김할 수 있게 하는 것을 목적으로 하고 있다. 이

① · ③시텐노지 왓소행렬
② 시텐노지 왓소포스터
④ 텐노지 왓소 한국방문단

는 시텐노지왓소마츠리를 통하여 단순히 고대 문화교류의 역사를 재현하는 것이 아닌 현재 국제교류의 도시 오사카라는 지역이미지를 지속적으로 유지하고 이를 바탕으로 지역, 국제, 세대, 청소년과 교류하는 소통하는 도시로의 이미지 또한 형성하고 있다.

(2) 덴마크 리베 바이킹 축제

- 축제장소 : 리베덴마크 축제
- 축제기간 : 4월, 축제
- 축제명성격 : International Viking market in Ribe역사축제
- 축제내용

덴마크 **리베바이킹축제** 모습

역사축제로서의 백제문화제 23

덴마크 유틀란드 반도의 남쪽에 위치한 리베는 지리적 위치 덕분으로 바이킹시대라 불리는 8세기 무렵부터 상업도시로 발달하기 시작했다. 그러나 16세기말 교역의 중심지로서의 역할이 쇠퇴하면서 오히려 아름다운 중세적 전통을 보존할 수 있었다.

덴마크 리베 바이킹 축제는 국제 바이킹 시장을 중심으로 구성된다. 5월의 첫 주 동안 유럽 전역에서 500개 이상의 바이킹이 모이는 축제이다. 2014년의 경우 4월 28부터 5월 4일까지 일주일의 기간 동안 개최된다. 동기간동안 구성되는 바이킹 시장 분위기는 1300년 전 덴마크 리베에 있던 바이킹 시장처럼 정통성을 갖고 재현되었다.

① 새로운 세계와의 만남 : 현대인이 바이킹이 되다

축제를 통하여 축제 관람객은 예전에 바이킹의 거주형태, 이동형태 등 삶의 전반을 체험할 수 있다. 또한 바이킹의 전투 재연은 바이킹이 육지에서 주로 활용하였던 승마와 양궁을 중심으로 축제기간 내내 이루어진다.

② 바이킹이 되는 과정을 배우다

축제 관람객은 바이킹 시장에서 포장마차의 형태로 구성된 노점 판매처에서 좋은 거래를 할 수 있어, 그 자체가 흥미로운 놀이와 체험이 되고 있다. 바이킹의 활기를 직접 느낄 수 있는 시장에서 주로 거래되는 품목은 옛 바이킹이 좋아했다는 보석류, 유리 구슬, 가죽 파우치, 신발, 의류, 도자기, 나무 개체, 마시는 뿔, 헬멧과 젊은 바이킹을 위한 장난감이다.

실제적으로 축제관람객은 단순히 물품을 거래하는 것 이상으로, 각각의 바이킹 상품들이 어떻게 만들어 지는지와 더불어 관람객에게 상품으로 배열되고 팔리는 과정을 확인하면서 보다 흥미로운 체험을 할 수 있다.

③ 일상을 축제화하다 : 드라마가 되는 삶의 순간들

축제장 대장장이는 열심히 일한다. 대장장이가 무거운 망치에서 화살촉과 칼을 만들어 붙면 다른 한쪽 부엌에서는 음식이 조리된다. 즉 단순한 평평한 빵을 굽고, 죽과 스프가 큰 검은 냄비 속에서 끓는다. 실제적으로 암탉은 도살되기 전에 마지막으로 꼬꼬 우는 소리를 제공하지만, 그 순간의 드라마가 만들어진다. 곧 일부 뮤지션이 명랑한 소리를 중심으로 가장 빨리 축제 관람객의 관심을 얻기 위해 이 과정을 간단한 음악으로 만들어 웃고 즐기며, 그 순간순간에 관람객은 드라마의 일부가 되어 축제 체험의 만족도를 높이게 된다. 따라서 이 경험 자체가 그 어디에서도 할 수 없는 '특별한 것'으로 각인되는 것이다.

④ 유사 축제와의 연계 : 축제 공간의 확대

대중은 덴마크 리베 바이킹 축제에서 바이킹 '말'을 만날 수 있으며, 아이슬란드 말을 구경할 수도 있다. 이 축제에서는 단순히 말을 보여주는 것뿐만 아니라 약간 힘들지만 재미있는 말 경주에도 참여할 수 있도록 하여 축제의 '재미'를 확대하여 준다. 또한 아이슬란드 말을 체험 할 수도 있도록 하여 이후 아이슬란드와의 연계를 공고히 하고 있다.

한편 덴마크에서는 바이킹이라는 동일한 테마를 갖고 축제 참가객 연령과 분야에 따라 세분화하여 축제를 새롭게 만들어 내고 있다. 예를 들면 리베 바이킹 축제에서 출발한 어린이 대장장이 축제 등이 개최되고 있다.

(3) 그리이스 중세 재현 페스티벌 Medieval rose festival in Rhodes island

- **축제장소** : 그리이스 로드스 섬
- **축제기간** : 5월 중순부터 6월 말까지 매주 주말
- **축제명성격** : Μεσαιωνικὸ Φεστιβά;λ Ρὸδου, Medieval rose festival in Rhodes, 중세 재현 페스티벌
- **축제내용**

역사 재현歷史 再現 또는 히스토리컬 리-인액트먼트 historical re-enactment 혹은 단순히 리-인액트먼트는 특정 시대와 사건을 정해 모든 참가자들이 그 시대의 복장과 장비를 갖추고 정해진 역할을 수행하는 것으로, 살아있는 사람들이 수행하는 역할 연기 Roleplaying이다. 주로 전쟁과 전투를 배경으로 하는 경우가 많으며, 미국 및 유럽에서는 오랜 전통을 가지고 있고, 매년 축제의 형태로 정기 행사도 있으며 참가하는 사람도 많다.

① 짧은 역사, 그러나 강렬한 추억으로 자리잡은 로드스 중세 재현 페스티벌

중세 역사재현 축제는 비정부 기관과 비 영리 문화기관이 2005년 로드스 섬에 설립되면서 논의되어 개최되었다. 즉 중세 로드스 섬에 발생했던 역사적 사건을 비롯하여 다양한 형태의 놀이 등을 축제화하자고 의견을 모은 것이다. 2006년 첫 번째 로드

스 섬의 역사재현축제가 개최된 이후 2007년부터 연례 축제로 개최하기로 동 기관에서 결정하여 운영하기 시작하였다.

② 지역의 지속가능한 관광을 위한 축제 : 자원관리 방안의 축제

중세 재현 페스티벌은 로도스 시의 곳곳에 있는 작은 성채들에서 펼쳐지는 매년 5월부터 6월에 걸쳐 약 한 달간 토요일과 일요일에 집중적으로 열린다.

북미와 유럽에서 다양한 형태로 개최되는 축제 중 그리스 로도스의 중세시대 재현축제는 가장 아름다운 축제 중 하나라고 볼 수 있다. 그 이유는 그리스 로도스는 중세시대의 고성들이 섬 곳곳에 그대로 남아 있는 세계적인 유적지이기 때문이다. 이 축제자체는 지역의 유적지를 배경으로 중세시대의 복장과 먹을거리, 놀거리를 그대로 재현하여 로도스의 문화유산을 보존하자는 의미의 축제인 셈이다. 축제 위원회는 축제의 특성을 역사축제, 교육축제로 결정하고, 지속적인 문화보전의 도구로 활용하고 있다.

③ 관광객이 축제의 일부가 되다

중세 재현 페스티벌 시즌에는 중세시대의 갑옷과 창으로 군사놀이를 하는 프로그램을 진행하여 각종 거리공연, 전시, 게임, 테마투어 등이 골고루 펼쳐지는데 참가자들은 모두 중세시대의 복장을 해야 하며, 관광객도 예외는 아니다. 따라서 일반적으로 축제의 객관적 관찰자인 관광객 또한 축제의 일부가 되어 또 다른 볼거리로 변화하게된다. 물론 이 과정을 통하여 관광객은 중세 시대에 대한 체험과 활동을 통해 체험의 만족도를 높이게 될 것이다. 즉 이 축제의 특징은 축제의 운영자, 관람자, 공연자 등을 따로 보는 것이 아니라 하나 된 집단으로 만들어 축제에 대한 경험을 확대한다는데 그 특징이 있다.

④ 중세의 모든 것은 축제의 소재가 되다

로드 중세 재현 축제에서는 중세의 생활 용품을 비롯하여 전통적인 음식, 장난감, 예술이 축제의 소재가 되어, 살아있는 중세 역사를 재현한다. 축제는 로도스섬의 모든 성과 골목 들이 축제를 구성하는 요소가 되어 관광객에게 지역에 대한 역사적 이해를 돕고, 즐거운 체험을 할 수 있도록 하는데 중심을 두고 있다. 따라서 관광객은 중세의 위대한 전투의 목격자가 되기도 하고, 다른 시대 다른 생활을 하는 사람들의 관찰자가 되기도 한다.

중세 재현 페스티벌 행사

⑤ 축제위원회를 통한 일반적 프로그램

• 중세 재현과 관련된 해외 축제 및 주요 프로그램 안내

• 중세 예술 및 기술에 대한 정보 기술 세미나

• 중세 문화에 정통한 전문가와 함께하는 투어중세 마을 투어

- 중세 문화 심포지엄컨벤션
- 중세 재현 페스티벌을 개최하고 있는 유럽 타 지역으로의 출장을 통한 노하우 획득
및 해당 지역과 교차 문화 관계 개선 및 수립

(4) 체코 민속 축제CZECH REPUBLIC FOLKLORE FESTIVALS

- **축제 장소** : 태그체스키 크룸 로프의 축제Cesky Krumlov Festivals 체코 축제
- **축제 기간** : 6월 축제
- **축제명성격** : 체코 민속 축제르네상스/재연/역사
- **축제내용** : 체코의 민속 축제는 유럽의 가장 오래된 민속 축제로, 1946년 이래 지속적으로 개최
되고 있다.

① 깊이 있는 민속 축제

체코 민속 축제는 연례로 개최되는 최초의 민속 축제로, 이러한 형태로 개최되는
체코의 축제 중 가장 오래되었으며, 1946년 이래로 지속적으로 개최되어 오고 있다.

1946년 처음 개최된 이래로, 축제 관람객은 국내 관광객뿐만 아니라 국제관광객으
로 확대되고 있으며, 6월의 마지막 주가 되면 Stráznice 지역의 원형극장, 성곽, 야외
박물관모라비안 마을 박물관에 축제를 보고 즐기기 위한 관람객들이 줄을 잇고 있다.
2014년에는 6월 26일부터 29일까지 즐거운 축제가 개최된다.

② 다양한 형태의 민속 공연, 관광객의 참여를 독려하다

관광객은 아름다운 민속 음악, 춤, 그리고 복장을 다양한 형태의 퍼레이드와 프로
그램을 통해서 즐기고 경험할 수 있다. 이와 더불어 관광객들이 참여할 수 있는 공연
장을 마련하여 관광객 출신국가의 춤과 노래를 선보일 수 있도록 하였다.

③ 축제프로그램의 무형문화유산 등록

체코 민속축제는 어린이 민속 축제와 Slovacky verbuňk의 최고 춤꾼을 뽑기위한
경연이 동시에 개최된다. 체코 민속축제의 춤은 UNESCO의 인류무형문화유산으로 등
록되어 그 매력을 더하고 있다.

④ 든든한 축제 조직, 체코 관광의 근간이 되다

지속가능한 축제의 운영과 아름다운 축제를 개최하기 위하여 체코 민속축제 조직
은 연간 축제를 준비한다. 이들은 민속축제를 통하여 체코의 풍부한 전통을 보여주고

체코의 전통민속춤 공연

있다. 이들은 프로그램을 관광객에게 감동을 전달하기 위한 프로그램을 구성하기 위하여 체코의 다양한 지역에서 초청되고 사전 검증을 통하여 프로그램화되고 있다. 이들은 체코의 무형문화 유산이라고 할 수 있는 무형문화유산을 중심으로 프로그램을 구성하는 동시에 전통적인 요리와 수공예품을 선보이고 있다.

⑤ 다른 국가와의 협력

축제의 성장을 위하여 체코민속축제에서는 타국의 민속공연팀을 초청하여 관람객이 다양한 형태의 무형문화유산을 관람할 수 있는 기회를 제공한다. 이들은 민속춤과 노래, 그리고 악기를 연주하여 축제의 흥을 돋운다.

5. 세계 속의 백제문화제 운영

한 지역이 지니고 있는 전통과 문화는 살아있는 물고기이다. 살아있는 물고기는 물살이 아무리 거세도 물결을 거슬러 올라갈 수 있지만 죽은 물고기는 한가하게 흐르는 물속에서도 떠내려가는 법이다. 개방화 국제화 되어가고 있는 커다란 물결 속에서 자신을 지킬 수 있는 힘은 자기 문화에 대한 정체성의 확립이다. 최근 축제의 홍수 속에서도 지역의 문화 속에 깃든 문화콘텐츠를 찾고 독특한 이미지와 고유의 정체성을 확보하며 지역의 문화적 역량을 총체적으로 표현하면서 축제 방문객들이 자발적으로 참여하는 신명나는 공간과 시간을 만드는 재미를 느낄 수 있는 방향으로 발전해 가고 있는 축제가 증가하고 있다.

백제문화제 운영자는 축제를 잘 해보겠다는 의지보다는 살아있는 독특한 전통과 문화를 기반으로 다른 지역과는 차별성을 부여하여 개발하겠다는 변화된 패러다임이 만들어져야 할 것이다. 잘하겠다는 것은 숙달의 문제이고 차별성의 인식은 유일성 독특성에 대한 의지이기 때문이다. 축제에 차별성과 특이성이 있다면 서비스시설이 조금 부족해도 접근성이 떨어져 불편해도 찾아가기 마련이고 또 가서는 감동을 느낄 수 있기 때문이다.

이에 백제문화제가 세계역사축제 속에서 차별화된 축제로 지속 발전을 위한 몇 가지 주요전략은 다음과 같다.

주제성과 차별성의 확보

백제문화제는 백제다움이 있는 축제여야 한다. 이를 위하여 백제문화제 행사기간 동안에 주제관의 설치를 제안한다. 최근 모범적이고 성공적인 축제의 경우 축제 주제관이 설치되고 있다. 이 주제관은 백제문화제를 찾아온 방문객들이 백제 문화를 이해하고 나아가 백제의 기상을 느낄 수 있는 차별화 된 공간이다. 주제관 설치에 앞서, 백제 문화 및 축제 전문가들에 의한 백제문화 원형 복원을 위한 국내·외 자료의 분석 작업은 필수적이며 이를 기존 자료와 연계하려는 노력이 필요하다. 이때에 단순히 고대 백제문화의 재현만이 아닌 그 재현된 문화가 현재에 적용할 수 있는 이미지의 창출에도 기여할 수 있어야 한다.

축제성의 부각

백제문화제는 축제로서 백제의 문화를 계승하는 동시에 축제의 일반적 기능을 확대할 필요가 있다. 따라서 창의적이고 재미있으며 지역주민 및 관광객 지향적인 프로그램을 구성하기 위한 콘텐츠를 확보할 필요성이 있다. 축제에는 흥겨움의 요소가 있어야 한다. 축제는 그 힘겹고 고달픈 일상의 시·공간이 잠시 멈춤으로써 시작하기 때문에 우리는 그것을 "일상으로부터의 일탈"로 받아들이게 된다. 생활에 지친 사람들은 늘 탈출을 꿈꾸게 된다. 흥겹게 뛰고, 춤추고, 노래하고, 마음껏 소리 지르며 축제에 빠져드는 것이다. 축제에서의 흥겨움은 미덕이 되고, 파격은 아름답게 빛난다. 자유와 열정, 해방의 즐거움이 공존하는 것이 바로 축제이다.

축제의 기본 요소는 "제의+재미+신바람"이라 할 수 있다. 백제문화제의 경우 축제의 주요 구성 요소 중에서 재미와 신남의 요소가 부족하여 백제문화제를 방문하는 이들에게 축제의 느낌과 흥을 전달하기에는 부족하다. 이에 백제문화제는 재미있는 축제라는 이미지를 창출하기 위한 적극적인 대책이 필요하다.

지속가능한 생산적인 문화축제로의 모색

백제문화제는 문화 생산적인 축제로 거듭나야 한다. 이를 위한 방안으로 다양한 가격으로 지역의 명장·명인·예술인 등의 작품을 제작·판매하고 또한 저렴하고 의미 있는 향토민예품을 개발하여 판매하는 것이다. 향토민예품의 판매는 백제문화제 행사 기간에만 행사장 안에서의 판매하는 전략을 구상하여 방문객의 참여를 유도하고 백제문화제 행사기간에만 살 수 있다는 인식을 부여하여야 한다. 또한 백제관련 인물이나 설화 등 지역의 문화를 바탕으로 백제의 역사적 인식과 문화적 이해의 폭을 넓힐 수 있는 캐릭터 개발 및 경연대회를 실시한다. 백제문화제를 상징 할 수 있는 캐릭터 만들기를 체험 상품으로 활용하고, 경쟁력 확보 후 국내·국제 캐릭터 경연대회로 확대·발전시킨다. 선정된 캐릭터를 공주시와 부여군에서 인증하는 선정된 기업의 관광 상품에 활용한다. 이 캐릭터 사업이 잘 육성된다면 지역주민에게 이익으로 환원하여 지역 경제 활성화를 유도할 수 있다. 이때 단순히 상품을 판매하는데 초점을 두기 보다는 왜 그러한 상품을 판매하고 있는지, 왜 백제문화제를 대표하고 있는지 그 의미를 방문객에게 전달할 수 있고, 상품에 대한 전문적인 지식을 가지고 있는 판매자를 선정하여 상품에 대해 보다 나은 정보를 제공한다.

홍보활동의 다변화 전략 수립

앉아서 관광객을 맞던 시대는 지났다. 소극적인 자세가 아니라 관광수요와 잠재관광객이 있는 곳이면 직접 찾아가는 적극적 자세로의 전환이 필요하다. 일반적으로 축제의 홍보에 인터넷과 구전□傳이 매우 효과적인 것으로 나타나고 있다. 최소한 1년 전에 기획된 프로그램으로 백제문화제 운영자의 입장이 아니라 방문객의 입장을 고려하는 홍보포지셔닝 전략을 수립하여야 한다. 특히 SNS를 통한 홍보활동과 파워있는 사이트를 통한 홍보활동이 필요하다. 인터넷에 익숙한 청소년층이 지역축제의 주된 표적시장으로 인정되고 있고, 전반적으로 인터넷 이용자층이 확대되므로 인터넷을 통한 홍보의 필요성이 점점 더 중요해지고 있다. 또한 최근의 홍보전략은 홍보의 전략이 드러나지 않는 형태로 변화하는 측면도 관찰된다. 지역주민이 지인을 초청하는 형식이나 지역여행을 소재로 하는 TV 프로그램의 유치, 백제지역의 이미지를 대표할 수 있는 영향력 있는 대중적 인사를 중심으로 하는 홍보 등 홍보의 다변화 전략 수립이 필요하다. *

2장 백제문화와 백제문화제

이해준
충남역사문화연구원장

1. 백제역사와 문화의 성격

백제문화제는 1천 5백 년 전 백제의 수준 높은 문화와 정신을 우리시대에 우리의 문화 자원으로 삼고자 하는 또 하나의 백제 부흥운동이다. 이러한 점에서 백제문화제의 근간이 되는 백제문화의 정체성을 간명하게 정리해 둘 필요가 있다.

'자연과의 조화'로 상징되는 백제문화

백제의 문화는 그 토기처럼 온화한 인상을 준다고 흔히들 이야기한다. 모두가 섬세한 기교로 뒷마무리까지 완벽하게 정리되고 다듬어졌다는 인상도 강하다. 촌티 물씬 풍기는 토기들, 화려하지 않으면서 격조 있는 조화를 보이는 기와무늬들, 근엄보다는 고졸한 불상의 미소, 목조건물을 연상케 하는 백제 탑의 기법과 절제된 단순미, 그런가하면 무령왕릉 부장유물과 부여에서 출토된 백제대향로에서 볼 수 있는 화려한 문화 예술수준도 함께 백제의 모습을 전한다.

그러나 우리는 이 같은 문화의 실체가 대부분 왕도중심의 왕족문화에 초점이 두어져 있다는 사실과, 이제까지의 연구결과를 토대로 하여 보면 삼국의 정치문화와 그 수준을 비교할 때 결코 백제가 그중 앞선 문화를 가질 수 있었다고 상상할 수가 없는 실정이다. 무령왕릉이나 산경문전, 미륵사탑, 백제금동대향로, 일본에의 문화전파 등을 보아서는 대단한 문화를 지녔던 백제임이 분명한데, 실제 연구상에서 이 같은 점들은 아이러니로 그대로 남아 있는 것이다.

'개방과 선진'의 백제문화

백제의 문화는 삼국중의 한 나라 문화로 어찌 보면 한국 고대문화의 보편성과 일정한 특수성을 동시에 가지고 있었다. 특히 백제의 문화는 개방성과 다양성의 측면에서 신라나 고구려의 그것을 훨씬 능가한다고 평가된다. 그러나 이것이 과연 문화적인 자신감에서 우러나온 유연함인지, 아니면 자기 문화의 부정형不整型에서 비롯된 외래 수용의 적극성인지 불분명하다. 백제의 고도 공주 무령왕릉에서 출토된 수많은 금속 공예품과 그 화려함을 보면서 우리는 이 같은 질문을 동시에 직면할 수가 있다. 공주 천도의 과정은 잘 알려져 있듯이 국운이 극히 쇠퇴하였던 매우 불안한 처지에서 단행된 것이었고, 부분적으로 왕권을 회복하였다 하더라도 무령왕대에 그 같은 화려한 치장을 할 여유가 있었다고는 보여지지 않는다. 그럼에도 굳이 그러한 위엄을 보인 것을 우리는 어떻게 해석하여야 할 것인가. 과연 백제의 문화수준에서 그러한 정도의 수준은 정말로 일반적이었던 것일까, 아니면 그렇게 하여서라도 왕권의 위엄을 과시하는 것이 필요했을 것인가? 뒤이어 다시 한 번 미래를 설계한다면서 부여로 천도하지 않을 수 없었던 백제의 왕권, 거기에 뒤따르는 의문은 꼬리에 꼬리를 문다.

어쨌든 미술사연구를 통하여 지적되듯 백제의 문화예술 수준은 선진과 고도로 대변된다. 중국 남조와의 부단한 교류와 문화수용, 일본에의 문화 전파능력, 통일 이후 신라의 예술에 기여한 백제 장인의 숨결이 그것을 잘 말해준다. 삼국 중에서도 유독 백제인들만은 금석문이나 공예품에 장인들의 이름을 밝히고 있는데, 이점도 예술인에 대한 특별한 대우와 그들의 지위를 염두에 두게 하는 대목이다. 한편 고구려와의 관계에서 백제는 같은 뿌리이면서도, 고대국가로 발전하는 과정에서 가장 먼저 맞부딪쳤던 적국이었고, 신라와의 관계에서는 초기 동맹국으로 우의를 다지다가 한강유역의 점거를 둘러싸고 동맹이 파기되면서 멸망에 이르기까지 계속된 투쟁을 하였던 상대였다. 삼국은 비록 각각의 영역과 문화기반을 달리하면서 경쟁하였지만, 문화적으로 보면 서로 얽히고 설키는 관계를 지니고 발전하였다. 백제문화의 성격도 바로 이러한 상관관계, 즉 한국 고대문화의 한 판으로 3분의 1인 보편성과 연관성 속에서 이해되어야 할 것이다.

바다와 강을 이용한 백제문화

한편 백제의 문화는 여러 측면에서 그 특징을 찾을 수 있겠으나, '바다와 강을 이용할 줄 안 사람들의 문화'로 불려져도 좋을 듯하다. 바다와 강은 문화의 수용과 교류, 전파의 길이다. 이 열린 창구를 통하여 백제는 중국 남조의 선진문화를 적극적으로 수용하였고 이를 꽃 피울 수 있었다. 또한 마한의 여러 지역문화는 강과 바다와 연한 지역에서 고대 농경과 천혜의 경제적 풍요를 기반으로 발달하였는데 백제는 이를 한데 아우르며 다양한 문화성격을 지니게 되었다고 생각된다. 사실 따지고 보면 백제문화가 전반적으로 다양하면서도 온화함과 섬세함이 곁들여진 것임은 이러한 고대 농경사회의 풍요가 밑바탕된 것이었을 것이다.

백제문화제 금강과 백마강의 부교와 유등

중국과 일본에 연계되는 백제문화의 모습이 사실은 바로 그러한 것들이며, 한강유역의 선사문화와 백제문화, 금강유역의 선사문화와 백제문화, 영산강의 마한세력과 백제문화, 충청도 서해안의 선사문화와 백제문화 등이 바로 그러한 모습을 잘 말해주고 있다.

2. 계승되어야할 백제문화

굴절과 환상 속 백제문화

백제문화권은 한국문화사상에서 독특한 특징을 지닌 문화로서 공주와 부여는 함께 그 본거지로서 강한 인상과 유적의 집중이 다른 지역에 비길 수 없다.

그럼에도 백제문화권에 대한 관심은 신라문화권에 비하여 매우 적다. 그렇게 된 이유는 여러 가지가 있지만, 가장 큰 이유는 남아있는 유적의 량이 상대적으로 적고, 백

백제기마군단 행렬

제 역사나 문화연구량과 전문연구자의 수적 빈약성에 기인한다. 백제문화 유적이 상대적으로 빈약할 수밖에 없던 이유로 가장 먼저 손꼽히는 것은 나당연합군에 의한 멸망이라는 역사와 관련된다. 패망의 과정에서 유형적인 문화들이 파괴되고, 전리품으로 훼손·이동되었고, 경주의 경우 천년 이상의 오랜 기간을 신라의 수도로 자리 잡았던데 비하여 백제의 왕도는 한성, 공주, 부여로 자주 바뀌어 문화경영의 역사가 매우 짧았다는 점도 그 이유가 된다.

그리고 최근에는 좀 달라졌다고 하지만, 백제의 역사는 오래전에 사라진, 멀어진 역사이고 패한 왕국의 역사라는 면에서 왜곡과 굴절, 축소가 많았다. 따라서 연구자보다는 오히려 향수와 애수에 묻힌 묵객들의 입에 오르내리는 대상이기도 하였음을 부정할 수 없다. 백제의 고도인 부여나 공주에서 느끼는 분위기는 백마강이나, 삼천궁녀나 낙화암 같은 백제 패망의 여한이며 그것으로 백제문화의 이해를 종결짓는 것처럼도 보인다. 더욱이 일본인들을 겨냥하는 문화전파의 수식들도 어떤 의미에서는 본질을 떠난 껍데기논리에 불과할지도 모른다는 생각이 크다. 왜냐하면 받는 쪽의 고마움과 주는 쪽의 우월감이 서로 다른 각도에서 만나고 있고, 실제 줄 수 있던 문화의 실체를 아주 피상적으로 밖에 모른다는 섭섭함도 없지 않기 때문이다.

여기에 더하여 재야사학이나 일부 고대사연구자들이 주장하는 것 같은 중국으로 진출한 백제세력의 실체문제, 그리고 일본과의 관계도 실상 정확하게 정리된 적이 없다. 어떤 의미에서는 아직 기본적인 자료정리나 연구자들의 공감대도 불러일으키지 못하는 이 주제들이, 매스컴이나 일반인들에게는 대단한 흥미거리이자 논란의 대상이지만, 전문연구자들은 이와 전혀 다른 생각을 하는 것도 문제이다.

공주와 부여에서 새롭게 보여줄 백제문화

사실 백제의 문화재가 산재한 충청권은 신라문화권에 비하여 상대적으로 문화유산을 정리하거나 올바르게 인식할 기회를 갖지 못하였다. 예컨대 이제까지 지목되어온 백제문화의 실체는 주로 미술문화재에 국한되어 부여박물관, 부소산성, 정림사탑, 능산리, 무령왕릉, 공주박물관, 공산성, 익산의 미륵사지, 서산마애삼존불 등으로 대상자원의 면에서 극히 국한된 경향이다. 그리하여 많은 사람들은 백제문화권에 와서 일부 상징적인 것들만을 보고는 철새처럼 바로 길을 떠나 버린다.

백제문화제 부여 행사장

일단 백제문화권를 찾게 하는데는 성공한 셈이지만, 다양하고 충분한 문화자원을 단지 몇 개로 혹은 단편적으로 맛만 보이는 셈이다.

그러나 다시 살펴보면, 관심과 애정을 가지고 다시 보면 백제의 문화는 오랜 백제토기에서 느껴지는 질감처럼 질긴 모습으로 후대에 이어져 왔다. 백제의 문화저력들은 통일신라이후 신라의 수도 경주에서 다시 꽃이 핀다. 황룡사의 구층탑이나 석가탑의 건립에 백제의 예술혼이 깃들어 있었고, 더 후대인 고려시대에까지 백제의 혼은 살아 숨쉬고 있었다. 이는 패망에 직면했던 백제인들의 자존심이나 애국심, 문화저력이 잠재적으로 연이어지고 있었으며 그럴 만큼 백제인들의 조국에 대한 의식이 수준 높았음을 읽게 하는 면이다.

망국의 아픔 속에서도 경주에서 다시 핀 백제의 예술혼, 일본 속에 아직까지 살아 있는 백제문화, 백제멸망 직후 치열했던 부흥운동과 그 한스런 충신들의 넋을 기리는 부여의 은산별신제는 남아있는 영원한 백제의 혼이다. 그런가 하면 후삼국시대에 백제의 유지에서 백제의 유민들을 품에 안고 후백제를 건국한 견훤, 또한 고려시대에 백제의 혼을 배경으로 하면서 나타나는 후백제 부흥운동과 각 지역에서 다시 불붙는 백제문화의 재생 현상을 우리는 주목하게 된다.

현대적 계승과 미래 활용

한편 백제문화는 21세기 친환경, 문화와 지성의 시대에 더욱 잘 맞는 가치를 지닌다. 우리가 잘 계승하고 발전시키기만 한다면, 1,500년 전의 과거 문화로 사장되지 않고 오히려 현대사회에 더 적합한 가치로 재생될 수 있다. 백제의 문화는 그 토기처럼 온화한 인상을 준다고 흔히 이야기 한다. 모두가 섬세한 기교로 뒷마무리 까지 완벽하게 정리되고 다듬어졌다는 인상도 강하다. 촌티 물씬 풍기는 토기들, 화려하지 아니하면서 격조와 조화를 보이는 기와무늬들, 근엄보다는 고졸한 불상의 미소, 목조건물을 연상하게 하는 백제 탑의 기법과 절제된 단순미, 그런가하면 무령왕릉 부장유물과 부여에서 출토된 금동대향로에서 볼 수 있는 화려한 문화예술 수준도 함께 백제의 모습을 전한다. 그리고 그 가능성과 기대를 백제문화제는 지니고 있는 것이다.

결국 백제문화제는 백제문화를 현대적으로 계승, 활용할 대상을 찾는 일과, 이를 효율적으로 활용할 모든 '매체와 방식'을 부단히 모색하는 전시장, 경쟁의 장이 되어야 한다. 백제문화제는 이러한 가능성과 계기를 만들고 시험하는 곳이며, 씨앗을 심는 기회라고 생각한다. 수많은 아이디어의 경쟁과 모델의 제시, 성패의 경험들은 부여시민들의 문화의식과 자긍심을 고양시키는 유이한 공동체적 경험의 장이 되어주어야 하는 것이다.

3. 백제문화제와 백제문화 계승

1955년 '백제대제'란 이름으로 시작된 백제문화제는 60년의 유구한 전통과 경험을 지닌 지역 문화 축제로 발돋움하였다. 초창기 순수한 민간주도의 제향으로 시작되었던 백제문화제는 연륜을 더해 가면서 한국 3대 문화제의 하나로 지목될 만큼 성장·발전하였다.

백제문화제는 다양한 백제문화소재들을 수요계층별로 올바로 이해시키고, 흥미롭게 전승하고, 현대의 가치로 승화할 기회이자 다른 지역과 경쟁할 문화자산의 발굴 정리 기회이다. 따라서 우리는 백제문화제를 통하여 가능한 모든 소재와 '매체와 방식'을 부단히 모색해야 한다. 백제문화제는 바로 이러한 가능성과 기회를 부각시키고 시험하는 시도이자, 씨앗을 심는 일이라고 생각한다. 수많은 아이디어의 경쟁과, 모델의 제시, 성패의 경험들은 부여와 공주시민들의 문화의식과 자긍심을 고양시키는 유일한 공동체적 경험의 장이 되어주어야 하는 것이다. 진실로 공주–부여다운, 공주–부여 사람들이, 공주–부여를 생각하면서 만든 유일한 장이며 노력이어야 한다. 또 그것이 공주와 부여의 문화 수준이자 의지라고 보아도 무리는 아닐 것이다.

백제문화제는 한국의 대표적 지역 문화축제로, 특히 '역사문화축제'로 개성과 특성이 부각되어 있다. 그리하여 백제문화제는 축제 일반론적인 〈기대〉와 백제적인 특징 강조의 〈부담감〉이 중압적으로 가중되기도 하고, 서로 혼동되기도 하며, 때로는 가치와 의미상 갈등할 소지가 많다. 일반적으로 다른 지역의 축제들에서는 먹고먹거리 보고 볼거리 즐기는 내용의 이벤트와 프로그램이 주가 되는 것이 당연하다. 그러나 백제문화제는 다분히 역사적이고 교육적 내용이 포함될 것이 강조된다. 즉 다른 지역 축제는 '백제'처럼 크고 부담되는 주제도 아니고, 따라서 다양하고 흥미로운 지역민들의 축제가 되어도 무관하지만, 부여와 공주의 백제문화제는 그렇게 간단하게 생각하기 어려운 측면이 많다.

또 지역축제를 논하는 자리에서 가장 흔히 지적되는 '지역정서가 담긴, 지역민 전체가 참여하는, 향토의 역사성 있는, 지역의 고유하고 독특한 문화행사 개발'등의 구호도 백제문화제를 이야기 할 때는 꼭 맞는 말이 아니다. 이는 원론적이고 당연한 지적이지만, 백제문화제의 경우는 여기에 더하여 "백제의 문화와 역사" 〈알기, 느끼기, 알리기, 체험하기〉라는 본질이 너무 크게 자리 잡고 있기 때문이다. 그리고 현실적으로 보면 이러한 팽팽한 요구들은 마치 평행선처럼 서로 갈 길을 가고 있고, 다양한 비판적 평가와 함께 갈등도 없지 않은 것 같다.

그러면 이러한 입장에서 우리의 백제문화제를 바라보도록 하자. 백제문화제는 60여 년의 전통 속에서 외형적 발전, 양적인 팽창을 이룩했다. 이는 행사 준비 및 참여 요원들의 헌신적인 노력, 그리고 지역민과 행정기관의 적극적 지원이 있었기에 가능한 것이었다. 백제문화제가 갖는 의의는 매우 다양하고 크다.

백제문화제는 지역 정체성 확인과 결속의 계기를 마련한다.

충남 지역은 백제의 옛 왕도가 소재한 중심권이며 고대의 찬란했던 백제문화가 화려하게 꽃피었던 중심지역이다. 백제는 신라에 의하여 통합됨으로써 오랜 동안 그 가치를 평가 절하 받아왔다. 그리하여 백제문화 전통을 계승하고 되살리는 것이 곧 오늘의 지역발전 정신으로 승화될 수 있으며, 백제문화제의 발전은 공동체적 연대의식을 강화함으로써 지역발전의 정신적 활력을 불러일으킬 수 있다. 그 뿐 아니라, 백제문화 자원은 지역을 홍보하고 상품화할 수 있는 훌륭한 소재도 되어준다.

현대의 지역축제가 다양한 효용적 기능을 가진다고 하다라도 기본적으로 지역주민이 지역 고유의 향토성과 정체성을 느끼고 참여하지 않는다면 문제가 있다. 주인된 충남도민들이 백제문화를 자문화로 인식하고 자랑 삼을 때 그러한 현실적 목표도 의미가 있다. 지역축제는 지역민들이 문화를 주축으로 일체감을 확인하고 신명을 되찾을 수 있을 때 비로소 과거·현재와 미래로 연결되는 생명력을 지니게 될 것이다. 그렇게 되기 위해서 '지역적인 공감대'와 '지역민의 동질성 확보'는 대전제이자 출발점이고, 본전이어야 한다. 그리고 그 방법으로서 우리가 생각할 수 있는 최선의 방책이 바로 지역의 특수성을 부각시킨 역사·문화 소재 발굴이라 할 수 있다.

백제문화제는 백제문화 교육과 홍보의 장이다.

21세기는 정치와 경제의 시대를 넘어 문화의 시대라고 한다. 21세기에 살고 있는 우리에게 있어서 지역문화는 지역사회 발전과 경쟁력 확보에 크게 공헌한다. 백제문화제는 바로 그러한 점에서 지역발전 문화자원을 연구하고 알리는 귀중한 기회라고 생각한다.

백제문화 연구는 아직도 전문연구자 중심경향이다. 그러나 이러한 경향은 점차 문화 수요계층·요구가 다양화, 고급화함에 따라 변화를 요구받고 있다. 즉 대상의 확대나 전달 방식의 전환, 현재·미래적 관점의 문화가치 등등의 모색을 통한 수요층의 저변 확대유도나, 나아가 자원 활용이라는 필요성도 제기되고 있는 실정이다. 백제문화제는 이러한 일반인의 요구와 기대에 부응하면서, 우리의 문화를 내이에 교육하고 홍보할 절호의 기회이다.

바로 백제문화제의 활성화가 백제문화의 올바른 이해와 재인식과 통하는 길이기도 한 것이다. 백제문화제는 다양한 백제문화소재들을 수요계층별로 올바로 이해시키고, 흥미롭게 전승하고, 현대의 가치로 승화할 기회이자 다른 지역과 경쟁할 문화자산을 발굴 정리할 계기를 마련하고 있기 때문이다.

백제문화제는 부여와 공주를 중심으로 충남지역, 백제지역 주민들의 문화 공동체로서의 공감대를 확산시키고 백제문화의 특성과 소재를 교육하고 타지인들에게 홍보할 수 있는 매우 중요한 기회이다. 다시 말하면 지역축제는 그 행사자체가 관광자원, 관광 상품으로서의 가치를 지니고 있을 뿐만 아니라, 그와 더불어 해당지역의 역사 문화 소재 발굴과, 자기문화에 대한 자긍심과 이에 대한 공감대의 확산을 위한 노력과 고증정리의 정확성을 통해 전통과 현대문화의 연계 고리가 되는 것이다. 그런 점에서 충남지역, 특히 부여와 공주지역에서 백제문화는 그러한 문화적 자존심과 자긍심의 원천이라 할 수 있다. 이를 알고 느끼며 알리는 계기가 바로 백제문화제인 것이다.

또 현재의 백제문화제에서 가장 크게 지적되는 주민참여의 문제가 항상 지적된다. 아직은 백제문화제가 지닌 교육적 기능을 크게 인정하지 못한 탓이라고 하겠다. 누구보다도 자랑스럽고 자긍심을 가져야 할 지역주민들이 과연 백제문화제를 그만큼 값어치 있는 것으로 생각하고 있는지? 적어도 이제까지 드러난 것으로 본

다면 이에 대하여 그렇게 높은 평가는 하기 어렵다. 많은 사람들이 주민의 참여 부족이라든가 학생동원의 문제점을 지적하는 것에서 볼 수 있듯, 여기에 문제의 핵심이 있다. 왜 주민들이 마음에서 우러나는 참여를 하지 않는가? 또 학생들이나 학부모는 왜 이 백제문화제 준비의 과정이 자랑스런 백제인의 후예로서 당당함이나, 교육의 좋은 기회임을 느끼지 못하는가? 이것은 백제문화제가 안고 있는 가장 큰 문제점이면서, 우리의 문화 인식수준을 그대로 보여주는 일면이다.

예컨대 부여지역의 여자고교에서 백제복식을 직접 만들어 그것을 입고 행렬에 서는 학생, 가장 행렬에 백제적인 소도구를 직접 제작하면서 백제의 문화적인 숨결을 느끼는 학생, 백제문화제의 행사를 안내하는 지역민이 누구보다도 백제인으로서의 긍지를 느낄 수 있을 때 우리가 바라는 주민의 참여는 기대할 수 있다.

백제문화제는 문화자원 개발을 통한 지역발전의 기회를 제공한다.

백제문화제는 다양한 백제문화소재들을 수요계층별로 올바로 이해시키고, 흥미롭게 전승하고, 현대의 가치로 승화할 기회이자 다른 지역과 경쟁할 문화자산의 발굴정리 기회이다. 따라서 우리는 백제문화제를 통하여 가능한 모든 소재와 '매체와 방식'을 부단히 모색해야 한다. 백제문화제는 바로 이러한 기능성과 기회를 부각시키고 시험하는 시도이자, 씨앗을 심는 일이라고 생각한다. 수많은 아이디어의 경쟁과 모델의 제시, 성패의 경험들은 부여시민들의 문화의식과 자긍심을 고양시키는 유용한 공동체적 경험의 장이 되어주어야 하는 것이다.

21세기는 문화 경쟁의 시대에 문화원형 콘텐츠들이 문화 산업화와 연결되는 것이 일반화되어 가는 추세이다. 이는 바로 현대사회의 문화자원 활용요구가 점차 증대되어 가고 있다는 증거인 동시에 문화적 부가가치의 경제적 영향력이 증대되고 있음을 잘 예증하는 것이다. 이러한 경향 속에서 백제문화의 경우도 결코 예외는 아니다. 즉 문화자원은 이제 과거와 같이 단순한 연구자료 라거나 특정연구자의 독점물이 아니라 문화특성과 이미지가 바로 '상품'이 되고 '경쟁력'이 되며 '살아남는 수단'이 되는 시대가 된 것이다.

백제문화의 경우도 자원화 가능성과 그 활용의 극대화를 겨냥하는 전향적 인식과 이에 상응하는 경쟁력 있는 소프트웨어 개발이 필요함이 지적된다. 개념적 지역문화의 정체성과 특성 홍보는 소극적 방법, 정체성을 상품화하여 홍보하는데 다양한 소프트웨어의 활용방안이 동원될 수 있으며 정보화, 관광자원화, 축제, 이벤트, 교육프로그램, 문화상품 개발, 창작예술, 기타 등등의 방안이 바로 그러한 대안이다.

4. 백제문화제와 역사·문화 고증 문제

역사성과 진정성 확보

백제문화제는 60여 년의 오랜 역사를 지니면서 외형적 발전, 양적인 팽창을 이룩했다. 이는 행사 준비 및 참여 요원들의 헌신적인 노력, 그리고 지역민과 행정기관의 적극적 지원이 있었기에 가능한 것이었다. 그러나 이와 함께 자성과 새로운 방향의 모색이 필요하다는 지적이 높은 것도 사실이다.

지금까지 수많은 백제문화제의 발전 및 개선방향이 지적되지만, 그중에서 어김없이 제기되는 문제가 바로 "역사적인 고증과 차별성 있는 소재 개발의 부족"이다. 특히 백제문화제는 한국의 수많은 지역축제 중 역사문화 축제를 대표하는데, 역사 문화축제는 다른 축제들과 달리 무엇보다 해당지역 문화의 동질성과 특수성을 공감하고 재생하며, 교육하고, 계승하여 상징하는 중요한 장場이다. 예컨대 공주나 부여지역의 학교에서 백제복식을 직접 만들어 그것을 입고 행렬에 서는 학생, 가장행렬에 백제적인 소도구를 직접 제작하면서 백제의 문화적인 숨결을 느끼는 학생, 백제문화제의 행사를 안내하는 지역민이 누구보다도 백제인으로서의 긍지를 느낄 수 있을 때 우리가 바라는 주민의 참여는 기대할 수 있다. 행렬에 동원되는 교사나 학생들에게 "백제의 문화와 역사"

에 대한 전문가의 특강을 하여주고, 그것을 통하여 자신이 참여하는 행사 종목의 의의를 되새기고, 그래서 마음에서 우러나는 참여가 되어야 알찬 행사가 치러질 것이다.

즉 백제문화제는 다양한 백제문화소재들을 수요계층별로 올바로 이해시키고, 흥미롭게 전승하고, 현대의 가치로 승화할 기회이자 다른 지역과 경쟁할 문화자산의 발굴 정리 기회이다. 따라서 우리는 백제문화제를 통하여 가능한 모든 소재와 '매체와 방식'을 부단히 모색해야 한다. 백제문화제는 바로 이러한 기능성과 기회를 부각시키고 시험하는 시도이자, 씨앗을 심는 일이라고 생각한다. 수많은 아이디어의 경쟁과 모델의 제시, 성패의 경험들은 시민들의 문화의식과 자긍심을 고양시키는 유용한 공동체적 경험의 장이 되어주어야 하는 것이다.

충남 지역은 백제의 옛 왕도가 소재한 중심권이며 고대의 찬란했던 백제문화가 화려하게 꽃피었던 중심지역이다. 그럼에도 백제는 신라에 의하여 통합됨으로써 오랫동안 그 가치를 평가 절하 받아왔다. 백제문화의 전통을 되살리는 것은 곧 오늘 지역발전의 정신으로 승화 계승될 수 있다. 동시에 백제문화제의 발전은 공동체적 연대의식을 강화함으로써 지역발전의 정신적 활력을 불러일으킬 수 있을 뿐만 아니라, 지역을 홍보하고 상품화할 수 있는 훌륭한 소재가 되는 것이다.

지역의 이미지 제고와 문화적 상징으로서 백제문화제는 전국적인 문화축제로서의 지위를 인정받고 있다. 그러나 백제문화제가 새로운 경쟁 속에서 차별성을 가지고 위상을 지속적으로 확보하기 위해서는 많은 노력들이 필요한 것도 사실이다. 그리고 그럴 때 무엇보다 먼저 고려될, 우선 투여되어야 할 노력이 바로 역사문화 고증이기도 한 것이다.

고증 작업의 과제

앞에서 지적했듯이, 그리고 역사고증의 문제점 지적에서 보듯이 다른 축제에 비하여 역사성과 전문성을 기반으로 하는 백제문화제인 탓으로 고증의 중요성은 아무리 강조해도 지나치지 않다.

백제문화제 초기자료에는 백제문화제를 알리는 설명, 즉 행사 진행 순서나 행사 종목별 설명이 주를 이루며 제36회 때부터 고증에 대한 지적이 나오기 시작한다. 그러나 고증에 대한 지적만 있을 뿐 해마다 지적하는 고증 미흡이 비슷한 것으로 보아, 이를 제대로 보완하여 실행하지 못한 것 같다. 부단히 노력도 했지만, 실제 그 평가는 매우 비판적이다. 최근까지도 역사고증의 문제점은 그대로 연이어지고 있는 것이다.

① 무령왕 행차 시연극
② 2004년 백제문화재 개
　막식

이 문제와 관련해서 보면 구조적 문제점도 분명 보인다. 예컨대 의지와 방향성, 예산 확보, 고증인력의 전문성, 고증 대상 분야와 활용 노력의 문제 등등이 바로 그러한 것이다. 대체로 백제문화제 준비기간은 1년 남짓이다. 그러나 철저한 기획을 위하여는 상시조직으로 준비단이 운영되어야 하며, 고증부분도 이에 상응하여 미리 설계될 필요가 있다. 즉 단순 종목행사 고증도 필요하지만, 행사개발과 행사의 소재개발을 위한 고증작업이 더 중요하다고 생각된다.

역사문화 고증은 선택된 행사 내용에 따라 이루어지는 부수적 과정이기도 하지만, 반대로 보면 기초적이고 기본적 단계의 과정이다. 왜 고증을 하여야 하는가? 무엇을 고증할 것인가? 어떻게 고증하고, 활용할 것인가? 이 모두에 대한 의식이 정확하고 올바를 필요가 있다. 즉 기획단계에서 왜 그런 역사성과 문화성이 백제문화제에서 강조되어야 하고, 그러려면 이에 앞서서 보다 많은 기초조사와 예상자료의 수집·정리가 있어야 한다. 나아가 기획적이려면, 역사적 고증의 방향과 함께 연차계획을 통한 완결성이 필요하고, 활용 목표와 활용의 방법도 분명해야 한다.

이런 전체적인 과정이 수행될 때 역사적 고증의 분야, 수준 등등이 결정될 수 있을 것이고, 완성도도 평가가 가능할 것이다.

전문 인력의 참여 문제

대개 앞에든 이유들로 인하여 전문적 고증인력을 확보하지 못한 경우도 많고, 전문가의 참여도 적극적이라기보다는 아주 소극적인 경우가 많았던 것 같다. 본격적으로 전문가들에 의한 역사고증이 이루어졌던 적은 몇 번이 되지 않고 고증 내용도 행사주체별로 전문가를 찾아가 짧은 시간동안 대화를 하거나 자문을 받는 정도, 참고문헌을 활용하는 수준이었다.

특히 행정이나 이벤트 기획 측에서 생각하는 전문가의 수준이나 범위는 매우 임의적이고 단순한 듯 보인다. 그러나 다른 문화 분야에 비하여 백제의 경우는 전문가 집단이 그렇게 많지도 않을뿐더러, 축제와 연계하여 연구하는 사람은 더욱 적은 현실이다. 결국 적절한 자문가, 연구자 섭외가 매우 어렵고 중요하며, 그러기 위하여는 지속적이고 상시적인 채널과 논의 구조가 필요하다.

역사성, 사실성 고증과 문화예술적 창작은 뒤섞여서는 안 되며, 역사적 소재의 성격은 있는 그대로의 의미를 전달하는데 주 목적이 있다면, 그것을 소재로 하여 현대적인 재창조하는 과정에서 나타나는 창작예술의 수준과 노력은 별개로 의미가 있는 것이다. 역사문화 고증과 관련하여 다시 한번 재강조할 몇 가지 점을 제시하여 본다면, 첫째 역사고증은 문화제의 "경쟁력"과 "차별성"을 보강하는 작업이다. 둘째 역사적 고증은 그 자체의 의미가 중요한 것이 아니라 백제문화 알기, 느끼기, 생각하기, 선양하기, 체험하기의 소재를 개발하는 작업이며, 그 자료의 공급원, 자료은행이어야 한다. 셋째 따라서 역사적 고증을 통한 소재를 정리하는 노력은 기획_{계획}의 철저성과 아이디어 개발 노력과 다름 아니다. 이에 대한 투자는 엄밀한 의미에서 경쟁력의 원천이기도 하다. 넷째 역사 고증은 상시 팀을 운영하여야 하며 계획성 있게 지속적으로 추진, 분야별·년차적으로 완성도를 높이는 방안이 필요하다. 다섯째 고증된 자료를 토대로 개발된 역사문화 행사는 백제문화제를 통하여 시연되는 것이며, 여기서 경쟁력을 검증하고 부여의 문화관광상품으로 개발·확대시키려는 투자와 의지가 필요하다.

5. 백제문화제와 백제원형 콘텐츠 개발, 활용 문제

백제 원형콘텐츠의 확보 노력

기존의 백제문화제 예산과 결산서를 살펴보면 기획비라든가 고증·연구비는 거의 보이지 않는다. 백제문화제의 꽃이라 할 수 있는 주요행사의 경우 '행사진행'과 '소품비'는 있지만, 고증과 관련된 예산은 별도로 책정되어 있지 않다. 다시 말하면 행사의 기획자가 필요에 따라서 예산을 투여할 수도 있고, 반대로 전혀 투자하지 않아도 좋은 구조이다. 실제적으로도 이러한 예산 구조와 기획의지의 부족이 고증의 수준과 완성도를 낮게 만든 요소일 것이다.

예컨대 대규모 이벤트행사로 제40-41회 백제문화제에서는 천도행사가 이루어졌고, 이에 대한 평가회의에서는 1억여 원의 경비를 들였음에도 ① 패망 백제 포함 ② 단순제례와 현대적 춤 ③ 역사성의 의미 미흡 등이 지적되고 있다. 이벤트사의 기획연출 기본방향에 명시된 "역사성 바탕으로 철저한 고증과 주제의식"의 거론은 내용과는 별개였으며, 언필칭 역사적 고증과 가치, 의미를 소홀히 한 결과이다. 필자는 이런 류의 구상과 개발구조는 이벤트사에 한정되는 것이 아니라 우리 백제문화제의 행사기획에서도 마찬가지라고 본다. 이 구조가 개선되지 않으면 "역사고증을 통한 품격향상"은 구두선口頭禪에 불과할 것이다.

대개 이러한 혼선은 백제문화제에 활용할 소재의 개발과정에서 다양한 기초자료의 정리와 발굴이 철저하지 못한 것과도 관련된다. 무엇보다도 역사문화적 고증, 그리고 이의 활용을 위해서는 결국 백제문화자원을 충실히 정리, 발굴하는 일이 필요하다. 백제문화에 대한 올바른 이해가 없으면서 이루어지는 보물찾기식의 소재 발굴이 얼마나 무망하고 현실감이 없는지는 기왕의 행사개발과 평가과정을 통하여 여러 번 경험한 바 있다.

그런 점에서 보다 철저하고 지속적인 백제문화소재의 발굴과 정리가 이루어져야 한다. 이는 궁극적으로 백제문화제가 정체성을 확보하고, 문화제의 차별성, 경쟁력, 자원화 가능성을 결정하는 기본 요소라 할 수 있다.

대상과 범위 확대와 활용방법의 다양화

백제문화제 역사문화 고증과 관련하여, 시대와 영역의 범위도 마인드를 바꿀 필요가 있다. 본래 백제문화권이란 '백제의 문화가 영향을 미친 영역'을 말하고, 시간적으로도 백제가 개국하여 멸망할 때까지를 말할 것이지만, 실제로 우리가 이곳에서 사용하는 백제문화권의 개념은 이와 비교하여 매우 넓고 크다. 즉 영역의 범위는 다르지만 문화의 영향 하에 있었던 지역이라든가, 시기적으로도 꼭 백제시대가 아니지만 백제문화의 흔적들이 재생, 전통으로 전하는 것이면 그 대상이 될 수 있다고 보는 것이다.

또한 고증 대상 분야의 경우 왕이나 충절 인물 중심에서 문학이나 예술, 민속 등의 삶과 문화와 관련한 인물의 발굴이라든가, 설화, 전설, 지명 등 구비문학적인 소재를 적극적으로 정리, 활용할 시기이다. 이렇게 보면 백제의 역사나 백제의 인물과 관련하여 개발할 자원들은 매우 많다. 백제의 가요로 알려지는 「산유화가山遊花歌」나 「정읍사井邑詞」도 자원이 될 수 있고, 「나제통문羅濟通門」이나 「도미부인의 정절」도 귀중한 개발 자원이다. 그런가 하면 미륵사의 창건유래나 선화공주와 서동의 이야기, 시대는 다르지만 시인 신동엽과 『금강』이라는 서사시, 백제의 멸망기에 보이는 전설의 내용이나 백제지명도 '삼천궁녀의 낙화암'과, '고란사의 고란초'만큼이나 인상적인 관광의 자원이 될 수 있다는 사실을 우리는 간과하지 말아야 한다. 물론 백제의 여러 왕들에 얽힌 이야기나 주요 인물들의 행적, 백제의 역사적 사건과 관련된 지역과 유적들도 이런 관점에서는 좋은 아이템들이 될 수 있다.

다만 우리에게 있어서 남은 모색점은 그러한 자료들을 어떠한 형태와 내용으로 제구성하여 수요자들이 부담 없이, 그리고 의미 있게 받아들일 것인지를 점검하는 일이다. 예를 들면 관련 유적을 정화하면서 그러한 역사와 인물을 부각시키는 것이 유용한지, 아니면 오페라나 마당극, 인형극의 형태로 특성화시켜 부각하는 것이 좋을지, 또는 학술회의나 연구를 심화시켜 교육 홍보하는 것이 의미 있을지, 아니면 지역축제로 그러한 소재를 부각, 이벤트로 개발하는 것이 좋을 것인지에 대한 모색이 필요한 것이다.

① 공주 대통사 석조
② 무령왕이야기 재현극

백제문화자원 활용의
SWOT 분석

강점 Strength	약점 Weakness
– 미지의 역사 '백제'에 대한 관심	– 백제 관련 유물·유적의 부족
– 수학여행 등 역사교육의 현장	– 저조한 관광개발
– 백제문화에 대한 일본의 관심	– 백제문화 전문인력의 부족
– 미발굴 문화콘텐츠 산재	– 백제문화에 대한 이해부족
기회 Opportunity	위협 Threat
– 관광개발 후발주자로 시행착오 감소	– 문화상품화를 위한 기업군 취약
– 체험·테마 중심의 관광수준 향상	– 문화상품의 수익성 불투명
– 백제문화권 교통망 확충	– 지적재산권 보호문제

＊이해준 외, 2004, 『백제문화콘텐츠의 문화산업활용 중장기계획』, 공주대학교

차별화와 경쟁력 있는 콘텐츠 개발

사실상 역사문화 고증의 작업은 모두가 시간과 예산, 인력과 그 의식에 따라서 결정된다. 그리고 그것을 잘 조합·완성하는 것이 기획이고 행정일 것이다. 그리고 특히 문화아이디어는 ① 역사적 소재와 프로그램의 특성경쟁력과 함께, ② 수요자의 수준과 기대치, ③ 다양하고 절절한 매체의 동원이 합쳐져 완성된다. 나아가 이를 전달하고 적용하는 교육체계교사와의 연동이 필수적이다. 그런 점에서 백제문화제는 청소년과 문화교육으로서의 모습이 크게 다가온다.

백제문화
콘텐츠 확대의 방향

부문		발전방향
문화예술		- 전문적인 문화기획가 양성
		- 백제문화 관련 타 분야와의 상호교류 확대
		- 백제문화예술 대본은행가칭 설립을 통한 지적 재산권 보호
		- 예술성과 실용성을 고려한 사전기획 기능 강화
		- 홍보기능의 강화
		- 종합백제문화관가칭 설립을 통한 종합화 추진
교육관광	교육	- 백제문화사 관련 책자 발간
		- 사회교육기관에서의 백제문화강좌 개설 유도
		- 초·중·고교 지역문화탐구학습 권장책 준비
		- 백제문화 관련 교육보조자료 제작 및 활용
	관광	- 새로운 특별목적 관광 분야 발굴
		- 수학여행프로그램의 적극적 개발
		- 실버층 참여형 상품개발
		- 동호인 모임을 위한 맞춤형 관광상품 개발
		- 적시 적절한 관광정보서비스 제공
CT활용		- 시대의 흐름에 맞는 콘텐츠 개발
		- 백제문화콘텐츠의 DB화, 산업적 활용 유도
		- 인터넷사이트를 이용하여 다양한 정보체계로 전환
		- 기존 박물관을 대화형 운영시스템으로 전환
축제 및 이벤트		- 체험프로그램을 개발하여 동적인 측면 강화
		- 체류형 관광을 위한 야간프로그램 개발
		- 무형자원을 유형화하는 Visualizing 작업
		- 백제문화관련 상품의 판촉형 이벤트 개발
		- 교육과 흥미를 유발하는 Story Making 이벤트 개발
브랜드 및 문화상품		- 백제의 잠재된 가치를 발견
		- 백제이미지의 프로모션을 위한 창작화
		- 백제문화상품 소재의 발굴
		- 백제이미지를 활용한 문화상품 개발
		- 백제문화상품의 성격을 활용한 단계적 개발

이해준 외, 2004, 『백제문화콘텐츠의 문화산업활용 중장기계획』, 백제문화원형복원센타.

한편 백제문화제의 주요 이벤트 행사는 거의 변하지 않고 매번 반복된다. 커다란 변화가 없이 반복되는 행사는 관심과 흥미를 감소시키고, 기대감을 약화시키게 마련이다. 따라서 매회 20-30%의 새로운 행사 추가는 필수적이라고 보며, 그 과정에서 대상 분야나 방식의 획기적 변화가 요망된다.

그런 점에서 다수 관람객 유입효과가 작은 종목, 백제역사와 문화를 재현하지 못하는 종목, 투자 대 효과지수가 낮은 종목이라고 하여 폐지한 종목 중에서 아쉬운 종목들이 많은데, 예를들어 백제사극이나, 서동왕자와 선화공주 국극, 백제여인의 충절 같은 것은 소재가 좋은 것들이다. 다만 고증과 개발방식이 잘못되어서 그런 평가를 받은 것이라고 본다면 문제는 다른 곳에 있었고 제대로 대안을 찾아 마련하는 것이 중요하다고 생각된다.

백제 역사문화 체험의 장으로 선 보였던 사진전, 백제 아스카 유적 비교사진전, 백제토기 굽기, 백제문양전 탁본체험 등의 체험 프로그램이 먹거리 장터에 가려서 실효를 못 거두었음도 이유이지만, 가능하다면 준비와 내용구성 고증, 교육 체험 프로그램개발에 인력과 예산이 전혀 없는 것은 문제이다. 체험과 관련해서는 백제문화단지의 백제역사 재현촌의 전시, 연구기능과 연계하여 개발한다면 매우 효과적일 것이다. 백제문화제와 백제문화단지의 윈-윈 전략은 매우 인상적인 문화교육과 관광자원으로 경쟁력을 발휘할 수 있을 것이다.

이제 60년의 전통과 역사의 백제문화제는 새롭게 태어나고 있다. 충남도와 부여군, 공주시에서는 추진위원회와 집행위원회를 조직하고, 여러 분야에서 많은 전문가들과 관련인사들이 백제문화제의 발전을 기대하면서 다양한 노력들을 시도하고 있다. 백제문화제의 현안과제인 글로벌과 차별화에 알맞는 중장기 계획방향, 목표도 수립하고 있다. 그러나 아직도 도민의 문화적 자부심과 의식을 고양하고 지역의 문화를 교육 홍보하며, 이를 문화자원으로 활용하려는 적극적 자세는 부족하다. 그리고 관 주도가 아닌 민간주도로의 전환, 그 자생력 확보에 보다 유념할 시기이다. 특히 백제문화단지와 백제역사문화관 개관, 세종시의 정착과 호남고속철의 건설은 그러한 기대와 가능성을 더욱 크게 한다. 특히 충남, 특히 공주와 부여에는 수많은 대학의 관련학과, 연구소, 박물관과 연구기관 등이 많고 고급 연구인력들도 많다. 이를 연계한 지역간 문화협력의 선도, 이를 통한 공생과 상생으로 백제문화가 충남의 대표문화 브랜드로 업그레이드되는데 백제문화제는 기여할 것이다. ✻

3장 백제문화제 60년의 발자취

윤용혁
공주대학교
역사교육과 교수

최석원
백제문화제추진위원장

1. 백제, 백제문화, 백제문화제의 정체성

백제문화제의 정체성과 근거는 1천 5백 년 전 고대왕국 백제에 있다.

백제는 기원을 전후한 시기 한성, 즉 오늘의 서울 강남지역에 자리를 잡으며 성립하였다. 475년 공주로 도읍을 옮기고 538년 부여로 도읍을 옮겨 663년까지 지속하였다. 7백년 백제 가운데 서울에 도읍한 기간은 5백 년이나 된다. 그럼에도 불구하고 백제라고 하면, 충남의 공주와 부여를 사람들은 이야기 한다. 백제가 자랑하는 문화적 발전, 대외적 영향력이 바로 공주와 부여 도읍 시기에 발휘되었기 때문이다.

공주, 부여에 백제의 왕도가 자리하다

충남지역에서의 백제왕도의 기간은 475-660년에 이르는 2백 년 미만의 기간이다. 663년까지 새로운 왕을 중심으로 부흥전쟁이 이어졌기 때문에, 백제의 존속기간은 663년까지로 보는 것이 옳을 것이다. 그렇게 계산하면 188년이 된다.

고구려의 공격으로 한성이 함락되면서 개로왕을 비롯한 왕족, 귀족들이 거의 희생을 당한 상태에서 문주왕이 한강 이남 새로운 거점으로 공주를 택한 이유는 첫 번째는 방어상의 이점이고, 둘째는 내륙수로를 이용한 교통의 편의성이다. 거기에 공주는 육로 교통에 있어서도 남북을 연결하는 요충이며 인접 지역에 넓은 평야가 분포하여 생산성 높은 지역을 배후로 하고 있다는 점에서 퍽 유리한 곳이기도 하였다. 방어와 교통과 생산성이라는 세 가지 요소가 만나는 공간인 것이다. 최근 수촌리 유적의 발굴은 천도 이전 공주 지역에 상당한 정도의 지방 세력이 실재하였다는 사실을 입증해주고 있는데, 천도 초기 왕실 유지와 도시 건설에는 이같은 공주지역 토착 세력의 도움이 필수적이었을 것이다.

475년 공주로 천도한 백제는 초기에 문주왕과 삼근왕이 비명에, 혹은 단명으로 사망하는 등 내분이 끊이지 않았다. 그러나 동성왕과 무령왕대에 이르러 국세를 회복하고 안정 기반을 구축하는데 성공한다. 특히 무령왕은 고구려에 대한 공세적 선제공격을 취하면서 방위를 공고히 하면서, 대규모 간척과 수리시설 건설에 의한 농지를 확대하는 등 경제적 안정 기반을 확보하였다. 남조 혹은 일본과의 활발한 교류에 의하여 백제 중심의 동아시아 세계를 구축할 수 있었던 것도 이같은 국내외 여건의 안정화를 기반으로 하는 것이었다. 1971년에 발견된 무령왕릉은 6세기 초 백제의 발전과 국제적 위상의 회복을 여실히 보여주는 생생한 자료이다. 538년성왕 16 성왕은 백제의 국호를 '남부여'로 칭하면서 부여로 천도하여 백제의 새로운 도약과 발전을 추구하게 된다.

동아시아 고대문화가 꽃피다

공주와 부여가 백제의 도읍이 됨으로써 충남지역은 백제 문화 발전의 터전이 되었다. 백제문화는 기본적으로는 토착문화와 외래문화의 결합이라 할 수 있다. 백제 지배층의 주류가 고구려 계통이었다는 점, 백제문화의 발전에 중국의 선진 문화가 크게 기여하였다는 점을 부정할 수 없기 때문이다. 토착문화의 고유성, 외래문화의 보편성을 결합하여 새로운 문화발전을 이룩한 것이 백제문화였다고 할 수 있다.

백제문화의 발전에는 불교의 영향이 매우 컸다. 대통사지, 정림사지, 왕흥사지, 군수리사지, 능산리사지 등 공주와 부여 시내 일대에서 발견되는 많은 백제시대 절터는 이 시기 백제의 불교문화와 선진 기술이 크게 발전되었던 사실을 입증한다. 또 무왕대 600-640에는 익산에 미륵사와 탑을 짓는 등, 기왕의 사원과 비교되지 않는 거대한 규모의 가람을 운영하였다. 백제문화의 중심에 있는 백제 미술은 '자연미'를 특징으로 하며, 부드럽고 섬세한 백제인, 충청인의 심성心性이 반영된 것이었다.

한 가지 유의해야 할 것은, 백제시대 금강 유역이 왕도로서 발전하였지만, 충남의 서부지역도 뛰어난 백제문화의 유산을 남겼다는 점이다. 특히 예산, 서산, 태안에 남겨진 백제 불상은 왕도에서 볼 수 없는 백제문화의 정수라는 점에서 큰 의미가 있다. 이같은 기반이 있었기에 부여가 함락되자 내포지역에서 조직적인 부흥운동의 추진이 가능하였던 것이다.

충남권의 백제에서 꽃피운 고대문화는 신라에도 영향을 주었다. 신라의 대표적 사찰이었던 황룡사의 9층탑 건설을 백제의 기술자 아비지가 주관하였다는 사실은 이를 단적으로 입증한다. 백제의 불교와 문화 전반은 일본으로 전수되어 일본 고대문화 개화에 절대적 기반이 되었다는 것은 잘 알려져 있는 바와 같다. 538년 성왕 때 백제의 불교가 일본에 전해지고, 588년 아스카에 세워진 일본 최초의 사원 법흥사法興寺: 飛鳥寺가 백제의 후원에 의하여 조영되었다. 593년에 조영된 오사카의 사천왕사는 부여의 사원과 동일한 구도로 되어 있다. 불교라는 종교만이 아니라 이를 바탕으로 한 최신의 문화와 기술, 예술이 그대로 전달되었기 때문에 일본의 고대 문화에서는 백제의 기술적 예술적 미감을 엿볼 수 있는 것이다.

백제 부흥에의 한

660년 나당연합군의 공격으로 7월 13일 부여가 함락 당하고 의자왕도 7월 18일에 항복하고 종내 낙양 땅으로 끌려가고 말았다. 7백 년 백제가 종막을 고하게 된 것이다. 그러나 부여의 함락에도 불구하고 지방에서는 남은 군사력을 결집하여 백제 부흥을 도모하였다. 주류성과 임존성이 그 거점이었다.

임존성은 예산군 대흥면 일대로서, 부여 도성 함락 직후 흑치상지黑齒常之에 의하여 부흥운동의 봉화가 올려진 곳이다. 흑치상지가 봉기하여 임존성예산에 의거하자 10일 만에 3만 여명이 모여들었다고 기록되어 있다. 소정방은 나당군을 동원하여 임존성을 공격 하였으나 실패하였다. 이에 소정방은 유인원으로 사비를 지키게 하고, 의자왕과 왕자들 및 대신 장사 88인, 백성 1만 2천 807인을 포로로 하여 뱃길로 귀국하였다.

661년 9월 왜에 머물던 왕자 풍이 귀국, 백제의 왕통을 이었다. 그러나 부흥군 내부에서는 복신이 도침을 살해하는 등 내분이 야기되었다. 복신과 풍왕의 갈등으로, 663년 6월 풍왕이 복신을 살해, 부흥군의 세력과 사기는 크게 떨어졌다. 풍왕은 고구려와 왜로부터의 원병을 요청하였다. 이때 임존성의 흑치상지는 풍의 복신 살해에 반발한 듯, 당부여 륭에 항복하고 말았다. 663년 7월, 신라는 문무왕이 직접 김유신 등 28장군을 거느리고 출발, 웅진에서 당의 유인원과 합세하였다. 당군과 문무왕의 신라군은 육군으로 진격하고, 유인궤, 부여 륭은 수군과 군량을 싣고 합세하였다. 한편 부흥운동을 지원하는 왜의 원병 2만7천 명은 '백강구'에 도달, 양측 수군이 백강구를 무대로 대치하였다.

8월 27, 8일 왜의 선공에 의한 백강구 싸움은 썰물을 타고 당 수군이 협공하여 4회에 걸친 싸움 끝에 왜 선단 400여 척이 궤멸되고, 이어 주류성이 함락되었다. 주류성을 함락한 나당군은 10월 22일부터 임존성예산군 공격에 나섰다. 지수신遲受信의 부흥군이 이를 격퇴하였지만, 11월, 임존성은 마침내 흑치상지에게 함락되고 말았다.

'백제 부흥'이 다시 추진된 것은 그로부터 240년이 지난 뒤의 일이었다. 경상도 문경 출신으로 전라도 서남해안에서 장교로 근무하던 견훤은 서기 900년 전주에 도읍하고 백제 부흥을 선언하였다. 백제를 부흥하여 "의자왕의 원한을 풀겠다"는 것이 그의 후백제 개창의 변이었다. 그러나 궁예를 무너뜨리고 정권을 장악한 고려 왕건과의 쟁패에서 밀려남으로써 견훤에 의한 백제 부흥은 수포로 돌아가고 말았다. 당시 후백제와 고려의 최후 전투 현장이 논산 개태사 일대였으며, 개태사는 태조 왕건이 후삼국통일의 기념으로서 사원을 창건한 것이었다. 아이러니칼하게도 견훤은 후백제 정벌전에 고려군의 앞잡이가 되어 참전하였으며, 후백제의 멸망에 울분을 참지 못한 견훤은 고려 통일 직후 바로 죽음을 맞게 된다. 견훤의 왕릉은 논산시 연무대, 멀리 전주를 바라보는 언덕 위에 만들어졌다.

백제문화제는 지역의 역사와 정신을 진작하면서 지역적 정체성을 유지하려는 지역인의 다짐이다. 현대의, 21세기의 백제 부흥운동이다.

2. 부여에서 백제문화제가 시작되다 1955-1965

1955년 4월 18일 신맹선辛孟善 등 부여지역의 유지들이 뜻을 모아 부소산성에서 '백제대제'를 지냈다. 백마강변에서는 망국의 원혼을 위로하는 수륙재를 거행하였다. 이것이 백제문화제의 출발이다. 1955년이라면 6.25 전쟁의 상처가 아직 아물지 않은 어려웠던 시기이다. 전쟁을 치르면서 고통에 대한 역사적 성찰이 가능했는지도 모른다.

1955년 '백제대제'에서 출발

부여의 주민들은 성금을 모아 부소산성에 제단을 설치하고 성충, 흥수, 계백 등 백제의 3충신에 대하여 제사를 드렸다. 동시에 구드래 백마강 강변에서는 수륙재를 거행하였다. 사비성 함락 때 꽃잎처럼 물 속에 몸을 던져 죽음을 선택한 백제 여인들의 슬

1955년 제1회 백제대제
개막식 및 행렬

픈 영혼을 위로하는 것이었다. 수륙재를 거행할 때는 백마강을 운행하던 각종 선박이 함께 모여 특별한 풍경을 연출하였다. 백제 망국의 한을 달래는 제의 이외에 별다른 행사는 없었지만, 행사기간 전국 도처에서 몰려든 인파로 인산인해를 이루었다.

'백제 대제'를 시작하면서 3충신계백, 흥수, 성흥에 대한 제사의 필요성 때문에 부소 산성에 '삼충사'를 건축하게 된다. 1957년의 일이다. 삼충사가 건축된 부소산성 남록의 자리는 일제 말 부여신궁을 지으려 했던 유서 있는 장소이다. 지금도 당시의 공사 흔 적들이 남아 있다. 부소산성의 삼충사는 구드래 백마강변과 함께 백제문화제의 출발 점이었다고 할 수 있는 것이다.

'백제대제'에서 출발한 백제문화제는 곧 종합문화축제로 확대되었다. 농악. 그네. 활쏘기. 씨름 등의 민속축제가 더해졌고, 시조대회. 백일장. 백제공주선발대회. 가장 행렬 등이 프로그램으로 구성되었다. 개최 시기도 처음에는 4월이었으나, 1957년 제3 회 '백제대제' 때부터는 10월 초로 변경되었다.

우리나라에서 근대 축제의 출발은 1949년 경남 진주에서 영남예술제를 개최한 것 이 시초이다. 영남예술제는 1959년 개천예술제로 이름을 바꾸어 지금에 이르고 있으 나 근년에는 진주 남강유등축제가 중심이 되고 있다. 백제문화제의 전신인 1955년 '백 제대제'는 두 번째로 시작된 축제라 할 수 있다. 경주에서 신라문화제가 시작된 것은 5.16 이후인 1962년의 일이었다.

1965년 '백제문화제'로 이름을 바꾸다

'백제대제'라는 이름은 10년을 지속하였다. 처음 시작은 순수한 민간주도에 의한 것

이었지만, 이를 보다 체계적으로 운영하기 위한 필요성에서 군에서 행사를 주관하고
프로그램을 확충하게 된다. 군에서 행사를 주관하게 되는 것은 1960년대 초의 일로 생
각된다. 이같은 차원에서 1965년 10월 제11회부터는 '백제대제'보다 포괄적 내용을 담
은 '백제문화제'라는 이름을 택하게 된다. 1962년 경주에서 시작된 신라문화제를 의식
한 것인지도 모르겠다. 특히 이 11회 때에는 박정희 대통령이 참석함으로써 '백제문화
제'의 위상을 크게 높이게 되었다.

'백제문화제'라는 이름의 첫 번째 해였던 제11회 백제문화제는 1965년 10월 8일부
터 3일 간 개최 되었다. 행사 종목은 19종목인데 제의삼충제, 궁녀제, 별신굿를 중심으로
하여, 민속놀이농악, 그네, 궁도, 씨름, 관등선 띄우기, 불꽃놀이, 문화체육행사시조대회, 백일
장, 종합예술제, 체육대회, 기타백제공주 선발대회, 가장행렬, 등화행렬, 가로등 점화식로 구분해
볼 수 있다. 동시에 이 기간중 삼천궁녀 사당과 계백장군 동상 기공식을 거행함으로써
백제문화제의 의미를 강조하고 있다.

3. 공주에서도 백제문화제를 개최하다 1966-1978

1966년 제12회 백제문화제가 부여와 동시에 진행되었다. 전야제에서는 서막식과
천도성화봉송식, 불꽃놀이와 함께 '백제중흥 5대왕 추모제'가 개최되었다. 이것이 공
주 백제문화제의 출발이다. '백제중흥 5대왕'이란 공주에서 재위하였던 다섯 분의 임금
을 말한다. 공주로 처음 천도한 문주왕, 다음 삼근왕, 그리고 24대 동성왕과 25대 무

령왕과 26대 성왕을 포함하는 것이었다. 이 임금들은 나라가 패망하다시피 어려웠던 시기에 백제의 안정과 중흥을 위하여 고군분투했던 백제의 왕들이다. 그런데 '5대왕추모제'는 1967년부터 '문주왕 추모제'를 지내는 것으로 대체 되었다.

공주에서도 백제문화제를

문주왕은 475년 10월음력 서울한성 함락 이후 공주로 천도한 백제 22대 임금이다. 공주시대, 그리고 금강백제 시대를 열었던 임금인 것이다. 그러나 문주왕은 2년 뒤인 477년 7월 병관좌평국방부장관에 있던 해구라는 권신이 보낸 자객의 칼에 맞아 죽는다. 하극상 쿠데타에 의한 비극적 죽음이었던 것이다. '문주왕 추모제'는 웅진시대의 다섯 임금중 특별히 천도의 임금이며 비극적 죽임을 당한 문주왕의 혼을 위로한다는 추모제 였던 것이다. 한편 12회 백제문화제에서는 '고흥박사 추모제'가 함께 지내졌는데, 고흥 高興은 백제의 역사서인 〈서기書記〉를 편찬한 백제를 대표하는 학자이다. 문화 백제를 대표하는 인물로서 고흥이라는 인물에 대한 추모제를 거행함으로써 백제문화제의 역 사문화적 의미를 기념하고자 했던 것이라 할 수 있다.

문주왕추모제와 고흥박사추모제는 1970년까지 진행되었다. 그러나 문주왕추모제 는 그렇다 하더라도, 고흥박사 추모제는 공주의 백제문화제 콘셉에 어색한 느낌이 있 다. 이 때문에 1971년부터는 다시 '백제중흥 4왕추모제'라는 이름으로 공주시대 백제 왕들을 추모하는 제사로 돌아갔다. 처음 '5왕'에서 부여로 천도한 성왕을 빼고 '4왕추 모제'로 정착하게 된 것이다. 성왕은 공주에서 16년 간 재위한 후 538년 부여로 천도하 였는데, 아마 부여의 백제문화제를 고려하여 제외한 것으로 보인다. 요컨대 4왕5왕추 모제는 공주 백제문화제의 출발점이었다고 할 수 있다.

제12회 백제문화제의 공주 프로그램은 종합 문화체육축제와 같은 성격으로 구성되 었다. 백일장, 가장행렬, 시조와 고전무용, 시서화전, 학술강연회, 씨름과 농악 이외에 궁도, 배구, 마라톤, 보디빌딩 등 다수의 스포츠 행사가 다수 포함된 것이 특징이다. 이렇게 하여 1966년부터는 공주·부여 동시 개최의 백제문화제가 재출발한 셈이 되는 것이다. 당시의 백제문화제 광경을 신문자료에서 찾아 볼 수 있다. 1973년 제 19회 백 제문화제 기간 중 공주에서의 행사 광경이다.

제19회 백제문화제 행사는 12일10월 오후 2시30분 제25대 무령왕 행차를 재현한 가장행렬로 절정에 도달했다. 이날 4만 여 군중이 운집한 가운데 공군 군악대를 선두로 거행된 무령왕 행차 가장 행렬은 공주여중고 1천 6백 여 명이 분장 했는데 왕릉 부장품 모형 행렬은 백제시대를 한 눈에 볼 수 있었다. 또한 밤 7시부터는 도로변에 마련한 1만 여개의 초롱이 점화되었고 금강 주위에서는 이 행사 기간중 제일 장관을 이룬 공주읍내 중고생 6천 여 명의 초롱등 행렬과 금강물 위에는 5색 찬란한 1천 여 개의 관등선이 흘러내리는 가운데 금강 백사장에서는 1천 6백 여 명이 낭자대 군무를 추었다.

공주의 백제문화제는 처음 '공주백제문화제 집행위원회'가 주관하여 행사가 이루어졌다. 그러나 1977년부터는 공주문화원에서 공주의 백제문화제를 주관하였다. 한편 1973년에는 '백제문화제 선양위원회'를 조례화하여 축제를 지방비에서 예산 지원할 수 있는 근거를 마련하였다. 또 1975년부터 4년 간 백제문화제는 공주·부여만이 아니라 대전에서도 동시 개최하였다. 백제문화제는 부여·공주만이 아니라 충남의 역사적 정체성을 확보하는 것이라는 근거에 의한 것이었다.

동시 개최에 따른 부담감

행사를 단체가 아닌 군郡에서 주관하고 예산에 있어서 군비와 도비를 구체적으로 투입하게 됨에 따라 축제는 분명하게 자리를 잡게 된다. 이 시기 백제문화제는 일종의 종합 문화예술 행사로 개최된 것이 특징이다. 공주에서 보는 것처럼 다양한 종목의 체육대회까지도 프로그램에 포함될 정도로 '종합적'인 문화 행사였는데, 이에 의하여 일단 종목들이 크게 늘었다. 70년대 후반이면 공주의 경우 40여 종까지 확대된다. 이에 의하여 규모상으로는 전국 규모의 성격을 갖게 된다.

초기 백제문화제의 예산은 1966년 공주의 경우 1~2백 만원에 불과하였다. 전체 예산중 지자체의 보조금은 20~30% 정도 수준이어서 행사비의 대부분을 지역주민의 찬조에 의존하였다. 1973년 이후 백제문화제 활성화 대책이 수립되면서 '백제문화 선양위원회'를 조례화 하고, 아울러 도와 군의 보조금을 대폭 지원하여 예산의 80% 이상을 지방비에서 지원할 수 있도록 제도화 하였다. 1977년23회 이후 공주는 백제문화제를 백제문

화선양위원회 주최, 공주문화원 주관이라는 체제를 가지고 진행하였다.

그러나 이같은 양적 성장에도 불구하고 공주·부여 동시 개최의 백제문화제는 행사의 많은 부분이 중복되거나 유사행사의 성격을 가지고 있었다. 거기에 매년 행사를 두 군데서 각각 준비하는 데 따른 부담이 있는 것도 사실이었다.

4. 공주와 부여에서 번갈아 개최하다 1979-2006

1979년 제25회부터 백제문화제는 공주와 부여가 한 해 터울로 돌아가며 개최하는 것으로 변경되었다. 공주·부여 두 지역 동시 개최에 따른 부담을 줄이고 예산을 집중 투입함으로써 프로그램의 질적 수준을 높인다는 전략인 셈이다.

대통령이 참석하다

제한된 예산을 보다 집중화 하여 체계 있는 행사를 준비한다는 것이 윤번 개최의 취지이다. 이에 따라 1979년부터 2006년까지 30년 가까운 기간 동안 홀수 년은 공주, 짝수 년은 부여에서 백제문화제를 개최하였다. 대신 백제문화제가 없는 해에는 각각 조촐한 행사를 가졌으며, 이에 따라 본행사를 '대제', 부속행사를 '소제'라는 이름으로 구분하였다. 백제문화제를 격년으로 시행하는 기간에도 '소제'라는 이름의 작은 행사를 번갈아 준비함으로써, 백제문화제의 의미와 정신을 놓지 않으려 하였던 것이다.

1980년 10월 17일부터 부여에서 개최된 제26회 백제문화제에는 막 출범한 5공화국의 전두환 대통령 내외가 개막식에 참석하였다. 1965년 박대통령 이후의 두 번째 국가 원수의 참석이었다. 1980년은 광주에서의 민주항쟁이 일어나고 국민들의 민주화 열기의 좌절 등으로 깊은 실망감이 팽배해 있던 시점이다. 이 같은 배경에서 생각하면 대통령의 백제문화제 참석은 동요하는 민심을 다잡기 위한 정치적 의도가 있었을 것이다. 그러나 다른 한편으로는 백제문화제가 갖는 위상을 말해주는 것이기도 하다. 이후 세 번째 대통령 참석은 2010년 세계대백제전에서의 이명박 대통령의 참석이었다. '대통령의 참석'도 백제문화제의 한 콘텐츠로서 이용할 수 있는 소재임을 암시한다. 또한 대통령의 행사 참석은 중앙언론이 다루게 됨으로써 특별히 자체 예산을 들이지 않고도 전국에 일시적으로 홍보가 가능한 장점이 있다.

일본 속의 백제문화 콘텐츠

백제문화제에 외국인 참가자들이 공식 참가하기 시작한 것은 공주의 경우 1995년부터였다. 공주와 자매도시 관계에 있던 야마구치 방문단이 1995년 제41회 백제문화제에 참가하였다. 같은 해 부여에서는 '백제 성왕 후손 오우치大內義隆 금의환향 행사'가 이루어졌다. 백제는 정치적·문화적으로 일본과 밀접한 관련을 가지고 있기 때문에 백제문화제에 일본 콘텐츠를 활용하는 것은 매우 중요한 의미를 갖는다. 오우치씨는 중세 야마구치를 거점으로 한 유력한 일본의 호족 세력이었다. 무역을 통하여 부를 축적하였는데, 그 선조는 백제 성왕의 아들인 임성태자琳聖太子로 전해오고 있다.

백제문화는 일본문화에 커다란 영향을 주었다. 따라서 백제문화제의 콘텐츠에 백제 관련의 일본 고대문화를 끌어들이는 것은 백제문화제의 활성화를 위해서도 바람직한 것이라 할 수 있다. 다만 이러한 콘텐츠는 보다 정확한 학술적 검토 작업을 필요로 하고, 이에 근거하여 사실과 상상력을 가감하는 노력이 수반되어야 한다. 임성태자 행사는 앞으로 다시 시도할 수 있는 백제문화제의 행사 소재라고 할 수 있다.

종합문화축제로서의 자리잡기

종합문화축제의 성격으로서 백제문화제는 자리를 잡았다. 이 시기 행사 종목은 시기에 따라서 차이가 있지만 100종에 가까운 행사가 치러졌다. 공주에서 개최된 1985년 제31회, 1987년 제33회에는 100종이 넘는 행사가 진행되었다. 전통문화와 예술 관련 행사가 그 대부분을 차지한다. 1985년의 경우, 행사 종목은 축제 4건, 제전 4건, 예술 35건, 전통문화 행사 61건 등의 분포를 보여준다.

1997년제43회 백제왕행렬 1,200명 참가 백제낭자 대군무 한마당 600명, 1999년 제45회 공산성 서문 근무병 교대 의식 50명, 감영 공주관찰사 대행차 900명, 2001년 제47회 무령왕 즉위 1500년 기념 무령왕 즉위식 재현, 공산성 상설무대 공연이 이루어졌다. 2003년제49회에서는 무령왕 어검천룡御劍天龍, 백제 혼불 채화의식, 추억의 금강나룻배 재현, 공산성 및 금강교 조명 점등식 등이 행해졌다. 2001년 공산성 상설무대 주변에 체험장이 설치되어 체험 백제복식 및 어가, 민속체험 엽전 치기, 제기 차기, 널뛰기, 윷놀이, 백제문양체험, 백제음식체험, 바디페인팅 등 체험장이 설치되었고, 이같은 체험 활동은 다소의 변화를 거치면서 이후에도 개최되었다.

이 기간 백제문화제는 규모가 확대되어 전국적인 축제 행사로 일단 부각하였다.

백제문화제의 가장행렬
(공주)

1986년 아시안게임과 1988년 서울 올림픽의 문화상품으로 선정된 것도 그 일단이다. 공주에서는 이 기간 내내 문화원이 중심이 되어 행사를 조직하여 운영하였다. 행사에는 부족한 예산 등의 여건에 의하여 관내 학생들의 참여가 많았다. 학생들의 참여는 축제의 비전문성의 측면을 갖는 것이기는 하지만, 학생들에 대한 애향심 고취와 체험활동으로서의 교육적 측면 등 긍정적인 효과가 있었다.

백제문화제 행사가 보다 조직화되고 확대됨에 따라 백제문화제의 내실을 기하기 위한 노력이 끊임없이 시도되었다. 1991년 백제문화제 개선을 위한 연구 용역을 실시하여, 관주도에 따른 지역민의 자발성 결여, 과도한 행사 종목의 문제, 행사의 고증 미흡, 백제문화와 일본문화와의 관계 형상화 미흡, 백제의 해양문화의 조명 부족 등이 지적되었다. 1996년에는 충남발전연구원에 의뢰하여 백제문화제의 특성화와 전국 규모 축제로의 발전을 위한 연구를 시행하였다. 이에 의하여 백제문화제에 부합한 이벤트 개발 부족, 전문가의 고증 부족, 행사의 지나친 난립, 국내외 관광 자원화 방안 미흡 등이 문제점으로 지적되었다.

5. '7백년 대백제의 부활' 백제문화제의 세계화 2007-2009

2007년 재단법인 백제문화제추진위원회가 설치되고, 부여·공주 통합 개최가 실현된다. 백제문화제의 새로운 단계의 진입이었다. 이완구 지사가 도정 역점 사업의 하나로 이를 적극 추진하였고, 공동개최의 추진 기관인 백제문화제추진위원회는 공주대학교 총장을 역임한 최석원 위원장이 맡았다.

백제문화제의 획기적 재출발

이완구 지사는 취임 초기 백제문화유적을 순방하면서 백제문화제를 충남의 대표적 축제로서 국제화하는 구상을 가지고 도정 중점사업의 하나로 적극 뒷받침하였다. 따라서 2007년 제53회 대회는 백제문화제의 새로운 출발의 기점으로서 주목될 만하다. 대전일보에서는 2007년 제53회 백제문화제의 성공을 충남의 10대 뉴스의 하나에 포함하였다. 그만큼 파격적인 백제문화제의 재출발이었다.

2007년 이후 백제문화제는 공주·부여 '통합 개최'라는 또 다른 형식의 구조를 갖는다. 1966년부터 10여 년 간 공주와 부여에서 '동시 개최'한 것과는 차이가 있다. '동시 개최'가 두 지역에서 통일성 없이 각각 백제문화제를 개최한 것이었다고 한다면, '통합 개최'는 통일적 구도를 가지고 두 지역에서 동시에 개최하는 것이라는 점에서 차이가 있다.

'통합 개최'를 위해서는 이를 주관하는 조직이 우선되어야 한다. 이에 의하여 새로 구성된 것이 '백제문화제추진위원회'이다. 백제문화제추진위원회는 공주와 부여에서 개최되는 행사를 전체적으로 총괄하며, 예산을 배분하는 등 백제문화제의 중심 기구 역할을 수행한다. 공주·부여에서 공통으로 이루어지는 프로그램의 진행도 추진위원회의 몫이다. 여기에 기존의 공주 및 부여의 백제문화제 조직이 그대로 유지되면서 역할 분담을 하게 된다. 공주 및 부여에서는 지역 특성의 프로그램을 그대로 집행하되 추진위원회와 유기적 관계를 가지면서 공통 프로그램을 뒷받침하는 것이다.

추진위원회의 사무실은 공주와 부여를 2년 단위로 번갈아 옮긴다. 예산의 규모는 대폭 상향 조정되었다. 2007년 제53회에 바로 53억의 예산이 투입되었다. 이에 의하여 대형의 전문성 있는 이벤트가 가능해진 것이다.

대형 프로그램이 제작되다

2007년 제53회 백제문화제 이후 가장 눈에 띈 변화는 많은 재정이 요구되는 전문성 높은 프로그램이 제작되어 연출하게 된 점이다. 기간도 종래의 3일에서 5일 혹은 1주일 이상으로 증가하였다. 지역의 축제가 아니라 관광을 활성화하고 지역발전을 견인할 수 있는 핵심 이벤트로서 축제를 전적으로 활용한다는 전략적 목표를 가지고 이루어지는 것이다.

제53회 백제문화제에서는 퍼레이드 〈백제문화 판타지〉, 체험활동 〈백제향〉, 백제문양 패션쇼, 백제기마군단 행렬, 황산벌전투 재현 등이 백제를 콘텐츠로 한 중요 프로그램으로 진행되었다. 제53회에서의 슬로건은 '7백 년 대백제의 꿈'이었다. 백제문화제의 새로운 꿈과 개념, 변화를 담은 슬로건이었다.

체험활동을 전문화한 '백제향'은 일종의 백제 체험마을을 조성한 것이다. 생활체험 9종주거문화, 연꽃 등만들기, 짚풀문화 체험, 수막새 찍기, 백제복식 처험, 민속놀이, 대장간, 솟대 깎기, 크로마키, 예술체험 4종탁본, 문양, 백제 탈, 백제 왕관, 역사 과학체험 5종책으로 보는 백제역사, 전시 퍼즐 체험, 정림사지 5층탑 만들기, 사마왕 백제선 만들기 등이다. 공주는 공산성 공북루 앞에, 부여는 구드래 둔치에 각각 부스를 설치하여 운영하였다.

대규모 백제 프로그램의 추진위 주관의 행사 이외에 공주와 부여, 지역별 대표 프로그램을 확정하였다. 공주에서는 백제 웅진성 퍼레이드, 무령왕 이야기 등이었고, 부여는 백제역사문화행렬, 사비천도 페스티벌 등이었다. 제53회 백제문화제 기간은 10월 11일목부터 15일월까지 5일동안 진행되었다. 공주에서는 금강에 부교가 설치되고, 공주의 콘텐츠로서 700미터 인절미 만들기를 개최하였다.

제53회 이후 백제문화제에는 많은 예산이 투자 되었으며, 기간이 크게 늘었다. 2007년 제 53회 백제문화제는 시군비 23.5억, 도비 23.5억, 기타 5억 등 52억 예산이 투입되었다. 종래의 백제문화제와는 비교할 수 없는 규모가 되었다. 이듬해 2008년 제54회에서는 시군비 40억, 도비 40억, 기타 3억 등 83억을 투입하였다. 기간도 5일에서 다시 10일로 늘려 10월 3일금부터 12일일까지 진행하고 야간 행사를 확대하였다. 이에 의하여 백제문화제는 지역의 자긍심을 진작하고 지역발전을 견인하는 주요 행사로 부각되었다.

다양한 프로그램

2007년에 이어, 2008년 제54회 백제문화제는 신개념 백제문화제의 개념을 정착시킨 것이었다는 점에서 그 의미가 컸다. 10월 3일금부터 12일일까지 무려 10일 간을 진행하는 장기간 축제로 전환하였다.

제54회 백제문화제는 '교류왕국 대백제'가 주제였다. '교류왕국 대백제'는 백제왕국이 가지고 있는 국가적 혹은 문화적 성격을 간명하게 부각한 것이다. 이러한 주제를 대표하는 프로그램이 야간 행사인 '교류왕국 대백제 퍼레이드'였다. 백제와의 교류가 있던 교류국의 사신들이 진기한 선물을 가지고 백제왕을 알현하는 행렬을 재현하는 것이다. 중국, 캄보디아, 일본, 필리핀, 인도와 백제가 차례로 행렬을 이루었다. 행렬의 길이는 약 2km, 참여인원은 댄서, 단순 연기자를 포함하여 140명 규모였다. 백제의 교류국가를 일본, 중국 이외에 동남아의 여러나라까지 확대한 것은 한국전통문화대학교 이도학 교수의 학술적 작업에 근거한 것이었다.

제54회 백제문화제는 질적으로는 두 가지 줄거리가 더 분명하게 추가 되었다. 백제 콘텐츠를 중점 개발하여 백제문화제의 특성화를 추구하는 문제, 그리고 백제문화제의 국제화가 그것이다.

급증한 외국인 방문객

백제문화제의 획기적 개선의 결과는 외국인 방문객의 급증으로 나타났다. 2007년
도 제53회 백제문화제 5일간의 행사 기간중 공주·부여에 대한 내외국인 방문객 126

만, 경제효과 353억을 기록하였으며, 외국인 방문객은 국내 거주 외국인 수를 포함하여 일본 5만3천, 중국 3만, 기타 1만9천, 도합 10만2천 명으로 추산되었다. 단체 방문객으로서는 야마구치, 모리야마, 구마모토 등 자매도시와 오사카, 나라 등지에서 왔소축제위원회, 평성경헤이죠쿄천도 기념사업회 등이 단체 참가 하였다.

　2008 백제문화제는 개최기간 10일동안 153만 8천명내국인 142만 8천, 외국인 11만의 방문객을 기록하였고, 해외 37개국 사람의 관람과 외교사절 76명대사 16명이 개막식에 참관하는 기회가 주어졌다. 한편 외국인 방문객의 증가에 따라 그에 대응하는 통역 서비스의 필요에 의하여 '한국 BBB운동'과 업무협의를 체결, 전화를 이용하여 간단한 통역의 도움을 받는 시스템을 도입하였다. 이에 의하여 16개국의 언어 서비스가 가능해

2008년
제54회 백제문화제

졌다. 다만 이용자 혹은 관계자들의 이해 부족으로 충분한 성과를 거두지는 못하였다.

2008년 54회 백제문화제에서 대규모 단체 방문한 시가현 시민 방문단126명에 대한 조사에 의하면 참가자들은 한국 방문 경험이 매우 높은 분포를 보이면서도 충청지역 방문 경험은 거의 전무한 것으로 확인되었다. 이같은 사실은 백제문화제를 상품으로 하여 충청지역, 백제문화권에의 방문을 유도할 수 있는 넓은 시장이 있다는 사실을 확인케 하는 것이다.

기존 박람회의 결과 분석에 의하면 국내 외래 관람객 대비 참여 비율은 평균 8.8%, 경주 엑스포에서 외국인 입장객 106,516로서, 외국인 입장객 비율은 3.5%를 기록하였다. 프로그램 내용의 문제는 별도로 하고, 백제문화제가 국제화, 세계화의 개념으로 자리잡고 있음을 확인할 수 있다.

2009년 제55회 백제문화제는 '세계대백제전'의 예비 행사로 108억의 예산을 투입할 예정이었다. 그러나 마침 백제문화제를 앞두고 신종플루가 전국적으로 확산되고 있었다. 이에 의하여 개최 불과 1주일을 앞두고 공주시·부여군 자체적으로 제례행사만을 추진하는 것으로 하고 백제문화제가 취소되는 초유의 일이 벌어진다. 그러나 제53회 이후 2년간의 새로운 실험 과정을 바탕으로 하여 2010년에 '세계대백제전'을 성공적으로 개최할 수 있게 되었다.

6. '2010 대백제'의 역사

60년 백제문화제의 클라이막스는 2010년의 '세계대백제전'이었다. 마침 2010년 같은 해에 일본에서는 평성헤이죠쿄 천도 1300주년 축제, 그리고 중국에서는 상하이엑스포가 예정되어 있었다. 이같은 여건 속에서 '2010 대백제전'은 한국을 대표하는 문화축전으로서 자리매김하는 귀중한 기회가 되었다.

'2010 대백제전'을 기회로 하여, 특기할 것은 백제문화권개발 사업의 결정물이라할 '백제문화단지'가 부여 규암면에 조성되었던 사실이다. 세계대백제전 개최를 기하여 개장한 백제문화단지는 17년의 대역사를 통하여 완성된 것이었다.

백제문화단지를 완공하다

백제문화단지는 부여군 규암면 합정리 일원에 1994년부터 17년간의 작업 끝에 완공하는 사업이었다. 부여에는 금강변 규암면 합정리에 백제역사재현단지를 조성하는것이 중요한 사업이었다. 1978년 이후 백제문화권 개발 사업이 진행되면서 백제문화를 보여주고 체험할 수 있는 대규모 단지 조성의 필요성이 제기되었다. 그러나 그 작업은 쉽지 않았다. 예산의 문제만은 아니었다. 역사적 고증도 기초부터 하지 않으면안되었다. 이러한 의미에서 백제문화단지의 조성은 백제권 개발사업의 꽃과도 같은결정물이었다.

백제문화단지는 30만평 규모의 역사재현촌^{백제촌}, 연구교육촌^{20만평}으로 구성되며 나머지 50만평은 녹지지역으로 남긴다는 계획이었다. 가장 핵심적 사업이라 할 백

① 백제문화단지 **능사**
② 백제문화단지
　 사비궁 조감도

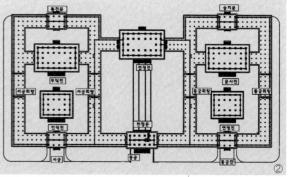

제촌의 건설은 기능별 역사촌을 구성하였다. 개국촌백제 건국초의 생활상, 왕궁촌사비 왕궁 및 도성 재현, 전통민속촌백제시대의 마을 및 생활상, 산업교육촌백제의 산업생활, 군사통신촌백제시대의 군사시설 재현, 장제묘지촌백제시대 장제, 묘제 등이다. 그 가운데 가장 관심을 끄는 것은 백제 왕궁의 재현 및 백제금동향로가 출토된 능사의 복원이었다. 능사 복원에는 백제 5층탑이 목탑으로 재현되었다. 1천 5백 년만의 대역사라 할 수 있다.

백제문화단지의 사업과 연동하여 바로 주변에 숙박시설로서 롯데호텔이 완공되었다. 백제문화제 때 항상 문제되었던 고급 숙박시설의 문제를, 이에 의하여 일정 부분 해소할 수 있게 된 것이다.

세계적 축제로서의 발돋음

2010 세계대백제전은 2007년부터 발걸음을 시작한 백제문화제의 혁신 작업이었다. 예산과 기간 모두가 획기적이었다. 세계대백제전의 주제는 '1400년 전 대백제의 부활'이었다. 9월 17일 부여 백제문화단지에서의 개막식을 시작으로 10월 17일까지 1개월이라는 기간을 진행하였다. 백제문화제 초유의 기록이라 할 수 있다.

대백제전 개막식에는 이명박 대통령을 비롯하여 다수의 주한 외교사절들이 참석하였다. 주한 외교 사절의 초청은 교류왕국으로서의 백제의 특성을 살린 것이었다. 대통령은 축사를 통하여 "충남 도민과 공주·부여 주민 모두가 힘을 모아 세계적 축제가 되기를 기대한다"고 당부하였다. 개막식은 안희정 지사의 개회사를 시작으로 백제왕국의 현대적 복원을 천신에게 고하는 '사비왕궁 개문의식'을 거행하였다.

공주와 부여의 금강을 이용한 수상 공연은 세계대백제전의 가장 주목되는 공연이었다. 공주에서는 '사마 이야기', 부여에서는 '사비미르'라는 제목이었다. '사마 이야기'는 출연배우 150명이 동원된 대규모 수상공연으로 금강 이야기와 백제의 개국신화, 무령왕의 일대기를 연결하여 백제의 역사와 정신을 창의적으로 표현한 작품이다. 총 7부로 구성되었는데, 제1부 '한성의 아침', 제2부 고구려의 침공을 그린 '국난', 제3부 공주로 천도하는 '웅진으로', 제4부 '빛과 어둠'은 고마에게 사랑을 고백하는 사마, 제5부 '제천'에서는 무령왕이 즉위하고 고마가 왕비가 된다. 제6장 등극낙화는 화려한 무령왕의 즉위식과 고마의 죽음, 제7장 '북으로 서해로'는 희망과 결의에 찬 무령왕과 백제군의 출정을 묘사하였다. 마지막 에필로그 '그리고 미래로'는 백제 부활의 정신으로 힘찬 새출발을 다짐하는 충남의 미래상을 담았다. 공연시간 70분, 금강변의 특설 수상 무대를 장소로 하여 도합 15회 공연을 진행하였다. 출연 배우 약 150명전문연기자 60명, 현지 인력 90명, 관람인원 18,126명으로 집계되었다.

부여에서 공연된 '사비미르'는 백마강과 낙화암의 실경實景을 배경으로 연출된 대작품이다. 13회 공연에 출연 배우 150명전문 연기자 50명, 현지 인력 100명이 동원되었다. 1400년 전 신라, 당 등 백제를 둘러싼 국제관계 구국의지, 염원 신화를 혼합하여 스토리를 구성하였다. 공주수상공연은 '기억나는 프로그램' 1위13.7%, 부여수상공연은 '흥미로운 프로그램' 1위를 각각 기록하였다.

사마이야기와 사비미르의 추억

공주의 대표 프로그램인 '웅진성 퍼레이드'는 퍼레이드와 시민들의 거리공연 퍼포먼스를 가미한 카니발형 야간 퍼레이드로 관심을 끌었다. 백제 탈 2,800개, 횃불 1,400개, 백제 복식을 착용한 2천여 명이 참가하여 한국기네스에 기록된 행사를 연출하였다. 이에 대응하는 부여의 역사 프로그램은 서동·선화공주 나이트 퍼레이드, 백제 역사 문화 행렬이었다.

백제의 문화유산을 디지털로 복원하는 '백제 문화유산 디지털 상영', 세계 역사 도시연맹 회원국들의 역사문화를 비교 체험하는 '세계역사도시전' 등이 함께 준비되었다. 공주박물관과 부여박물관에서는 백제유물특별전이 열렸다. 공주에서는 백제의 금동관, 부여에서는 백제 와전이 집중 전시되었다. '대백제 기마군단 행렬'은 123필의 기마군단과 100명 병사가 백제인의 기상을 유감없이 표현하는 행사였다. 기마군단의 수를 123필로 조정한 것은 사비시대의 기간에 해당한다. 총 6막으로 구성된 기마군단 행렬은 대야성 공격을 위한 출정식을 시작으로 2막 척후마 보고 및 행렬, 3막 대야성 전투 재현, 4막 행렬 포퍼먼스, 5막 승전보고 및 검무춤 등으로 꾸며졌다.

논산에서는 '황산벌전투 재현'이 이루어졌다. 주제는 '계백장군 5천 결사대의 귀환', 10월 2, 3일 논산시 논산천 둔치에서 8막으로 구성된 재현행사에는 말 30필에 전문 연기자를 포함한 출연자 1170명이 동원되었다. 황산벌 전투 재현은 오른쪽에 백제 군영, 왼쪽에 신라 군영을 배치하고 중앙에 메인 무대를 만들어 전투 장면을 재현하였다. 1막에서는 나당군의 침략에 맞서는 백제군의 전쟁 준비, 2막에서는 계백장군의 애국심, 3,4, 5막에서는 오천 결사대의 처절한 항쟁, 6막 화랑 관창과의 전투, 그리고 7막에서는 기병, 궁수들이 총동원되어 대규모 전투가 화려하게 재현되었다.

2010 수상무대 공연 '사
마이야기'

　공주와 부여에서 금강을 이용한 부교와 유등은 인기 있는 프로그램으로 부각되었
다. '백제음원' 개발은 백제의 음악 · 소리 · 악기를 발굴 복원하여 재현한 것이었다. 인
절미 축제는 '2010 대백제전'을 기념하여 2,010m 길이의 인절미를 조성하였다.

　예산은 국비 30억, 도 · 시 · 군비 170억 등 총 240억을 투입, 22개 대형 프로그램
과 70개의 시군 프로그램으로 구성되었다. 공주 고마나루에 전해지는 금강에 얽힌 이
야기와 무령왕의 일대기를 소재로 한 판타지 '사마이야기', 백제문화유산을 이미지화
한 퍼포먼스 '사비미르' 최대의 대형 기획이었다.

역사를 새로 쓰다

　9월 중순에서 10월 중순에 이르는 긴 기간의 개최로 말미암아 개최 기간중 추석연
휴9.21~25를 포함하는 것은 불가피하였다. 다만 추석 연휴기간의 방문객 추이가 어떤
결과로 나타날지는 매우 궁금한 사항이었다. 추이 통계에 의하면 추석 전 관광객의 방

문은 저조한 상태였으나 연휴를 계기로 방문객 수가 크게 늘었고, 특히 연휴중의 일요일9.25은 22만 6천이라는 최대 수치를 보여주었다. 한편 축제 3주차10.4~10는 전국 각지에서 중점적으로 축제가 이어지는 시기였음에도 불구하고남강유등축제, 천안흥타령축제, 광주7080충장축제, 수원화성문화제, 과천한마당축제, 연천전곡리구석기축제, 인천소래포구축제 유료방문객 수치가 최대를 기록하였다.

① 2010 세계대백제전
고마나루 예술마당
개장식 공주
②·③ 2010 세계대백제전
개막식에 참가한
이명박대통령 부여

행사기간 참가자는 370만, 140억의 순수익, 657명의 직접 고용 효과, 2,399억의 경제적 파급 효과가 있었던 것으로 평가되었다. 세계대백제전을 기회로 충청남도는 '2010 대충청방문의 해'를 설정, 관광객 유치에 힘을 기울였다. 그 결과 충청남도는 관광객 방문이 4,309만을 기록, 전년도에 비해 10.1%가 증가하는 결과를 가져왔다. 대백제전 방문객 370만은, 비슷한 시기 개최되었던 제천한방바이오엑스포2010년, 136만, 고성공룡엑스포2009년, 171만, 함평세계나비곤충엑스포2008년, 126만을 크게 상회하는 수치이다.

2010대백제전에서 눈길을 끄는 것은 첫째 유료관광객이 크게 증가한 점이다. 유료방문객 157만방문객의 42.5%은 고성공룡엑스포의 106만, 함평세계나비곤충엑스포의 102만에 비하여 훨씬 높은 수치를 기록한 것이다. 둘째 많은 일본 관광객을 유치한 점이다. 총 76편의 항공기로 7천명에 이르는 일본관광객이 유치되었다.

임시였지만 청주공항을 이용하여 오사카와 후쿠오카를 정기선, 특별선으로 연결하였다. 세계대백제전 참여 해외국가는 28개국에 이르렀다.

7. 백제 부흥의 기치를 올리다 2011-2014

2011년 이후 백제문화제는 예산, 규모 등에서 예년에 비하여 축소되었다. 동시에 자체역량의 비축에 중점을 두었다. 자생력을 가질 수 있는 축제로의 성장이 필요하였다. 50억 규모의 예산에 10일의 개최 기간을 유지하였다. 기왕의 축제 가운데 일부 프로그램은 다시 연출하였다. 퍼레이드 교류왕국대백제, 공주의 웅진성 퍼레이드, 부여

의 백제역사문화 행렬 등이 그 예이다.

미마지를 교과서에 올리다

예산은 축소하여 투입되었지만 2011년 제57회 백제문화제는 관람객 149만, 경제 파급효과 920억의 효과를 올렸다. '4대강 살리기'와 연계하여 금강가의 가을 축제와 병행하여 진행하였다.

2012년 제58회 백제문화제는 미마지가 주제였다. '백제의 춤과 음악, 미마지의 부활'이라는 주제에서 보는 것처럼 미마지는 일본에 '기악伎樂'이라는 백제의 춤과 음악을 전수한 백제의 인물이다. 2012년은 마침 미마지의 백제기악 전수 1400주년이 되는 해였다. 이에 의하여 미마지 국제학술회의, KBS 역사스페셜, 탈 제작 체험, 미마지 탈춤 공연 등 다양한 행사를 진행하였다.

미마지 특집을 계기로, 미마지 교과서 수록 추진위원회를 구성하여 그 내용이 역사 교과서에 수록할 수 있도록 추진하였다. 2014년부터 사용되는 고등학교 한국사교과서 에서는 비상교육과 교학사 2개 교과서가 미마지에 대한 내용을 교과서에 수록하였다. 그 가운데 비상교육 한국사도면회 외는 '백제 미마지의 기악전수'라는 제목의 주를 달아 보다 상세한 설명을 부가하고 있다. "612년 백제인 미마지는 남중국에서 배운 기악을 왜에 전하였다. 기악은 불교와 관련이 깊은 가면극을 말한다. 당시 가면극에서 사용했다고 전해지는 가면과 악기가 일본의 국보로 지정되어 도쿄국립박물관과 도다이지東大社에 보관되어 있다."

2012년 제58회 백제문화제 가운데 무령왕과 왕비 선발대회는 KBS김애란 PD가 담당하여 새로운 개념의 선발대회 모습을 보여주었다. 2013년에도 선발대회가 이루어져 한옥마을에서 이들 출연자의 공연이 이루어지는 등 다양한 프로그램 개발과 연결하면서 백제문화제 홍보를 겸하는 행사가 이루어졌다.

금동대향로의 비밀

2013년 제59회 백제문화제는 백제금동대향로를 주제로 열렸다. '다시 피어나는 향, 백제금동대향로 비밀의 문을 열다'가 그것이다. 이는 1993년 발굴된 금동대향로의 발굴 20주년을 기념한 것이다. 백마강 부교에는 향로를 중심으로 대향로에 새겨져 있는 5악사피리, 비파, 배소, 현금, 북 연주자와 20여 종의 동물들을 재현한 유등을 설치하여 주제를 강조하였다. 국립부여박물관에서는 금동대향로를 재조명하는 학술회의를 개최하고 아울러 아시아 각국의 향로를 관찰하는 특별전이 개최되었다. 연극 '백제금동대향로 천일간의 탄생 이야기'도 금동대향로 주제 행사의 하나였다.

백제문화제 공주개막식에는 공주에서 결성된 200명 규모 시민합창단이 출연, 참석자들에게 큰 감동을 주었다. 한화에서 지원한 금강변의 개막식 불꽃 축제는 '중부권 최대의 불꽃축제'로 꼽힐 정도의 성대한 장관을 보여주었다. 한화그룹 지원의 불꽃축제는 2010 세계대백제전 이래 지역 기업의 후원이라는 측면에서 이루어진 것이었다.

'무령왕 별과 노래'라는 프로그램을 공주 웅진백제역사관에서 시험 개최하였다. '무령왕' 별의 등재를 축하하는 이 행사는 별 등재에 협조한 사토 나오토佐藤直 씨의 특강, 그리고 일본에서 참가한 가수 와지마 시즈요和鳥靜代 무령왕 노래를 참석자들과 함께 불러 축제 분위기를 돋우었으며, 가라츠 방문단 30여 명이 참석하여 국제적 교류 축제가 되었다. 금강을 활용한 프로그램으로 부교와 유등은 자리를 잡고 있다. 유등은 백제의 여러 가지 미술품과 문화유산을 형상화하였으며, 해상왕국을 상징하는 백제의 선박을 대량으로 조성하여 배치함으로써 장관을 연출하였다.

백제문화제, 갑년을 맞다

2014년으로 백제문화제는 제60회 갑년을 맞는다. 제60회 백제문화제는 백제문화제의 안정 기반 구축에 중점이 있다. 백제의 정체성을 확인하는 새로운 문화콘텐츠 창조의 장이 되고 국제적 축제의 장이 되기 위하여 준비 중에 있다. 공주 혹은 부여민들이 축제를 통하여 공감대를 확산하며, 역사관광 도시로서의 활성화를 도모하는 새로운 출발점이 된다.

제60회 백제문화제는 2014년 9월 26일금부터 10월 5일일까지 10일간 개최된다. 주제는 '백제, 세계를 만나다', '백제의 류流·흥·멋'을 부제로 달았다. 대표 프로그램으로 퍼레이드 '해상 교류왕국 대백제'가 선보이고 부여에서는 백제 성왕의 이야기가 '대백제의 혼'으로 꾸며진다. 공주에서는 '한중일 문화교류전'이, 부여에서는 '삼국문화교류전'이 계획되어 있다.

갑년을 맞는 백제문화제는 콘텐츠의 강화와 변화, 운영 방식의 개선을 비롯한 여러 현안을 안고 있는 것도 사실이다.

8. 백제문화제, 앞으로

백제문화권 개발과 백제문화제의 세계화 등 일련의 백제사업은 우리 시대에 있어서 일종의 '백제부흥운동'에 해당한다. 흑치상지와 복신 도침에 의한 제1차 부흥운동, 견훤에 의한 제2차 부흥운동에 이은 3차 백제부흥운동에 해당하는 것이 오늘날에 있어서 '백제문화 사업'이다. 일본 고대 역사에 미친 백제의 영향력, 백제문화가 갖는 보편성과 국제성은 21세기에 복원되는 동아시아 세계에서 한국의 역할을 상징하기도 하고, 글로컬시대의 새로운 발전을 지향하는 충남의 정체성을 상징하기도 한다.

국제화를 지향한다

백제 축전의 성공적 진전을 위해서는 '백제' 브랜드가 갖는 일본에서의 영향력과 인지도를 적극 활용해야 한다. 일본은 지리적으로도 한국에서 가장 가까운 나라이고 지역이라는 점에서 국제화 상대의 일차적 대상이 된다.

공주 · 부여의 국제교류는 일본 중심으로 편중되어 있다. 백제문화라는 개념을 살리는 의미에서 중국과의 교류를 보완하여 삼국을 연결하는 국제교류라는 특성을 강화하는 것이 필요하다. 백제문화와 밀접한 연관이 있는 남조의 수도가 남경이었던 만큼, 남경 혹은 강소성이나 절강성 등과의 교류를 활성화할 필요가 있다. 남경의 경우 시립박물관이 국립공주박물관과, 남경대학이 공주대학교와 각각 자매 결연 관계이고, 남경이 대전과도 자매도시 관계에 있으므로 이러한 기존 체계를 도시간 교류에 적극 이용하는 것이 좋겠다.

지속적인 백제 콘텐츠 개발의 필요성

대백제전, 혹은 앞으로의 백제문화제에서도 지속적으로 중점을 두어야 할 중요 사항의 하나는 역시 백제 콘텐츠의 지속적 개발과 활용이다. 이에 대한 노력이 지속되어야 할 것이다. 축전의 프로그램에서 백제콘텐츠를 어떻게 적용할 것인가하는 것이 우선적인 관건이지만, 연계 프로그램에서 '백제'의 특성을 보완하는 것도 필요한 일이다.

2007년 이후 백제문화제의 획기적 도약과 함께 추진된 것이 백제문화유산의 세계문화유산 등재 사업이었다. 처음 세계문화유산 등재 작업은 무령왕릉을 등재하려는 것이었다. 그리하여 그 전단계로서 무령왕릉을 문화재청의 잠정목록에 등재하였지만,

여러 차례의 검토 결과 보다 넓은 범위에서 여러 문화재를 재구성하는 것이 필요하다는 결론이었다. 이에 의하여 무령왕릉 이외에 공산성 혹은 부여 나성, 정림사지 등 공주·부여의 주요 백제문화재를 엮는 것으로 작업이 되었다가 범위를 더 확대하여 전북 익산의 미륵사지, 왕궁리 유적 등을 포함하는 것으로 2014년 신청서를 접수할 예정으로 있다. 백제 문화유산의 세계문화유산 등재는 백제문화제의 활성화를 위해서도 매우 중요한 관건이라 할 수 있다.

백제문화 축전이라 하여 이이템을 지나치게 백제에 한정할 필요는 없다. 이러한 점에서 유용한 다른 시대 유적에 주목해야 한다. 금강의 일제강점기 도시 유적과 학봉리

제60회 백제문화제
기념우표

의 도요지 관련 유적이 그것이다. 공주·부여와 금강 일대 일제강점기 유적에 대한 적극적 개발과 활용이 필요하다. 공주·부여만이 아니라 인근 강경·장항 등의 일제강점기 유적을 개발하여 이를 공주·부여의 일본 관광객을 겨냥하여 연계함으로써, 백제 관광 코스의 다양성을 도모한다. 공주·부여·강경·장항 등의 일제강점기 유적은 금강을 맥락으로 발전한 도시 양상으로서, 금강을 근간으로 발전하였던 백제시대의 도시적 양상과 맥을 같이하는 것이다.

백제문화제는 충남의 자존심이다

백제문화제는 백제의 왕도였던 공주와 부여에서 열리고 있다. 문화재청에서는 지역민의 염원을 담아 공주·부여·익산을 유네스코 역사유적지구로 등재하려고 노력하고 있다. 백제문화제 추진위원에서는 60회가 된 백제문화제나 그 프로그램도 계속 수준을 높여 유네스코에 등재하려고 하고 있다. 따라서 백제문화제는 공주·부여만의 축제가 아니라 충남의 축제이며 한국의 축제이다. 이 점에 있어서 백제문화제의 세계화가 중요하다. 백제문화제의 세계화는 국내외 축제 참가자와 관광객을 모으는 효과를 기대할 수 있다. 그리고 이들 참가자들은 공주·부여만이 아니라 그 주변지역의 관광 활성화의 자원이 될 수 있다.

백제문화제는 충남인의 자존심이다. 30여 년을 끌고 있는 백제문화권 개발을 일단락하고 새로운 시대를 준비하는 백제부흥운동의 정신이 이 시점에서 필요하다. 백제문화제 60년을 맞아 충남 발전을 새롭게 견인하는 축제의 장으로서의 백제문화제의 도약 발전을 기대한다. ✽

4장 백제문화제 들여다보기

최석원 · 서은성
백제문화제추진위원회

1. 백제문화제의 킬러콘텐츠 〈퍼레이드 교류왕국 대백제〉

바다를 경영했던 해상왕국 대백제의 부활

백제문화제는 누구나 쉽게 흥겨움에 빠져들게 하는 매력이 넘치는 축제이다. 백제의 왕도王都였던 유서 깊은 역사문화 유적과 금강의 빼어난 자연경관을 배경으로 축제가 펼쳐진다. 백제의 역사와 문화를 소재로 한 100개의 다채로운 프로그램은 국내외 관람객들의 오감을 자극하기에 충분하다. 민족적 자긍심을 느끼게 하는 축제이기도 하다. 백제문화는 신라를 거쳐 한민족韓民族 문화의 큰 줄기를 형성하였고, 일본으로 건너가 아스카문화飛鳥文化를 꽃피우게 했다. 일본 고대문화의 원류源流가 된 것이다.

이러한 백제의 역사와 문화를 되짚어 진취적인 문화강국 대백제를 조명하기 위한 축제 프로그램 중 하이라이트는 단연 〈퍼레이드 교류왕국 대백제〉이다. 어둠이 짙게 깔리면 오색찬란한 전식LED 복장의 무희와 캐릭터, 각각의 나라를 상징하는 공기조형물inflatable을 품고 있는 전식 플로트카 등으로 구성된 길고 긴 행렬이 판타지의 세계를 연출한다. 화려한 빛의 장관은 공주와 부여 시가지에 몰린 수만명의 관람객들에게 잊을 수 없는 아름다운 추억을 선사하고, 축제의 흥겨운 분위기는 배가된다.

〈퍼레이드 교류왕국 대백제〉는 백제와 교류하고 있던 나라의 사신 일행이 백제왕을 알현하는 모습을 연출한 것이다. 등장하는 백제의 교류국은 천축인도, 흑치필리핀, 부남캄보디아, 양나라중국, 왜일본 등 5개 나라이다. 인도는 백제인 겸익스님이 불경을 갖고 코끼리를 타고 환국하는 모습을 연출하였고, 치아가 검은 사람들을 의미하는 흑치국黑齒國은 앵무새와 열대과일을 유닛으로 활용하고 있다. 인도차이나반도에 있었던 부남은 힌두교의 신 비쉬누상을, 양나라는 복덕원만福德圓滿한 상을 지니고 있는 포대화상을 각각 상징으로 삼았다. 왜의 스모상은 아스카시대飛鳥時代에 백제사신을 접대하기 위해 스모를 연출하였다는 기록에서 인용하였다.

백제인들의 해상활동 공간은 제주도耽羅를 비롯 동쪽으로는 일본의 북규슈와 지금의 오키나와까지 진출하였다. 또한, 서쪽으로는 중국과 대만해협을 지나 멀리는 흑치국으로 알려진 필리핀 군도까지 교류했다.

중국 하남성 북망산에서 출토된 지석 '흑치상지묘지명'黑齒常之墓誌名에 의하면 흑치상지의 선조가 현재 필리핀으로 여겨지는 흑치黑齒에 봉해졌음을 밝히고 있다. 『일본서기』긴메이欽明 4년조에는 '백제 성명왕이 … 중략 … 부남扶南 재물財物과 노예奴 2구를 바쳤다'는 기록이 있다. 부남 재물과 노예는 백제인들이 부남국을 직접 찾았을 때 확보 가능한 자산이다. 『일본서기』고교쿠皇極 원년조에는 '백제 사신이 곤륜崑崙; 현 인도차이나반도와 말레이반도 지역 사신을 바다에 던져 버렸다'는 내용이 나온다. 이러한 기록들은 백제의 해상활동 범위와 연결지어 생각할 수 있게 한다.

특히, 백제의 활발한 해상활동의 증거는 중국 요서遼西지역 및 산동·오월山東·吳越 지역에 진출했다고 주장하는 '대륙백제설'과도 연관 지어 생각할 수 있다. 요서 진출을 시사하는 내용은 중국 남북조시대에 남조의 한 나라였던 송宋; 420~479의 역사를 기록한 책인 『송서宋書』에, 오월 진출 내용은 남조의 한 나라였던 남제南齊; 479~502의 역사를 기록한 『남제서南齊書』등에 각각 수록돼 있다. '대륙백제설'은 결정적 근거 자료가 확보되지 않은 현재로서 아직 추정에 불과하지만, 백제가 적어도 중국과 활발히 교류했음을 시사하는 증거로 받아들여도 무방해 보인다.

활발한 해상교류 활동을 바탕으로 동아시아의 모든 물산은 백제에 집중되었고, 이를 토대로 하여 백제인들은 창조적인 문화정신을 바탕으로 하여 '검이불루 화이불치'儉而不陋 華而不侈로 함축되는 백제만의 차별화된 미학을 창출해냈던 것이다. 〈퍼레이드 교류왕국 대백제〉는 이 같은 내용을 프로그램에 담아내어 동아시아의 해상교류 왕국이었던 대백제국의 위용을 표현하고, 백제의 풍요로움과 평화로움, 백성의 즐거움 등을 상징하고 있는 것이다.

〈퍼레이드 교류왕국대백제〉의 태동

〈퍼레이드 교류왕국대백제〉는 출범 당시부터 현재와 같은 모습을 갖춘 것은 아니었다. 2007년 제53회 백제문화제에서 선보였던 백제문화제추진위원회의 대표 프로그램인 '퍼레이드 백제문화판타지'가 그 모태였다. 공주시 · 부여군 통합 개최 원년을 맞이하여 축제의 대표성을 상징하고, 백제문화의 국제성과 다양성, 창조정신을 계승하는 역사문화 축제를 구현할 수 있는 프로그램 선정기준에 의하여 공모한 결과 새롭게 탄생한 프로그램이 '퍼레이드 백제문화 판타지'였다.

'퍼레이드 백제문화 판타지'는 22종 61개의 백제 문화유산 조형세트로 구성된 퍼레이드이며, 백제의 다양한 문화상징 조형물을 통해 백제의 화려한 옛 문화를 재현하려 하였다. 행렬은 '백제의 열림'북소리 공연, '백제의 중흥1'근초고왕의 칠지도, 무령왕의 환두대도 하사 퍼포먼스, '백제의 중흥2'백제금동대향로 오주악사와 재천무 공연, '백제의 함성'계백장군 출정과 전투 재현, '백제의 부활'국내외 공연단의 종합공연 등이었다.

'퍼레이드 백제문화 판타지'는 그 해 공주와 부여에서 각각 2차례씩 총 4차례 시연되어 백제문화의 우월함과 아름다움을 널리 알리고, 한 차원 높은 축제로 새롭게 탄생한 백제문화제의 위상을 실감케 하는 프로그램이라는 호평을 받은바 있다. 하지만, '퍼레이드 백제문화 판타지'는 플로트의 이동을 전적으로 인력에 의존하는 등 전근대적인 방식에서 벗어나지 못해 연출에 한계가 있었다. 무엇보다 조형물 자체를 스티로폼 등으로 제작함으로써 내구성이 약하여 이듬해인 2008년 사용이 불가능했다.

이 때문에 '퍼레이드 백제문화 판타지'를 대체할 수 있는 새로운 프로그램의 공모가 불가피하였고, 2008년 3월에 전국 공모를 실시하게 되었다. 이때 명칭은 현재와 마찬가지로 〈퍼레이드 교류왕국 대백제〉였다. 하지만, 그 내용은 '교류왕국 재현 및 다수가 참여하는 다양한 역사문화 행렬', '공주시와 부여군의 차별화된 퍼레이드로 지역 특성화' 등으로, 지금과는 조금 달랐다. 공모 당시에는 단순한 '퍼레이드' 형태를 벗어나지 못한 것이다. 심사를 통해 선정된 대행업체와 협의하는 과정에서 현재 우리가 알고 있는 형태의 〈퍼레이드 교류왕국 대백제〉로 가닥을 잡게 된 것이다.

가장 큰 변화는 전식LED을 활용한 '나이트 퍼레이드'에 방점을 두고, 차량 탑재가 가능한 플로트를 제작하여 반영구적 사용이 가능하도록 한 것이었다. 이에 따라 롯데월드, 애버랜드 등 국내 몇몇 대규모 놀이시설에서만 이뤄지고 있던 전식LED 야간 퍼레이드가 국내 1,000여 개의 축제 중 처음으로 백제문화제에 도입되었다. 각 나라의 행렬단은 국가상징 깃발 캐리어~사신~캐릭터 및 카트~무희~플로트 등으로 구성하였다. 단, 백제유닛만은 성왕행렬기~친위대~파워라이저~궁중무희~용선 플로트 등으로 차별화하기로 했다.

이 계획에 의거 백제문화제추진위원회는 〈퍼레이드 교류왕국대백제〉 준비에 박차를 가했다. 각 나라의 특징을 살린 전통모형의 배 모습의 플로트가 제작되었고, 사자탄 동자승양나라, 앙코르와트의 비쉬누상부남, 스모왜, 앵무새와 열대정글흑치국, 코끼리인도, 왕의 수레 및 사신도백제 유닛 등이 그 위에 설치되었다. 또한, 각 나라 복색을 갖춘 전식LED 무희복, 캐릭터, 국가상징 깃발 캐리어 등도 완성되었다.

〈퍼레이드 교류왕국대백제〉는 2008년 10월 3일 개막식 행사의 일환으로 데뷔 신고식을 치렀고, 신선한 충격을 안겨주었다. 고증을 바탕으로 한 준엄한 프로그램에 익숙해져 있던 공주시민 및 부여군민, 관람객들에게 전식LED 위주의 야간 퍼레이드는 놀랍고 가슴 벅차 감동으로 다가왔기 때문이다. 그해 공주와 부여에서 총 4차례 펼쳐진 〈퍼레이드 교류왕국 대백제〉는 '세계로 뻗어나간 대백제를 보여준 참신한 아이디어'란 평가 속 매스컴의 화려한 스포트라이트를 받았다.

시련의 시간 '2010세계대백제전'

성공적으로 데뷔한 〈퍼레이드 교류왕국 대백제〉는 2010년을 맞아 호된 시련을 겪었다. 전국을 휩쓴 신종플루의 여파로 '프레 2010 대백제전'의 행사 대부분이 취소되어 2009년을 거른 〈퍼레이드 교류왕국 대백제〉는 2010 세계 대백제전 공주행사장의 분위기 메이커로 나섰다. 그리고 9월 17일부터 10월 17일까지 공주문예회관~공주예술마당현재 고마복합예술센터 간 1.4km의 구간에서 총8회를 시연하였다. 9월 18일 퍼레이드에는 일본 오사카 시텐노지四天王寺 왓소 회원, 무령왕교류 가라츠시唐津市 집행위원 및 가카라시마加唐島 집행위원회 회원 등 50명이 일본 행렬단 일원으로 참가하여 그 의미를 더했다.

하지만, 관람객들의 반응은 냉담했다. 퍼레이드 동선이 워낙 외진 곳이었기에 지켜보는 행인이 거의 없었을 뿐 아니라 공주예술마당 행사장에 너무 늦은 시간대에 도착하는 바람에 축제장 관람객들의 관심을 끄는데 어려움을 겪었다. 관람객들은 주무대 공연이 마무리되는 시간에 등장한 퍼레이드를 눈여겨보려 하지 않았던 것이다. 더욱이 잦은 우천과 추운 날씨 등 기상이변은 전식LED을 활용하는 퍼레이드 운영에 적잖은 차질을 초래했다.

아무리 좋은 내용과 인프라를 갖춘 프로그램이라고 해도 주변환경과 여건 등을 감안하여 시의적절하게 활용치 못하면 성공을 보장할 수 없다는 교훈을 안겨주었다. 2010 세계 대백제전의 쓰디 쓴 실패로 인해 이듬해 열리는 제57회 백제문화제를 앞두고 폐지론이 거론될 정도로 〈퍼레이드 교류왕국 대백제〉는 심각한 상황에 봉착하였다. 일각에서는 역사문화축제의 엄숙한 분위기와 어울리지 않는다는 우려를 제기했고, 동일한 프로그램이 매년 반복되는 만큼 관람객들이 식상해 할 것이란 지적도 나왔다.

고민 끝에 나온 '해법'은 시가지 번화가의 진출이었다. 군중을 끌어모으기 위한 전략이었지만, 이에 못마땅해 하는 목소리도 적지 않았다. 퍼레이드 동선이 신관동 최고의 주택 밀집지역 및 공주대학교 입구에 있는 상가지역이었기 때문이다. 특히 공주대학로신관초교교차로~공주대 입구는 왕복 2차선으로 도로 폭이 협소해 교통차단이 불가피하였고, 교통체증에 따른 시민 불만이 고조될 수 있다는 우려가 빗발쳤다.

모험을 감행하기로 결단은 내려졌고, 준비는 빠르게 진행되었다. 부남국과 양나라의 공기조형물 유닛이 새로운 비쉬누상과 포대화상으로 각각 교체되었고, 플로트 및 무희 의상, 소품 등의 전식LED 장비를 보강하여 화려함이 극대화되었다. 그해 웅진성 퍼레이드의 우승팀인 신풍면 선학리 지게놀이와 반포면 풍물놀이패를 퍼레이드 행렬의 선두에 배치하여 분위기 메이커 역할을 맡도록 하였다. 퍼레이드 행렬이 지나는 날에는 공주대학로의 중앙선 침범방지봉을 임시로 철거하는 등 준비에 만전을 기했다.

결과는 대성공을 거두었다. 신월초등학교에서 공주대학교 후문에 이르는 1.6km의 퍼레이드의 동선은 인근 아파트와 상가 등에서 쏟아져 나온 관람객들로 인산인해를 이뤘다. 구경꾼들이 워낙 많아서 발 디딜 틈이 없었다. 전식으로 꾸며진 플로트와 무희, 소품 등이 연출하는 화려함은 시가지의 번화가에서 한층 더 빛을 발했고, 눈앞에서 펼쳐진 판타지 세계에 관람객 사이에서는 연신 탄호성이 터져 나왔다.

퍼레이드는 각국의 사신 일행이 진상품을 헌납하고, 백제왕이 연희를 베풀어주는 공연이 펼쳐졌던 신관초교 교차로에서 절정에 올랐다. 공연자와 많은 관람객이 모두 혼연일체가 되어 뒤풀이 한마당을 펼쳤다. 흥겨운 분위기는 최고조에 이르렀고, 관람객들에게는 잊을 수 없는 추억을 안겨주었다. 퍼레이드는 역시 시가지 번화가에서 운집한 군중과 더불어 호흡하며 소통할 때 제격이라는 사실을 새삼 일깨우는 계기가 되었다.

아직도 갈 길이 먼 체질 개선

〈퍼레이드 교류왕국 대백제〉는 2011년 공주 번화가의 성공적인 공연에 힘입어 명실상부한 백제문화제의 대표 프로그램으로 자리잡게 되었다. 실제로 〈퍼레이드 교류왕국대백제〉는 안전사고 위험에 노출돼 있는 데다, 반복되는 레퍼토리로 식상하다는 지적을 받고 있던 부여의 대표 프로그램 '대백제 기마군단 행렬'을 대체하여 2012년 제58회 백제문화제부터 부여지역 공연에 나서게 되었다. 그해 10월 5~6일 공주지역 퍼레이드에 앞서 10월 2~3일 부여군민체육관에서 성왕로터리, 궁남사거리를 거쳐 부여군민체육관으로 회귀하는 1.9km 구간에서 퍼레이드가 펼쳐졌다.

부여군민들 또한 웅장하고 화려한 전식LED 퍼레이드의 매력에 푹 빠져들었다. 이에 따라 〈퍼레이드 교류왕국 대백제〉는 제59회 백제문화제의 킬러콘텐츠대표 프로그램로 다시한번 진가를 발휘하였고, 백제문화제 60년사를 조명하는 제60회 백제문화제에서도 어떤 형태로든 '대표 프로그램'의 지위를 잃지 않을 것으로 보인다. 하지만, 〈퍼레이드 교류왕국 대백제〉의 인기가 언제까지 이어질는지 아직 미지수이다. 변함없는 레퍼토리는 새로움을 추구하는 관람객들의 욕구를 충족시켜 주지 못할 게 뻔한 상황이다.

'대백제 기마군단 행렬'의 전철을 밟지 않도록 2012년 제58회 백제문화제에서는 캐릭터를 보강하였다. 일본 전통 고양이 인형인 마네키네코에서 차용한 '네코', 캄보디아 원숭이에 전통의상을 착용한 '깜비', 열대조류에 필리핀 전통의상을 착용한 '필리', 인도코끼리에 전통의상을 입힌 '가네샤' 등이 그것이다. 또한 2013년 제59회 백제문화제에서는 플로트 설비를 보강하여 어린이들이 탑승할 수 있도록 하였고, 축제 분위기를 한층 고조시켰다는 호평을 받았다. 퍼레이드 선두에 염광고 고적대를 배치하여 축제 분위기를 돋웠다.

이에 따라 '왕의 연희'가 펼쳐지는 시가지 교차로 일원은 수많은 인파가 몰려 북새통을 이루었고, 언론을 통해 소개되면서 유명세를 타고 있는 '특별한 퍼레이드'를 보기 위해 전국 곳곳에서 관람객이 방문하였다. 하지만, 이런 성과에도 불구하고 제59회 백제문화제의 흥행성적은 썩 만족스러운 것만은 아니었다. '왕의 연희'가 펼쳐지는 장소 이외의 퍼레이드 이동 동선에서는 예년과 같은 관람 열기를 찾아보기 어려웠기 때문이다. 이는 공주와 부여 모두 동일한 현상으로 나타나고 있다.

이는 〈퍼레이드 교류왕국 대백제〉가 갖고 있는 공연적 요소의 경우 관람객의 호기심을 줄곧 유지시킬 수 있지만, 퍼레이드 행렬 그 자체는 다소 식상할 수 있음을 의미한다. 또한, 해상교류 왕국 백제의 위용을 드러내기 위한 프로그램이지만, 관람객 대다수는 전식LED 행렬의 웅장하고 화려한 외형과 흥미로운 축제 분위기에 열광하고 있을 뿐 퍼레이드에 담겨 있는 의미를 이해하고 있는 이는 많지 않다. 퍼레이드 행렬 내부, 혹은 공연장 주변에 멀티미디어 시스템을 설치하여 그 내용을 홍보하거나, 퍼레이드 구성 자체를 '해상강국'에 대한 이해를 도울 수 있는 방향으로 새롭게 업그레이드하는 등 개선방안을 모색해야 할 시점이라는 의미이다.

퍼레이드 교류왕국

우리의 〈퍼레이드 교류왕국 대백제〉가 과연 일본 교토 기온祇園, ぎおん에서 매년 7월 개최하고 있는 기온 마쓰리祇園祭, ぎおんまつり처럼 향후 1,000년이 지난 뒤에도 사랑받는 퍼레이드가 되게 하려면 어떻게 해야 하는가? '해상강국 백제'란 탁월한 주제와 '나이트 퍼레이드'란 훌륭한 소재를 활용하여 지혜를 발휘한다면 더 많은 사랑을 받을 수 있고, 여타 축제와 차별화된 프로그램으로 특화할 수 있을 것임은 분명해 보인다. 그 숙제를 풀어나가야 할 주체는 당연히 백제문화제추진위원회이지만, 이를 위해 공주와 부여 지역주민, 백제문화제 관람객 등 모두도 힘과 지혜를 모아주어야 하겠다.

2. 수상공연 '사마이야기'와 '사비미르'

2010년 9~10월, 2010세계대백제전에서 수상공연작품인 〈사마이야기〉와 〈사비미르〉가 공주와 부여에서 각각 공연되었다. 공주 금강과 부여 백마강을 배경으로 한 수상무대에서 각각 펼쳐졌던 〈사마이야기〉와 〈사비미르〉는 행사기간 동안 연일 매진사례를 기록하는 등 최고의 인기를 누리면서 2010세계대백제전 최고의 볼거리였다는 평가를 받았다. 또한, 2개 수상공연은 연출력과 작품성이 돋보이면서 언론의 스포트라이트가 집중됨으로써 축제 관객몰이에 기폭제 역할을 하였다.

〈사마이야기〉와 〈사비미르〉의 탄생

백제문화제추진위원회는 2010 세계 대백제전을 대표하는 얼굴로 새로운 프로그램을 기획하고 있었는데, 수상공연 최초의 기획안은 2008년 10월 확정된 2010 대백제전 기본종합계획에 반영될 정도로 일찌감치 기본방향의 가닥이 잡혀 있었다.

「2010 대백제전나중에 2010세계대백제전으로 변경의 가장 핵심적인 프로그램인 수상공연은 금강 수변에 마련되는 수상무대를 배경으로 백제의 역사적 사건 · 인물 · 전설과 예술적 성과물을 종합하여 공주와 부여의 경관적 · 장소적 특성을 고려하여 개발한다. 또한 공주와 부여 프로그램의 세부 컨셉에 따라 공주는 '현대적이고 다이내믹한 수상 퍼포먼스'로, 부여는 '서정적이고 화려한 수상 퍼포먼스'로 기획, 개발하되 미디어 퍼포먼스, 4D arts, 비주얼 웍스 등의 첨단 테크놀로지와 전통적인 불꽃, 줄불, 풍등 등의 소재를 활용하여 현대적 감각과 전통의 미를 살릴 수 있도록 한다.」

'현대적이고 다이내믹한 수상 퍼포먼스'는 나중에 〈사마이야기〉로, '서정적이고 화려한 수상 퍼포먼스'는 〈사비미르〉로 각각 자리를 잡아가게 된다. 물론 수상공연의 당초 기획 의도는 2010 세계 대백제전에서 실제로 시연되기까지 여러 차례 변화와 진화의 과정을 거치게 된다.

〈사마이야기〉와 〈사비미르〉가 2010 세계 대백제전 프로그램의 하이라이트로 자리매김하게 된 것은 여타 국내 축제와 전혀 다른 형식이어야 한다는 분명한 목표의식 때문이었다. 그러면서도 백제의 역사와 문화를 모티브로 하고 있는 백제문화제의 본래 정체성의 연장선상에 있어야 했다. 패망한 국가로만 인식되어온 백제에 대한 기존 인식을 변화시켜 진취성과 개방성, 강인한 백제의 역사와 문화를 되살려 21세기 미래지향적인 가치를 재탄생시키는 전환점이 돼야 한다는 의미도 담아야 했다.

백제문화제추진위원회가 주목한 것은 '백제가 해상을 통해 세계 여러 나라들과 교류한 가장 진취적이고 문화적인 고대 국가'이었으며, 웅진공주과 사비부여에서 서해로 나아가기 위한 통로이자 해상왕국의 기반이 되었던 '금강'에 주목했던 것이다. 금강은 2010 세계 대백제전의 개최예정지였던 공주와 부여를 이어주는 연결고리로서의 역사적·문화적·공간적 상징이어서 더욱 그러했다.

이에 따라 수상공연은 금강을 활용하여 백제문화를 새롭게 재발견하는 핵심적이고 상징적인 프로그램으로 떠오르게 되었다. 당시 중국에서 큰 성공을 거두고 있었던 장이머우張藝謀이 감독이 연출한 '인상印象 공연 시리즈'를 비롯 일본 도쿄 '디즈니씨 Tokyo Disneysea Park의 수상쇼', 미국 라스베이거스의 '태양의 서커스' 등이 많은 참고가 되었다.

수상공연 준비과정

〈사마이야기〉와 〈사비미르〉 준비 과정은 두 단계로 진행되었다. 공주의 금강, 부여의 백마강에 2개의 수상공연장을 조성하는 하드웨어 사업과 〈사마이야기〉와 〈사비미르〉를 직접 무대에 올리기 위한 소프트웨어 사업으로 각각 나뉘어 진행된 것이다.

먼저 수상공연의 핵심인 2개 작품의 준비 및 실행과정을 소개해 본다.

공주의 수상공연은 초기에 '고마나루 판타지 퍼포먼스 백제열전百濟列傳'이란 이름으로 기획되었다. 연출 방향은 공주 곰나루 전설이 전해지는 고마나루 무대에서 백제시대의 인물과 역사적 사건을 중심으로 백제사 전체를 서사적으로 보여주는 것으로 설정하였다. 동명·소서노와 비류·온조, 근초고왕, 곤지, 무령왕, 성왕, 계백 등 백제의 영웅들을 4D art로 구현한다는 구상이었다.

부여의 수상공연은 '부여 수상미디어 낙화암의 달빛'이라는 타이틀로 현대적이고 다이나믹한 퍼포먼스로 기획되었다. 왕흥사지 부근에 수상무대를 조성하고, 낙화암을 자연스크린으로 활용하여 백제금동대향로 등 백제의 여러 예술품이 가지고 있는 화려하고 아름다운 느낌을 서정적 이미지로 보여주는 것으로 연출방향을 설정하였다. 주로 낙화암에서 백마강을 관망하는 패턴에서 벗어나 낙화암 건너편에서 백마강을 조망하는 새로운 시각적 경험도 제공하려 했다.

하지만, 이 계획은 실행에 옮겨지지 못하였다. 2009년에 신종 인플루엔자가 전국적으로 확산됨에 따라 '프레 2010 대백제전'의 공연 대부분이 취소됐기 때문이다. 미디어아트와 특수효과 융합을 시도했던 이 공연들이 만약 좋은 평가를 받았더라면 2010 세계대백제전 때 공주와 부여 중 한곳은 수상공연을, 다른 한곳은 수상 멀티미디어쇼를 진행하는 등 각각 차별화 할 수 있었다. 수상 멀티미디어쇼에 대한 평가의 기회를 갖지 못해 공주와 부여 두 지역 모두 수상공연으로 진행하게 된 것은 지금도 큰 아쉬움으로 남아 있다.

이후 2010 세계 대백제전을 위한 수상공연 공모과정에서 기존 '백제열전'공주과 '낙화암의 달빛'부여이었던 제명題名은 '사마이야기'와 '사비미르'로 변경되었으며, 공주의 수상공연은 무령왕의 일대기를 중심으로 한 웅진백제의 중흥을 묘사하는 것으로, 부여의 수상공연은 백제 패망의 상처를 백제부흥군의 희생과 백제의 위대한 저력으로 극복하고 대화합과 백제의 부활을 일궈내는 내용의 대변혁이 있었던 것이다.

그리고 2010년 8월 25일 공주 충남교통연수원에서 주연배우가 참여하는 쇼케이스 형태의 제작발표회 등 제1차 공개 리허설을, 8월 31일에는 서울 그랜드하얏트호텔에서 백제문화사절 발대식을 겸한 제2차 공개리허설을 각각 개최하여 참석자들과 언론으로부터 큰 호평을 받았다. 2010 세계 대백제전 개막 직전인 9월 13~17일 공주 공연단은 고마나루 수상공연장에서, 부여 공연단은 9월 24~28일 낙화암 수상공연장에서 각각 사전 리허설예행연습을 실시하고 막바지 최종 점검을 마무리했다.

〈사마이야기〉와 〈사비미르〉 연일 매진사례 기록

〈사마이야기〉는 2010년 9월 18일~10월 3일까지 총 15회, 〈사비미르〉는 2010년 9

월 30일~10월 12일까지 총 11회를 각각 공연했다.

〈사마이야기〉는 중흥군주 무령왕에 대한 이야기로, 프롤로그와 에필로그를 포함하여 모두 9막으로 구성돼 있다. 백제 제25대 왕 무령왕사마은 왕위에 오르기까지 한성시대 말기부터 웅진시대까지 수 차례 위기를 넘겨야 했으며, 즉위한 뒤에도 귀족들의 모반으로 사랑하는 왕비 고마를 잃는 슬픔을 겪게 된다. 하지만 무령왕은 웅지를 가다듬어 북으로, 바다로 진군하여 백제 중흥에 나선다는 내용이다. 전문연기자 160여 명과 워터스크린 등 특수효과가 함께 한 스펙터클한 대규모의 무대가 관객에게 큰 감동을 불러 일으켰다.

〈사비미르〉는 백제의 정신과 예술혼으로 부활해 새로운 세상을 여는 사비미르사비의 용를 중심으로 의자왕과 3천 궁녀 이야기에 얽힌 백제 패망의 역사적 사실을 현대적 해석으로 풀어낸 작품이다. 나당연합군과의 국제적 대립과 갈등관계를 사비와 가물의 나라로 표현하고, 가물왕자와 미르공주의 사랑을 신화적으로 그려냈다. 특히 백마강과 낙화암이란 서정적인 배경에 하이테크놀로지 기법의 특수효과가 총동원됨으로써 관객들은 고대의 백제 속으로 깊이 빠져들었다.

금강 실경산수錦江 實景山水를 활용한 국내 최초의 수상공연이라는 수식어가 붙은 〈사마이야기〉와 〈사비미르〉는 개막 첫날부터 전석이 매진되는 등 초유의 대박행진을 이어갔다. 〈사마이야기〉가 첫 무대를 선보였던 9월 18일 야외 유료객석 1,373석이 모두 찼으며, 표가 없어 되돌아간 인원만 400여명에 달했다. 일부 외지 관람객들이 예매 불편을 강력 호소하는 등 문제점으로 지적되기도 했지만, 이는 수상공연의 인기가 얼마나 높았었는지 가늠해 볼 수 있는 척도이기도 했다. 하지만 실제로 첫날과 둘째날은 예매가 거의 되지 않았다. 그래서 추진위원에서는 고육지책으로 충청남도와 공주시와 협의, 첫째날은 도청공무원, 둘째날은 공주시청 공무원들을 동원하였다. 그러자 셋째날부터는 표를 구할 수 없을 정도로 매진되었고 급기야 좋은 구경을 공무원들이 선점했다는 야유를 받기도 하였다.

야외공연이라는 특성으로 인해 공연 일정의 일부 차질은 불가피했다. 〈사마이야기〉는 당초 9월 18일부터 10월 2일까지 15일간 운영할 계획이었으나, 9월 21일 공연이 우천으로 취소되어 전액 환불조치한 뒤 10월 3일에 하루 연장공연하게 되었다. 〈사비미르〉는 더 우여곡절을 겪었다. 애초 15일 간9월 27~10월 11일 운영할 계획이었던 공연 일정이 기반공사 지연으로 13일9월 30~10월 12일로 축소됐고, 이마저도 이틀간의 우천10월 2~3일생으로 실제 공연일수가 11일에 불과했기 때문이다. 부여군내 소외계층을 위한 무료공연10월 12일을 제외한 유료공연은 고작 10일에 그쳤다.

최종 집계에서 〈사마이야기〉는 1만 8,126명평균 객석 점유율 88%, 〈사비미르〉는 1만 2,849명평균 객석 점유율 95% 등 총 3만 975명이 관람하여 2억 1,450만원발권수수료 841만원 제외의 입장료 수익을 거둔 것으로 집계됐다. 이렇게 되자 문화예술 관계자들과 언론 일각에서는 "대형 실경 무대공연이 전무한 우리의 현실 속에 〈사마이야기〉와 〈사비미르〉야말로 국가 대표 브랜드 공연물로서 자리할 공산이 커지고 있다"는 상당히 고무적인 이야기가 흘러나오기도 했다.

하지만, 이는 수상공연의 여건 전반을 제대로 간파하지 못했기 때문에 나온 성급한 결론으로, 이런 바람들과는 달리 〈사마이야기〉와 〈사비미르〉는 세계 대백제전 이후 역사의 뒤안길로 퇴장하게 되는 운명을 맞고 만다.

멀기만 했던 수상공연장 조성

〈사마이야기〉와 〈사비미르〉를 공연하기 위해서는 공주 금강과 부여 백마강의 강변에 수상공연장을 설치하는 일이 필수적인 과제였다. 하지만 물에 반쯤 잠기는 수상무대를 금강변에 조성하기 위해선 일찍이 상상하지 못했던 엄청난 재원 투입이 요구되고 있었다.

수상공연장 조성을 위한 예산 조달문제를 고민하고 있는데, 때마침 이명박 정부가 '금강살리기사업' 등 4대강 개발사업에 본격 착수했다. 2010세계대백제전조직위원회와 충청남도는 이 기회를 활용하기 위해 2009년 8월 문화체육관광부와 국토해양부, 대전지방국토관리청 등을 방문하여 수상공연장 조성을 '금강살리기사업'에 반영해 줄 것을 건의하였다. 이 결과 공주 고마나루 수상공연장 22억 6,200만원, 부여 낙화암 수상공연장 58억 7,000만원 등 총 81억 3,200만원의 조성사업비를 전액 국비로 진행하게 되었다.

공주 고마나루 수상공연장은 면적 1만 2,000㎡길이 120m, 폭 14m, 관람석 1,931석 규모로 조성되었다. 당초 수상공연장은 곰과 인간에 얽힌 전설이 내려오는 유서 깊은 명승지이며, '공주'의 태동지이기도 한 '고마나루'에 조성할 계획이었으나, 사적지를 보호해야 한다는 문화재위원들의 지적에 따라 강 하류쪽으로 150m 내려간 지점에 설치하였다.

하지만, 심각한 문제는 대백제전이 불과 4개월 앞으로 다가왔던 2010년 5월초 수상공연 시공사측SK건설로부터 터져나왔다. 원래 금강변에 8.75m 수위를 유지할 수 있는 가물막이를 설치할 예정이었으나, 홍수시 붕괴위험이 높다며 시공사측에서 난색을 표했던 것이다. 그 대안으로 강변과 맞닿게 작은 제방을 쌓아 관람석 앞 잔디광장에 수심 1m, 폭 30m규모의 인공연못을 조성하는 방안이 제시되었다. 이렇게 되면 진정한 의미의 수상공연이라고 할 수는 없었지만, 2010 세계 대백제전 조직위원회는 대백제전이 얼마 남지 않은 시점이어서 이를 수용할 수밖에 없었다.

난관은 이에 그치지 않았다. 천신만고 끝에 9월 5일경 공사를 가까스로 완료한 뒤 공연에 필요한 음향시설, 조명타워 등을 설치했으나, 9월 11일 금강 상류의 집중호우로 금강의 수위가 높아져 공연장이 침수되는 피해가 발생했다. 또한, 목재로 조성한 중앙무대가 한때 물에 떴다가 가라앉고, 연못의 다리 일부가 부서졌으며, 상판이 뒤틀리기도 하였다. 다행히 침수기간이 짧아 조속히 피해복구를 마침으로서 〈사마이야기〉는 9월 18일부터 수상공연을 무사히 개최할 수 있었다.

하지만, 〈사비미르〉는 천재天災 피해를 완전히 비켜갈 수는 없어 공연일정의 일부 차질이 불가피했다. 낙화암 수상공연장은 원래 자연경관이 뛰어난 낙화암 건너편에 설치하려 했으나, 문화재 보존지구왕흥사지로 인하여 상류쪽으로 250m 이전하여 조성하였다. 인공 호수를 무대로 사용했던 공주와는 달리 강변에 무대를 직접 설치했던 부여는 백마강의 수위변동이 가장 큰 변수로 작용했다. 9~10월 경 금강의 평균수위 1.5~2m를 전제하여 공연장 기반시설 조성공사를 진행하였으나, 8월경 잦은 강우로 인해 백마강의 수위가 지나치게 상승했던 것이 고민거리였다.

불어난 수위를 낮추기 위하여 금강 상류의 물 수위를 관리하는 수자원공사 물관리센터대청댐에 방류량을 줄여달라고 부탁하기도 하고, 하류의 수위를 관리하는 농어촌공사 금강사업단금강하구둑에 방류량을 늘려달라고 요청하기도 했다. 그래도 물 빠짐 등이 여의치 않자 불가피하게 공연기간을 당초 9월 27일~10월 11일15일에서 9월 30일~10월 12일13일로 조정하게 되었다.

하지만, 오르락내리락하는 수위변화에 대비하기 위해 관람석 하단 1라인을 포기하면서 중앙무대를 당초 계획보다 0.45m 높인 것이 화근이 됐다. 정작 공연시기에는 백마강의 수위가 평년수위1.5~1.7m로 내려감에 따라 높아진 무대가 연출 제약요인이 됐기 때문이다. 결국, 중앙무대의 절반을 절단하여 2단 형태로 리모델링하고, 객석의 중앙광장 하단 좌석 2단을 포기함과 함께 상단 및 좌우 날개구역에 추가로 좌석수를 늘이는 등 조정해야 했다. 또한, 농어촌공사에서 금강하구의 물을 막아 수위를 높여 달라고 사정하여 간신히 공연을 하게되었다. 앞서 밝힌 것처럼 10월 2일과 3일 이틀간 우천으로 공연이 취소되어 13일의 공연기간마저도 11일로 줄여야 했다.

수상공연의 결과와 의미

2010 세계 대백제전 당시 〈사마이야기〉와 〈사비미르〉는 축제 최대의 흥행 아이콘으로 우뚝 섰고 온갖 찬사가 쏟아졌다. 「우리나라에서 규모가 제일 크고 최장 공연하는 본격적인 수상공연」, 「금강의 실경을 배경으로 한 국내 최초의 수상공연」, 「대백제전의 대표 프로그램을 넘어 국가 브랜드 공연으로서의 자리매김」, 「자연을 배경으로 한 실경무대 조성과 임팩트 있는 연출로 웅장하고 감동적인 대서사시 펼쳐」 등등.

〈사마이야기〉와 〈사비미르〉가 이처럼 극찬을 받았던 것은 금강이라는 실경實景을 배경으로 한 수상공연이었기 때문에 가능했다. 사실 〈사마이야기〉와 〈사비미르〉가 국내 최초의 수상공연은 아니었다. 2009년 8월 13~16일, 대전 서구청이 '명학소 망이·망소이의 난'을 소재로 하여 개최한 〈수상뮤지컬 갑천〉이 그 사례이다. 갑천변에 200m의 고려성 세트가 조성되었고, 99척의 수상뗏목과 50개의 대북, 300명의 무사, 50m 상공의 공중발레 등 1,500여 명의 출연진이 참여한 가운데 총 4차례 공연을 실시하여 주목을 받은바 있다.

하지만, 〈수상뮤지컬 갑천〉의 공연 배경이 된 대전 갑천변 일원은 아무리 '대전8경' 중 하나라고 해도 도심공간의 일부분일 뿐으로, 백제의 역사를 머금고 있는 공주 금강과 부여 백마강에 비할 바가 아니다. 웅진백제와 사비백제의 왕성을 감싸고 흐르면서 〈사마이야기〉와 〈사비미르〉의 스토리텔링 요소를 제공해주는 금강의 실경實景은 관람객들에게 한층 감동을 주고, 문화적 충격으로 다가왔던 것이다. 만약 같은 공연이 공주 금강과 부여 백마강이 아닌 여타의 장소에서 이뤄졌다면 감동과 재미는 반감됐을 것이다. 그래서 〈사마이야기〉와 〈사비미르〉는 '실경實景를 활용한 수상공연'이라는 수상공연 본래의 의미를 국내 최초로 실행한 사례라고 자부해도 좋을 듯하다.

이에 따라 2010 세계 대백제전 직후 〈사마이야기〉와 〈사비미르〉를 중장기적 프로그램으로 발전시켜 나가기 위한 다양한 전략이 제시되기도 했다. 지역의 대학이나 예술계 인력을 통하여 프로그램 노하우가 지속적으로 유지될 수 있도록 하는 방안, 프로그램의 분량을 기존 70분에서 40분으로 축소하여 예산부담을 최소화 하는 동시에 장기적으로 상설하는 방안, 야간 관광상품으로 개발하는 방안 등이 거론됐다. 공주와 부여에 설치한 수상공연시설을 활용하는 방안도 꽤 활기차게 논의되었다.

그러나 〈사마이야기〉와 〈사비미르〉는 현재 수상공연 때 사용하였던 수백 벌의 의상과 공연소품이 공주 계룡산 자락의 한 폐교에 보관되어 있다. 한때 놀라운 장관을 연출했던 수상공연의 황폐하고 쓸쓸한 뒷모습은 서글픈 일이기도 하고, 자존심 상하는 일이기도 했다.

〈사마이야기〉와 〈사비미르〉의 문제점 분석

〈사마이야기〉와 〈사비미르〉의 몰락의 가장 큰 요소는 투자와 수익성을 고려한 경제운용의 원칙에서 크게 벗어나 있었기 때문이다. 〈사마이야기〉 22억 3,400만원콘텐츠12억 3900만원, 시스템 9억 9500만원, 〈사비미르〉 21억 7,100만원콘텐츠 12억 4,200만원, 시스템 9억 2,900만원 등 두 편의 공연에 무려 44억원이 투입되었다. 하지만 공연기간은 〈사마이야기〉 15회, 〈사비미르〉 11회무료공연 1회 포함 등 고작 26회에 그쳤다.

여기에 관람료는 성인 기준 S석 2만원, A석 1만원, B석 5000원 등이었으며 어린이는 반값이었다. 턱없이 저렴한 관람료로 인해 3만 975명의 유료관람객들로부터 벌어들인 수익은 고작 2억 1450만원대행수수료 841만원 제외에 그쳤다. 이는 '금강살리기사업'을 통해 조성되었던 공주 고마나루 수상공연장22억 6200만원 및 부여 낙화암 수상공연장58억 7000만원의 조성사업비 81억 3,200만원을 포함하지 않은 수치이다.

천문학적인 금액이 투입된 것에 비해 효율성이 너무 저조하였던 것이다. 경영적인 측면에서의 이러한 심각한 불균형은 〈사마이야기〉와 〈사비미르〉의 재등장을 가로막는 족쇄가 되었다. 의상 및 공연소품, 시나리오 등 현재 보유하고 있는 자산만으로는 공연의 수익성을 결코 보장할 수 없는 탓이다. 국내축제의 여건상 수익성을 전혀 염두에 두지 않는다고 해도 수 십 억원이나 투입해야 하는 프로그램은 외면당 할 수 밖에 없다.

수익성 보장과 같은 맥락이지만, 공연횟수가 늘어나야 한다. 〈사마이야기〉와 〈사비미르〉 중 한 프로그램만 선정하여 세계 대백제전 기간내내 공연했다면 적어도 투자대비 효율은 2배 이상 높아졌을 것이다. 중국의 인상印象시리즈, 일본 도쿄 디즈니씨Tokyo Disneysea Park의 수상쇼, 미국 라스베이거스 태양의 서커스 등 세계적으로 인기있는 프로그램들은 매일 수 차례씩 연중 무휴로 공연이 진행되고 있음을 눈여겨 봐야 한다. 다시 말해 막대한 자금의 투입을 필요로 하는 수상공연은 단기행사에 그칠 수밖에 없는 축제 프로그램으로 적합하지 않다는 의미다.

우리나라는 추위로 인해 11월부터 이듬해 3월까지 야외공연 및 관람에 적합한 기후 여건이 아니다. 6~7월에는 장마가 기다리고 있다. 무엇보다 강수량의 계절적 편차가 큰 국내 하천의 잦은 수위변화는 수상공연의 최대 걸림돌이 아닐까 싶다. 중국의 인상印象시리즈가 공연되는 계림桂林의 이강漓江, 항주杭州의 서호西湖는 연중 수위변화의 폭이 크지 않은데다 연중 공연이 가능한 기후여건을 갖추고 있어 우리나라와 크게 대비된다. 그런 점에서 수상공연이 과연 우리나라에서 뿌리를 내릴 수 있는 것인지 회의를 갖게 한다.

또한 자연을 이용하는 프로그램은 날씨에 영향을 예측하여 얼만큼 리스크를 줄이느냐에 따라 성패가 달라진다고 볼 수 있다. 이런 불리한 여건에도 불구, 백제문화제

2010 금강수상무대
'사마이야기' 공연

는 수상공연을 핵심 프로그램으로 삼아야할 충분한 이유가 있다. 다시 원론적인 얘기로 회귀하지만, 백제가 고구려 및 신라에 견줘 가장 내세울 수 있는 것은 '해상교류' 및 '문화'에 있기 때문이다. 백제문화제를 공동 개최하고 있는 공주시와 부여군은 금강으로 연결되어 있으며, 그 금강은 웅진백제와 사비백제의 역사를 머금고 있다. 백제는 금강을 통해 서해로 나아가 중국, 일본, 동남아 각국과 활발히 교류하였고, 이를 바탕으로 '검이불루 화이불치'儉而不陋 華而不侈로 함축되는 백제문화를 일궈 신라 및 왜일본 등에 전파하여 동아시아의 새로운 문화부흥기를 이끌어냈다. 백제문화제는 금강을 배경으로 하여 백제의 역사와 설화를 스토리텔링한 프로그램이 반드시 필요하며, 그것은 수상공연이 가장 적합하다는 뜻이다.

하지만, 내용과 형식은 크게 변화해야 하겠다. 저예산으로 완성도 높은 수상공연을 연출할 수 있는 탁월한 기획력이 뒷받침돼야 할 것이다. 공주시와 부여군에서 지역 관광자원과 연계하여 연중 운영하는 프로그램 개발도 추진해볼만 하다고 보여진다. 평소 주말에는 소규모 공연으로 운영하다가 백제문화제 기간 중 대형 공연으로 운영하는 방안을 모색할 수 있을 것이다. 아무튼 수상공연에 대한 지속적인 관심과 연구가 필요하다는 생각이 든다. 이는 백제문화제 프로그램의 지평을 넓히는 것에 그치지 않고, 백제역사유적지구가 2015년 세계유산에 등재될 경우 우리 지역을 홍보하고 브랜드 가치를 높이는 가장 효율적인 수단 중 하나가 될 수 있기 때문이다.

3. 한화그룹과 함께 하는 중부권 최대 불꽃축제

「2013년 제59회 백제문화제 개막식 행사가 진행되고 있는 공주 금강신관공원에 마련한 5,000여 관람석은 이날 오전부터 몰려든 인파가 '입추의 여지없이' 가득 메우고 있었다. 금강둔치의 드넓은 축제장은 물론 제방의 비탈면, 공산성 성안마을 등도 인파로 마비된 상태. 관람하기에 좋은 장소는 석양이 짙게 깔리는 무렵부터 일찌감치 사람들로 북적거리고 있었다. 가족끼리 연인끼리 저마다 소중한 사람과 나란히 손잡고 서 있는 모습도 보기에 좋았다. 수많은 젊은이들의 활기찬 젊음도 느낄 수 있었다. 주무대 옆 금강미르섬에는 초대형 멀티미디어 LED 스크린이 중앙에 장착된 지름 12m 크기의 원형 영상구조물Big Circle이 위용을 드러내고 있었다. 무대 위에서는 백제금동대향로 발굴 20주년을 기념하는 공연 '천단, 금동대향로'가 펼쳐지고 있었지만, 관람객들이 손꼽아 기다리고 있었던 것은 개막식 피날레를 장식할 불꽃축제였다. 이윽고 기다리던 불꽃축제가 시작되었다. 각양각색의 불꽃들이 공산성을 배경으로 솟아올랐고, 공주의 가을밤 하늘을 다이나믹하게 물들이기 시작하였다. 금강교에서는 '컬러 이과수 폭포불꽃'이 쏟아져 내리고, 대형불새가 밤하늘을 가로지르며 불꽃을 내뿜었다. 금강 미르섬에 설치된 원형 영상구조물은 영상과 조명, 레이저 등을 이용하여 화려한 빛의 세계를 연출하였다. 관람객들은 밤하늘에 펼쳐진 아름다운 광경에 일제히 탄성을 질렀고, 어디서도 볼 수 없는 감동의 세계에 빠져들었다.」

백제문화제 최고의 인기스타로 떠오른 불꽃축제

어느 축제를 가든지 간에 꼭 한번은 그 축제를 대표하는 프로그램을 찾게 되는 것이 인지상정이며, 자연스러운 일이다. 이를 위해 백제문화제는 성별, 연령대별 관람객의 성향 및 기호 등을 고려하여 백제의 역사와 문화를 소재로 한 다양한 전시 · 공연 · 체험 · 경연 프로그램을 준비해놓고 있다. 그래서 관람객들이 직접 발품을 팔아 한 바퀴 둘러보면, 그 재미가 여간 쏠쏠하지 않다. 백제문화제 프로그램들이 각기 새로운 매력을 발산하고 있기 때문이다.

최근 백제문화제에서는 기라성 같은 대표 프로그램들을 제치고 스타덤에 오른 프로그램이 있다. 〈한화그룹과 함께 하는 중부권 최대 불꽃축제〉이하 한화불꽃축제가 바로 그것이다. 〈한화불꽃축제〉는 백제문화제와 처음으로 인연을 맺은 2011년부터 축제 관람객의 사랑을 독차지했다. 제57회 백제문화제 개막식의 피날레를 장식한 〈한화불꽃축제〉를 관람하기 위해 금강신관공원 일원에 운집했던 인파는 5만~6만명으로 추산되고 있다. 연례적으로 백제문화제 개막식에 많은 군중이 몰리는 편이지만, 이 정도까지는 아니었다. "1955년 시작된 백제문화제 역사 중 처음"이라는 탄성이 곳곳에서 터졌다. 이후 〈한화불꽃축제〉는 2012년 제58회 백제문화제, 2013년 제59회 백제문화제 등에서 모든 프로그램을 압도하며 높은 인기를 누렸다.

〈한화불꽃축제〉에 관람객들의 인기가 쏠린 이유는 무엇일까? 여느 불꽃놀이와는 다르게 화려하고 다양한 불꽃이 영상, 조명, 레이저, 특수효과, 음악 등과 함께 스토리텔링 형식으로 펼쳐지는 '멀티미디어 불꽃'인 탓이다. 국내에서 개최되는 축제장에 가면 예외없이 볼 수 있는 프로그램이 불꽃이다. 극히 짧은 시간에 많은 시각적 효과를 기대할 수 있기 때문이다. 또한, 공식적인 기록에 의하면 백제문화제에 '불꽃놀이'가 처음 등장한 시기는 1965년 제11회 백제문화제이다. 그 당시 불꽃놀이는 얼마나 생소하고 놀라운 광경이었을 것인가. '불꽃놀이'를 이렇게 이른 시기에 시작한 것만 봐도 백제문화제가 여타 축제에 비해 얼마나 선도적 역할을 했던 축제인지 드러난다.

하지만, 이런 불꽃놀이가 대부분 밤하늘에 꽃잎처럼 휘황찬란하게 퍼지는 불꽃을 단순히 즐기는 수준인 반면, '멀티미디어 불꽃'은 밤하늘을 배경으로 펼쳐지는 한편의 뮤지컬을 보듯 입체적이고 환상적인 연출이 이뤄져 한차원 높은 감동을 선사한다는 점에서 큰 차이가 있다. 더욱이 백제문화제의 〈한화불꽃축제〉는 규모면에서도 국내에서 손가락 안에 꼽을 정도로 대형에 속한다. 그래서 부산불꽃축제, 서울세계불꽃축제에 이어 국내 3대 불꽃축제임을 자부하고 있으며, 적어도 충청권을 포함한 중부권 일원에서는 최대 규모의 불꽃축제인 것이다.

무엇보다 백제문화제의 〈한화불꽃축제〉는 '역사성'을 배경으로 하고 있어 여타 불꽃축제와 한층 차별성을 갖는다. 불꽃축제의 주제에 '백제의 역사와 문화'를 담고 있어 색다른 매력과 감동을 안겨준다는 의미다. 실제로 2011년 제57회 백제문화제의 〈한화불꽃축제〉는 '백제의 사계四季, 그리고 다시맞는 봄'을 주제로 하여 1막봄, 2막여름, 3막가을, 4막겨울, 5막다시맞는 봄, 클로징 등으로 진행되면서 관람객들을 가슴 벅찬 감동의 세계로 이끌었다. 또한, 2012년 제58회 백제문화제의 〈한화불꽃축제〉는 부여의 장소성을 살려 '낙화落花, 불꽃花火으로 다시 피어나다'란 주제로 개최됐다. 그해 불꽃은 1막 '낙화, 부여의 눈물', 2막 '운명', 3막 '새로운 시작', 4막 '낙화, 불꽃으로 피어나다' 등의 순으로 진행되면서 낙화암에 서려있는 이야기를 아름다운 불꽃과 빛으로 승화시켰다.

2013년 제59회 백제문화제에서는 '함께하는 백제문화제'를 주제로 하여 1막 'Love is 백제', 2막 'Happy is 백제', 3막 'Tomorrow with 백제' 등의 순으로 진행됐다. 특히 지름 12m 크기의 원형 영상구조물Big Circle이 금강미르섬에 설치돼 새로운 기법의 특수조명을 연출하였고, 기존 '나이아가라폭포불꽃'을 능가하는 '컬러 이과수폭포불꽃'를 국내 최초로 선보이는 등 한차원 더 업그레이드한 연출력으로 깊은 감동을 선사하였다. 앞으로 〈한화불꽃축제〉가 어떤 모습으로 진화할는지 자못 기대되고 있다.

〈한화불꽃축제〉가 해마다 펼쳐지는 장소 또한 특별하다. 공주는 웅진백제의 왕성王城인 공산성사적 제12호을 배경으로, 부여는 사비왕성을 드나들던 백마강 나루터였던 구드래 일원명승 제63호의 금강백마강에서 각각 불꽃축제를 개최했다. 백제의 역사와 문화를 주제로 한 '멀티미디어 불꽃축제'가 바로 백제의 역사를 머금고 있는 '특별한 장소'에서 펼쳐지고 있는 것이다. 〈한화불꽃축제〉는 연출력, 장소성, 역사성 등 삼박자를 고루 갖췄기 때문에 관람객의 사랑을 독차지하는 것은 너무나도 당연한 귀결이다. 그래서 〈한화불꽃축제〉만이 갖는 각별한 감동과 함께 하기 위하여 관람객들은 국토 북단부터 수도권, 영호남에 이르기까지 전국 방방곳곳에서 매년 백제문화제를 찾아오고 있다.

참여형 축제의 새 이정표 세웠다

〈한화불꽃축제〉가 이벤트 측면뿐 아니라 '참여성 강화'를 통한 축제의 체질개선 모범사례로서도 크게 주목받고 있다. 축제의 참여유형은 크게 두 가지로 나눌 수 있다. 첫째는 기존 축제 프로그램에 '직접 참여'하는 것이다. '보는 축제'에서 '참가하고 즐기는 축제'로 만들어가는 것을 의미한다. 일례로 5,000여명의 공주시민들이 참여하는 웅진성퍼레이드는 주로 외지인들로 구성된 공주사이버시민 800명이 행렬 선두에 서서 공주시민들과 어깨동무하고 함께 즐기고 있다.

둘째 유형은 민간부문이 축제 프로그램을 맡아 기획부터 운영, 재정 부담까지 모두 전담하는 것이다. 한화그룹이 매년 백제문화제 개막식에서 4억원을 들여 〈한화불꽃축제〉를 개최해오고 있는 것이 두 번째 유형에 해당한다. 한화그룹은 기업의 메세나문화예술 지원 활동을 통해 〈한화불꽃축제〉를 개최함으로써 기업의 이미지를 높이고, 백제문화제는 축제의 품격을 높임과 동시에 관람객들에게 풍성한 볼거리를 제공하게 되었기 때문이다. 한화그룹의 백제문화제 후원 사례는 21세기 문화경영의 본보기이며, 축제와 민간기업의 상생발전 모델이라고 자부해도 좋을 듯하다.

한화그룹은 〈한화불꽃축제〉에 앞서 2008년 제54회 백제문화제 개막식부여의 불꽃쇼를 후원하였고, 2010세계대백제전에 2억 2460만원을 지원문예진흥기금 및 기업광고 등한 바 있다. 백제문화제에 대한 한화그룹의 지속적인 지원은 사실 김승연 한화그룹 회장의 고향사랑이 바탕이 됐기 때문에 가능한 일이라고 생각된다.

민간부분 참여성 강화를 위한 과제

백제문화제는 한화그룹이외에도 민간 참여사례가 해마다 늘고 있다. 농협공주시지부와 공주 지역농협들이 주최하는 '인절미축제'를 비롯 하이트진로㈜의 홍보 지원활동, 공주교육지원청의 '스토리텔링대회' 및 부여교육지원청의 '우리는 백제인! 한가족 캠프', 국립공주박물관 및 국립부여박물관의 백제문화제 관련 특별전 등이 그것이다.

① 2012년, 백제문화제
　한화 후원협약식
② 2011년, 한화불꽃축제

이는 백제문화제추진위원회가 '함께 만들어가는 백제이야기'를 슬로건으로 정하여 '민간부문의 참여 강화'를 역점 추진해온 결과로, 민간기업의 참여는 축제의 자립성 측면에서도 고무적인 일이 아닐 수 없다.

백제문화제는 민간참여가 비교적 활성화돼 있음에도 불구, 아직도 가야할 길이 멀다. 이를 위해 한층 더 부단히 노력하고, 한층 더 개방적인 마음을 가져야 하겠다. 이를테면 퍼레이드교류왕국대백제, 백제역사문화행렬, 웅진성퍼레이드 등과 같이 백제문화제를 대표하는 프로그램이라고 해도 민간기업에 과감하게 내줄 수 있는 용기가 필요하다는 의미다. 민간기업이 참여하게 된다면 해당 프로그램 및 백제문화제를 기업홍보에 적극 활용하려 들겠지만, 백제문화제의 정체성을 벗어나지 않는 범위 내라면 못할 것이 없다고 본다. 이를 잘만 활용한다면 민간부문과 백제문화제가 상생 발전하는 계기가 될 것이다. 이와함께 승마체험 등 수익창출이 가능한 프로그램, 축제 주제를 벗어나지 않는 범위 내에서 대가를 받고 기업홍보관 등을 유치하는 방안 등도 모색할 수 있을 것이다.

당연히 이를 위해선 백제문화제가 규모 및 관람객 참여 등의 면에서 민간의 자발적인 참여를 유인하기에 충분할 만큼 매력적인 조건을 갖추고 있어야 한다. 닭이냐 달걀이냐의 문제처럼 보일 수도 있겠지만, 백제문화제의 업그레이드와 민간참여의 유인 노력은 동시에 추진돼야 한다는 점도 강조하고 싶다. 그런 점에서 〈한화불꽃축제〉는 백제문화제가 나아가야할 '방향타' 역할을 하고 있다.

백제문화제를 관람하려 한다면 반드시 개막식에 참석하여 〈한화불꽃축제〉를 감상하기를 다시 한번 추천한다. 깊어가는 가을밤, 백제의 역사문화유적을 배경으로 펼쳐지는 중부권 최대 불꽃축제의 황홀경은 여러분을 시인이나 수필가 등 문학도로 바꿔놓을 수도 있다. 만일 운좋게 좋은 자리를 잡게 되면 근접한 거리에서 불꽃이 영상, 조명, 레이저, 특수효과, 음악 등과 함께 스토리텔링 형식으로 펼쳐지는 판타지 세계 속으로 빠져들어 자신의 존재마저 잊어버릴 수도 있다. 이왕이면 주무대 근처 자리의 선점을 적극 추천한다. 그리고 거기에 담겨있는 한화그룹의 고향사랑과 사회공헌의 정신도 음미해 보길 권한다.

4. 백제기악伎樂과 미마지味摩之

「현재 한·일 사학계에서는 미마지가 일본에 기악을 전해준 것을 모두 사실로 인정하고 있다. 양국의 역사 개론서에는 백제가 고대 일본에 전해 준 대표적인 문화의 예로서 오경박사제도 및 불교와 함께 미마지의 기악을 들고 있다. 또한, 국내·외 학자들은 미마지의 기악이 일본 각 지역의 축제 프로그램의 하나인 가면무의 기원을 이룸과 동시에 일본 궁정음악인 아악의 형성과 발전에 밑거름이 되었다는데 의견을 같이하고 있다. 이처럼 미마지가 왜에 전수한 백제기악은 일본 고대 문화를 형성 발전시키는데 큰 역할을 했음은 물론 한류의 기원으로서의 백제문화의 우수성과 영향력을 보여주는 대표적인 사례라고 할 수 있다. 최근에는 오늘날 한류의 세계화가 고대 백제문화의 전파와 유사성에 있으며, 그 기원이 백제의 기악이라는 평가까지 내리고 있다. 미마지와 백제기악은 한류에 대한 자신감과 정체성을 뒷받침한다는 점에서도 중요한 의미가 있다고 할 수 있다.」

백제문화제 추진위원회와 공주대 백제문화연구소는 2012년 12월 17일 '백제의 미마지味摩之'의 중·고등학교 역사 교과서 수록을 요구하는 건의서를 교육과학기술부와 국사편찬위원회, 교과서 제작 8개 출판사 등에 각각 발송하였다. 윗글은 그 건의문에 첨부한 자료의 글 중 일부이다. 여기서 밝힌 것처럼 기악伎樂과 미마지味摩之는 백제문화의 국제성과 우수성을 드러내는 유력한 증거물 중 하나로, 2012년 제58회 백제문화제를 통해 그 의미와 가치를 널리 알리는 계기가 되었다.

미마지와 기악 의미·내용

미마지와 기악에 대한 최초의 자료는 일본의 역사서인 『일본서기』에 기록돼 있는 다음과 같은 내용이다.

「백제인百濟人 미마지味摩之가 귀화했다. 그는 오吳나라에서 배워서 기악무伎樂舞를 출 수 있다고 말했다. 그래서 사쿠라이櫻井에 살게 하여 소년들을 모아 기악무伎樂舞를 가르치게 했다. 그 때 '마노노오비도데시'眞野首弟子와 '이마기노아야히도사이몬'新漢濟文 두 사람이 춤을 배워서 전수傳授했다. 이것이 지금의 오오치노오비도大市首·사기다노오비도辟田首 등의 선조다.」

[일본서기 권22 스이코기 20년, 서기 612년]

612년 백제인 미마지가 오나라에서 기악무를 배워서 일본에 전했다는 내용이다. 오늘날 미마지가 전했다는 기악이 도대체 어떤 것이었는지 알 길이 없다. 현재 관련 기록, 가면과 악기 등이 전해오고 있을 뿐 기악이 전승되지 않은 탓이다. 기악은 불교적인 내용을 담은 가면극의 일종이거나 부처를 공경하기 위한 가무, 절에서 여흥을 위한 악무 등으로 간주되고 있다. 다치바나지橘寺, 시텐노지四天王寺, 텐겐지天原寺 등 사찰에 악호樂戶

제57회 백제문화제,
미마지공연

를 두어 기악을 가르치도록 했고, 도다이지東大寺 대불개안大佛開眼 공양 때 기악이 성대하게 열렸다는 등의 기록이 남아있기 때문이다. 또한, 당시의 기악 도구 및 이에 대한 기록이 호류지法隆寺, 다이안지大安寺, 다이고지醍醐寺, 야쿠시지藥師寺, 사이다이지西大寺 등의 사찰의 자재장에 보존돼 있음도 기악이 불교와 관련 있음을 보여주고 있다.

기악은 대략 7세기 초 쇼토쿠태자聖德太子와 연고를 맺은 사찰을 중심으로 급속히 보급되기 시작하여 나라奈良, 710~794 시기에는 공양용과 의례용으로 전성기를 누렸다. 이후 9세기 말까지 융성을 지속하였다가 10세기 초엽 쇠퇴기에 접어들었으며, 일본악서日本樂書 교훈초敎訓抄가 발간된 1223년 이후에는 쇠퇴 일로에 빠져 자취를 감추게 된 것으로 여겨지고 있다.

하지만, 미마지가 전한 기악은 일본 가면무의 기원을 이뤘고, 일본 고대 음악을 형성 발전시키는데 큰 역할을 한 것으로 보인다. 특히 일본 궁정음악인 아악의 형성과 발전에 밑거름이 되었다는 평가를 받고 있다. 이를테면 일본에 기악을 전파했던 미마지는 한류韓流의 원조인 셈이다.

일본과 한국의 기악 복원 노력

기악에 대한 연구와 복원 노력은 일본에서 먼저 시작됐다. 일본에는 기악면伎樂面 및 복장 등이 다수 보존돼 있으며, 일본서기 및 교훈초, 사찰의 자재장 등에 생생한 기록이 남아있는 반면 우리나라는 관련 자료가 거의 없기 때문이다.

「특히 1973년부터 7년간에 걸친 일본 도다이지東大寺 대불전의 지붕교체 사업은 기악복원의 시발점이 되었다. 그 완성을 축하하는 '도다이지 쇼와昭和 대수리낙경법요大

제58회 백제문화제, 미마지퍼레이드

修理落慶法要에서 기악을 재현키로 했기 때문이다. 당시 법요 행사를 기획했던 신도우 신카이新藤晋海 집사장과 NHK 교양프로그램을 담당했던 호리타 긴코堀田謹吾 사이에서 기악복원이라는 말이 계기가 되어 동대사의 정식 회의를 거쳐 결정됐다.」

[佐藤浩司『일본의 기악과 미마지─전래와 수용·소실부흥과 전개』제58회 백제문화제국제학술회의, 2012]

이에 따라 1980년 10월 17일 도다이지 쇼와 대수리낙경법요에서 덴리대학天理大學 아악부雅樂部가 기악을 처음으로 재현하였다. 그후 덴리대학 아악부는 기악의 완성도를 높이기 위해 '교훈초'에 나오는 연기를 전부 복원하고, 매년 주제에 따라 기악을 새롭게 제작하여 재연해 왔다. 특히 덴리대학 아악부 학생 42명은 2004년 10월 10일 제50회 백제문화제가 개최되고 있는 부여 구드래 주무대에서 그들이 복원한 기악을 공연하여 관객들의 주목을 받았다. 일본에 비해 우리의 노력에 의한 기악 복원은 상당히 뒤늦게 이뤄졌다.

「한국에서의 기악 재현은 2006년 10월 1일 부여군의 구드래 무대에서 공연되었다. 제52회 백제문화제를 계기로 이루어진 이 공연은 의도적으로 복원된 작품이라는 점에서 역사적 의의를 갖는다. 이 공연을 갖기까지 행사 주최인 백제기악보존회회장 宋建浩의 노력은 길이 망각하지 말아야 할 것이다. 심우성沈雨晟의 제의로 2001년 11월에 창립총회가 이루어진 이 보존회는 2003년 6월과 2004년 10월, 두 차례의 한일학술심포지움을 통해 재현에 필요한 기본적인 개념을 설정했고, 3년간의 준비를 거쳐 공연에 이르게 된 것이다.」

백제의 춤과 음악, 미마지의 부활

기록에 의하면 기악이 백제문화제에서 처음으로 이름을 올린 것은 1988년 제34회 백제문화제이다. 그해 부여상업고등학교현 부여정보고 학생들은 개막식 공개행사가 열리고 있는 부여중학교 운동장에서 가면무假面舞를 선보여 주목을 받았다. 「백제 무왕 13년612년 미마지가 일본에 기악을 전해줬다」는 『일본서기』의 기록을 근거하여 마련한 행사이지만, 완벽히 고증된 것은 아닌 것으로 여겨진다.

미마지와 기악이 백제문화제에서 심도있게 논의되기 시작한 시기는 2003년 제49회 백제문화제이다. '백제문화제 반세기 기획'으로 준비한 백제문화제기념 학술세미나가 그해 10월 9일 공주대학교 공과대학 강당에서 개최되었다.

이듬해 부여에서 개최된 제50회 백제문화제는 백제기악 복원을 위한 획기적인 계기가 되었다. 백제기악보존회 주관으로 2004년 10월 10일 국립부여박물관에서 '백제기악 복원을 위한 방안 모색'이란 주제로 열린 학술세미나에서 심우성 공주민속박물관장, 이애주 서울대 교수, 권오성 한양대 교수, 서연호 고려대 교수, 사토고오지佐藤浩司 일본 텐리대 교수 등이 백제기악 복원을 위한 이론적 토대를 제공하였다. 또한, 학술세미나에 앞서 이날 오전 백제기악보존회는 구드래 주무대에서 백제기악을 처음으로 재현하여 관람객의 갈채를 받았다. 이후 백제기악은 제52회 백제문화제부터 해마다 백제문화제 무대에 올라 백제문화의 우수성과 국제성을 상징하는 얼굴로 자리매김했다.

특히, 2012년 제58회 백제문화제는 미마지의 가치와 의미를 새롭게 재조명하는 계기가 되었다. 제58회 백제문화제는 백제인 미마지가 기악무伎樂舞를 일본에 전파한지 1,400주년 되는 해를 기념하여 '백제의 춤과 음악-미마지味摩之의 부활'을 부제副題로 설정하고, 다양한 프로그램을 마련했기 때문이다. 미마지 재조명에 초점을 둔 개막식의 주제공연미마지와 통하다, 국제학술회의고대 삼국의 춤과 음악, 웅진성퍼레이드미마지의 부활, 백제기악공연-미마지탈춤, 백제탈그리기 등 체험프로그램, KBS역사스페셜백제기악 미마지 탈춤, 9월 27일 방영 등은 한류韓流의 기원으로서의 백제문화를 알리는데 크게 기여하였다.

미마지 : 고교 역사 교과서 수록 결실 거둬

제58회 백제문화제를 통해 재조명한 미마지의 활약상은 국내외에서 백제문화의 우수성과 개방성에 대해 새삼 인식하는 계기가 되었고, 국가적 자존심을 높여주는 역할을 했다. 일본에 한자와 유학을 전해준 백제인 왕인, 아직기와 마찬가지로 미마지가 국내 역사교과서에 수록돼야 한다는 여론이 이때 제기된 것은 지극히 당연해 보인다.

윤용혁 공주대 역사교육과 교수는 그해 10월 5일 공주대 산학연구관 강당에서 '백제기악과 미마지'란 주제로 열린 제58회 백제문화제 국제학술회의에서 '고대 한일교류사에서 중요한 비중을 차지하는 미마지와 백제기악이 국내 역사교과서에 수록돼야 한다'는 견해를 처음으로 밝혔다. 윤 교수는 "고대 한일교류사에서 미마지가 갖는 중요한 의미에도 우리에게 있어 무명의 악사로 남아 있는 이유는 교과서에 실린 적이 없기 때문이다"며 "미마지 혹은 백제기악의 단어가 앞으로 교과서에서 언급되는 것이 필요하고, 또 그 현재적 의미 때문에 수업자료로서의 효용성도 크다"고 강조했다.

제58회 백제문화제가 종료된 후 1개월이 지난 11월 19일 '백제인 미마지 교과서수록 추진위원회'이하 교과서수록추진위가 출범하였고, 추진위원으로 최석원 백제문화제 추진위원장, 이도학 한국전통문화대학교 교수, 정재윤 공주대 사학과 교수, 서정석 공주대 문화재보존학과 교수, 박재용 충남역사문화연구원 선임연구원, 문경호 대전과학고 교사 등이 참여하였으며 이를 처음 제안했던 윤용혁 교수가 교과서수록추진위원장을 하였다.

교과서수록 추진위는 이후 여러 차례의 회의 및 논의 과정을 거쳐 중학교 '역사', 고등학교 '한국사' 및 '동아시아사' 교과서 등에 백제 미마지 관련 내용을 반영해 달라는 건의문을 최종 확정하여 그해 12월 17일 교육과학기술부와 국사편찬위원회, 교과서 제작 8개 출판사 등에 각각 발송했다. 2013년 초 진행된 중·고등학교 검정심사 등을 통해 2014년 역사교과서에 반영되도록 하기 위해서다.

건의문에는 "미마지의 백제기악 일본 전수는 현재 세계를 휩쓸고 있는 한류 기원으로서 특별한 의미가 있으므로, 교과서에 수록하여 학생들이 학습할 만한 가치를 지니고 있다고 판단 되었다"고 전제하고 "백제의 미마지는 기악백제음악을 일본에 전수하여 일본 궁정음악과 가면무의 형성에 기여하였다"는 내용을 교과서에 수록해 줄 것이 명시돼 있다.

그 결과 비상교육, 교학사 등 2개 출판사의 2014년도 고등학교 교과서 '한국사'에 반영되는 결실을 거뒀다. 고등학교 한국사 8종의 교과서 중 미마지에 관련된 서술이 직접적으로 반영된 것은 2종에 불과하지만, 그동안 역사 교과서에서 전혀 언급되지 않았던 점을 고려하면 큰 성과라 할 수 있다. 이는 앞으로 교사와 학생들에게 미마지와 백제기악의 존재를 알리게 되는 계기가 될 것으로 기대된다. 또한, 백제문화제를 위해 혼신을 다하고 있는 이들에게는 큰 즐거움이 아닐 수 없다.

교과서 수록 운동에 한층 박차를 가한다면 여타 교과서에도 수록되어 미마지가 일본에 한자와 유학을 전했던 아직기 및 왕인, 불교를 전했던 노리사치계 등과 어깨를 나란히 하여 찬란했던 백제문화를 재조명하는 확고한 증거물이 될 것으로 믿고 있다. 또한, 백제문화제가 이룬 성과 중 가시적인 성과로 나타난 가장 큰 결실물 중 하나로 기억될 것이 분명하다.

앞으로의 과제

'미마지와 백제기악'은 두 가지 방향에서 접근이 필요하다. 그 하나는 학술적 검토를 강화하면서 백제기악의 복원 작업을 지속 추진하는 것이다. 기악관련 여러 차례의 학술회의와 백제기악보존회의 복원 노력 등을 통해 미마지와 백제기악의 가치가 새롭게 발견되고, 세상에 알려지게 된 것은 무척 다행스러운 일이다. 이를 통해 우리는 미마지가 왜에 전수한 기악이 일본 고대 음악 형성에 큰 역할을 했음을 깨닫게 되었다. 또한, 백제문화의 우수성과 영향력을 보여주는 대표적인 사례이며, 오늘날 세계로 확산되고 있는 한류에 대한 자신감과 정체성을 뒷받침하고 있는 '원조 한류'라는 점도 인식하게 되었다.

하지만, 백제기악에 대한 학술적인 연구 및 복원에 대한 관심과 투자는 아직까지 빈약한 편이다. 앞서 말했듯이 일본에서도 기악에 대한 기록이 그다지 많지 않은데다 국내에 남아 있는 기악 관련 자료는 더욱 부족하다. 무엇보다 백제는 고대 삼국 중 신라와 고구려에 비하여 국민들의 관심도 낮은 편이다. 이런 상황에서 미마지와 백제기악을 지속적으로 조명하고 복원해나가는 일은 쉽지 않다. 이제 미마지와 백제기악에 대한 내용이 국내 역사교과서에 수록된 만큼 관련된 연구 및 복원에 한층 매진하는 계기가 될 것으로 기대한다.

또다른 하나는 문화콘텐츠화 하는 것이다. 백제문화의 원형성을 간직한 백제기악은 다양한 형태의 문화콘텐츠 개발이 가능하다. 개발 가능한 문화콘텐츠로는 공연콘텐츠, 공예콘텐츠, 영상콘텐츠, 교육콘텐츠, 캐릭터콘텐츠 등을 들 수 있다. 기악탈과 악기, 복식, 춤과 시나리오 演戱 등 그 가능성은 무한히 열려있다고 해도 과언이 아니다. 백제기악을 바탕으로 한 새로운 창작무용이 등장하거나, 기악관련 이미지 및 소리 등이 3D 디지털콘텐츠로 재탄생될 수도 있을 것이다. 영화나 드라마, 소설 같은 대중예술에도 활용될 수 있을 것이다.

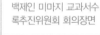

백제인 미마지 교과서수록추진위원회 회의장면

이런 작업들은 백제기악에 흥미와 재미를 부여하고, 경제적 가치를 창출하며, 궁극적으로 백제의 역사와 문화의 우수성과 예술성을 확산시키는 역할을 하게 될 것이다. 물론 이는 다시 미마지 백제기악의 가치를 더욱 깊이 탐구하게 되고, 한국사에 대한 관심을 더욱 확대시키는 계기가 될 것이다. 미마지와 백제기악에 대한 연구와 복원노력이 보다 집중적으로 이뤄지길 바라며, 무엇보다 백제문화제가 긴요한 과제로 삼아 앞장서야 하겠다.

5. 백제문화제의 위상을 높이는 해외예술단

백제문화제의 축제현장을 샅샅이 훑다보면 해외예술단의 공연을 만나게 된다. 주로 일본에서 참가한 공연자들이 대부분이며, 드물게 동남아 공연자들이 눈에 띄기도 한다. 백제의 역사와 문화를 소재로 하는 '역사문화축제'인 백제문화제에서 이뤄지는 해외예술단의 공연이 조금 생경한 느낌을 줄 수도 있을 것이다. 하지만, '축제의 참여성'에 촛점을 둔 해외예술단의 공연은 백제문화제의 정체성 강화를 위해서 오히려 권장해야 할 일이다.

백제문화제와 해외예술단 초청 공연

백제문화제는 1980년대에 접어들면서 해외예술단이 참여하게 된 것으로 보인다. 백제문화제 초기의 자료가 부족하여 시기를 확실히 알 수 없으나, 1987년 제33회 백제문화제에 일본의 구마모토현熊本縣, 야마구치현山口縣, 누마즈시沼津市, 키쿠스이정菊氷丁 등이 참여했다는 기록을 찾을 수 있다. 1994년 제40회 백제문화제에서는 일본 미아자키현 난고손南鄕村 주민들이 백제왕릉원능산리고분군에서 백제왕족의 후손으로 알려진 복지왕과 그의 큰아들 정가왕의 신위를 봉안하고 고유제를 봉행하여 주목을 받기도 했다.

이후 백제문화제는 2000년 제46회 백제문화제부터 해외 자매도시와의 교류 및 초청공연이 급격히 증가하게 되었다. 2000년 백제사신행렬에 큐슈의 다자이후시太宰府市와 나라현의 아스카무라明日香村가 참가하였고, 특히 다자이후시의 '대북' 공연은 그해 백제문화제에서 큰 인기를 얻었다. 또한, 2001년 제47회 백제문화제에서는 일본 구마모토 타이고太鼓 연주, 중국 경극京劇, 러시아 민속공연, 태국 전통무용 등이 시연되었다.

해외예술단의 규모가 확대되고, 다양화 된 것은 이들의 공연이 백제문화제에 색다른 볼거리를 제공하고, 국제축제로서의 위상 제고에 기여하는 것으로 인식했기 때문으로 여겨진다. 관람객들은 해외에 나가지 않고도 평소 접하기 어려운 국가의 공연을 가까운 거리에서 감상할 수 있는 기회를 갖게 되었고, 축제는 프로그램이 풍성해지는 효과를 얻었다. 그 당시 백제문화제는 '역사문화축제'의 정체성에 부응하기 위해 백제와 교류했던 중국, 일본, 동남아 국가들의 전통 민속예술 공연을 위주로 해외예술단 공연을 유치한 것이 특징이었다.

백제문화제에 참여하는 해외예술단의 수는 공주와 부여 통합개최 원년인 2007년 제53회 백제문화제부터 한층 가속화 되었다. 2007년 4개국 10팀 237명이 참여한 데 이어 2008년에는 9개국 15팀 247명, 2010 세계 대백제전에서는 19개국 27개 단체 449명으로 해마다 급증하였다. 이러한 해외예술단의 공연은 백제의 왕성했던 문화교류를 재해석하여 '해상강국의 이미지'를 되살리면서 역사문화축제가 갖기 마련인 무거운 분위기를 흥겹고 유쾌하게 바꾸는데 기여했다는 긍정적인 평가를 받았다.

하지만, 해외예술단 공연의 수는 2010 세계 대백제전 때 정점에 이른 후 2011년 제57회 백제문화제부터 급격한 내리막길을 걷게 되었다. 해외예술단의 수는 2011년 제57회 백제문화제 때 7개국 170~180명 내외로 급격히 감소한데 이어 2012년 제58회 백제문화제 및 2013년 제59회 백제문화제에서는 일본 공연단만이 참가하였다. 불과 2~3년 사이에 백제문화제에서 해외예술단의 명맥이 사실상 끊어지게 된 것이다. 이는 해외예술단 공연이 백제문화제에서 관람객들의 관심과 흥미를 끌어 모으는데 큰 역할을 못했기 때문으로 여겨진다. 국내 여타 지역축제장에서 해외예술단 공연이 일반화됨에 따라 백제문화제만의 차별화된 프로그램으로 부각되지 못했던 것이다. 여기에 백제문화제에서는 대표 및 주요 프로그램에 밀려 해외예술단 공연이 골든타임에 배치되지 않았던 점도 이를 가중시켰다.

일본 신비 무용단의 백제문화제 사랑

하지만, 백제문화제 무대에 섰던 수많은 해외예술단 중에서 일본의 신비眞美무용단은 단연 돋보이는 존재가 아닐 수 없다. 신비무용단은 2008년 제54회 백제문화제와 첫 인연을 맺은 후 2013년 제59회 백제문화제까지 한해도 거르지 않고 참여하였다. 특히 2012년 제58회 백제문화제에서는 해외예술단 초청공연단 중 유일하게 참가한 공연단이기도 하였다. 해외예술단의 감소추세 속에서도 신비무용단만은 백제문화제에 대한 관심과 애정을 잃지 않고 지속적으로 참여해왔던 것이다.

신비무용단의 공식적인 명칭은 진미건강체조협회眞美健康體操協會이며, 1980년 11월에 설립됐다. 30년 역사를 간직하고 있는 유서깊은 단체로 일본 규슈九州 후쿠오카福岡에 협회 본부를 두고 있으며, 간토關東, 간사이關西, 호쿠리쿠北陸, 큐슈·츄코큐中國시코쿠四國, 오키나와沖繩 등에 지구본부地區本部를 두고 있다. 신비무용단은 다양한 장르의 춤과 음악을 건강체조와 결합시켜 마음과 신체를 즐겁게 하는 무용체조Dance Gymnastic가 특징이며, 유아에서부터 80세 이상의 고령자까지 폭넓은 연령대가 회원으로 활동하고 있다. 이를테면 건강하고 풍요로운 사회를 이루기 위한 건강체조단체인 셈이다.

신비무용단이 백제문화제와 첫 인연을 맺었던 2008년 당시에 백제문화제추진위원회는 2010 세계 대백제전을 앞두고 백제문화제를 외국에 알리기 위해 동분서주했던 시기였다. 충청남도와 공주시, 부여군과 자매결연 및 우호교류협정을 체결한 기관, 주한외교사절, 외신언론매체, 해외기업 등을 대상으로 한 현지설명회 등이 활발히 진행되고 있었다. 이런 와중에서 신비무용단은 공주대학교 무용학과 박남미 교수와 권인선 박사의 중재와 도움으로 백제문화제와 인연을 맺고, 제54회 백제문화제에 참가하게 된 것이다.

2008년에 신비무용단은 후쿠오카와 키타규슈北九州 지역본부의 41명을 파견하여 부여 주무대10월 10일, 공주 주무대 및 공산성10월 11일 등에서 각각 전통무용 및 현대무용을 선보여 관람객들로부터 큰 갈채를 받았다. 이렇게 해서 시작된 신비무용단의 공연은 2008년 후쿠오카·키타규슈北九州에서 35명, 2010년 후쿠오카·에히메愛媛·간토에서 35명, 2011년 오키나와에서 32명별도로 후쿠오카 14명은 국제창작무용경연대회 참가, 2012년 후쿠이福井·에히메愛媛·히로시마廣島에서 32명, 2013년 간사이에서 39명 등이 각각 참가하였다. 신종플루의 여파로 대규모 공연이 대부분 취소되었던 2009년의 2010 프레 대백제전을 제외하면 매년 참가한 것이다.

우리가 신비무용단에 주목하는 이유는 백제문화제에 해마다 참가하는데 있는 것이 아니라 백제문화제에 지속적인 관심과 애정을 갖고 있다는 데 있다. 실제로 백제문화제추진위원회는 신비무용단에 숙박료와 식비 등 체재비 일부만 지원하고 있기 때문에 이들이 백제문화제에 참가하려면 항공료를 포함한 경비 대부분을 자부담해야 한다.

그런데도 백제문화제 참가를 희망하는 지역본부들의 신청이 쇄도하여 후쿠오카 협회 본부에서는 최종 참가자들을 가려내는 데 매우 어려움을 겪고 있다는 후문이다.

이에 대해 신비무용단 관계자는 "백제문화제만의 독특한 매력이 회원들을 끌어들이고 있다"고 밝히고 있다. 백제의 역사와 문화를 소재로 한 백제문화제가 금강 등 빼어난 자연환경을 배경으로 개최되고 있으며, 축제와 함께 백제문화유적지를 둘러볼 수 있다는 점 등에서 신선하고 흥미로운 축제로 받아들여지고 있다고 한다. 또한, 공연·전시·체험 등 즐길거리와 먹거리, 특산물 판매부스 등이 종합적으로 어우러진 축제장이 우리나라에서는 익숙한 풍경이지만, 일본에서는 접하기 어렵다는 점도 호재로 작용하고 있다. 이에 따라 백제문화제에 참여했던 신비무용단 일행 사이에서 "백제문화제에 가면 재미있다"는 입소문이 확산되면서 신비무용단 회원들 사이에서 참여 열기가 확산되고 있다는 것이다. 여기에 한번 맺은 좋은 인연을 소중하게 여겨 끝까지 가지고 가려는 그네들의 심성이 작용하고 있음은 물론이다.

백제문화제 팬클럽 해외예술단 확대해야

축제는 지역주민과 관람객이 주체가 되어 참여해야 진정한 의미를 갖게 된다. 따라서 백제문화제는 '함께 만들어가는 백제 이야기'란 슬로건과 함께 참여형 축제로 자리매김하기 위해 부단히 노력하고 있다. 백제문화제를 진정으로 사랑하여 적극적으로 관심을 갖고 참여하는 신비무용단이야말로 '축제의 참여성'에 방점을 두고 있는 백제문화제의 목표와 가장 부합되는 사례가 아닐 수 없다. 이를테면 신비무용단과 같이 스스로 비용을 부담하여 자발적으로 참여하는 해외예술단의 수가 한층 확대돼야 한다는 의미다.

이런 사례가 확대될 경우 백제문화제에 참여하는 해외예술단에게는 좋은 경험과 추억을 선사하고, 백제문화제는 참여성을 강화함과 더불어 축제의 위상을 올려나가는 등 양측 모두 상생하고 함께 발전하는 계기가 될 것으로 기대된다. 물론 이를 위해선 백제문화제추진위원회가 해외예술단의 자발적인 참여를 유인하기에 충분할 만큼 매력적인 조건을 지속적으로 강화해 나가야 하겠다.

이를테면 해외예술단의 공연시간을 관람객들이 많은 시간대에 배치하기 위해 최대한 노력해야 하며, 이들의 공연내용을 관람객들에게 이해시키고 흥미를 유발할 수 있도록 행사장 내 안내자막을 활용하거나, 사전 홍보를 기획하는 방안도 모색해야 할 것이다. 또한 공연에 참가하는 해외예술단 일행이 공연뿐 아니라 백제문화제 전반과 공

주와 부여의 문화유적 등을 만끽할 수 있도록 지원하여 백제문화제 참여경험이 잊을 수 없는 소중한 추억이 될 수 있도록 하는 등 다각적인 방안을 마련해야 하겠다. 물론, 전담 도우미 배치 등도 빼놓을 수 없다.

서두에 밝힌 대로 역사문화 축제인 백제문화제에서 해외예술단의 공연은 조금 생경한 느낌을 줄 수도 있겠지만, 궁극적으로 자발적인 참여를 전제로 한 해외예술단의 수는 매년 늘려 나가는 것이 백제문화제 정체성에 부합하며, 이들의 참여를 유인하기 위한 노력은 아무리 강조해도 지나치지 않음을 밝히고 싶다. ✱

5장 백제역사를 축제로 재현하다

최석원 · 이성열
백제문화제추진위원회

1. 역사속으로 사라지다 - 대백제기마군단행렬

「당시 대백제전 축제 행사를 기획하는데 좋은 아이디어가 떠오르지 않았다. 그러다 어느 날 밤 꿈에서 지축을 뒤흔드는 기마군단의 말발굽 소리가 들렸다. 잠에서 깨어나 백제의 기마군단 행렬을 재현하자는 생각을 했다. 잠자는 아내를 깨워 메모를 부탁했다. 다음날 회의에서 전국 승마 애호가들을 초대하자는 아이디어를 냈는데, 한 가지 난관에 봉착했다. 마필을 부르는 비용이 엄청났기 때문이다. 고심 끝에 기마군단은 일부만 참여하고 수많은 기마군단이 내는 소리를 음향 효과로 대체하기로 했다. 그래서 계백장군이 지휘하는 123마리 기마군단의 행진을 재현했다. 123마리는 부여지역 백제 왕도王都 기간 123년을 기념하는 의미가 있었다. 행진은 그야말로 장관이었고 백제의 웅대한 부활을 알리는 서곡과도 같았다.」

[이완구『약속을 지키는 사람』, 조선매거진, 2011. p. 67~68.]

대백제기마군단행렬의 탄생

2007년 제53회 백제문화제에서 첫선을 보였던 〈대백제기마군단행렬〉은 이완구 당시 충남도지사가 꿈결에서 들었던 말발굽 소리를 근거로 하여 추진했다고 탄생비화를 밝히고 있다. 이후 〈대백제기마군단행렬〉은 2012년 제57회 백제문화제까지 대표 프로그램으로서의 지위를 유지하였으며, 특히 2010 세계 대백제전 기간 중 가장 주목받아 언론매체들의 스포트라이트를 받기도 했다. 패망의 역사만 부각되다시피 하였던 백제에 대한 기존 이미지에서 벗어나 만주벌판을 내달렸던 부여夫餘의 후예로서, 강인

했던 백제의 모습을 일깨우고, 글로벌 명품축제로 도약하려는 백제문화제의 이미지를 대내외에 널리 각인시키는 메신저 역할을 톡톡히 하였던 것이다.

이완구 전 충남지사는 지사 취임직후 백제문화제를 국제적인 문화축제로 발전시켜 나가려 했던 구상을 갖게 되었고, 그 실행은 2007년 제53회 백제문화제부터 본격화 되었다. 그 동기는 그의 자전적 에세이 『약속을 지키는 사람들』에 다음과 같이 밝혀놓았다.

「충청인의 역사적 뿌리가 백제라는 사실은 누구나 알지만, 실제로 백제의 터전이자 왕국이었던 부여와 공주는 방치해 놓은 상황이었다. 이 점이 내 관심을 끌었다. 우리 영혼과 정체성, 자존의식이 백제에 있다면 관광산업을 일으켜 일본과 중국을 공략할 가능성이 있지 않을까? … 중략 … 우리 땅에서도 백제의 고도, 공주와 부여를 다시 일으켜 세우고자 결심했다. 대백제전大百濟典은 그렇게 출발되었다.」

백제문화제는 충청남도의 이 같은 전폭적인 지원에 힘입어 기존 7억원~8억원 이었던 축제 예산은 제53회 백제문화제 40억원, 제54회 백제문화제 80억원, 2010 세계 대 백제전 240억원, 제57회 백제문화제 55억원, 제58회 백제문화제 57억원, 제59회 백제문화제 59억원 등으로 대폭 증액되었다. 이와 함께 과거 「공주시와 부여군 격년제」로 개최되었던 개최방식도 「공주시-부여군 통합개최」로 변경되었으며, 축제의 체계적인 육성과 운영 등을 위해 재단법인 백제문화제추진위원회가 설립돼 2007년 4월 11일 현판식을 갖게 되었다.

2007년 들어 백제문화제는 글로벌 축제를 향하여 본격적인 행보를 시작했지만, 백제의 왕도인 공주와 부여의 특성을 살리면서도 차별화된 축제 프로그램을 개발하는 것은 사실 쉽지 않았다. 그래서 2007년 5월 15일 확정된 '백제문화제 기본계획연구용역' 결과를 토대로 하여 그해 5월 23일~6월 4일 제53회 백제문화제 프로그램을 공모하였고, 추진위 프로그램으로 대표축제 '백제문화유산판타지', 대 주제 부합 이벤트로 '계백장군과 황산벌전투' 및 '백제토탈 아트쇼', 통합 이벤트 '퀴즈쇼! 백제인의 도전', 오감만족 백제향 등이 선정되었다. 이와 함께 공주시 프로그램으로 '무령왕 이야기', 부여군 프로그램으로 '사비백제의 부활' 등이 각각 뽑혔다.

하지만, 이런 프로그램만으로는 백제문화제와 여타 축제를 차별화하기에는 미흡하다는 것이 이완구 전 충남도지사의 판단이었고, 이 전 지사의 고민 끝에 꿈에서 영감을 얻어 〈대백제기마군단행렬〉을 출범시켰던 것이다.

축제장의 지축을 흔든 기마민족의 혼

이렇게 출범하게 되었던 〈대백제기마군단행렬〉은 '통합 백제문화제'로 변경되면서 개최되었던 제53회 백제문화제 개막식의 서두를 장식하여 더욱 뜻깊었다. 그해 10월 11일 공주시 공산성 앞 주무대는 공주고등학교를 출발하여 공주 시가지 1.8km를 이동하여 도착한 기마군단의 우렁찬 말발굽 소리로 뒤덮였다. 계백장군 기마군단이 적과의 전투에서 대승을 거두고 복귀하여 의자왕에게 승전보고를 한다는 내용을 연출하였다. 10명의 기병騎兵으로 구성된 파발마를 시작으로, 1명의 장군과 44명의 기병으로 구성된 웅진군, 1명의 장군과 44명의 기병으로 구성된 사비군 등 100명의 기병의 뒤를 이어 200명의 기치보병이 우렁찬 발걸음을 보탰다.

〈대백제기마군단행렬〉은 백제가 마한의 소국으로 출발하여 한반도 중부와 남서부를 차지하였던 '반도국가'의 이미지를 벗어던지고, 만주벌판을 호령하였던 '기마민족의 후예'란 점을 새삼 각인시켜주는 계기가 되었다. 사실 백제왕실은 건국초기부터 '부여계승' 의지를 지속적으로 밝혀왔다. 백제의 왕들은 부여 시조 동명왕東明王: 고구려 시조 동명성왕 고주몽이 아닌을 모시는 동명묘東明廟에 대한 제사를 지냈으며, 사비천도를 단행하였던 성왕은 국호를 남부여南扶餘로 개호改號했음이 그 증거다. 더욱이 『삼국지』 위지동이전 등 당시 중국 사서들도 고구려와 더불어 백제가 '부여 별종'夫餘別種이라는 점을 분명히 밝히고 있다.

또한, 『삼국사기』를 살펴보면 백제가 기병騎兵을 적극적으로 활용하였음을 확인할 수 있다. 온조왕 10년BC 9 말갈이 북쪽 경계를 노략질하자 왕은 친히 정예 기병 100명을 이끌고 봉현烽峴으로 가서 구원하였다는 기록을 시작으로 기병만의 출전한 사례가 4번, 기병과 보병이 함께 출전한 사례가 5번 등 총 11번의 기병 출전사례가 기록돼 있다. 특히 512년 무령왕은 고구려군이 가불성加弗城과 원산성圓山城을 공격하자 왕은 기병 3,000명을 거느리고 나아가 크게 깨뜨리기도 하였다. 『삼국사기』에 고구려 14번, 신라 13번의 기병 활약상이 각각 보이고 있다.

평지보다 산악지대가 많은 우리나라의 특성상 전투가 주로 성곽중심으로 전개되고, 기병의 활용도가 낮았을 것으로 예상하기 쉽지만, 고구려·백제·신라 삼국은 의외로 많은 전투에 기병을 운영하고 있었다. 부여에서 출원한 백제도 각종 전투에 기병을 널리 활용하였을 것임은 미뤄 짐작할 수 있으며, 〈대백제기마군단행렬〉은 이러한 진취적이고 용맹하였던 백제의 기병을 재현한 것이다.

〈대백제기마군단행렬〉은 정적靜的이었던 백제의 이미지를 '동적動的 것으로 변모시켰고, 백제문화제를 여타 축제와 차별화하는데 크게 기여했다. 그 당시 축제 이벤트에는 소수의 기마병騎馬兵을 활용하는 사례는 있었으나, 〈대백제기마군단행렬〉과 같이 기마騎馬가 대규모로 등장하는 사례는 전무했기 때문이다.

2003년 제53회 백제문화제에 처음으로 선보인 〈대백제기마군단행렬〉에는 100명의 기수와 100필의 말이 등장하였다. 이완구 전 지사는 자전적 에세이에서 밝힌 것처럼 부여에서의 '백제 왕도王都 기간 123년'을 기념하여 당초 123필의 말을 동원할 계획이었지만, 대규모 말 동원이 여의치 않았던 것으로 여겨진다. 이때 〈대백제기마군단행렬〉은 개막식과 폐막식 사전행사의 일환으로 진행되어 공주공주고~연문광장 1.8km와 부여부여중~구드래광장 2.2km에서 각각 한차례씩 모두 두차례 시연됐다. '잃어버린 대백제 부활의 웅대한 출발'이하는 컨셉 하에 'Parade in Parade, Hores Parade'퍼레이드 속의 퍼레이드, 마필 퍼레이드라 소주제를 갖고 있었다.

연출자들은 시가지 주요 지점에서 '파발마 적군 발견보고-부장과 기마병이 출동하여 적군으로 설정된 짚단 베기-기마대와 병졸 본대의 행진'등의 이벤트를 각각 시행하여 관람객들의 흥미와 환호를 자아냈다. 특히 이들은 주무대에 도착한 뒤 적으로 설정된 짚단 베기, 계백장군의 승전보고 및 왕의 치하 등을 진행하였으며, 이러한 설정은 이후 백제문화제 행사에도 큰 변화없이 지속적으로 사용되었다.

첫해 100필의 말을 동원했던 기마군단 행렬은 두 번째 해에는 200필을 사용하자고 하였다. 이때 도청에 있었던 자문회의에서 윤용혁 교수는 역사문화축제는 의미가 중요함으로 웅진과 부여에서 도읍지가 계속되었던 기간을 185년으로 하여 185필의 말을 기마군단 행렬에 도입하자는 의견을 제시하여 그 후 185필의 말을 사용하게 되었다. 이듬해인 2008년 제54회 백제문화제에는 185필의 마필과 300명의 병졸로 구성하는 등 〈대백제기마군단〉의 규모가 확대되었다. 185필은 웅진백제와 사비백제 185년 475~660년을 의미하였다. 중군의 계백장군역에 부여출신 탤런트로 백제문화제 홍보대사로 위촉된 이원종씨가 맡아 열연하였으며, 계백장군의 명을 받아 기병이 전후좌우 역동적으로 이동하거나 학익진을 펼치는 등 연출면에서도 크게 업그레이드 되었다는 평가를 받았다.

이상과 현실의 괴리

하지만, 2008년은 〈대백제기마군단행렬〉이 안고 있었던 한계와 문제점이 일시에 노출된 해이기도 했다. 우선 대규모의 말 동원부터 난항을 겪었다. 말 동원을 위해선 막대한 예산이 요구됐으며, 무엇보다 말과 기수의 동원 자체가 쉽지 않았기 때문이다. 대규모의 말을 동원할 수 있는 업체가 국내에는 3~4곳에 불과한데다. 많은 말 배정을 요구하는 승마협회측과 승마협회 회원들의 승마수준이 낮아 많은 말 배정이 곤란하다는 대행업체측의 주장이 원인이었다. 백제문화제추진위원회의 중재로 양자간 합의가 가까스로 성립되었지만, 준비기간 부족은 연출력 저하로 이어지면서 각종 후유증을 일으켰다.

기마병의 사전 연습부족은 행렬 완성도 미흡으로 이어졌고, 이미 예견된 현실이지만 출연자들의 낮은 승마 수준은 연출의 어려움은 물론 안전사고 우려 때문에 노심초사해야 했다. 말들은 본래 주변환경 변화에 민감한 동물이다. 행사 진행구간에 운집해 있던 수많은 관람객이 유발하는 소음, 혼잡 등은 말을 몰기에 최악의 조건이며, 말들은 달리기에 능하지만, 느린 걸음이나 정지자세를 취하기 어렵기 때문이다. 결국 부여에서 개막식 행사의 일환으로 펼쳐졌던 시가지 행렬 도중 빠른 속도로 걷던 선두마에서 3명의 기수가 낙마하는 불상사가 생겼다. 아스팔트로 뒤덮여 있는 시가지 도로는 매우 미끄러워 경험이 미숙한 기수가 감당하기 어려웠던 것이다.

더욱이 위협 요인을 증폭시킨 것은 〈대백제기마군단행렬〉이 해가 어스름한 저녁에 시작되었다는 점이다. 개막식은 이날 저녁 6시에 개최됐는데, 개막식의 야간 개최는 관람객 유치에 적지않은 보탬이 됐을지 몰라도, 〈대백제기마군단행렬〉 운영에는 심각한 장애요인이 되었다. 무엇보다 '기마민족의 웅혼한 기상'을 내보여야 할 〈대백제기마군단행렬〉이 어둠으로 인하여 관람객들은 전체적인 위용 및 연출 관람이 불가능하였다. 이상과 현실의 맹점, 즉 살아있는 생물인 말을 축제의 현장에서 활용하기 위해선 숙련된 기수와 충분한 훈련기간이 필요하며, 행사가 낮에 진행돼야 한다는 등의 단점이 고스란히 드러난 것이다.

어떤 사람이 코끼리를 축제에 동원하자는 의견을 내어 축제팀 들이 코끼리를 축제에 참가시키려고 여러 가지로 점검 끝에 예산과 효과 면에서 불가능하다는 결론을 내었다. 특히 거대한 코끼리가 잘못 움직이기라도 하는 날이면 그 큰 불상사는 어떻게 해결하느냐가 문제였고 결국 의견 제시는 신중하게 해야 된다는 교훈을 남겼다.

정점을 찍은 2010 세계 대백제전

〈대백제기마군단행렬〉은 2010 세계 대백제전을 맞이하여 완성도 높은 기획 및 연출로 언론의 스포트라이트를 받으며 최고의 성과를 거둔 한해가 되었다. 기마군단행렬은 사비백제 123년538~660년을 기념하여 123마리의 말과 100명의 전투보병으로 구성됐다. 5번의 행렬9.19, 9.25, 10.2, 10.9, 10.16이 모두 주간에 실시되었으며, 예행연습 도중 현장적응을 못하는 말은 제외하는 등 사전조치를 취하였다. 2008년 제54회 백제문화제의 쓰라린 경험을 참고하여 개선한 결과이다.

185필의 말은 조달과 예산확보가 동시에 어렵고 전체의 말이 한번에 정렬한 모습을 사진에 담는것도 불가능하고, 의미있는 말 운용을 위하여 다시 123필의 말을 기마군단에 투입하기로 결정했다. 시나리오도 대야성 공격을 위한 출정식과 대야성 전투재현, 승전 축하 퍼포먼스 등으로 대폭 수정하였다. 대야성 전투는 의자왕이 신라를 백척간두의 벼랑 끝에 서게 했던 대승을 거둔 전투이었기 때문이다. 의자왕은 642년 8월 장군 윤충允忠에게 군사 1만인을 주어 신라의 대야성을 공격케 하여 대야성을 함락시켰다. 이로 인해 김춘추의 사위로, 대야성 도독이었던 김품석과 가족은 죽임을 당했으며, 신라는 서부 국경지역을 대부분 상실하여 대백제 방어선이 압량지금의 경상북도 경산지방으로 후퇴하게 되었다. 대야성 전투 결과, 신라는 백제를 공략하기 위해 당의 원병을 끌어 들이는 외교 노력을 적극적으로 추진하게 되는 계기가 되었다.

흔히 사비백제 시기를 이야기할 때 신라가 백제를 일방적으로 몰아붙인 시기로 오해하기 일쑤다. 백제는 성왕이 한때 수복했던 한강유역을 신라에게 빼앗긴 후 신라를 공격하다가 관산성지금의 옥천에서 전사했으며, 의자왕대에 이르러 당과 신라의 연합군에 의해 멸망했기 때문이다 그래서 백제 패망의 역사는 백제가 군사적으로 약했다는 그릇된 인식을 심어 주었음이 분명하다. 하지만, 백제 무왕과 의자왕은 신라를 침공하여 신라가 멸망할지도 모른다는 위기 의식을 갖게 하는 상황으로 몰아붙였으며, 대야성 전투는 그 정점에 있는 것이다.

실제로 무왕은 625년 속함성경남 함양, 앵잠성경남 함양, 기잠성경남 합천, 봉잠성미상, 기현성미상 용책성경남 산청 등 6성을, 633년에는 신라의 서곡성경북 고령, 경남 고창을 각각 공격하여 빼앗았다. 이어 635년에는 독산성경북 성주을 공격하는 등 대가야 중심지역을 집중 공략하였다. 의자왕은 642년 7월 친정하여 미후성 등 40여성을 빼앗은 데 이어 8월에 윤충을 보내 대야성을 점령하였던 것이다. 역사에 만약은 없다고 하지만, 만약에 당나라가 개입하지 않았더라면 역사상 사라졌을 나라는 백제가 아니라 신라가 아니었을까? 2010년 〈대백제기마군단행렬〉은 이런 '대야성 전투'를 시나리오에 담아 '강력한 백제의 이미지'를 이끌어낼 수 있었다.

그해 연출력도 한단계 성숙한 모습을 보여줬다. 행렬을 선두마차2필−척후마11필−선두마11필−중군35필−마차북 · 징−기치보병30명−좌군31필−우군33필−전투보병100명 등으로 구성하여 당시의 전투 상황을 좀 더 실감나게 재현할 수 있게 되었다. 척후마 및 선도마가 행렬 선두에서 정찰 상황을 재현하면 중군의 계백장군이 각 단위부대에 군령을 하달하고, 기병 좌 · 우군 및 보병들이 명령에 따라 함성을 지르면서 행렬하는 모습을 연출하였다.

하지만, 이런 보강에도 불구 〈대백제기마군단행렬〉이 안고 있는 고질적인 문제점은 피해갈 수 없었다. 부여 시가지에서 정렬된 대형을 이루어 관람객의 인기를 모았으나, 구드래둔치에선 대열이 흐트러져 연출력이 저하되기 일쑤였다. 또한, 5회 연출과정에서 첫 번째 연출에서 3명이, 네 번째 연출에서 1명이 각각 낙마하여 크고 작은 부상을 입었다. 환경 적응이 뛰어난 말과 기마 능력이 탁월한 기수 확보의 중요성을 다시한번 실감하게 되었다.

이듬해 2011년 제57회 백제문화제에서 〈대백제기마군단행렬〉은 아무런 사고 없이 연출을 마무리할 수 있었다. 2007년부터 누적된 노하우가 빛을 발했던 결과지만, 규모 및 연출 횟수의 감소도 적지 않게 작용했던 것이다. 제57회 백제문화제를 상징한다는 명목으로 말의 수를 57필로 대폭 줄인 것이 무사고에 크게 기여했을 것으로 여겨진다. 연출 횟수도 2회에 불과하였다. 그럼에도 불구하고 사전 연습부족으로 인한 행렬 완성도 미흡, 마상무예 시연 연습 및 기술 부족으로 퍼포먼스 연출 미흡, 안전사고의 위험성 상존 등이 여전히 개선과제로 남았다.

깊은 자기성찰이 필요하다

〈대백제기마군단행렬〉은 웅장하고 진취적인 백제 이미지를 대내외에 알리고, 한편으론 백제문화제를 여타 축제와 차별하는 상징으로 스포트라이트를 받아왔지만, 제57회 백제문화제를 마지막으로 역사의 뒤안길로 사라졌다. 전문 기수 및 환경 적응력이 뛰어난 말의 미확보, 사전연습에 의한 완성도 높은 퍼포먼스 연출, 사고 위험성 감소 등 고질적인 문제를 극복하지 못하였기 때문이다.

무엇보다 프로그램 전반에 대한 업그레이드 노력의 부재가 가장 큰 요인이었다. 해마다 반복되는 비슷한 설정에 대해 관람객들은 점점 식상감을 느꼈을 것이다. 이에 따라 〈대백제기마군단행렬〉을 대신하여 맨 처음 기획 의도는 실비를 대주고 말을 기르고 타는 분들이 축제에 와서 말타고 즐기는 자리를 제공하는 것이었으나 백제문화제에서 기마군단행렬의 예산은 한국마사회에서 보조를 받았으나 말 한필 하루 운영에 100만원이 들게 됨으로 기마군단 행렬은 사라지게 됐지만 성왕 사비천도 행렬이나 2012년 제58회 백제문화제부터 〈백제마보무예〉가 도입되어 명맥을 유지하고 있다. 마무예馬武藝, 마상재馬上才, 보무예步武藝 등으로 구성된 상설 공연 및 체험 프로그램이다. 백제 마보무예가 비록 관람객의 호평을 받아 흥행성은 인정받고 있지만, 백제의 역사와 문화를 소재로 하는 백제문화제와는 거리감이 있다는 지적을 받고 있다.

　　우리는 〈대백제기마군단행렬〉이 퇴장한 원인에 대해 두고두고 곱씹어봐야 하겠다. 프로그램 기획 단계부터 잘잘못은 없었는지, 무리하게 도입을 서두른 것은 아닌지, 운

영 과정에서 참여인력 모집 및 관리 등을 소홀하지 않았는지, 연출력 및 관련 인프라 등의 개선 노력이 부족하지는 않았는지 깊은 자기성찰이 요구된다.

일각에서는 〈대백제기마군단행렬〉을 부활시켜야 한다는 목소리를 내고 있기도 하다. 하지만, 실패한 사례를 그대로 답습하려 한다면 어리석은 짓이다. '기마민족의 혼'을 중심으로 하되 보는 프로그램에서 함께 즐기고 참여하는 프로그램으로, 백제의 흥과 멋이 함께 하는 프로그램으로 재탄생 돼야 할 것이다. 그리고 대형 축제 프로그램을 기획하고 운영할 계획이라면 〈대백제기마군단행렬〉의 사례를 타산지석으로 삼아 매사에 신중을 기해야 하겠다.

2. 황산벌전투 재현

660년 황산벌에서 있었던 백제군과 신라군 사이의 전투는 700년 역사를 이어온 백제 멸망의 서곡이었다. 소정방蘇定方이 이끄는 13만 명의 당군이 서해를 건너 백제로 진군하는 사이에 김유신이 거느린 5만 명의 신라군은 육로로 백제를 공격하였고, 지금의 충남 논산시 연산 일원에서 계백 장군이 이끄는 5,000명의 백제군과 격돌하였다. 백제군은 일당천一當千의 기세로 신라군과 싸워 4연승을 거두었으나, 신라군과의 마지막 전투에서 중과부적으로 패하고 말았다. 이 전투로 인해 계백 장군은 '백제 최후의 영웅'으로 존경받게 되었고, 황산벌은 가장 유명세를 떨치는 호국의 현장이 되었다.

논산에서 열린
황산벌전투 재연

백제문화제와 계백 장군

백제문화제는 계백 장군과 떼려야 뗄 수 없는 불가분의 관계를 맺고 있다. 백제문화제는 백제말 삼충신성충, 홍수, 계백의 위패를 모실 삼충사三忠祠 건립을 추진하는 과정에서 개최안이 나와 백제대제百濟大祭라는 이름으로 1955년 개최했기 때문이다. 백제대제제1회 백제문화제는 백제 망국의 한을 달래는 제의를 중심으로 전국농악대회, 추천그네대회 등 축제적 요소가 어우러져 오늘날 '향토축제의 원형'을 제시하였다. 백제정신 계승을 통해 민족의식과 역사의식을 불러일으키려 한 행사였던 만큼 '계백 장군'은 오늘날까지 백제문화제 정체성과 자긍심의 중심에 서 있다. 또한, 삼충신 제향은 1955년 이후 한해도 거르지 않고 오늘날까지 이어오고 있다.

이에 따라 계백 장군과 황산벌전투 관련 프로그램은 백제문화제에서 빠지지 않는 단골손님이 되었다. 1966년 제12회 백제문화제에서 첫 등장한 '계백장군 출사 가장행렬'계백장군 출전은 제17회1971, 제18회1972, 제26회1980, 제28회1982, 제30회1984, 제32회1986, 제34회1988 백제문화제 등에 각각 시연되었다. '계백장군 출전'은 가장행렬의 명칭이 제36회 백제문화제 때1990 '문화행렬'로 변경되고, 제38회 백제문화제 때1992년 '역사문화행렬'로 변경된 후에도 행렬단의 일부로 상당기간 존속하였다. 다만, 근자에 백제역사문화행렬이 '사비백제 6대왕 행차'로 고착되는 과정에서 '계백장군'이 빠지게 되었다.

하지만, 계백 장군의 기상은 2000년 제46회 백제문화제 개막식 주무대에서 '계백장군 출정식'으로 이어가게 된다. 이는 '계백장군과 오천결사대 훈련무', '계백장군 열무식', '계백장군 출정식' 등으로 명칭을 바꿔가며 오늘에 이르러 부여군 백제문화제의 대표 프로그램으로 자리매김하였다. 또한, 계백 장군은 2007년 제53회 백제문화제에서 첫 등장하여 2008년 제54회 백제문화제, 2010 세계 대백제전, 2011년 제57회 백제문화제 등 총 4년간 운영됐던 '대백제기마군단행렬'의 수장이기도 하였다. 이를테면 계백 장군은 백제문화제에서 없어서는 안되는 필수적인 존재인 셈이다.

1348년 전 '계백의 환생' 황산벌전투 재현

위대한 계백 장군의 충절의 혼은 2008년 제54회 백제문화제에서 〈황산벌전투재현〉으로 새롭게 환생하였다. 계백 장군은 〈황산벌전투재현〉을 통해 가장행렬에서 정적인 모습으로 등장하거나 무대용 공연에 출연하는 수준을 벗어나 오늘날 야전현장에서 벌이는 스펙터클한 전투신으로 탈바꿈한 것이다. 2008년 10월 4일과 5일 750명의 재연 배우들은 논산시 논산읍을 가로질러 흐르는 논산천 둔치에서 계백장군의 백제군과 김유신의 신라군이 벌였던 당시의 전투모습을 현실적이고 구체화된 모습으로 두 차례 재현하였다.

그 결과 제54회 백제문화제에서 〈황산벌전투재현〉는 센세이션을 불러일으켰다. 그 상황은 충청투데이 10월 6일자 '변평섭칼럼'의 다음 기록을 통해 살펴볼 수 있다.

지난 10월 4일과 5일, 논산천 둔치에서는 황산벌 전투가 재현되어 둔치를 가득 메운 참석자들의 갈채를 받았다. 백제문화제의 일환으로 올해 처음 등장한 것인데 과연 지금까지 백제문화제에서 느끼지 못했던 새로운 감동을 주었다. 서기 660년 백제의 계백 장군이 이끄는 5천 결사대와 신라군 5만 명이 맞선 최후의 결전 '황산벌 전투'. 이 이상 극적인 장면이 어디 있을까. 현역 군인, 학생 등 800여 명과 군마 30필이 90분간에 걸쳐 연출해낸 황산벌 전투는 가히 절박했던 역사의 순간을 녹아내리기에 충분했고, 백제 후손들의 가슴을 뜨겁게 달구었다. 특히 이원발계백 장군 역 등 TV 사극으로 인기를 모았던 '대조영'의 출연진들이 대거 등장한 것도 좋았지만 '5천 결사대'의 장엄한 외침, 신라의 화랑 관창을 생포하는 장면, 그리고 기마병과 궁수병 등의 대규모 전투재현은 잠시 관중들로 하여금 역사의 시계 바늘을 뒤로 돌리기에 충분했다 … 중략 … 우리가 백제문화제에 열정을 쏟고 강렬하게 '황산벌 전투'를 재현하는 것은 무엇 때문인가. 그곳에서 우리 충청인의 정신을 찾을 수 있기 때문이다. 그곳에서 기품있는 충청인의 문화적 모태母胎를 찾을 수 있기 때문이기도 하다.》

이는 전국적으로 1,000여개에 달하는 국내 지역축제 중에서 〈황산벌전투재현〉과 같이 역사적인 전투를 실감나게 재현하고 있는 행사가 그 당시에는 드물었기 때문이다. 〈황산벌전투재현〉은 결과적으로 백제문화제가 진정한 역사문화축제로 한걸음 더 나아가는 계기가 되었으며, 국내 축제 프로그램에 새로운 이정표를 제시했다는 의미를 부여해도 될 수 있겠다. 또한, 백제문화제가 공주와 부여 이외의 지역으로 확장되는 시험무대이기도 했다.

황산벌전투재현의 탄생과 변천

〈황산벌전투재현〉은 2007년 하반기 무렵 충남 논산의 지역정계에서 충청남도에 '계백장군의 황산벌전투' 재현을 요청하였고, 당시 이완구 충청남도지사가 도청 간부회의 때 "계백장군은 현대사회에 사는 우리들이 본받아야 할 훌륭한 장군이며, 백제의 자랑"이라며 철저한 준비를 지시함에 따라 탄생하게 되었다.

2008년 첫해 〈황산벌전투재현〉의 연출주제는 '황산벌 구국의 외침', 연출구성은 모두 7막으로 구성돼 있었다. 1막 '황산벌에 이는 바람'백제, 신라의 대치상황을 전투대열로 표현, 2막 '아! 살신성인의 가족애'계백장군의 비장한 심리표현, 3막 '5천 결사대의 외침'출정식을 장엄한 퍼레이드로 연출, 4막 '5천 결사대의 협공'군마 등을 활용 대규모 전투 재현, 5막 '화랑관창의 생포'백제장수와 관창의 전투로 관창 생포, 6막 '황산벌 최후의 혈전'기마병, 궁수병 등의 대규모 전투 재현 7막 '백제 혼불'전시한 백제혼을 달래기 위한 퍼포먼스 등 등이다. 비교적 역사적 사실에 충실한 연출이었다.

무엇보다 2006년 9월부터 2007년 12월까지 방영되면서 인기를 끌었던 사극 '대조영'팀이 대거 출연하여 프로그램의 완성도를 높였고, 이들의 출연으로 〈황산벌전투재현〉은 일찌감치 유명세를 탔다. 계백장군 역에는 이원발대조영의 온사문 장군역, 논산출신, 김유신 장군 역에 김주영대조영의 고사계 장군영, 대전출신, 화랑관창 역에 신원균대조영의 무영장군 역, 성충 역에 장순국대조영의 돌발장군 역 등이 출연하였다. 전투인력으로는 32사단 장병190명, 건양대 학생120명, 고교생440명 등이 참여하여 실감나는 공방전을 벌였다.

〈황산벌전투재현〉은 처음으로 시도하는 여타 프로그램들과 마찬가지로 숱한 우여곡절을 겪었지만, 개최지 선정을 높고 가장 많은 고민을 해야 했다. 백제문화제추진위원회는 관람객의 접근성이 좋고 장소가 넓은 논산천 둔치를 제안한 반면, 논산시는 황산벌전투가 벌어졌던 역사적인 장소인 연산면 신양리 소재 한민학교韓民學校, 5월 2013년 5월 29일 폐교 일원을 강력하게 요구했기 때문이다. 한민학교 일원은 장소가 협소한데다 진입로 확·포장 등 기반시설 설치를 위한 비용 투입이 요구됐다.

〈황산벌전투재현〉의 개최장소에 대한 논의는 추진위와 논산시 관계자들이 일본의 유명한 전투재현 축제 중 하나인 '요네자와 우에스기 축제'米沢上杉まつり를 다녀오면서 논산천 둔치로 가닥을 잡게 되었다. 요네자와 우에스기 축제는 야마가타현山形縣 요네자와시米澤市에서 매년 봄 개최하는 축제로, 메인 이벤트는 일본 역사상 최대의 사투로 꼽히는 카와나카지마川中島전투를 마츠카와松川하천 부지에서 재현하는 것이다. 700~800명의 재현배우들이 우에스기上杉군과 다케다武田군으로 나뉘어 너른 하천변에서 전개하는 전투신은 〈황산벌전투재현〉의 개최장소 선택에 결정적인 역할을 하였다.

2008년 첫 데뷔에서 뜨거운 관심과 호평을 받았던 〈황산벌전투재현〉은 신종플루가 대유행했던 2009년을 건너뛰어 2010 세계 대백제전에서 또다시 스포트라이트를 받았다. 세계대백제전이 중반에 접어들어 축제 열기가 한창 달아오르던 10월 2일과 3일, 논산천 둔치에서 황산벌전투의 뜨거운 열기가 다시 한번 피어올랐다. 연출적인 요소가 한층 강화되고, 박진감 넘치는 전투신이 전개되었다는 평가를 받았다. 백제군과 신라군의 기마교전, 장창을 동원한 대규모 전투, 신라군의 백제군 진영의 목책 공격 등 웅장하고 화려한 전투장면은 축제 관람객들의 마음을 또다시 사로잡았다.

하지만, 〈황산벌전투재현〉은 2011년 제57회 백제문화제에서는 재연하지 못하였다. 그해 MBC TV에서 32부작의 드라마 '계백'을 제작하여 7월부터 방영키로 하였고, 논산시는 계백 드라마 지원에 따른 예산의 과다출연 등을 이유로 〈황산벌전투재현〉을 한해 쉬기로 한 것이다. 또한, 논산시는 당초 계백 드라마의 주인공인 탤런트 이서진 씨가 출연하는 〈황산벌전투재현〉을 구상했으나, 그의 출연이 어렵게 된 점도 작용했던 것으로 여겨진다.

2012년 제58회 백제문화제에서는 〈황산벌전투재현〉이 시연되었다. 다만, 개최장소가 논산천 둔치에서 계백장군유적지로 변경됐고, 과거 700~800명 내외이었던 출연진이 350명으로 축소되었다. 개최장소가 기존 논산천둔치에 비해 다소 협소했으나 역사적인 사실성이 강화되었고, 출연진으로 전문스턴트 배우 및 한국마상무예훈련원 등에서 선발된 마상무예팀 등이 참여하여 사극 드라마 수준의 전투신이 전개됐다는 평가를 받았다. 볼거리가 한층 강화된 셈이다.

황산벌전투재현의 과제

〈황산벌전투재현〉이 백제문화제의 '아이콘'으로 떠오르고, 국내 전투재연 행사 프로그램의 시금석 역할을 하였지만, 우리의 축제 프로그램들이 안고 있는 근원적인 한계를 뛰어넘지는 못하였다. 축제의 참여성 강화에 대한 실마리를 찾지 못하고 있기 때문이다. 축제 프로그램은 지역 주민과 관람객이 주도적으로 참여해야 빛을 발하는 법이다. 이에 따라 백제문화제는 그동안 '민간 주도의 참여형 프로그램' 확산에 정책의 초점을 두고 다각적인 노력을 전개해왔다.

이에 따라 백제문화제추진위원회는 '퍼레이드교류왕국대백제'에 이벤트 대행사의 전문연기자들 이외에도 사신단 일행, 플로트 탑승자 등에 일반인 및 다문화가정이 참여토록 하고 있다. 공주의 대표 프로그램으로 5,000여명의 공주시민들이 참여하는 '웅진성 퍼레이드'는 대부분 외지인들로 구성된 사이버시민 800여 명이 동참하고 있다. 또한, 2011년 제57회 백제문화제부터 백제문화상품 전국공모전, 국제 창작무용 경연대회, 전국 고교 학생 백일장 등 경연Contest 프로그램을 도입한 목적은 참여성 강화에 있다. 하지만, 〈황산벌전투재현〉은 역사 및 전투 재현 프로그램인데도 주민 및 관람객 참여를 확대하지 못하고 있으니 문제다.

우리는 미국의 대표적인 전투 재현 프로그램인 '게티스버그 전투재현'를 통해 그 해답을 일부 찾을 수 있게 될 것이다. 역사문화축제 중 '게티스버그 전투 재현'은 외부의 지원 없이 스스로 성공축제로 자리매김한 사례이다. 미국 펜실베니아Pennsylvania 주 애덤스카운티Adams County에 있는 게티스버그 마을은 인구가 8,000명에 불과하다. 하지만, 이 지역에서 1863년 7월 1일부터 1863년 7월 3일까지 벌어졌던 게티스버그 전투는 남북 전쟁에서 가장 참혹했던 전투로, 양측에서 7천 명 이상의 병사들이 사망한 것을 비롯 5만 여 명의 사상자와 포로가 발생하였다. 남북전쟁 중 남부의 패배가 시작된 전투로 기록되고 있다.

'게티스버그 전투재현'은 삼일간의 주요 전투장면을 생생하게 재연해 내는 것으로, 재현배우들은 당시 군인들이 겪었던 힘든 일을 똑같이 체험하게 된다. 지역주민과 자원봉사자, 마을 출향인사 등이 매년 이맘때가 되면 재현배우가 되어 스스로 참여하고 있다. 특히, 1863년 게티스버그 전투에 참전했던 남군과 북군의 후손들 중에는 수 십 년째 참여하는 사람도 있다고 한다. 재현배우들은 당시 군인들이 사용했던 총을 쏴보고, 음식을 체험하면서 게티스버그에서 일어났던 일들을 체감하기 위해 기꺼이 동참하고 있다는 것이다.

〈황산벌전투재현〉 또한 '게티스버그 전투재현'과 마찬가지로 지역주민 및 관람객이 전투 재현배우에 스스로 나설 수 있는 다각적인 방안을 마련하는 것이 급선무다. 이를 위해선 실감나는 전투장면을 해마다 재현하기 충분한 장비와 복장, 전투시설 및 시나리오 등을 갖춰나가야 하며, 철저한 고증을 바탕으로 추진해야 하겠다. 또한, 〈황산벌전투재현〉에 자발적으로 참여한 이들에게 자부심과 명예를 부여할 수 있는 방안, 이를테면 '참가 확인서' 또는 '명예시민증' 등을 제공하는 것도 모색할 수 있을 것이다. 신라군으로는 경상도 지역민을, 백제군으로는 충청도와 전라도 지역민을 모집하는 것도 재미있어 보인다. 장비와 시설 여건만 뒷받침된다면 주간 프로그램으로 전환할 수도 있을 것이다.

지역사회 일각에서 "패배한 전투, 한맺힌 역사를 왜 다시 재조명하느냐"는 지적이 아직도 제기되고 있음을 부인할 수 없다. 하지만 황산벌에서의 전투는 비록 패했을망정 나라를 위해 끝까지 목숨을 바쳐 싸운 계백과 오천결사대의 충절은 '삼국시대 700

년 동안 면면히 이어온 백제 정신'을 적나라하게 드러내고 있지 않은가? 여기에는 10
대 1의 병력의 열세에도 4번 싸워 4번이나 승리했던 백제인의 용맹성, 화랑 관창을 잡
고도 놓아주는 계백의 관대함이 서려 있기도 하다. 〈황산벌전투재현〉은 신라의 영광
이 아니라 백제인의 위대함을 드러내는 전투라는 뜻이다.

　〈황산벌전투재현〉은 백제의 영웅이었던 계백과 오천결사대의 무용담을 오늘날 한
국인들의 가슴에 면면히 이어주고, 그 속에서 충청인의 정신과 문화를 찾을 수 있는
축제 프로그램이 돼야 한다. 그래서 스스로 참여하는 재현배우들에게는 재미와 자부
심을, 참석자들에게는 깊은 감명을 주는 그런 전투재현 프로그램으로 확고히 자리매
김하길 기대해 본다.

　황산벌 전투의 재현은 추진위원회 예산과 논산시 예산으로 실시하고 있다. 그러나
예산상의 문제로 매년 행사를 치루지 못하는 것도 고민해야 할 문제이고 시민과 관광

객의 접근성이 좋은 개최지를 선택하고 항상 그 자리에서 개최하는 것도 숙제이다.

3. '절반의 성공' 세계역사도시전

2010 세계 대백제전에 선보였던 〈세계역사도시전〉은 59년에 이른 백제문화제 역사 중 긍정과 부정의 면이 여러모로 교차하는 전시 프로그램으로 기억된다. 고도의 전문성 및 노하우가 요구되는 국제적 규모의 전시행사를 일년 내외의 짧은 기간에 비교적 성공적으로 개최한 것은 높이 사야할 부분이었으나, 실익을 충분히 챙기지 못하여 '절반의 성공'에 그쳤다.

또한, 〈세계역사도시전〉은 12개 해외도시와 3개 문명도시의 소개 및 역사 체험, 고구려 및 신라 부스, 백제기악탈 등 세계의 탈 전시, 백제 홍보공간 등으로 구성돼 있었다. 그 당시 관람객들 사이에서 백제의 역사와 문화에 초점을 맞추고 있는 백제문화제와 무슨 관련이 있느냐는 질문이 나왔던 것은 어찌보면 당연한지 모른다. 이에 따라 〈세계역사도시전〉은 백제문화제가 명실상부한 글로벌 축제로 도약하기 위해선 반드시 되짚어봐야 하는 프로그램이기도 하다.

세계역사도시전 기획·추진

〈세계역사도시전〉은 당초 국제적인 규모의 전시행사를 개최함으로써 2010 세계 대백제전의 품위와 품격을 높여 축제의 세계화를 도모하고, 세계 주요도시의 역사와 문화 비교를 통해 백제문화의 현재적 가치를 재조명하기 위한 대표 프로그램으로 기획되었다. 이에 따라 〈세계역사도시전〉의 기획안은 2008년 10월 확정된 2010대백제전 기본종합계획에 포함됐다. 당시에는 세계역사도시연맹의 회원도시 초청과 함께 해외에 존재하는 백제관련 유물의 초청·전시도 포함돼 있었지만, 후자는 추진과정에서 빠지게 된다. 이에 앞서 2008년 6월 10일~13일 터키 코냐에서 개최된 제11회 세계역사도시연맹회의에서는 2010 세계 대백제전 때 '세계역사도시연맹 후원명칭' sponsorship 사용을 승인받았다.

하지만, 〈세계역사도시전〉 사업이 본격적으로 추진된 것은 2009년 9~10월 무렵이어서 기한이 너무 촉박하였다. 국제적인 행사를 추진하기 위해선 적어도 행사 개최

3년 전부터 사업에 착수해야 했지만, 〈세계역사도시전〉은 2010 세계 대백제전이 개막하는 2010년 9월 17일까지 1년 정도를 남겨놓은 시점에 본격화되었기 때문이다. '세계역사도시 등 해외참여유치계획'이 수립된 것은 2009년 6월 5일, 국제전시T/F가 구성된 것은 2008년 8월 18일이었다. 본격적인 사업은 세계역사도시연맹 회원도시 80곳과 자매도시 6곳에 〈세계역사도시전〉 참가안내 서신 발송2009. 9. 16, 〈세계역사도시전〉 기본계획 용역발주2009. 10. 26 등으로 시작되었다. 2010년 1월 25일 완료된 〈세계역사도시전〉 기본계획을 토대로 하여 2010년 2월 19일 〈세계역사도시전〉 개최용역 제안공모가 실시되었고, 7월 17일 실시계획이 완료되었으니 참으로 숨 가쁜 여정을 달렸던 것이다.

이와 병행하여 충청남도와 백제화제 추진위원회당시 2010세계대백제전 조직위원회: 이하 조직위도 세계역사도시 유치활동도 박차를 가하고 있었다. 세계역사도시에 참여요청 서한문을 보낸 것 이외에도 2009 인천 세계도시축전을 방문하여 해외도시 유치방법을 벤치마킹했고, 해외 현지의 한국대사관에 전화와 이메일로 협조를 요청하기도 하였다. 베트남 후에 및 캄보디아 씨엠립주 등 중점 유치대상으로 꼽은 역사도시들은 2009년 11월부터 2010년 6월 30일까지 직접 방문하여 유치활동을 전개하는 등 동분서주 하였다.

이러한 노력에도 불구하고 세계역사도시 유치활동의 성과는 그다지 만족스럽지 못하였다. 애초 20개 역사도시의 유치를 목표로 하였지만, 최종 유치실적은 9개국 12개도시에 머물렀기 때문이다. 〈세계역사도시전〉에 참여했던 세계 역사도시는 일본 나라奈良와 구마모토熊本, 중국 뤄양洛陽과 양저우揚州, 러시아 아무르와 레닌그라드, 캄보디아 씨엠립, 베트남 후에, 아제르바이잔 쉐키, 우즈베키스탄 타슈켄트, 파키스탄 카라치, 터키 콘야 등이다. 또, 역사도시와 별도로 3개 문명도시 유치가 추진되었으나, 이집트 알렉산드리아시가 오벨리스크와 피라미드 복각품 등을 전시하는데 만족해야 했다.

사실 세계역사도시 유치활동은 '2009 세계역사도시연맹 이사회' 홍보하는 첫단추부터 잘못 끼워졌다. 그해 10월 14일부터 16일까지 일본 교토에서 9개 도시가 참여한 가운데 열리는 이사회에서 참가조건 등에 대한 프리젠테이션을 할 계획이었으나, 의장도시인 일본 교토시의 "이사회 참여도시가 아니다"는 반대에 부딪쳐 무산됐다. 심지어 회원도시에 대한 기본 자료조차 제공받지 못해 일일이 인터넷 등을 통해 확보해야 하는 등 어려움이 적지 않았다.

행사개최가 1년 남짓한 시점에서 참여 권유 서한문을 보낸 것 자체를 이해하지 못하겠다는 분위기가 곳곳에서 감지되었다. 그러다보니 충남도와 자매결연 및 우호관계가 있는 도시가 아니면 응답이 거의 없었다. 세계역사도시 중에는 당초 참여를 약속하고도 중도에서 번복하는 사례도 적지 않았다. 반대로 〈세계역사도시전〉 참여도시인 터키 콘야시의 경우 개장 2일전까지 참여 의사를 확실하게 밝히지 않아 관련자들을 당혹케 하기도 하였다.

이런 결과들이 나온 것은 워낙 시간에 쫓기다보니 충분한 논의 절차를 거쳐 체계적으로 유치활동을 전개하지 못한 것이 주요 요인으로 꼽힌다. 그러다보니 해당 국가의 국민성과 문화습관 등을 사전에 파악하여 치밀하게 대응하지 못했을 뿐 아니라 세계역사도시에서 '2010 세계 대백제전' 및 〈세계역사도시전〉에 대해 질의하는 사항에 대해 답변할 홍보물조차 제대로 갖추지 못하는 우를 범하기도 하였다.

난항을 거듭했던 세계역사도시전 기반시설물 설치

〈세계역사도시전〉 기반시설물 설치의 애로사항은 공주의 주행사장인 공주예술마당이 논바닥을 매립하여 조성한데 있었다. 이곳은 공주시가 관광지 개발 및 고마복합예술센터 건립을 위해 매입한 부지였다. 매립토 확보에 어려움을 겪고 있었던 공주시는 때마침 4대강개발사업금강살리기사업을 통해 2010년 1월부터 금강에서 채취하기 시작한 준설토골재를 매립토로 사용할 수 있게 되었다. 하지만, 모래가 많이 섞인 매립토를 사용하여 조성된 행사장은 지반이 약화돼 지상구조물의 설치가 곤란하였다.

매립과정에서는 모래가 섞인 매립토가 안고 있는 이런 취약점을 누구도 눈치채지 못했다가 행사장 기반시설을 조성하는 과정에서 드러나 뒤늦게 법석을 떨었다. 숱한 논의 끝에 줄기초continuous footing: 길게 연속한 콘크리트제의 기초 부근에 철근을 삽입하고, 행사장 바닥 4000㎡ 전면을 콘크리트 타설기법으로 추진키로 하였다. 바닥 침하 및 대형 파빌리온의 뒤틀림 방지의 요인을 사전에 차단하여 사업을 성공적으로 마무리할 수 있었지만, 기반공사 관련 비용으로 1억 4000여만원이 추가 지출되었다. 또한, 사업기간이 지연되어 개막식 당일에도 주변 정리가 완료되지 않아 관람객 이용에 불편함이 있었다.

또한, 필요한 전력용량을 계산착오로 적게 산정함으로써 에어콘 설치대수가 부족하여 개장 초기에 관람객들이 더위를 호소하기도 하였고, 8월 초에서야 제출된 영상 및 패널 등 콘텐츠의 내용이 잘못 기술되거나 정리되지 않은 내용이 수록된 것이 발견돼 조직위가 직접 수정·보완에 나서는 등 크고작은 사건사고 잇따랐다. 하지만 조직위 직원들이 일치단결해 일한 결과 전시회를 제때 개장하게 되었다.

세계역사도시전이 남긴 엄중한 숙제

〈세계역사도시전〉은 준비 과정에서 많은 어려움이 뒤따랐지만, 관람객들에게 세계역사도시들의 존재를 알려주고, 각 도시의 역사와 문화를 비교 교환할 수 있는 학습의 장을 마련해 준 것이 큰 성과로 여겨진다. 또한, 부여군2006년 10월 가입과 공주시 2008년 5월 가입는 세계역사도시연맹의 회원도시로서 자부심을 갖고 전통과 창조, 보존과 발전 계승, 고도재현 등을 위해 노력하고 있음을 보여주는 계기가 되었다. 특히, 공연·체험·퍼레이드 위주였던 2010 세계 대백제전에서 관람객들에게 차별화된 볼거리를 제공하였고, 축제의 지위를 국제적인 행사로 끌어올리는데 기여하였다.

무엇보다 행사기간 내내 자녀를 동반한 가족단위 관람객들로 인산인해를 이뤄 흥행면에서도 2010 세계 대백제전에 적지 않은 공헌을 했다. 실제로 〈세계역사도시전〉은 2010 세계 대백제전 평가 및 개최효과 분석 보고서에서 '가장 기억에 남는 프로그램' 및 '가장 흥미 있는 프로그램' 항목에서 각각 상위를 기록하였으며, '교육적인 프로그램' 항목에서는 당당히 1위를 차지하여 가족과 함께 하기에 좋은 교육적인 프로그램임이 입증됐다.

'베트남 후에' 부스의 응유엔 베트남황실박물관장은 최고 수준의 붓글씨가 관람객들에게 찬사를 받았고, '러시아 레닌그라드' 및 '아무르' 부스는 자수로 만들어진 의상과 헝겊으로 인형만들기 체험행사를 가져 큰 인기를 끌었다. '터키 콘야시'는 2명의 마블링종이에 대리석 무늬를 새기는 기법 전문가들이 특별한 체험기회를 제공하였고, '아제르바이잔 쉐키'의 예술가 타히르씨는 어린아이의 초상을 그려주었다. '우즈베키스탄 타슈켄트'는 전통의상을 입고 사진을 찍어보는 시간을, '캄보디아 시엠립'은 앙코로와트 유적에 대한 홍보에 열을 올렸다. 이처럼 각 도시의 부스는 쏠쏠한 재미와 색다른 감흥을 불러일으켰다.

조직위가 야심차게 준비한 것에 비해 내용과 질적인 측면에서는 높아진 관람객들의 눈높이를 맞추기에는 다소 미흡했다는 평가를 받았음을 부인할 수 없다. 하지만 준비기간이 부족한 상태에서 경험도 부족하기만 했던 조직위가 처음으로 개척하여 일궈

낸 〈세계역사도시전〉의 성과는 2010 세계 대백제전의 가장 큰 성공작으로 자부해도 좋지 않을까 싶다.

결론적으로 말해서, 욕심 때문에 너무 조급히 서둘러 대계를 그르치지는 일은 없어야 한다는 교훈을 우리는 〈세계역사도시전〉을 통해 실감하였다. 아무리 좋은 프로그램이라고 해도 충분한 기간을 둬 마음에 여유를 갖고 차분하게 기획하고, 체계적으로 준비해나가야 한다는 의미다. 축제를 주관하는 자치단체 및 기관·단체 등은 반드시 새겨들어야 하겠다.

원활한 행사 준비를 위해서는 〈세계역사도시전〉과 유사한 사업을 추진할 때에는 3년 전부터 관련분야의 인력을 충분히 확보하여 추진해야 할 것이다. 이와 함께 해당 프로그램을 선보이게 되는 3년 뒤 관람객들의 눈높이에 맞출 수 있는 앞선 프로그램을 선행하여 기획해야 함도 잊어선 안될 것이다.

4. 백제역사 체험코너 '백제향'

백제문화제에는 고대 백제의 정취를 고스란히 담아낸 특별한 프로그램이 있다. 백제문화를 배우고 체험하는 역사문화체험코너인 〈백제향〉百濟鄕이다. 〈백제향〉은 2007년 제53회 백제문화제에서 도입되었으며, 2011년 제57회 백제문화제 이후에는 공주의 '백제마을'. 부여의 '체험! 백제문화속으로'로 각각 정착되었다. 해마다 백제문화제가 개최되는 충남 공주와 부여는 한때 백제의 수도였고, 고대 동아시아의 문화·정치 중심지였다. 하지만 불행히 지상의 유적은 거의 사라져 백제문화제가 열리는 축제현장에서 백제의 역사와 문화와 직접 대면하는 것이 불가능하다. 그래서 축제의 현장 일부를 역사의 숨결이 깃든 공간으로 가꿔놓은 곳이 바로 〈백제향〉이다. 백제역사체험 프로그램은 오늘날 백제문화제를 여타 축제와 구분하는 바로미터 역할을 하고 있다.

2007년 '백제향'의 태동

백제문화제에 '백제문화 체험장'이 조성되기 시작한 것은 1998년 제44회 백제문화제를 맞이하면서부터다. 1995년 7월 민선자치시대가 시작되면서 전국적으로 향토축제가 들불처럼 일어났고, 축제방향이 단순히 보는 것에서 직접 체험하는 것으로 바뀌었다. 백제문화제도 이런 축제 트렌드를 반영하여 타 지역축제와 차별화하려는 전략을 세웠고, 국내외 관람객들에게 백제문화의 이모저모를 직접 체험할 수 있는 '백제역사문화체험의 장'이 부여 행사장에 처음 도입되었다.

부여 구드래조각공원에 마련된 체험장에는 백제복식 입고 사진 찍기, 백제 8문양 탁본, 백제투호놀이, 백제토기굽기 현장체험 등 4가지 체험행사가 실시되었고, 백제 8문양 탁본에 많은 관람객들이 몰렸다고 한다. 이후 2000년 제46회 백제문화제 때 기존 체험 프로그램에 정림사지 5층 석탑쌓기, 백제역사스페셜 영상관 운영이 추가되는 등 날로 확대되었다. 또한, 백제문화제 공주행사장에서도 2001년 제47회 백제문화제 때 '민속체험코너'가 조성되어 엽전치기, 떡메치기, 투호, 윷놀이, 전통염색코너, 제기차기 등이 실시되었고, 2001년 제47회 백제문화제 때 '백제문화제 반세기 기념행사 체험코너'가 마련되기도 하였다.

백제문화제의 상설 및 주요 프로그램으로 정착하게 된 체험코너는 재단법인 백제문화제추진위원회가 출범하고, 공주−부여 통합 개최 원년인 2007년 제53회 백제문화제를 맞이하면서 큰 변혁의 시기가 찾아왔다. 그해 백제문화제의 대주제인 '700년 대 백제의 꿈'에 부합하여 가족단위의 축제 관람객들에게 백제문화 체험의 즐거움과 함께 교육의 장이 되는 프로그램으로 〈백제향〉이 도입된 것이다. 이는 기존 백제문화제 체험장의 업그레이드 버전에 해당되나, 백제의 전통문화를 재현한 체험 프로그램 및 백제의 문화·예술·과학 교육 프로그램의 융합을 통해 온가족이 함께 공감하고 즐길 수 있는 행사로 기획한 것이 특징이었다.

그해 6월 실시했던 〈백제향〉 프로그램 공모에 8건의 프로그램이 접수되었으며, 충청남도역사문화연구원이 대행업체로 최종 선정되었다. 당시 충남역사문화연구원은 백제인되기 등 6가지 소주제로 구성된 체험 프로그램인 '오감만족 백제향'을 제안하였으며, 이후 백제 관련 연구경험을 토대로 하여 체험 프로그램 및 체험장 조성에 나서 과거 백제문화제 체험장과는 확연히 다른 분위기의 체험코너인 〈백제향〉을 연출하였다.

2007년 시행 첫해에 〈백제향〉은 부여 정림사지박물관 앞마당과 공주 공산성 성안마을에서 각각 선보였다. 백제 8문양 탁본, 복식의상 체험, 백제문양페이스페인팅 등 10개 종목은 공주와 부여 행사장에서 공동 운영하되 4개 종목은 각각 달리 운영하여 차별화를 기하였다. 차별화된 종목은 부여 경우 5층 석탑만들기, 짚·풀문화 체험, 대장간 시연, 솟대깎기 체험 등이었고, 공주는 백제연꽃·백제등 만들기, 백제왕관 만들기, 사마왕 백제선 만들기, 문화재 발굴체험 등이었다.

공주행사장은 공산성 성안마을의 분위기를 살려 5동의 전통부스를 제작하되 정면 3칸, 측면 1칸 규모의 나무 구조에 이엉을 얹어 지붕을 마감하고, 일반 부스는 초가집 형태의 지붕으로 제작하였다. 부여행사장은 4동의 부스를 제작하되 정림사지가 절이라는 점에 착안하여 정면 3칸, 측면 1칸 규모의 나무 구조에 기와모양의 아연철판으로 지붕을 얹어 마감하였다. 관람객들을 백제 속으로의 시간여행에 안내하기 위한 프로그램이었다.

'백제향'의 성장과 정착

하지만, 2007년 그해 부여 구드래행사장에서는 '백제문화 속으로'란 이름의 체험행사 16개 종목이 병행 실시되어 프로그램 중복과 함께 관람객 분산이라는 논란을 불러일으켰다. 이에 따라 2008년 제54회 백제문화제 때에는 부여의 '백제문화 속으로'가 〈백제향〉으로 통합 단일화하여 부여 구드래행사장에서 실시하게 되었다. 이후 부여의 백제문화제 체험코너는 구드래 행사장 한곳으로 정착하게 되었다.

제54회 백제문화제의 〈백제향〉이 열린 공주 공산성 성안마을에서는 부여와는 색다르게 '국제문화교류촌'이 처음 운영되어 눈길을 끌었다. 고대시대에 백제국과 교류했던 6개국으로 구성된 저잣거리를 조성함으로써 〈백제향〉과 연계하여 백제적인 분위기를 한층 고조시켰던 것이다. 중국, 일본, 인도, 베트남, 캄보디아, 필리핀 등 6개국의 부스가 해당국가 전통가옥 형태의 지붕으로 제작·설치되었고, 의상 및 음식체험 코너를 비롯 민속품 판매, 민속공연 등이 실시됐다. 특히 '국가의 날National Day'을 지정하여 하루 1개국씩 진행된 전통 민속공연을 진행하였다.

이처럼 백제문화제추진위원회는 2007년과 2008년 '체험중심의 백제향'을 운영하여 관람객들의 발길이 집중됐지만, 폭발적인 반응을 이끌어내지는 못하였다. 백제문화제의 체험 프로그램들이 여타 축제의 그저그런 체험 프로그램과 별다른 차별성을 드러내지는 못하는 수준이었으며, 홍보도 그다지 이뤄지지 않았기 때문이다. 이에 따라 국제적인 행사로 야심차게 준비하였던 2010 세계 대백제전에서는 새로운 돌파구를 찾아야 했다. 이에 따라 2010 세계 대백제전 공주예술마당에서는 '웅진성의 하루'가 연출되었고, 부여에서는 기존 프로그램을 확장·강화한 형태의 '체험! 백제문화속으로'가 각각 운영됐다.

'웅진성의 하루'는 2010세계대백제전을 맞이하여 기존 〈백제향〉을 한단계 업그레이드시키겠다는 전략하에 공주 주무대가 위치한 공주예술마당에 추진한 프로그램으로, '웅진백제에서 즐기는 자연과 디지털의 만남'란 주제로 색다르게 연출하였다. 공주예술마당 중앙부위에 백제사를 모티브로 하여 디지털미디어와 조경, 전시, 체험 등이 어우러진 3개의 공간을 조성한 것이다. '역사가 있는 공간'은 9m 높이의 환두대도 상징탑과 백제정원을, '체험이 있는 공간'은 백제체험마당 및 디지털 역사체험관 등을, '문화가 있는 공간'은 백제기악탈을 활용한 백제의 얼굴 및 디지털 나무 등을 각각 배치하였다.

'웅진성의 하루'는 사전에 10회의 자문회의를 거쳐 연출계획을 여러 차례 보완하였기 때문에 관람객들로부터 큰 호응을 얻을 것으로 예상하였으나 정작 뚜껑을 열고 보니 결과는 달랐다. 디지털나무 및 디지털우물 등 영상물은 주간에 잘 보이지 않았고, 규모도 왜소하여 혹평을 받았다. 디지털 역사체험관은 비록 어린이 사이에서 인기가 있었으나 어른 입장에게는 조악해 보였다. 환두대도와 조경물은 생동감이 부족하였다.

그나마 백제체험마당에 관람객들의 인기가 집중돼 위안을 삼았다. 백제의 문화·문양·유물을 이용한 8개 체험부스로 구성된 백제문화예술체험관, 백제토기마을, 백제왕 나들이 의상체험, 전통 및 추석놀이 이벤트, 전통떡 전시회 및 떡 메치기 등의 코너는 관람객들로 인산인해를 이뤘다. 이런 호응에 힘입어 소원들어주기 체험 등 4개의 프로그램을 추가하기도 하였다. 결과적으로 백제문화제추진위원회는 '웅진성의 하루'를 통해 기존 〈백제향〉에 디지털 영상과 조형물, 조경 등을 융합함으로써 체험 프로그램의 새로운 모델을 제시하려 했지만, 전반적인 연출효과가 미흡하다는 지적을 피할 수 없었다.

2010세계대백제전 기간 중 부여의 대표 체험 프로그램은 백제문화단지에서 진행했던 '사비궁의 하루'와 부여 구드래둔치 및 신리둔치에서 개최했던 '체험! 백제문화제속으로' 등 2개 프로그램이었다. '사비궁의 하루'의 체험 프로그램은 백제왕궁 모습을 연출한 공연의 부수적인 프로그램이었기에 부여의 실질적인 〈백제향〉 역할은 '체험! 백제문화속으로'가 담당하였다. 구드래에서는 백제금동대향로 테마존 및 백제문화제원류관, 백제와당체험 등 백제체험 프로그램이 진행됐고, 구드래 강건너 신리둔치에서는 농기구 및 옥사 체험 등이 실시되는 등 총 34종의 프로그램이 운영되었다.

2010 세계 대백제전을 거치면서 축적된 경험을 토대로 하여 〈백제향〉은 디지털 등과의 융합이 아닌 기존 체험 프로그램 중심으로 발전시켜나가기로 가닥을 잡게 되었다. 이로써 2011년 제57회 백제문화제 이후 〈백제향〉은 백제문화제추진위원회 주관 프로그램에서 공주시와 부여군 프로그램으로 각각 회귀하였고, 명칭은 공주의 '백제마을'과 부여의 '체험! 백제문화속으로' 등으로 정착하게 되었다. 물론 〈백제향〉의 명칭도 사용하지 않게 되었다.

공주의 '백제마을'은 웅진백제시대의 왕성으로 비정하는 공산성사적 제12호내에 백제주거지 및 백제대장간 등 다양한 백제문화를 체험할 수 있는 공간으로 구성해놓은 것이 특징이다. 옛 백제의 왕성 안에 조성한 체험공간이란 특성으로 인하여 고도에 걸맞은 역사의 숨결을 감상할 수 있는 명소로 각광받고 있다. 특히 축제 체험공간으로 활용하고 있는 성안마을 부지에서는 2011년 10월부터 추진된 발굴조사를 통해 1500년 전 백제시대의 건물지와 관련 유물 등이 쏟아져 나왔고, 해마다 축제기간 중 관람객들에게 발굴현장을 공개함으로써 살아있는 역사문화체험의 장이 되었다. 또한, '백제마을'은 공산성 앞 금강에 설치한 부교와 유등流燈, 1933년 건립된 금강 최초의 교량인 금강철교등록문화재 제232호에 설치한 루미나리에, 공산성 앞 주차장에 개최하는 '공주 알밤축제'와 어우러져 백제문화제 기간 중 가장 가고 싶은 명소로 입소문을 타고 있다.

부여의 '체험! 백제문화속으로'는 2011년 이후 구드래둔치에 자리잡게 되었다. 구드래둔치는 백제의 수도인 사비에 들어가기 위한 백마강가의 유서 깊은 나루터로, 명승 제63호로 지정돼 있다. 1989년 제35회 백제문화제 이후 부여의 백제문화제 주행사장으로 사용되고 있다. 이곳에서는 백제기악탈체험 및 백제팔문양탁본 등 다양한 백제 관련 체험 프로그램이 운영되어 관람객들의 인기를 독차지하고 있다. 특히, 1955년부터 시작된 백제문화제 역사를 담고 있는 각종 전시물과 2010세계대백제전 영상자료물 등으로 사실상 백제문화제박물관 역할을 하고 있는 '백제문화제 역사전시관'과 연계되어 시너지 효과를 내고 있다. 이에 따라 '체험! 백제문화속으로'는 구드래의 너른 둔치에 설치된 백제문화제 행사장에서 관람객들의 오감을 사로잡는 흥미진진한 시간여행을 선사하고 있다.

백제역사 체험코너가 안고 있는 숙제

공주의 '백제마을'과 부여의 '체험! 백제문화속으로'는 이제 백제의 찬란한 역사와 문화를 되돌아보고, 부모와 자녀가 공감하고 즐길 수 있는 프로그램으로 성공적으로 정착하였다. 관람객들은 백제역사 체험코너를 통해 '검이불루 화이불치'儉而不陋 華而不侈로 함축되는 백제미학을 창출해냈던 백제인들의 개방적이고 창조적인 문화정신을 체감하게 되었다. 백제의 역사와 문화는 단절되고 망각된 것이 아니라, 지금도 살아 숨쉬는 민족문화의 뿌리로서 자리를 잡고 있음을 알리는 역할을 수행하고 있는 것이다.

우리가 백제문화제를 통해 백제문화를 재조명하는 것은 단순히 흘러간 역사에 대한 긍지를 회복시키자는 것만은 아니다. 이를 통해 공주와 부여를 포함한 백제인들의 공동체 의식을 회복하고, 충청인들의 역할과 미래상을 재정립하는 계기로 삼기 위해서다. 개방적이고 국제적이었던 백제문화는 새로운 발상과 패러다임의 전환이 요구되는 창조의 시대, 문화콘텐츠의 글로벌 경쟁력이 국가 브랜드 가치를 높이는 문화의 시대 트렌드와 부합한다. 우리는 백제역사 체험코너를 통해 일실되어온 백제문화의 정수를 일반인들에게 널리 알리고, 백제문화콘텐츠가 당당한 국가경쟁력 요소가 되도록 하는 촉발제 역할을 하기를 기대한다.

다만, 이런 촉발제 역할을 현재 상태의 백제역사 체험코너에 기대하기는 무리라고 본다. 독창성과 흥미 등에서 여타 축제의 체험 프로그램과의 차별성이 사실상 거의 없기 때문이다. 백제문양과 기악탈 등 디자인 측면 등 일부만 백제를 채용하고 있을뿐 진정한 백제역사 재현 프로그램으로는 미흡한 수준이라고 하지 않을 수 없다. 이제 백제역사 체험코너는 새롭게 업그레이드하여 발전적으로 변화해야 한다는 과제에 봉착해 있으며, 그 해답은 〈백제향〉을 처음 기획했던 초심으로 돌아가서 차분히 다시 출발하는데 있다고 판단된다.

제53회 백제문화제 기본계획에서 제시했던 〈백제향〉은 백제생활체험, 백제오감체험, 백제문화체험이 가능한 '체험존'과 백제역사를 극화劇化한 테마거리 조성 등 두 가지로 요약할 수 있다. 백제체험코너는 백제역사 테마거리 조성과 백제문화 체험존 구성이라는 필수적인 요소를 어떻게 반영해 나갈 것인지에 대한 고민이 필요하다.

덴마크 호르센스Horsens시의 '유럽중세축제'는 타산지석他山之石으로 삼을만하다. 호르센스는 공업도시로 덴마크에서 7번째 큰 도시이나, 2000년 문화도시로서의 인지도는 1%에 불과하였다. 하지만, 1995년부터 개최해온 '유럽중세축제'에 힘입어 2008년에는 문화도시로서의 인지도가 무려 42%로 상승하였다. 제대로 된 역사재현축제 하나가 도시의 이미지를 어떻게 탈바꿈할 수 있는지 단적으로 보여주는 사례가 아닐 수 없다.

축제 개최 이전에 호르센스의 도시 관계자들은 호르센스에서 이벤트 같은 것이 전혀 존재할 수 없으며, 그래서 도시민 대부분은 호르센스가 아무 가치없다고 생각했다고 한다. 더욱이 호르센스는 유럽의 여타 역사도시와 같은 역사성을 지닌 구시가지도 없었다. 하지만, 호르센스는 지역사회 소득창출을 위해 축제를 개최키로 하였다. 이에 따라 덴마크에 매우 많은 바이킹축제와 차별화하기 위해 독일의 중세시대 축제에 대한 시장조사를 실시하였고, 호르센스 도시의회가 중심이 되어 시내 중심가에서 '유럽중세축제'를 개최하게 되었다.

'중세유럽축제'는 1350~1536년 사이의 호르센스의 삶 반영을 목표로 하여 현대적인 도시의 중심가를 1470년대의 시장 모습으로 변모시키기 위해 많은 노력을 기울여왔다. 이곳의 공중전화, 가로등의 기둥, 쓰레기통 같은 시대와 어울리지 않는 시설들은 나무조각으로 덮어버렸고, 축제기간 동안에는 모든 등불을 껐다. 현대적인 도시 중심을 옛날 장터로 변모시키고, 이를 배경으로 기사대회를 비롯 마상창시합, 크고작은 극장공연 등을 통해 축제 관람객들이 마치 1470년대 장터를 걸어 다니는 느낌이 들도록 하였다.

특히, 축제기간에 판매되는 모든 음식과 상품들은 호르센스 박물관에 의해 인가된 상품만 가능토록 하였다. 매점의 활동에 관련된 모든 사람들은 중세시대의 의상을 착용해야 했으며, 중세시대를 근거로 한 물질과 요리재료, 포장재료만을 사용해야 했다.

이를테면 사람들이 많이 찾는 캐첩의 사용이 중지되었는데, 토마토캐첩이 중세시대에 없었기 때문이다. 또한, 축제 기간에는 중세시대에 사용했을듯한 생산 방법만을 사용하여 제품을 생산하고, 판매해야 했다. 호르센스는 지역주민 모두가 축제의 관객이자, 연기자이며, 자원봉사자로 참여하고 있다는 자부심을 갖고 있으며, 축제는 매년 친구와 가족, 이웃들을 만날 수 있는 만남의 장소로 여기고 있다고 한다.

백제문화제의 백제문화 체험코너는 호르센스의 '중세유럽축제' 같이 역사적인 정확성에 초점을 맞추고 1400년 전 백제의 삶을 완벽하게 복원하기 위해 노력해야 하겠다. 시대를 반영한 건물부스와 시설물들을 갖추고, 백제시대 음식을 복원하여 판매하는 것을 추진해야 한다는 뜻이다. 이를 위해 종사자들은 백제시대의 다양한 의상을 갖춰입고, 백제시대의 식재료와 조리방법을 이용하여 음식을 제공하며, 적어도 백제문화 체험코너만이라도 등불이나 자판기 등 현대적인 물품은 모두 퇴출시키는 방안도 검토해봐야 할 것이다.

백제 역사와 문화의 완벽한 재현에 초점을 둔 체험코너는 단기간에 조성할 수 없으며, 그렇게 해서도 안된다. 시간적인 여유를 가지고, 철저한 고증을 바탕으로 하여 한발, 한발 차분하게 내디뎌야 할 것이다. 이를테면 부여의 체험부스는 이미 고증을 통해 재현해놓은 백제문화단지 건물모습을 이용하고, 공주의 체험부스는 '공산성 성안마을 발굴조사'에서 발견된 백제시대의 굴립주 건물터를 토대로 복원하는 방안을 검토해볼만하다. 즉, 부여는 사비백제의 정취를 복원하고, 공주는 웅진백제의 정취를 복원하는 방향을 모색할 수 있다는 의미다.

물론 백제의 역사와 문화의 재현은 비단 백제문화제의 체험코너에 부여된 과제만은 아니다. 공주와 부여의 도심지역 일부가 백제시대의 옛모습으로 탈바꿈하여 고도로서의 품격이 되살아나도록 하는 것 또한 시급한 과제가 아닐 수 없다. 물론 정부가 추진 중인 고도보존사업이 내실 있게 추진될 경우 공주와 부여는 진정한 역사문화도시로서 거듭날 것으로 기대된다. 그러면 백제문화제는 백제의 옛 정취가 되살아난 지역을 배경으로 하여 '백제역사 문화축제'를 펼칠 수 있게 될 것으로 기대된다. 백제역사 체험코너가 〈백제향〉이 추구했던 본질적인 취지에 부합될 수 있도록 부단히 노력하였으면 하는 바람이다. 이를 위하려는 공주·부여의 주민들이 지역과 백제문화제에 대한 자긍심을 가지고 봉사하는 마음으로 참여하여야 한다. ✽

6장 백제문화제와 백제 연구

서정석
공주대학교
문화재보존과학과 교수

1. 백제문화제의 시작

　백제문화제는 1955년에 부여에서 '백제대제百濟大祭'라는 이름으로 출범하였다. 올해가 꼭 60주년이 되는 셈이다. '백제대제'라는 명칭에서 알 수 있듯이 출발은 백제 망국의 원혼을 위로하는 제의에서 비롯되었다. 백제 말의 3충신인 성충, 흥수, 계백과 더불어 사비도성이 함락될 당시 금강물에 몸을 던진 백제 여인들이 그 대상이었다. 따라서 3충신의 넋을 위로하기 위한 제향과 백제 여인들의 넋을 위로하기 위한 수륙재水陸齋가 행사의 전부였다. 그런데도 전국적인 행사가 되어 행사 기간 동안 인산인해를 이루었다고 한다.

　이렇게 전 국민이 관심을 보인 때문인지 현직 대통령이 행사에 참가한 일도 있다. 1964년의 일이다. 아울러 이를 계기로 '백제대제'라는 명칭이 현재처럼 '백제문화제'로 바뀌게 되었다. 처음에 순수 민간 주도로 치러졌던 행사가 관 주도로 바뀐 것도 대체로 이때부터가 아닌가 한다.

　1966년12회부터는 공주에서도 백제문화제를 개최함으로써 공주와 부여에서 동시에 개최되기에 이르렀다. 공주도 엄연히 백제의 도읍지였던 만큼 공주와 부여에서 동시에 백제문화제가 개최되는 것은 그 자체 이상할 것이 없지만 프로그램에 차별성이 없는 이상 두 지역에서 하나의 문화제를 개최한다는 것은 예산 낭비라는 비판을 받을 만 했다. 1979년25회부터 공주와 부여가 윤번제로 개최하는 형태로 바뀐 것도 그 때문이다.

　그런 점에서 2007년은 백제문화제의 연혁에 있어서 하나의 획기를 그을 만한 해였다. 그 이전까지의 관 주도 행사에서 벗어나 자생력과 전문성을 갖춘 민간 주도의 백제문화제를 개최하기 위해 재단법인 백제문화제추진위원회가 설립되고, 아울러 공주와 부여에서 윤번제로 개최되던 것도 통합 개최로 전환함으로써 2개 자치단체에서 공동으로 개최되는 문화제라는 유례를 찾아보기 어려운 독특한 축제로 자리잡게 되었기 때문이다.

이때 이렇게 백제문화제가 크게 일변하게 된 것은 그때까지의 백제문화제가 단지 하나의 향토 축제에 머물러 있던 것에서 벗어나 세계적인 축제로 발돋움하기 위한 결단의 결과였다. 실제로 이러한 노력은 성공을 거두어 2010년에 '세계 대백제전'이 개최됨으로써 백제문화제가 지역 축제가 아닌 세계적인 축제로 다시 태어나는 결정적인 계기가 되었다.

이렇게 보면 60년 백제문화제의 생애는 크게 '백제대제' 시기, '백제문화제' 시기, 다시 '(재)백제문화제추진위원회' 시기 등으로 나누어 볼 수 있다. 아울러 여기서 살펴보고자 하는 학술회의에 초점을 맞춘다면 (재)백제화제추진위원회가 출범한 2007년을 기점으로 그 이전과 이후로 나누어 볼 수 있다. 그 이전까지는 백제, 혹은 백제문화와 관련된 학술회의를 거의 찾아보기 어려웠다고 한다면 2007년부터는 백제문화제 행사의 일환으로 백제 관련 학술회의가 정기적으로 개최되었기 때문이다.

백제문화제 기간 동안에 개최된 학술회의는 백제문화제의 전체 주제와 연계하여 개최되었는데, 이로써 그 동안 소외되었던 분야에 대한 새로운 접근이 이루어지게 되었고, 한편으로는 백제문화제의 성격을 좀 더 분명하게 부각시키는 효과를 거둘 수 있었다. 따라서 여기에서는 2007년 이후에 백제문화제 기간 동안 개최된 학술회의와 그것이 백제사연구에 어떤 영향을 끼쳤는지를 간단히 살펴보고자 한다.

2. 최근의 백제문화제와 학술회의

자생력과 전문성을 갖춘 (재)백제문화제추진위원회가 출범한 이후 그 이전과는 여러 모로 다른 점이 있지만 그 중 하나가 매번 백제와 관련된 학술회의를 개최한다는 것이다. 아울러 매년 백제문화제의 주제를 선정함으로써 똑같은 행사의 반복이 아닌 새로운 볼거리와 관심거리를 제공해 주었다는 사실이다.

먼저 (재)백제문화제추진위원회가 출범한 2007년 이후 백제문화제 기간 중에 개최된 백제관련 학술회의를 살펴보면 다음과 같다.

제 53회 백제문화제2007년 : 백제의 생활문화

- 백제인의 식생활문화 김기섭
- 백제옷의 직물과 문양 김병미
- 웅진시기 백제의 국가 제사 채미하
- 부여 관북리 '北舍'銘 토기 출토 건물지 서정석

제54회 백제문화제2008년 : 大백제국의 국제교류사

- 백제문화의 교류와 국제성 양기석
- 백제문화의 국제성과 고대동아시아 공유문화권의 형성 노중국
- 백제의 문물교류 양상에 대한 유형화 시론 권오영

- 미술자료를 통해 본 백제문화의 국제교류 김춘실
- 백제의 대양梁외교 −특히 512년의 견사를 중심으로− 田中俊明
- 고고학으로 본 백제와 중국 남·북조의 문화교류 양홍
- 고고유적을 통해 본 백제·일본의 문화교류 西谷正
- 백제와 동남아시아의 교류 이도학
- 일본 속의 백제종교 홍윤기
- 백제문화를 통한 21세기의 국제교류 윤용혁

제56회 백제문화제세계대백제전, 2010년 : **교류왕국, 대백제의 발자취를 찾아서**

- 백제 교류사의 성격과 연구 성과 신형식
- 고대 동아시아의 문화교류와 백제의 위치 노중국
- 『삼국사기』「백제본기」에서 기년상의 문제점들 Jonathan W. Best
- 목간을 통해 본 백제와 일본의 관계 이성시

- 백제의 제의와 백제금동대향로 이도학
- 중국 낙양 일대 박산로 고고학 발견 및 관련 연구 왕군화
- 백제금동대향로의 도상 연구 시론 박경은
- 백제 금속공예와 고대 일본 鈴木 勉
- 중국 향로의 성격과 기능 소현숙
- 금동대향로에 나타난 백제 복식과 컨텐츠 정재윤 · 라선정

이상이 최근 백제문화제 기간 동안에 있었던 학술회의의 내용이다. 처음에는 백제의 생활문화에서 시작하여 백제와 주변국과의 교류, 백제의 불교 등 비교적 큰 주제가 논의 되었다면 시간이 지날수록 백제기악과 미마지나 백제금동대향로처럼 특정 인물, 특정 유물이 중심이 되어 깊이 있는 논의를 이어가고 있음을 볼 수 있다.

3. 연구 성과와 과제

연구 성과

백제문화제와 같은 문화제는 일반적으로 역사적인 인물이나 역사적 사실을 기리기 위해 이루어지는 문화 축제를 말한다. 경주의 신라문화제, 진주의 개천예술제도 마찬가지다.

이러한 문화 축제에는 당연히 많은 사람들이 참여하는 것이 바람직하고, 많은 사람이 참여하는 축제가 되기 위해서는 '일탈'과 '재미'가 있어야 한다. 평상시에는 하기 어려웠던 일탈을 할 수 있어야 축제고, 그것이 또한 재미가 있어야 많은 사람의 참여를 이끌어낼 수 있다. 그런 점에서 백제문화제와 같은 축제에 학술회의가 무슨 필요가 있느냐고 반문하는 사람도 있다.

그러나 백제문화제에서 만큼은 일탈과 재미 이외에 학술회의가 반드시 필요하다. 백제문화제 때 관련 학술회의가 필요한 이유는 그 동안 추진되어 온 학술회의의 성과를 살펴보면 금방 알 수 있다. 그런 점에서 지금까지 추진되어 온 백제문화제 학술회의의 의의를 든다면 다음과 같은 것들을 우선 생각할 수 있다.

첫째, 백제문화제의 목적이라고 할 수 있는 백제의 역사와 문화를 재조명함에 있어 학술적 · 이론적 토대를 마련하였다는 사실이다.

앞에서도 설명하였듯이 백제문화제는 백제의 특정 인물이나 특정 사건을 기리기 위한 것이다. 백제문화제의 전신이라고 할 수 있는 '백제대제百濟大祭'가 백제 멸망기의 삼충신성충·흥수·계백이나 낙화암에서 금강물에 몸을 던진 궁녀들의 넋을 위로하기 위한 데서 출발하였듯이 '4대왕 추모제'나 '무령왕 이야기' 같은 것이 특정 인물을 기리기 위한 행사라면, '성왕의 사비천도 행렬 및 정도 고유제'나 '오천결사대 충혼제', '황산벌 전투 재현' 등은 특정 사건을 기리기 위한 행사다.

결국 이러한 행사들이 백제문화제와 다른 일반 축제, 혹은 백제문화제와 신라문화제 등 다른 지역의 문화제와 구별해 주는 결정적인 차이점인 셈이다. 그럼에도 불구하고 행사에 등장하는 개개인의 일대기나 업적, 특정 사건의 발생 배경이나 전개과정, 결과 및 영향 등에 대해서는 명쾌하게 해결을 보지 못하고 있는 부분이 많다. 그런 점에서 백제문화제 기간 중에 학술회의를 통해 이렇게 학술적·이론적으로 그 의미나 전개과정, 결과 및 영향 등을 살펴본다는 것은 백제문화제를 더욱 돋보이게 하는 요소 중의 하나일 뿐만 아니라 백제문화제를 다른 지역의 문화제와 구별하는 결정적인 요소도 된다는 점에서 의미가 크다.

둘째, 백제문화제의 부족한 콘텐츠를 보충해 줄 수 있게 되었다는 사실이다.

사실 백제문화제는 60년의 역사를 갖고 있음에도 그 동안 고질적인 콘텐츠 부족에 시달려 왔던 것이 사실이다. 백제의 역사와 문화만 놓고 보면 '문화 강국', '문화 대국'임에 틀림없음에도 백제문화제 때 콘텐츠가 부족한 것은 개발에 소홀했기 때문이라 하지 않을 수 없다. 백제문화제 때 학술회의가 필요한 이유가 여기에 있다. 최근에 이루어진 미마지 관련 학술회의가 대표적인 사례가 될 것이다.

미마지가 백제의 기악을 일본에 전해준 사실에 대해서는 『일본서기』에 간단한 설명이 나와 있다. 그러나 그 때의 기악이 구체적으로 어떤 것이었는지, 백제의 기악이 고구려나 신라의 기악과는 어떤 차이가 있는지, 미마지에 의해 전해진 백제기악이 현재는 어떤 모습으로 남아 있는지 등에 대해서는 별반 알려진 것이 없었다. 따라서 미마지가 일본에 전해주었다는 기악을 둘러싼 여러 가지 문제를 해명할 수 있었을 뿐만 아니라 미마지 탈춤을 시연해 보이기도 하고, 미마지의 기악과 관련된 국제 창작무용 경연대회나 해외 예술단 초청 공연 등을 시도함으로써 그 이전에 볼 수 없었던 새로운 볼거리를 제공하기도 하였다.

셋째, 올바른 백제상을 정립하는 데에도 크게 기여한다는 사실이다.

앞서 설명한 것처럼 미마지에 대해서는 학술회의를 통해 그 동안 잘 알려져 있지 않던 부분들이 새롭게 확인되었다. 이렇게 새롭게 확인된 사실들은 백제문화제가 개최되는 공주·부여사람만 알 것이 아니라 전국적으로 홍보함으로써 백제 문화의 우수성, 나아가 우리 고대문화의 우수성을 다 함께 공유할 필요성이 제기되었다. 다시 말해서 백제문화제 행사의 부족한 콘텐츠 보완에 그치지 말고 중고교 교과서에 정식으로 등재하여 청소년들이 자연스럽게 학습할 수 있도록 해야 한다는 의견이 대두되었다.

따라서 국사편찬위원회와 교과서 집필진에게 관련 사실을 적극적으로 알린 결과 새로운 검인정 교과서에 미마지 관련 내용이 등재되기에 이르렀다. 이는 미마지 라는 백제 인물 한명을 교과서에 수록한 것에 그치지 않고, 백제 문화의 우수성을 전 국민이 다 같이 학습할 수 있는 계기를 마련하였다는 점에서 백제상을 새롭게 정립하는데 결정적인 역할을 하게 되었다고 평가할 수 있지 않을까 한다.

넷째, 매년 백제문화제의 주제를 선정하고 그 주제에 걸맞는 학술회의를 개최함으로써 백제문화제의 성격을 좀 더 분명하게 부각시키게 되었다는 사실이다.

백제문화제처럼 매년 역사적 사실이나 인물을 바탕으로 개최되는 축제는 자칫 획일화·일반화 되기 쉽다. 그런 점에서 매년 주제를 정해서 그 주제에 초점을 맞추어 중심 프로그램을 구성하는 것이 중요하다. 이렇게 함으로써 매년 반복되는 문화제지만 그 속에서 차별성을 갖게 되어 준비하는 사람이나 찾아오는 사람 모두가 새로운 문화제, 새로운 행사라는 인식을 갖게 되기 때문이다. 실제로 (재)백제문화제추진위원회 이하 '추진위'라 함가 출범한 이후 개최된 백제문화제는 매번 새로운 주제를 선보이고, 학술회의 또한 이러한 백제문화제 전체 주제와 연계되는 주제를 택함으로써 백제사의 새로운 면모를 알려왔을 뿐만 아니라 색다른 볼거리를 제공하는 데에도 성공했다. 추진위 출범 이후 백제문화제 주제와 학술회의의 테마를 비교해 보면 다음과 같다.

최근 개최된 백제문화제 주제와 학술회의 테마

연도	백제문화제 주제	학술회의 테마
2007년(제53회)	700년 대백제의 꿈	백제의 생활문화
2008년(제54회)	교류왕국 대백제	대백제국의 국제교류사
2010년(세계대백제전)	1,400년전 대백제의 부활	교류왕국, 대백제의 발자취를 찾아서
2011년(제57회)	'갱위강국'의 꿈! 무령왕의 부활	동아시아 불교 문화와 백제
2012년(제58회)	백제의 춤과 음악, 미마지의 부활	백제기악과 미마지
2013년(제59회)	백제금동대향로의 세계	백제금동대향로, 고대 문화의 향을 피우다

위의 〈표〉에서 보듯이 추진위에서는 매년 새로운 백제문화제의 주제를 선정하고 그에 맞는 중심 프로그램을 선보임으로써 매년 개최되는 백제문화제임에도 똑같은 행사의 반복이 아닌 새로운 행사를 선보이는 것이 가능하게 되었고, 그에 맞는 주제로 학술회의가 이루어짐으로써 백제문화의 새로운 면모를 확인하는 기회도 되었다. 백제문화제 때 학술회의가 필요가 이유가 여기에 있는 것이 아닌가 한다.

다섯째, 백제문화에 대한 깊이 있는 연구가 가능해졌다는 사실이다.

〈표〉에서 보듯이 추진위 출범 초기에는 '백제의 생활문화'라든가, '대백제국의 국제교류사', '동아시아 불교문화와 백제' 등과 같이 일반 다른 학회나 연구소에서 개최되는 학술회의와 별반 차이가 없는 큰 주제에 의한 학술회의가 이루어졌다면, 최근에는 '백제기악과 미마지'나 '백제금동대향로'와 같이 특정 인물, 특정 유물에 대한 세부적인 연구가 이루어지고 있다. 이렇게 특정 인물이나 특정 유물에 대한 연구를 세밀하게 진행함으로써 그 동안 피상적으로만 파악하고 있던 사실을 좀더 객관적이고 분석적으로 이해할 수 있게 되었고, 심지어는 그 동안 잘못 알려져 왔던 부분이 새롭게 인식되는 계기가 되기도 하였다. 이러한 깊이 있는 연구를 통해 특정 인물이나 특정 유물에 대한 지식을 더할 수 있게 되었을 뿐만 아니라 백제문화의 우수성을 다시 한번 확인하는 자리도 되었던 것이 사실이다.

향후의 과제

백제문화제 기간 동안에 학술회의가 개최되어야 하는 이유는 위에 설명한 성과를 통해서도 쉽게 짐작해 볼 수 있을 것이다. 이렇게 짧은 기간 동안 몇 가지 의미있는 성과를 거둔 것도 사실이지만 보완해야 할 부분이 있는 것도 부인할 수 없다.

첫째, 학술회의를 정기적으로 개최할 필요가 있다는 사실이다.

사실 백제문화제 때 학술회의가 필요하다는 것을 인식한 것은 비교적 최근의 일이다. 그 이전에는 아예 학술회의 자체가 없었다. 따라서 아직도 학술회의가 백제문화제 행사의 하나로 탄탄하게 자리잡지 못한 인상이다.

백제문화제 학술회의는 백제문화제의 부족한 콘텐츠를 보완해 줄 수 있어야 하고, 백제 관련 학회나 연구소에서 다루지 않은 주제도 필요하며, 그러면서도 깊이가 있어야 한다. 그런 점에서 학술회의의 성패는 결국 주제의 선정에 있다 할 것이다.

훌륭한 주제, 그러면서 다양한 주제가 매년 선정되기 위해서는 시간적인 여유를 갖고, 일관되게 학술회의 주관할 수 있어야 한다. 학술회의가 다른 행사와 마찬가지로 백제문화제 행사의 일환으로 매년 개최되어야 하는 이유가 여기에 있다. 매년 지속적으로 이루어진다는 사실이 확정되어야만 다양한 주제도 선정될 수 있을 것이다.

둘째, 국제 학술회의로 개최할 필요가 있다는 사실이다.

백제문화의 성격을 이야기할 때 빠지지 않는 것이 백제문화의 국제성이다. 한중일 세 나라를 자유롭게 넘나들며 족적을 남긴 것은 백제 밖에 없다. 그런 점에서 백제문화에 대한 연구는 국내 연구자 뿐만 아니라 중국이나 일본의 연구자들과도 함께 공동으로 추진할 필요가 있다.

중국의 연구자들을 통해서는 백제문화의 원류를 이해할 수 있고, 일본의 연구자들을 통해서는 백제문화 실상을 이해할 수 있다. 국내에 백제 관련 자료가 절대적으로 부족한 만큼 중국이나 일본의 연구자들을 통해 부족한 부분을 메워간다면 단편적으로 남아 있는 백제문화도 훌륭하게 복원할 수 있을 것이다. 백제문화제 학술회의가 국제 학술회의로 개최되어야 하는 이유가 여기에 있다.

셋째, 학술회의를 통해 새롭게 밝혀진 사실을 일반 시민들도 손쉽게 이해할 수 있도록 간행물 편찬이 좀 더 많아질 필요가 있다는 사실이다.

백제문화제가 많은 사람이 참여하는 전국적인 축제가 되기 위해서는 주민 참여가 절대적으로 필요하다. 아직까지도 백제문화제의 문제점의 하나로 주민 참여 부족이 거론되고 있는 것만 보아도 주민들의 참여가 얼마나 중요한 것인가는 새삼 강조할 필요도 없다. 실제로 세계적으로 유명한 축제를 보면 주민 참여, 혹은 축제가 참가한 관광객들의 참여가 필수적이다.

백제문화제에 주민 참여가 이루어지기 위해서는 지역민으로서, 백제의 후예로서의 자긍심이 있어야 한다. 같은 지역민으로서의 동질감과 백제의 후예라는 자긍심이 있을 때 자발적인 주민참여를 이끌어낼 수 있다.

학술회의를 통해 새롭게 확인된 사실들은 지역 주민들에게 이러한 자긍심을 심어주기에 좋은 소재들이다. 그 동안 별반 주목하지 않았던 인물이나 유물·유적에 대한 가치를 재인식할 때 지역주민으로서의 자긍심을 가질 수 있게 된다. 그리고 이러한 자긍심이 충만할 때 자연스럽게 백제문화제의 필요성과 자발적인 참여가 가능해 진다. 그런 점에서 학술회의를 통해 새롭게 확인된 사실들을 관심있는 지역민이라면 누구가 손쉽게 확인해 볼 수 있도록 관련 간행물을 편찬해서 홍보할 필요가 있다.

문화제와 학술회의는 언뜻 생각하기에는 무관한 것처럼 보일 수도 있다. '일탈'과 '재미'에 무슨 학술적 접근이 필요하냐고 반문할 수도 있다. 그러나 문화제는 일반 다른 축제와 달리 역사적 사실을 바탕으로 하는 축제인 만큼 역사적 사실과 무관한 '일탈'과 '재미'는 생명력을 갖기 어렵다. 백제문화제에 학술회의가 필요한 이유가 여기에 있다.

또한 아직까지는 백제사나 백제문화는 관련 자료가 부족하고, 연구자도 부족한 만큼 이에 대한 학술적 접근이 백제문화제 때만이라도 이루어져야 한다. 그래야 그 자리를 통해 백제사 백제문화 관련 연구자들이 한 자리에 모여 연구의 현주소를 확인하고, 향후의 연구 방향에 대해서도 논의할 수 있기 때문이다.

물론, 백제문화제 때 개최되는 학술회의인 만큼 기왕이면 백제문화제 때 이루어지는 행사를 고증하고, 부족한 콘텐츠를 채워주고, 그 동안 접근

하지 못했던 새로운 분야를 개척하는 방향으로 학술회의가 이루어지는 것이 바람직하다. 그러기 위해서는 행사를 위한 행사가 아니라 백제문화제와 학계가 다 같이 원원할 수 있는 테마 설정이 중요하다. 2012년 제58회 미마지를 주제로한 백제문화제에서 〈백제기악과 미마지〉 학습세미나를 개최하여 한류의 원류로서의 미마지의 의미를 부각하고, 고등학교 한국사 교과서에 관련 내용이 수록될 수 있도록 한 것은 백제문화제와 연계한 학습세미나의 성과라 할 수 있다. 추진위 출범 이후 최근에 이루어진 학술회의는 문화제와 학술회의가 서로 원원할 수 있는 방향을 제시했다는 점에서 의미가 크다. 앞으로도 학술회의가 백제문화제의 고정 프로그램의 하나가 되어 지속적으로 추진됨으로써 백제문화제와 백제사 연구에 다 같이 도움을 줄 수 있는 행사의 하나가 되기를 기대한다.✽

7장 백제문화제의 평가와 발전방안

정강환
배재대학교
관광축제대학원장

1. 백제문화제의 평가

전국 3대 문화제 중 업그레이드Upgrade로 성공한 사례

　2010년. 백제문화제의 역량을 총결집하여 지방박람회급으로 개최한 세계대백제전은 백제문화제의 전환기를 가져온 큰 사건이었다. 1950년부터 1960년 사이 태동한 당시 우리나라 최고의 문화제였던 백제문화제, 신라문화제, 개천예술제는 1970년대 들어서면서 크게 성장하였다. 그러나 현재 축제명을 그대로 사용하여 국제행사로 발전시키고 도道를 대표하는 축제로 발전한 사례는 백제문화제가 유일하다. 개천예술제는

전국 3대 문화제의 발전

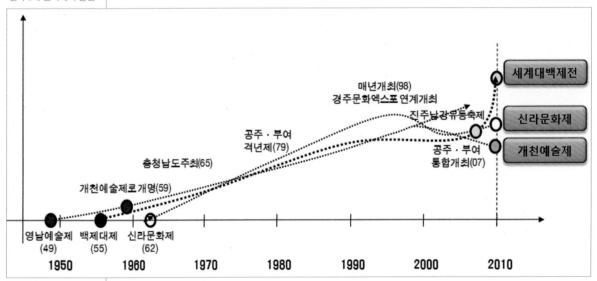

현재 진주남강유등축제와 동시 개최되고 있으나 낮 동안 개최되어 맥박을 가까스로 유지하고 있으며, 신라문화제도 경주문화엑스포가 크게 부각되어 지역행사로 머물고 있다. 이는 쇠퇴해져 가는 전국 3대 문화제 중 백제문화제가 종합축제가 아닌 역사축제로 발전가능성을 보여준 의미있는 사례였다. 특히, 지역축제에 머물지 않고 충청남도의 적극적인 지원과 공주, 부여 등 2개 시군이 연계하면서 규모와 위상에서 경쟁력이 크게 강화되었다는 점에서 일대 전환기로 평가할 수 있다.

백제문화제의 강점과 약점

세계대백제전을 거치면서 백제문화제는 양적, 질적 성장을 하는 계기를 마련하였다.

① 2010세계대백제전 축제방문객 만족도 조사결과

지방박람회급의 대형이벤트로 진행된 2010세계대백제전에서 강점으로 지목된 접근성, 안내서비스, 휴게서비스 등은 2011년과 2012년에 국내이벤트로 예년과 동일한 규모로 전개되었음에도 여전히 강점으로 나타났다. 특히 프로그램의 다양성, 흥미성, 체험프로그램의 만족도는 세계대백제전이라는 대형이벤트를 거치면서 만족도의 향상을 보였다. 하지만 꾸준히 지적되어 온 축제상품의 가격, 품질, 종류, 축제음식 등은 세계대백제전을 기점으로도 타 부문에 비해 개선노력이 필요한 것으로 나타났다.

② 백제문화제 방문객 만족도 조사2011-2012(자료: 유기준2011, 정강환2012)

접근성 측면에서는 2010세계대백제전을 기점으로 조성된 서천 및 당진과 공주간 고속도로, 국도의 확충, 분산된 행사장으로 인한 축제장 인식 정도, 금강변을 중심으로 개최되는 축제의 특징상 쉽게 알 수 있는 축제장소의 구조 등이 큰 역할을 한 것으로 해석할 수 있다. 프로그램 측면에서는 2012년을 기준으로 약 95개의 프로그램이 전개되어 축제기간 중 상시적인 프로그램을 즐길 수 있었고 다양한 프로그램의 구성면에서도 긍정적인 면이 있었다. 축제방문객 수용태세 즉, 안내시설, 화장실과, 휴식공간 등의 부문에서는 세계대백제전이라는 대형이벤트로 구축된 시설과 동일 장소에서 지속적인 축제개최의 경험으로 한정된 자원이지만 방문객의 동선을 고려한 적정 배치 등이 기여한 것으로 판단된다. 주변관광의 만족도 측면에서 백제문화제의 역사문화관광자원으로서의 가능성을 보여주는 긍정적인 만족도를 보여주고 있다.

축제의 상품은 가격, 품질, 종류 등에서 타 부문에 비해 상대적으로 약점으로 지적

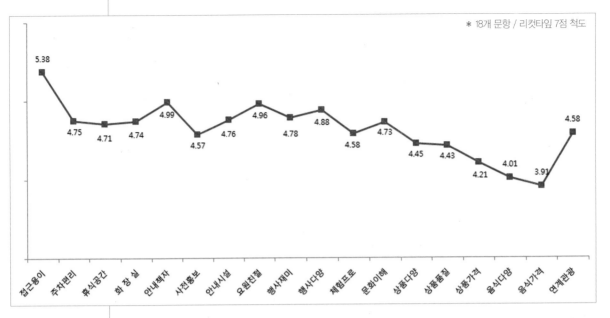

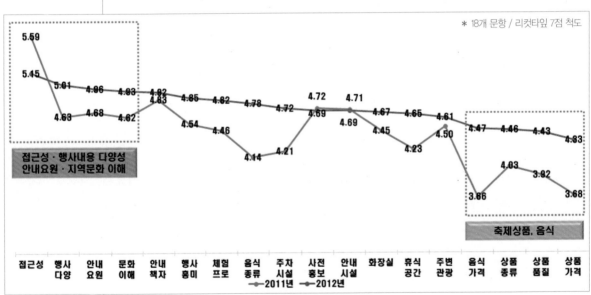

되고 있다. 특히, 백제문화제라는 축제의 주제가 반영된 상품이 미흡하다는 점은 역사를 주제로 하는 축제의 약점을 감안하더라도 앞으로 시급히 개선이 필요한 분야이다. 음식은 가격측면에서 약점으로 지목되고 있다. 보다 구체적으로 고가격에 의한 불만

보다 표기의 미흡이 축제방문객들의 불편을 낳고 있다는 점인데 주로 축제기간 중 임시가설물에 입점한 음식점에서 불만이 두드러지게 나타났다.

2. 백제문화제의 발전방안

지역개발형 축제로서의 백제문화제의 발전

백제문화제는 지역개발형축제이다. 지역을 발전시킬 수 있는 축제이다. 축제하면 소비성, 낭비성으로만 생각 하는데, 생산적인 개발전략으로 볼 필요가 있다. 해외 사례로 캐나다의 경우 세계적인 금융위기가 왔을 때 전부 자동차산업으로 돈을 지원을 했었는데 캐나다는 지역개발형 축제들을 대상으로 5000만 달러를 지원을 했다. 축제를 산업으로 생각하였기 때문에 금융위기인데도 불구하고 지원을 했던 것이다. 그래서 우리도 축제를 하나의 산업으로 생각해봐야 한다.

그 동안 먹고 마시는 이미지로서 부정적으로 평가되고 소비 지향적으로 여겨왔던 축제들이 지역개발에 기여하며, 지역이미지를 부정에서 긍정으로 바꾸고, 침체에서 활력적으로 묘사시키는 데 기여하여 생산적인 축제로 평가되는 축제들이 늘고 있다는 점들이 과거의 축제들과 크게 대비되는 점들이라고 할 수 있다. 백제문화제도 이러한 흐름을 자각하고 지역 경제 활성화에 기여하는 노력들을 보여주었다. 이러한 축제들을 성공적으로 개최하기 위해서 지자체는 물론 문화단체, 상업단체, 관광기관 및 업체 등과의 긴밀한 협조가 필요한 작업이다.

지역 광범위한 협조체계를 바탕으로 지역축제로의 지역활성화에 성공한 영국 에딘버러의 스코틀랜드 군악대 축제, 프린지축제, 과학축제나 일본 코치의 요사코이축제, 캐나다 퀘벡의 윈터카니발, 오타와 윈터루드 등에서 목격할 수 있다. 이러한 축제의 지역활성화 효과를 체험한 영국, 프랑스의 일부 낙후지역에서는 축제를 지역을 살리는 '산업'으로까지 보고 있는 실정이다. 지역 활성화를 위한 지역축제 개최 및 마케팅 전략이 국내 지역에서도 지역개발 계획에서 점차 비중 있는 형태로 포함되고 있으며, 선진국에서는 더욱 적극적인 형태로 이미 나타나고 있다. 더구나 최근에는 축제 투자 비용 효율을 높임으로써 다양한 지역 활성화 효과를 얻을 수 있는 방향으로 추진되고 있다. 특히 지방자치가 잘 정착된 선진국가, 특히 미국, 캐나다, 일본, 영국, 호주, 프랑스는 물론 개발도상국인 말레이시아까지도 이러한 지역축제전략을 적극 수용하고 있는 실정이다.

지역의 각 단체에게 예산을 나눠주고, 매년 쳇바퀴 돌듯이 반복되는 노래자랑, 대중공연, 일반예술전시 등과 같은 특색 없는 프로그램으로 짜 맞춰 놓은 이러한 축제를 '주민화합형축제'라고 통칭하기도 하며 지역 내 주민들을 중심으로 한다고 해서 '내부지향형축제'라고 불리기도 한다. 이러한 '주민화합형축제'는 국내에서 개최되는 축제의 90%를 이루고 있는 것으로 추정되며 명확한 주제와 경쟁력 있는 콘텐츠 없이 이것저 것 섞은 종합세트형축제로 지속되면서 실효성이 떨어지고 발전하지 못해 결국은 소멸하는 경우까지 발생하는 경우를 종종 볼 수 있다. 이렇게 낭비적으로 보는 시각이 강하기 때문에 전국에 대략 1,200여 개에서 최근 800여 개 미만으로 축제의 수가 구조조정되었음에도 불구하고 아직도 '축제공화국'으로 표현되고 있다. 하지만 실상 선진국들과 비교하면 턱없이 적은 수치이면서 오해를 받기도 한다. 실례로 유럽의 네덜란드는 우리나라 인구의 30% 정도인 1천6백만 명의 인구를 가진 작은 나라임에도 불구하고 몇 년 전 유럽축제협회 요한 모멘Johan Moerman 회장의 증언에 따르면 약 5천여 개의 축제축제집계의 기준이 다를 수 있음가 있으며, 네덜란드의 2대 도시인 로테르담에서만 약 100여 개의 축제가 개최된다고 증언하였다.

그렇다면 주민화합형축제와 상반되는 개념의 축제는 무엇일까? 주민이 호스트host 관점에서 적극 참여하고 축제를 선호하는 지역 및 외지방문객그룹이 뚜렷이 존재하여 지역을 넘어선 홍보 마케팅이 필요하며, 지방화 시대에 지역의 이미지를 높이거나, 지역마케팅 차원에서 특화브랜드를 강화하거나 특산물을 효과적으로 알리고, 지역의 문화관광상품의 부가가치를 창출하며, 단순히 경제적 관점뿐만 아니라 사회문화적 관점에서도 긍정성이 나타나는 총체적인 관점에서 일종의 지역개발 전략으로 평가될 수 있는 축제를 '지역개발형축제'로 정의 할 수 있을 것이다. '지역개발형축제'는 주민화합형축제의 상반된 개념 또는 더욱 생산적인 개념으로 볼 수 있다.

다른 어느 축제 보다 백제문화제는 일본시장의 유치를 높일 수 있는 잠재성을 가지고 있다. 특정지역 관광집중현상으로 서해안고속도로 개통이후 서해안관광권과 내포문화권으로 관광객들이 편중되고 있어 관광객들이 충남지역에 고르게 확산될 수 있는 정책마련이 중요 이슈다. 백제문화제는 공주 부여권으로 관광객들을 효과적으로 유치하면서 편중현상을 극복할 수 있는 중요한 시험대가 되었다. 그런 부분에서 중요한 것은 대전 당진 고속도로가 개통이 되었음에도 수도권에 제대로 홍보가 되어 있지 않다는 점이다. 쉬운 접근성에 대한 적극적인 마케팅이 필요하다.

종전 백제문화제, 타 지역 축제와의 차별점

백제문화제는 역사재현형 축제로서 행사의 성공가능성에 쉽지 않은 소재이자 상품이라 할 수 있다. 상당히 무거운 소재라고 표현할 수 있으면서 이것을 어떻게 재미있게 표현할 수 있느냐가 관건이라고 할 수 있다. 백제문화제의 경우 여러 개 행사장으로 구성된 공주와 부여 두 도시가 커다란 축제장이 되며 전무후무한 축제장의 규모라 하겠다.

백제문화제의 프로그램 구성을 살펴보면 개막식과 연계하여 주요프로그램이 연결되어 있으며, 특히, 퍼레이드와 공연프로그램의 규모나 예산단위가 타 축제에 비해 높은 편이라는 것이다. 관광객 관점에서 프로그램이 몰려있는 특정시간대에 방문하지 못하는 경우 백제적인 이미지를 느끼기 어려운 성향을 띄고 있다. 시간이 지남에 따라 축제방문객들의 기호는 행사장에서 앉아 그저 예술 공연을 구경만 하는 수동적인 관전형태를 벗어나 이제는 좀 더 역동성이 느껴지는 프로그램을 원하며 직접 체험도 할 수 있는 참여형태로 변하고 있다. 백제문화제의 행사전략에 대한 아쉬움은 이벤트장소가 너무 산발적으로 흩어져 있어 좋은 이벤트를 놓치는 경우가 많다는 것이다. 이에 주행사장과 부행사장을 보다 긴밀하게 연계시켜 줄 수 있는 별도의 연계프로그램 개발과 안내홍보부문을 강화하여야 할 것이다. 주행사장과 부행사장 사이의 연계프로그램은 연계를 투어시스템방식을 통해 연결시켜주는 프로그램으로 주 행사장을 부행사장과 연계시켜 관광효과를 극대화할 수 있을 것이다.

역사와 재미, 두 가지를 잡는 백제문화제 차별화 방안

재미와 의미를 동시에 찾기 위해서는 성공한 역사박물관에서도 봐왔듯이 단순한 전시가 아닌 상호교류적Interactive인 이러한 부분들이 효과적인 것 같다. 특히 다양한 체험프로그램을 잘 구성하는 방법이 필요하다. 그간 백제문화제가 전시형축제에서 체험중심의 축제로 변화되었다는 점은 긍정적으로 판단된다. 그러나, 백제문화를 보여줄 수 있는 참여형 체험프로그램이 여전히 부족한 상태로 백제시대 컨텐츠를 적극적으로 활용한 대표 프로그램 개발을 주문한다. 말이 백마리나 동원된 '백제기마군단 행렬'

은 졸속 준비로 기대만큼의 효과를 거두지 못했던 점과 퍼레이드가 정적인 모습만 나타낸 점도 문제로 볼 수 있었다.

지역축제가 국제화되고 글로벌 경쟁력을 갖는 가장 중요한 요소는 축제프로그램의 일탈성, 몰입도를 키워야 한다는 점이다. 으깬 토마토 투척으로 유명한 스페인의 토마토축제, 축제기간 중 초대형 맥주텐트에서 매일 맥주마시기 등 파티가 벌어지는 독일 뮌헨의 옥토버페스트 등은 일탈형 프로그램 축제의 대표적인 사례이다. 전체적인 개념에서는 백제라는 무겁고 웅장한 개념일 수 있는데 이러한 웅장하고 무거운 분위기보다는 즐겁게 접근할 수 있는 테마파크 개념이 중요하다. 세계대백제전에서 보여 주었던 웅진성의 하루, 사비궁의 하루, 세계역사도시 전展 등을 개최하여 체험프로그램과 수상공연, 황산벌전투, 퍼레이드 등 역사적 사실을 활용한 환상적인 분위기를 제공하는 수요자 중심의 맞춤형 프로그램 배치가 필요할 것으로 보인다. 퍼레이드 구성도 단순한 퍼레이드를 진행하는 것이 아닌 퍼레이드 속에 관람객이 참여하는 형태의 구성이 필요하다. 예를 들면 브라질의 리오카니발라든가 롯데월드의 퍼레이드에서도 이러한 부분들을 적용시키고 있다.

공주와 부여 지역의 관광 인프라 부족 문제

영국의 에딘버러는 8월에 6개의 축제를 실시하는데 3,000억원의 수입이 있으며 x숙박으로만 1,300억원을 벌어들인다. 이들은 숙박을 민박을 통해 돈을 벌어들인다. 특히 숙박단지와 연계된 인센티브, 야간볼거리 창출 등에 대한 검토가 필요하다. 화천산천어축제의 전략을 참고할 필요가 있다. 화천 산천어축제의 경우 낮에는 축제를 즐기게 하고 야간에는 '사랑방 마실'이라는 프로그램으로 축제장 주변 6개 마을 마을별로 민박을 활용하면서 작은 체험축제를 운영하여 2008년도 기준으로 약 4억 3천만원의 소득을 올린 사례가 있다. 하동야생차축제는 민박프로그램 '다숙茶宿'을 운영하여 민박을 신청한 관광객들을 대상으로 녹차족욕, 녹차음식 등을 사전에 준비하여 하동 전 지역으로 숙박방문객을 유치한 사례도 있다.

백제문화제의 시급한 문제 가운데 하나가 음식부문이다. 금산인삼축제에서는 음식부스 전체가 인삼을 활용한 요리이며, 안성남사당바우덕이축제에서는 홍삼한우탕을 개발하여 큰 호응을 얻었다. 전남 화순에서 개발한 힐링푸드페스티벌의 경우는 소량한 저렴의 핑거푸드를 선보여 선풍적인 인기를 얻었으며 전량 판매되는 진기록이 연출되었다는 점 역시 기존 백제문화에서 식사 또는 안주 위주의 음식판매전략에서 참고할 만한 사례이다.

백제문화제는 그간 격년제 순환 개최로 이어오다 현재 공주, 부여를 중심으로 통합으로 개최되어 양적인 성장을 거두었다. 그러나, 공주-부여에서 동시에 개최된 백제문화제는 유사한 행사의 연장선으로 두 행사간의 차별성이 분명하지 않아 1박 2일 관광패키지 상품구성이 미흡한 점을 지적할 수 있다. 프랑스의 경우, 니스카니발 단독으로 관광상품구성이 어렵다는 점에서 인근에서 개최되는 망똥레몬축제와 연계하여 해외관광상품으로 개발한 사례를 들 수 있다.

역사문화형축제로서 이미지메이킹을 통해 지역특산물의 부가가치를 높이는 방안을 모색해야 한다. 현 공주의 고맛나루, 부여의 굿드래 브랜드와 축제를 연계시키는 방안을 적극 고려해야 한다. 단지, 현재처럼 축제장 구역에 판매소를 배정하는 소극적인 방안보다 다양한 수요자 중심의 구매편의서비스를 제공함과 동시에 축제컨텐츠와 백제의 역사가 융합될 수 있는 프로그램 접목방안이 필요할 것이다. 또한 보령머드축제에서는 축제의 주요 소재인 머드를 활용한 화장품이 이미 개발되어 축제를 통해 적극 판촉하고 있음을 목격할 수 있다. 백제문화제의 고유성과 부합할 수 있는 1차적인 농축산물 이외 2차적인 가공상품도 고려해 볼 때이다.

글로벌 축제로서의 백제문화제의 발전방안

글로벌 축제로 발전시키려면 일차적으로 해외홍보마케팅의 역량을 집중적으로 높여야 할 것이다. 기존 축제참관 외국인 관광객에 대한 시장조사를 선행하고 잠재관광객들을 대상으로 차별화된 홍보전략이 수립되어야 하며, 외국인 관광객의 흡인을 위해 축제간, 지역간의 연계성을 강화하는 한편, 해외유사축제와의 협력을 통해 홍보효과를 극대화하여야 할 것이다. 아울러, 축제의 국제화에 앞서 현 축제가 내실을 강화하여야 하며, 지역주민들의 문화역량을 육성할 수 있는 시스템 구축이 선행되어야 할 것이다. 축제사무국에 17명이 일하는 에든버러 밀리터리 타투는 해외마케팅인력은 불과 1-2 명에 불과하나, 영국국영방송 BBC의 실황중계, 영국관광공사BTA: British Tourist Authority가 국제홍보를 지원하고 있다는 사실은 백제문화제의 국제화 방안에 참고할 만한 사례이다.

백제문화제 입장에서 본다면 일본 마케팅 시장이 가장 크다. 따라서 여행사들과 연계하는 관광상품 개발이 필요하다. 캐나다에서는 동시기에 개최되는 토론토의 눈축제, 몬트리올의 빛축제, 퀘백의 윈터카니발과 오타와의 윈터루드가 최근 파트너쉽 협력관계를 맺고, 공동해외홍보를 실시하여 경쟁관계가 아닌 협력적인 관계를 구축하고 있다. 이를 위해서는 외국인 관광객의 수용태세가 중요하다. 특히 쇼핑, 먹거리, 숙박 이외 외국인이 무엇을 원하는지 알아야 한다. 금산인삼축제에서 외국인관광객들에게 가장 필요한 서비스가 무엇인가를 대해 조사한 결과 다름이 아닌 '행사장 안내지도'가 약 40.1%로 가장 높게 나타나 안내해설보다 갖고 다닐 수 있는 세밀한 행사장 안내지도가 가장 높은 수요로 나타났다는 점을 참고해야 한다. 먼저 공주,부여를 비롯한 논산까지 행사장을 넓게 활용하고 있는 백제문화제에 관광객을 유치하기 위해서는 공주–부여–논산 간의 네트워크가 잘 이루어져야한다. 축제 개최도시간 공동홍보 노력을 한다는 점에도 관심을 가질 필요가 있다. 캐나다에서 동시기에 개최되는 토론토의 눈축제, 몬트리올의 빛축제, 퀘백의 윈터카니발과 오타와의 윈터루드가 최근 파트너쉽 협력관계를 맺고, 공동해외홍보를 실시하였다. 동시기에 진행되는 겨울축제가 경쟁관계가 아닌 협력적인 관계를 구축하여 다가오는 축제를 위해 여행사의 투어 오퍼레이터와 외국인 저널리스트들을 위한 팸투어FAM TOUR를 공동으로 조직했다는 점이 주목된다.

문화유산을 활용한 지역개발형 축제로 발전

공주, 부여 등에 산재한 백제문화유산은 단순한 유적관리가 아닌 문화재를 활용방안을 강구해야 한다. 문화재를 활용하여 다양한 프로그램 개발과 영상을 제작하는 등 문화재 활용 뿐만 아니라 테마파크 개념 도입 등이 전략이라 할 수 있다. 선별적인 지역축제의 글로벌 경쟁력 확보를 위해서는 특화된 컨설팅제도와 객관적 평가시스템이 내부적으로 먼저 마련되어야 한다는 것을 강조하고 싶다. 지역축제의 특성과 축제성격에 맞춰 특화된 컨텐츠를 지속적으로 생산할 수 있도록 컨설팅제도를 마련하고, 국제형 축제로서의 객관적인 국제화 지표를 개발하고, 평가·지원시스템을 도입하여 단순 양적 평가시스템에서 탈피, 질적 평가의 비중을 높여 효과적으로 축제를 '글로벌화'해야 한다. 또한, 해외홍보마케팅의 역량을 집중적으로 높여야 한다. 기존 축제참관 외국인 관광객에 대한 시장조사를 선행하고 잠재관광객들을 대상으로 차별화된 홍보전략이 수립되어야 하며, 외국인 관광객의 흡입을 위해 축제간 지역간의 연계성을 강화하는 한편, 해외 유사축제와의 협력을 통해 홍보효과를 극대화하여야 할 것이다. 아울러, 지역축제의 국제화에 앞서 현 축제의 내실을 강화하여야 하며, 지역주민들의 문화역량을 육성할 수 있는 시스템 구축이 선행되어야 할 것이다.

대형축제로서의 백제문화제의 안전관리

해외의 경우, 붉은전쟁으로 유명한 스페인 부뇰의 토마토 축제 역시 안전사고를 철저히 준비하는 대표적인 사례이다. 토마토 축제가 개최되면 부뇰 시청은 시청과 지역방위대, 그리고 중앙 위생국의 협조로 축제 참가자들의 안전, 사고예방, 그리고 응급상황에 대응할 수 있는 여러 가지 조치들을 취하고 있다. 축제 중에는 헬리콥터와 교통경찰을 대기시켜 놓고 있으며, 사람들을 대피시켜야 할 상황을 위해 인근 주요도로들을 비워 놓는다. 또한 참가자들에게 축제의 진행과 안전수칙을 여러 언어로 번역한 책자를 사전에 나눠주고 있으며, 만일을 위해 앰뷸런스, 경찰, 위생관리원, 의사와 간호사 등을 항시 대기 시켜놓는다. 축제 진행과 사후관리를 위해 샤워실 및 주차장 시설을 세워두고, 중요한 정보는 거리에 설치된 메가폰으로 방송한다.

백제문화제에서는 경찰, 소방서, 보건소 등에서 가능한 안전관리에 대처하고 있으며 추진위원회 자체적으로 안전보험에 들어놓고 리스크 체크를 일일이 하고 준비하고 있으나 안전사고에 대한 준비는 아무리 준비해도 부족함이 없다 생각한다. 또한 축제에 참여하는 말등 동물에 의한 위험도 고려되어야할 사항이다. ✳

① 무령왕 용봉문 환두 대도 모형
② 2010 세계 대백제 행 사장(공주)

백제문화제의 현재와 미래

●진행 및 정리 : **김혜식**

1. 백제문화제를 통한 역사의 콘텐츠 발굴과 실행은 어디까지 왔는가?
2. 백제문화제가 관광에 미치는 영향과 축제 관광 마케팅의 구체적인 방법은 무엇일까?
3. 축제를 만드는 사람은 누구인가?
4. 백제문화제가 지역 경제 활성화에 미치는 영향과 지역 브랜드가치 창출로서의 축제역할은 무엇인가?
5. 축제 주인으로서 문화예술의 통합과 문화예술인들의 자발적인 축제 참여의 방법은 무엇인가?
6. 백제문화제는 누가 어떻게 만드나?
7. 백제문화제에 바란다

백제문화제의 현재와 미래

김혜식
사진작가

세계 모든 나라의 축제기원은 그 지역의 공유된 역사와 전통문화를 배경으로 하는 집단이 차별화된 공동체 의식을 행하는 일련의 과정에서 시작되었던 만큼 시작은 동서양이 모두 같다고 보고 있다.

우리나라 역시, 원시축제의 기원은 농경민족의 통과 의례로서 제천의례 형태의 오랜 축제역사를 지니고 있다. 그 대부분이 왕실의 태평성대를 위한 국가적 제의형태였거나, 풍요로운 추수를 위한 감사 의미의 민간적 행사로 하늘에 바치는 제의祭儀성격을 띤 순수한 마을 굿이 그 시작이다.

문헌으로 살펴보더라도 부여의 영고迎鼓, 고구려의 동맹同盟, 예의 무천舞天, 마한의 춘추제春秋祭 등의 축제祝祭가 행해졌음을 알 수 있다. 이들은 모두 집단적인 제전이며 놀이에서 시작되었다. 때마다 신에게 제사 드리며祭, 사람들은 춤과 노래로 한바탕 판짜을 벌였을 것으로 생각된다. 하늘의 신과 인간이 서로 소통한다는 믿음이 어우러져 춤추고 노래하게 하였을 것이다. 그리고 그러한 일련의 축제 행사가 예술의 시작이었음을 알 수 있다. 그렇다면 축제 안에서의 예술적 행위는 신과 통하기 위한 우주론적인 관점에서 위상을 높이며 시작해도 좋을 듯하다.

그러나 지금 우리는, 우리의 훌륭한 축제의 역사를 지니고 있음에도 불구하고 축제 안에서의 문화와 예술정신의 정체성이 모호해 보인다. 이를 두고 어떤 이는 일제 강점기의 의도적인 문화 말살을 그 원인으로 보기도 한다. 그도 그럴 것이 일본의 경우, 다른 나라 축제와 분명히 다른 '마쯔리'라는 이름의 독특한 축제를 계승하고 있는데 비해 우리의 축제는 국적이 애매하다. 분명 우리의 축제문화가 건너갔을 텐데 말이다. 그쪽에서는 축제마다 4-500년간이나 본래의 모습을 흩트리지 않고 전승되고 있다는 것은 우리로서는 무언가를 잃어버린 것처럼 참으로 아쉬운 부분이다.

그런 측면으로, 이유를 돌리자면 어쨌거나 우리는 지금 축제의 과도기를 겪고 있다. 그나마 다행인 것은 우리나라에서 행해지는 일련의 축제 중에 그 중 오랜 역사를 지닌 백제문화제가 우리지역에 있음은 참 다행스러운 일이다. 축제의 부활적인 측면에서도 그러거니와 그 정통성을 찾아내는 좋은 본보기의 축제로서 성장할 수 있는 강점의 백제문화제를 지녔다는 것은 또 하나의 큰 자원의 확보라고 할 수 있다.

우리나라의 축제의 현실을 살펴보면, 지방자치제도가 실시되면서 공식적으로 문광부에 등록된 축제만도 1,000여개가 넘는 실정이며, 축제가 그 지역을 발전시킬 수 있는 원동력이 되고 있다는 것을 인지하기 시작한 후, 각 지역마다 막대한 예산을 과도하게 투입하며 폭발적으로 발전하기에 이르렀음이며, 백제문화제 역시 다르지 않다.

민선이 들어서면서 백제문화제추진위원회가 출범, 2010년에는 240억이라는 막대한 예산을 투입하면서 세계를 겨냥하는 국제적 행사의 종합예술 축제 규모로서 '대백제전'이라는 타이틀의 메가 이벤트로 성장시켰다. 덕분에 축제 성장도 가져 왔으며 공주 부여 지역의 브랜드 이미지가 업그레이드되는 축제 효과를 톡톡히 본 것도 사실이다. 그러나 여기서 간과해서는 아니 되는 부분이 언제까지 정부에서 예산을 지원해주지 않는다는 점이며, 역사 축제인지 문화축제인지, 예술 축제인지, 특성이 없는 종합 선물 세트의 축제는 지양되어야 한다는 것이다.

올 2014년, 어느새 우리 백제문화제는 60년 갑년을 맞는다. 갑자기 비대해진 백제문화제가 갑년 이후, 어떠한 모습으로 성장해나갈 것인지, 어떤 축제로 정착될 것인지 자못 궁금하다. 또한 앞으로 국제적이고 융성했던 백제시대 문화의 화려한 부활을 위해서 민관이 함께 만드는 축제의 한계를 어떻게 극복할 것인지에 대한 큰 숙제를 안고 있다.

또한 백제문화제를 통해 우리의 문화 콘텐츠를 어떻게 발굴할 것인지, 더불어 어떻게 더 많은 백제문화의 정체성을 끌어낼 것인지, 혹은 진정한 21세기의 블루 오션으로서의 관광 자원 개발을 할 것인가 하는 문제점을 극복하지 않으면 축제 경쟁력에서 뒤쳐지게 될 것은 불 보듯 뻔한 일이라는 것은 자명한 일이다. 하여 60주년을 기점으로 전문가의 의견을 모아 백제문화제의 현실을 파악하고 미래 발전 방향에 대해 논의하여 방향성을 잡아보고자 한다. *

1. 백제문화제를 통한 역사 콘텐츠 발굴과 실행은 어디까지 왔는가?

윤용혁
공주대학교
역사교육과 교수

김혜식 백제문화제의 60년이라는 역사 속에서 계속 논란이 되어 온 것으로 백제문화 콘텐츠의 강화에 대한 문제가 지적되고 있습니다. 혹자는 '백제문화제 속에 진정 백제가 있는가' 라는 문제를 제기하기도 합니다. 백제문화의 독특한 소재의 차별성을 콘텐츠화 하지 않았기 때문이라고 생각합니다. 지금까지의 콘텐츠 발굴에 관련하여 발전적인 말씀 부탁드립니다.

백제문화제는 역사적 소재를 축제로 재현하는 것이 핵심

윤용혁 백제문화제의 발전 방향은 국제화와 백제 콘텐츠 개발이 가장 중요한 핵심이라고 할 수 있습니다. 역사문화축제로 분류되는 백제문화제는 역사적 소재를 축제로 재현하는 것이 핵심이기 때문에 백제 무령왕을 소재로 한 공연이나 백제문화 체험학습 같은 것을 통해 지속적인 개선의 노력이 진행되고 있습니다. 다만 콘텐츠의 활용이라는 전문적 내용이 프로그램전반에 녹아들어가야 하기 때문에 시간이 걸릴 수도 있고, 시행착오도 불가피한 것이라 생각합니다.

웅진성 퍼레이드, 백제마을 혹은 발굴문화재 전시와 같은 것도 백제문화 콘텐츠의 활용이라 할 수 있겠습니다. 그 가운데 2012년의 경우 〈미마지〉는 아주 성공적인 콘텐츠 활용으로 봅니다. 이를 통하여 그동안 잘 알지 못했던 백제의 미마지라는 인물을 널리 알리게 되었고, 특히 그가 일본에 전한 백제기악이 이른바 '한류'의 기원이라는 점도 확인하게 되었습니다. 또한 유료 공연 관람제를 통해 유료 축제의 가능성을 확인하는 계기도 되었습니다. 수준있는 공연물이나 전시기획은 관람자의 긍정적인 만족도를 나타낸다는 것을 알았습니다. 그리고 백제문화제가 계기가 되어 미마지에 대한 내용이 국사 교과서에 반영되는 결과도 가져오게 되었습니다. 앞으로도 이와 같은 노력과 시도가 지속되어야 하고, 적절한 결과는 계속 반영되어 축적이 이루어질 수 있도록 진행되어야 할 것입니다.

김혜식　네, 백제문화제의 미래를 내다 본 아주 긍정적인 확인이었던 것이 사실입니다. 그러기 위해서는 더 다양한 소재발굴을 위해 역사를 전공한 학자들도 축제 전문가로 축제 안으로 함께 들어와야 할 때라고 생각합니다. 그렇다면 백제 콘텐츠의 활용을 위한 발굴과 실행에 있어서 문제점은 무엇이라고 생각하십니까?

윤용혁　백제 콘텐츠의 발굴과 실행은 두 가지 면으로 이루어져야 할 것입니다. 하나는 새로운 소재를 발굴하는 일이고, 또 하나는 적용된 사례를 지속적으로 개선하는 일입니다. 우선 새로운 소재 발굴의 중요성을 강조하고 싶습니다. 백제문화의 소재 중 축제와 연계할만한 주제를 지속적으로 발굴하는 작업이 필요합니다. 가령, 백제 음식, 백제 의상, 백제 무기, 백제 음악, 백제의 놀이, 백제 문양과 이미지, 백제의 제사, 백제 이야기 등이 그것입니다. 콘텐츠 개발을 위해서는 그에 상응하는 학술적 작업이 선행되어야 합니다. 따라서 백제문화제의 학술행사는 콘텐츠 개발에 연계하여 새로운 생산이 가능한 소재가 반드시 다루어져야 할 것입니다.

　발굴된 콘텐츠를 실제 프로그램에서 어떻게 반영하고 실행할 것인가 하는 것은 또 다른 과제입니다. 여기에는 시행착오가 있을 수 있지만, 그 과정을 바로 축제의 발전 과정으로 이해할 수 있을 것입니다. 이점에서 새로운 소재의 개발 이외에 기왕의 프로그램 내에서의 백제 콘텐츠의 강화 내지 확산도 매우 중요하다고 할 수 있습니다. 백제마을, 퍼레이드, 공연 등을 통해서 이러한 개선의 결과가 축적되어야 할 것입니다.

　콘텐츠 개발과 관련한 또 한 가지 강조하고 싶은 것은 장소 활용을 적극적으로 도입하는 것입니다. 이것은 프로그램개발에 상응하는 효과가 있다고 생각됩니다. 공산성, 무령왕릉과 같은 역사적 공간을 적극적으로 이용하여 프로그램에 반영하는 것입니다, 어떤 프로그램을 적용시킬 때 그 효과를 극대화 할 것인지 다각적인 연구가 필요하다고 봅니다.

김혜식　말씀을 듣다 보니 앞으로의 백제문화제가 환해지는 기분 좋은 느낌입니다. 최근 들어 단순한 컨텐츠를 넘어 좀 더 강력한 컨텐츠를 요구합니다. 더 구체적이고 다양한, 말 그대도 '죽이는' 백제 문화의 킬러 컨텐츠로서 실행과제로서 무엇이 있을까요?

윤용혁 　백제콘텐츠의 실행이라는 점에서 지속적으로 관심을 기울여야 할 내용으로는 특별히 지적하고 싶은 것은 사람들의 생활적인 부분입니다. 가령 백제의 옷과 음식에 대한 문제를 예로 들 수 있습니다. 축제 때에 백제복을 많이 입을 수 있도록 권장하고, 또 많이 판매될 수 있도록 적극적인 작업이 이루어져야 한다고 봅니다. 그러기 위해서는 백제복식이 어떤 내용을 가지고 있었고 어떤 특징이 있었는지에 대한 사용자 입장에서의 이해가 필요합니다. 그리고 색감이나 착용의 편의성 등도 중요합니다. 이 같은 문제에 대한 해답의 하나는 전문가와 시민, 축제 담당자들이 함께하는 공동 작업이 필요합니다. 역사 전문가는 백제 복식에 대한 기본적 자료를 사람들에게 제공하고, 복식 전문가와 제작자는 이를 구체적으로 구현하는 방안을 도출하되, 작업의 중간 단계에 시민들이 참여하는 품평회를 하는 것입니다. 그리고 축제담당자는 그 같은 의견을 토대로 복식을 완성하고 많은 사람들이 착용하고 보급될 수 있도록 하여 백제복이 하나의 의상으로서가 아니라, 제작과 판매에 이르는 과정 자체가 시민 참여의 프로그램이 될 수 있도록 한다는 것입니다.

　　음식의 경우도 마찬가지입니다. 역사 전문가가 백제음식에 대한 기초 지식을 제공하고, 이를 기초로 백제 식단을 짜서 실험을 하는데, 역시 시민참여에 의한 중간 평가 과정을 거쳐 아이디어와 의견을 종합하여 완성한 다음 축제 기간 중에 판매에 까지 연결하는 것입니다. 축제 기간 중 이용자의 의견을 종합하여 추후 반영할 수 있도록 하면, 백제음식 만드는 것이 하나의 프로그램이 될 수 있습니다. 아마도 이 부분은 곧 실행에 옮겨질 것으로 알고 있습니다.

　　공연에 있어서도 백제콘텐츠의 대표적 공연을 지속적으로 유지하는 것이 필요합니다. 새로운 작품을 매번 개발하는 것보다, 기왕에 만들어진 좋은 주제의 작품을 조금씩 각색하고 출연진에 시민들을 포함하여 색깔만 달리해가도 좋을 것입니다.

　　백제 콘텐츠의 강화가 이루어지기 위해서는 콘텐츠에 대한 논의가 지속적으로 필요하다고 봅니다. 백제문화제 학술 세미나 같은 때에 자주 축제 콘텐츠를 논의하고 적용하기 위한 세미나로 주제를 잡을 필요가 있다고 하겠습니다.

축제아카데미를 통하여 전문가를

김혜식 　네, 자주 그렇게 함께 배우고 만드는 축제의 장을 만들어 주신다면 더없이 고맙겠습니다. 그렇게 백제문화제는 결국 역사를 소재로 한 컨텐츠를 활용한 축제를 만들 수밖에 없는데요. 백제문화가 살아있는 우리나라의 유일한 역사 문화 축제로서의 경쟁력을 갖기 위한 해법은 무엇일까요?

윤용혁 시민들이 프로그램의 전 과정에 참여할 수 있도록 시스템을 가져가는 것이 가장 중요한 핵심이라고 생각합니다. 이를 위해서는 축제의 시민 그룹 조성이 필요하고, 또 이를 적절히 행정적으로 연결하고 종합하기 위해서는 축제 전문가가 상설적으로 프로그램 진행에 관여할 수 있도록 해야 합니다. 시청 담당자들도 축제전문성을 갖춘 인력으로 배치하는 것이 필요한 것도 이 때문입니다.

시민들의 참여를 높이기 위해서는 시민들도 축제에 대하여 보다 전문적인 지식과 역량을 함양하고 개인적 관심을 공유할 수 있는 기회가 필요합니다. 시민 혹은 공무원 중 관심 있는 사람들을 겨냥하여 축제아카데미를 개최하는 것이 한 가지 방법이 될 수 있습니다. 강좌를 통하여 축제의 기술적 측면이나 콘텐츠에 대하여 전문적 지식을 함양하고, 나아가 공동의 관심을 나누고 새로운 아이디어를 제공하는 공간이 될 수 있을 것입니다. 시민들의 참여가 축제의 경쟁력을 높일 수 있는 가장 핵심적 관건이라고 생각합니다.

김혜식 듣던 중 가장 귀가 크게 열리는 대목입니다. 시청이나 대학 내에 축제아카데미의 설치 운영에 많은 기대를 걸어 보겠습니다. 또한 역사를 소재로 하다 보니 교육적인 측면으로도 부모님들의 관심도 많습니다. 어린이 축제참여를 유도할 수 있는 교육적이고 발전적인 프로그램 개발이 어떤 것이 좋을지 말씀해주십시오.

윤용혁 어린이 축제 참여는 어렸을 적부터 축제를 생활로 여기면서 커갈 수 있는 좋은 장이된다는 말씀과 축제를 공부의 장으로 연결시키는 백제 마을, 어린이 백제복 착용과 놀이의 재현을 통한 체험 참가 등, 2박 3일 백제인으로 살아보기 캠프운영, 어린이가 만드는 백제 스토리텔링 대회같은 프로그램을 생각할 수 있습니다. 많은 것을 시도하기보다는 한두 가지 프로그램을 집중 육성하는 방안이 좋겠습니다. 우선 추천할 수 있는 것은 2년 전에 문예회관에서 공연했던'아기고마 어린이 창극 공연'입니다. 공주에 적합한 이야기에 1년 동안 어린이들이 다양한 악기와 소리를 연습하여 공연하는 것인데, 의외로 부모님들의 반응이 협조적이었으며, 참가 아이들도 만족도가 높았던 프로그램입니다. 교육적으로나 공연 예술의 측면, 혹은 시민 참여라는 측면에서도 시사하는 바가 많았습니다.

백제음식 개발을 위해서는 '협업'이 중요

김혜식   네, 저도 아주 감동적으로 공연을 보았습니다. 단발성이 그치지 말고 지속적인 지원과 함께 공연을 이끄는 단체 결성도 좋겠다고 생각합니다. 또한 축제에는 먹을거리도 상당히 중요한 부분입니다. 위에서 언급하셨듯이 백제음식을 복원한다는 것은 가야 할 길이 멀고 현실적으로 어려운 문제가 많겠으나 문제점을 극복할 수 있는 좋은 방안은 없을까요?

윤용혁   백제문화제에서 음식의 중요성은 오래 전부터 많이 제기되어온 문제입니다. 또 여러 차례의 시도가 있었던 것도 사실이지만, 성과가 아직 두드러지지 않습니다.

백제음식 개발이 잘 이루어지지 않은 이유는 몇 가지가 있습니다. 우선 백제 음식에 관한 기초 자료가 많지 않다는 점입니다. 이 때문에 어떻게 해야 백제음식이 되는지 선명하지 않다는 것이지요. 따라서 자료 부족이라는 문제를 극복해야하는 것이 가장 큰 과제라고 할 수 있습니다.

백제음식 개발을 위해서는 우선 '협업'이 중요합니다. 백제 역사 혹은 음식에 대한 전문가, 음식을 실제로 만드는 집단, 그리고 만들어진 음식이 축제 현장에서 판매에 이르게 하는 등의 구조가 그것입니다. 백제 음식은 한 사람이 아니라, 여러 사람, 여러 집단이 같이 만들어가야 하는 일이고, 만드는 것만이 아니라 실제로 판매 현장까지 연결되어야 합니다. 이를 위해서는 여러 과정을 전체적으로 진행할 수 있는 중심단체가 필요합니다.

두 번째는 백제음식 만들기가 백제음식의'복원'을 의미하는 것이 아니라는 것을 전제로 해야 합니다. 음식에 '백제'라는 이미지를 가미해주면 되는 것입니다. 따라서 백

백제왕·왕비 선발대회

제음식 만들기는 식단에 대한 아이디어의 문제이고, 자료의 부족을 보완하는 한 가지 방법은 시식 참가자들의 평가를 최대한 활용하는 것입니다. 백제 음식 만들기를 매년 하면 반드시 좋은 백제문화제의 프로그램으로 자리를 잡을 것으로 생각합니다. 어떤 음식을 만드는가가 아니고 어떤 과정으로 만들어갈 것인가를 정리하여 그 과정을 프로그램으로 만드는 방안이라 할 수 있습니다.

김혜식   그렇습니다. 백제 음식에 대해서는 지금까

지 지속적으로 부정적인 시각을 피할 수 없었습니다. 그것인 백제 음식에 대해 남겨진 사료가 부족한 이유로 인해 백제 음식을 과제로 꺼내는 일조차 누구도 엄두를 내지 않았던 것이 사실입니다. 잘못하다간 비판의 대상이기 십상이기 때문이었습니다. 비판의 잣대보다 '함께'참여하고 풀어가는 것이 해결방법이겠습니다. 마지막으로 백제문화제가 상징하는 것은 무엇이며, 그 상징의 대표 프로그램으로 무엇이 적당할까요?

윤용혁 백제문화제는 충남의 정체성을 확인하는 축제의 장입니다. 또 문화대국 백제의 정신과 저력을 계승하여 21세기에 있어서 지역 문화의 부흥을 도모하는 것입니다. 현재 공주에서 이루어지고 있는 웅진성 퍼레이드, 혹은 '백제마을'은 일단 질과 내용을 업그레이드 할 수 있도록 노력하는 것이 좋다고 생각합니다.

다른 한편으로 '충남의 백제문화제'가 되기 위하여, 공주 부여 이외 지역 주민들이 참여하는 대동의 프로그램이 필요하다고 생각하고, 국제화라는 측면이 지속적으로 반영될 수 있도록 되어야 하겠습니다. 백제문화제의 국제화라는 측면을 '다문화'와 연계하여 강화하는 방안도 좋지 않을까 생각합니다.

이상과 같은 여러 측면을 고려할 때 공주의 대표적 상징 프로그램으로서는 웅진성 퍼레이드 중심으로 더 분명하게 모아가는 것이 현재로서는 하나의 방안이 될 수 있지 않을까요. ✽

2. 백제문화제가 관광에 미치는 영향과 축제 관광 마케팅의 구체적인 방법은 무엇일까?

유기준
공주대학교
관광학부 교수

김혜식 오늘날 세계 각국은 관광 산업을 국가 전략 산업으로 육성하고 있습니다. 그리하여 나라마다 경쟁적으로 관광의 우위를 선점하기 위해 축제를 활용하거나 상품으로 개발하고 있습니다. 그러한 측면으로 볼 때 백제문화제 역시 큰 상품이라고 할 수 있습니다. 그렇다면 먼저 우리 지역에서 치루고 있는 백제문화제가 지역의 관광 상품으로서 우리지역의 관광에 어느 정도 영향을 미치는지 말씀해주십시오.

축제를 육성하는 이유는 투자비용에 비하여 그 경제적 파급효과가 크기 때문

유기준 세계 각국에서 축제를 개최하고 육성하는 이유는 투자비용에 비하여 그 경제적 파급효과가 크기 때문이고, 축제를 통하여 지역민들은 지역에 대한 애향심과 자긍심을 갖게 하면서 지역문화의 보존과 계승에도 일익을 담당할 수 있기 때문입니다. 또한 장기적인 관점에서 지역의 축제에 차별화된 문화적 이미지를 부여하여 지역의 특화 문화관광 상품으로 개발하여 지속적인 방문을 유도하는 매력물이 될 수 있기 때문입니다. 또한 지역의 역사와 문화 등을 바탕으로 하는 지역축제는 지역의 매력을 극대화함으로써 잠재적 관광객을 실제 관광객으로 변화시킬 수 있는 가장 효율적인 방법으로 논의 되고 있습니다. 특히 축제는 지역의 차별화된 문화적 요소가 역동적인 향연으로 표출되는 것이므로 지역의 대외 이미지 홍보와 제고에도 많은 역할을 합니다.

축제를 관광 이미지라는 상품으로 본다면 브랜드와 같은 것입니다. 즉 백제문화제는 공주의 이미지를 상품으로 브랜드화 시켜 부각시킬 수 있는 좋은 기회라 할 수 있습니다.

이에 백제문화제를 통해 공주의 대표적인 이미지나 문화의 상징성이 연상이 되지 않는다면, 백제문화제는 다른 지역 축제와의 차별성 부각에 실패했음을 의미하는 것이고, 이는 공주관광의 매력도를 떨어뜨리는 결과를 가져 올 수밖에 없습니다. 이러한 측면으로 본다면 백제라는 역사와 문화를 주제로 하는 백제문화제를 통하여 상징적이고 차별적인 공주의 이미지를 표출시켜 공주지역홍보와 방문객을 유인하여 지역관광의 중요한 매력물로 작용할 수 있게 하여야만 합니다.

김혜식 축제는 곧 상품이며, 그 지역의 관광자원이라고 거듭 강조를 하셨는데, 좀 더 많은 사람들이 축제를 긍정적인 '문화의 상징성'으로 인식을 했으면 좋겠습니다. 따라서 백제문화제를 어떻게 활용하는가는 공주사람들의 몫이라 하겠습니다. 부디 앞으로도 좋은 기회를 좀 더 잘 활용하리라 믿으면서 '관광 상품으로서의 바람직한 축제 마케팅'에 대한 좋은 방향을 제시 해주십시오.

유기준 최근 여러 축제가 특성 없이 비슷하다는 지적을 받곤 합니다. 이는 축제의 공급자가 방문객 중심의 마케팅 개념의 부족 때문이라 생각합니다. 즉 축제의 운영자는 단순히 잘 해보겠다는 의지가 아니라 다른 지역과의 차별성을 부여하겠다는 변화된 패러다임이 있어야합니다. 잘 해보겠다는 것은 숙달의 문제이고 차별성의 인식은 유일성 독특성에 대한 의지이기 때문입니다. 축제에 차별성과 특이성이 있다면 서비스가 부족해도 접근성이 불편해도 찾아가기 마련이고 또 가서는 감동을 느낄 수 있기 때문입니다.

백제문화제의 성공여부는 곧 역사 문화를 상징하는 공주라는 이미지의 브랜드 마케팅과 직결됩니다. 일례로 미국의 플로리다 르네상스 축제를 살펴보면 축제 기간에는 도시 전체가 르네상스 시대로 돌아갑니다. 불과 20여년 밖에 되지 않는 축제이지만 플로리다를 비롯한 많은 지역에서 르네상스를 재현하는 축제가 열리면서 축제 기간에는 타임머신을 타고 중세로 돌아온 듯한 착각을 하게 하는 축제 전략을 세워 모든 관람객에게 중세의 독특한 경험을 선사합니다. 그리하여 플로리다를 생각하면 르네상스 시대를 연상합니다.

백제문화제 역시 백제라는 독특한 경험을 선사한다면 매년 백제를 경험하고자 하는 관광객에 대해 매력적인 관광자원이 되리라 생각합니다. 매년 반복되는 프로그램의 피로도와 어느 지역에서나 쉽게 볼 수 있는 비슷한 행사성 프로그램 역시 관광객으로부터 외면당하기 십상입니다. 진정한 백제와 공주를 보여줄 때 진정한 축제 마케팅이 성공될 수 있다고 봅니다.

지역주민의 참여는 축제성공의 절대적인 조건

김혜식 진정한 백제를 진정한 공주사람이 보여줄 때 축제의 진정성이 통하리라 생각되어집니다. 플로리다 르네상스 축제역시 지역민이 만들고 지역민이 즐기는 축제로 성공시킨, 모델이 되는 축제라는 측면에서 어떻게 하면 우리지역의 축제에 많은 주민이 많이 관심을 갖게 할까요. 지역주민들의 바람직한 축제 참여 방법에 대해 말씀해주십시오.

유기준 지역주민의 참여여부는 축제성공의 절대적인 조건입니다. 이에 백제문화제에서 지역주민의 참여슬로건으로 '참여하는 지역주민', '도와주는 지역주민', '자랑스런 지역주민', '앞장서는 지역주민'을 제안하고자 합니다.

참여의식의 고취를 위하여 매뉴얼에 의한 사전 교육 형태로 백제문화제에 대한 교육을 하여 백제문화제에 대한 주인의식의 함양이 필요합니다. 또한 지역주민상인들을 대상으로 프로그램을 공모하고, 지역의 회사와 학교단위의 자원봉사단의 구성도 필요합니다. 나아가 지역주민을 축제 전문 인력으로 양성할 수 있는 교육프로그램의 개설도 바람직합니다. 이렇게 양성된 인력이 다시 백제문화제의 자원봉사자를 교육하는 역할을 담당할 수 있다면 그 효과는 많으리라 생각합니다.

김혜식 또한 백제문화제는 국내 관광 상품 뿐 만이 아니라 백제와 교류 했던 국가를 중심으로 하는 해외 관광 상품으로도 좋은 관광자원 역할을 하리라 생각합니다. 축제를 상품으로서 관광시장을 확대시킬 좋은 방법은 없을까요?

유기준 현재 백제문화제에 대한 많은 관심을 가지고 있는 외국인은 일본인입니다. 자신의 뿌리를 백제에서 찾으려고 하는 일본인들이 있어서 백제라는 문화는 상품 가치가 있고 또한 백제와 교류했던 여러 국가도 백제문화제에 관심을 둘 수 있습니다. 그러나 축제관계자들은 축제 방문객 중 외국인의 방문을 확대하여 축제가 외국인 관광객의 방문을 유발하는 관광매력물로 성장시키자는 목표에 동의하면서도 외국인관광객에 대한 정보 부족으로 외국인을 유치하기위한 효과적인 축제기획과 홍보 등에서 한계를 보이고 있습니다. 근본적으로는 백제문화제가 국제화를 지향하는 전략을 수립하여야합니다. 이러한 전략의 하나는 국제화를 지향하는 전략적 축제홍보이고, 다른 하나는 차별화된 축제프로그램의 제공과 수용태세의 확립이라 생각합니다. 전략적 홍보를 위하여 외국어로 된 홍보물의 제작은 물론 실질적이고 임팩트가 강한 인물을 해외홍보대사의 선정, 다국어 웹사이트의 구축 등 다양한 활동이 필요하고 특히 한국관광공사의 긴밀한 협력이 필요합니다. 또한 프로그램에서 일탈과 체험이 가능한 국제화를 위한 콘텐츠를 개발하고, 국제화를 위한 전문컨설팅과 전문 인력의 보강이 필요합니다.

김혜식 우리지역에는 세계적으로 유명한 문화체육, 예술인들이 많은 것으로 아는데

① 공주시합창단 공연. ② 웅진성수문병교대식

이런 분들을 전문인력이나 국제 홍보대사로 위촉을 의뢰해 보는 것도 좋은 방법이겠습니다. 백제문화제에는 해마다 일본에서 방문하고 있습니다. 단체 간의 교류를 통해 일회성 방문이 아니라 계속적인 재방문을 유도해야 합니다. 그러한 점에서 재 방문객의 관광구매력의 만족도를 높이는 방법이 무엇일까요?

유기준　차별화된 프로그램 개발로 관광 구매력을 높이는 것이 방법일 텐데 개인적으로 이 부분은 참 어렵다는 생각입니다. 왜냐면 축제 방문객의 만족은 특정 여가활동 후 갖게 되는 총체적 감정 상태이기 때문입니다. 즉, 방문객 스스로가 판단하는 감정적, 인지적 평가이며 개인의 기대수준, 축제 방문을 위해 소비한 금전적 · 시간적 노력에 따라 달라지는 것입니다. 그러므로 만족도를 높이고 재방문을 유도하기 위해서는 수요자 중심의 축제프로그램을 기획 · 운영하여 축제만족도를 향상시켜 축제의 지속가능성를 확보할 수 있어야합니다. 이를 위해서 백제문화제에서는 백화점식 프로그램의 나열인 종합적인 축제의 성격을 탈피하고 백제의 문화를 조금 더 발굴하여 프로그램화 시켜 타 축제와 차별성을 구축하여야하고 축제현장에서 차별화된 축제 정보의 전달에 좀 더 많은 노력을 하여야합니다.

김혜식　작년도 백제문화제 이후, 평가서를 통해서 볼 때, 관광객의 지역적인 분포가 충남권 위주인 것으로 나타나고 있습니다. 타 지역에서 바라볼 때 백제문화제에 대한 매력도가 높지 않다는 증거가 아닐까요? 이를 전국단위로 유도할 수 있도록 광역적인 홍보와 참여토록 하는 좋은 방법이 무엇일까요?

유기준　외부 방문객을 적극 유치하기 위한 홍보방안으로 일반적으로 '인터넷'과 '구전입소문'이 매우 효과적인 것으로 나타나고 있습니다. 이에 백제문화제에서도 정기적인 홍보팸투어 온라인과 오프라인 와 온라인을 통한 홍보 뿐 만 아니라 SNS, 카카오톡 등을 통한 적극적인 홍보활동의 시도가 필요하고 또한 홍보활동의 다변화 전략이 필요합니다.

　이에, 이벤트성 홍보로 명동 또는 서울역 등과 같이 군중이 단시간에 이동하고 운집하는 장소에서 플래쉬몹 등을 통해 백제문화제의 주제와 개최 등에 대한 안내가 이루어진다면 효과적일 것이라 판단 됩니다. 재미있고 파격적인 플래쉬몹의 파급효과는 이전보다 훨씬 강해지고 있는 것으로 나타나고 있습니다. 또한 이러한 플래쉬몹이 일반인들에게 촬영되어 알려진다면 그 자체로도 홍보의 효과와 대중의 관심을 이끌어낼 수 있을 것입니다. 또한 지역주민이 지인을 백제문화제로 초청하는 형식을 통한 백제문화제 홍보대회를 개최하는 등의 전략도 유의할 것으로 생각됩니다. ✱

3. 축제를 만드는 사람은 누구인가?

이태묵
전 공주시청
시민국장

김혜식　축제 전문가가 부족한 실정에서 축제를 전공하신 담당 공무원으로 백제문화제를 발전시키는데 많은 공헌을 하셨다고 생각합니다. 축제에 대한 남다른 열정을 가졌기에 가능한 일이라고 생각하며 감사드립니다. 축제가 성공하려면 여러 분야의 전문가가 공조 해야만 하겠지만, 실행을 기획하는 담당 공무원들도 더 많은 전문성을 갖출 수 있는 교육이 필요한 시점이라고 생각합니다. 담당 공무원으로서의 축제 전문가의 역할에 대해 전문성과 문제점을 극복할 수 있는 현실적인 방법을 말씀해 주시면 감사 겠습니다.

역할분담의 필요성

이태묵　공무원의 순환보직으로 인해 자주 담당자가 바뀌는 것이 현실이며 백제문화제의 발전을 저해 요소로 작용하는 것은 지금까지의 악순환이기도 합니다. 그러나 공무원의 전문성만으로는 한계가 있습니다. 축제라고 하는 것은 어느 한 분야에 전문성으로 무장되어있다고 해도 그 것만으로는 성공을 기대할 수 없습니다. 역사 재현형 축제의 특성상 역사 전문가가 있어야 하고, 예술가도 함께해야 하며, 실행을 해주어야 할 전문가의 기획력도 필요합니다. 특히 참여하고 즐기는 주체의 주민들도 있어야만 합니다. 이 모든 사람들이 함께 축제를 만들고 참여하는 모든 사람들이 모두 전문가가 되어야 합니다.

　공무원은 관의 역할로 주로 축제인프라를 담당하거나, 개폐막식 지원, 타 프로그램과의 연계, 프로그램 발굴, 자원 봉사자 모집, 관람객 편의 시설 확충, 홍보 관련 담당 등, 축제를 원활하게 하기위한 유관 기관의 협조를 요청, 예산관련 등의 큰 틀을 움직여 주는 역할을 합니다. 상세한 프로그램에 대해서는 민간전문가로 구성된 집행위원회에서 축제관련을 담당합니다. 또한 민간구성의 축제 평가 위원들이 축제 컨설팅을 도와주고 있습니다. 다른 지역에서는 볼 수 없는 공주시만의 축제운영 조직 구성을 만든 것만으로도 매우 효과적인 운영방법이라고 할 수 있습니다. 그러나 아직은 구성이 그리 오래 되지 않아 갈 길이 멀다고 생각합니다. 모든 분야의 전문가들이 역할을 해주고 있어서 축제의 미래가 밝아 보입니다. 더구나 더 나은 발전을 위해서 백제문화제를 앞두고 일시적으로 전문가를 포함한 민간 TF 팀을 운영하는 것이 좋을 것입니다. 이것은 임무수행에 적합한 능력을 가졌다고 판단되는 전문가들을 선발해서 함께 한시적으로 새로운 특수 임무를 부여하는 방법입니다.

김혜식 참 좋으신 생각입니다. 제대로 된 축제가 되려면 모두 함께 만드는 것이 중요하지요. 그래서 추진위원회에서도 '함께 만들어가는 백제 이야기'라는 타이틀을 달았던 모양입니다. 무엇보다도 시민의 자발적인 참여가 가장 중요합니다. 그렇다면 공주 사람들이 제일 많이 참여하고 추억을 공유한 프로그램이 퍼레이드일 텐데요. 다행히 공주 사람들은 백제문화제라고 하면 나름대로 많은 추억을 지니고 있습니다. 공주사람들의 집단 감성을 자극하는 것도 좋은 방법이겠습니다. 좀 더 자발적이면서도 더 많은 참여를 유도하는 방법은 무엇일까요?

이태묵 지난 60년간, 백제문화제 하면 많은 사람들이 가장행렬에 대한 추억을 가장 많이 기억하고 있을 겁니다. 가장행렬은 백제의 왕 행차를 재현한 백제문화제의 중심적인 프로그램이었습니다. 그렇지만 학생들의 수업에 지장을 받는 등 자발적인 참여에는 한계가 있었습니다. 이러한 요소들을 감안해서 다시 펼쳐내는 것이 웅진성퍼레이드입니다. 학생들을 대신해서 시민들이 그 자리를 대신 하기 시작한건 2007년 부터였습니다. 그러나 사실상 지금 흥겹게 퍼레이드에 참여하는 시민들은 그때 한번쯤 가장행렬에 동참했던 사람들이라고 봅니다. 다행히 시민들 모두가 참여해주기 시작했고, 16개 읍 면 동 간의 경쟁도 유발 시키다보니 관심 또한 자연스럽게 커진 것입니다. 그러나 축제는 연출할 주제를 명확하게 해야 합니다. 역사성이 있는 동시에 흥미가 있고, 질서가 있는 동시에 전해주는 메시지가 있어야 하는 등, 지역이 지니고 있는 서로 다른 주제의 이야기가 담긴 경연 자체가 곧 축제인 것입니다. 따라서 그 지역에 대한 애정이 밑받침이 되어야하며, 그 것들에 관한 사전 교육과 준비도 철저해야 합니다. 사실, 역사적 소재꺼리는 많아도 막상 축제로까지 확장시키는 스토리텔링을 만드는 능력이 아직은 부족한 듯합니다.

　　다른 나라의 예를 들자면 중세시대 원형경기장의 말달리기를 하는 이태리의 팔리오 축제라든지, 음악과 율동에 맞춰 춤을 추는 브라질의 리오카니발이나 가마를 끌며 "왓소, 왓소"를 외치는 일본의 왓소 축제처럼, 함께하면서도 재미있는 전통 민속놀이를 찾아내야 합니다. 동질성을 바탕으로 한 창의적인 놀이감의 발굴이나 개발에 축제만큼 좋은 것도 없습니다.

김혜식　네, 축제를 활용하면 문화는 저절로 계승되고 관광자원이 될 수 있지요. 주민들이 가장 참여도가 좋은 웅진성 퍼레이드에 좀 더 주목해야 할 것 같습니다. 이러한 프로그램을 좀 더 업그레이드시키고, 연출 기획력을 갖춘다면 세계적인 축제에 손색이 없겠지요.

　그렇다면 현재 시민들에게 가장 호응을 얻고 있는 프로그램이 웅진성 퍼레이드인가요? 시에서 주력하고 있는 백제문화제의 대표프로그램은 무엇인지요? 그러한 관점에서의 프로그램 육성책은 무엇인지에 말씀해주십시오.

이태묵　물론 추진위에서 주력하고자 하는 대표 프로그램을 의도적으로 활성화시키기도 하지만 사실상 대표 프로그램은 주민이 애정을 가지고 참여하면서 주민 스스로 만드는 것이 대표가 되어야 옳다고 봅니다. 어느 축제든 지역주민이 없는 축제는 축제가 아니듯, 백제문화제 역시 공주시민들이 함께 만들고 참여하는 축제로 지속 발전되어야 되어야 하며 그중에서 대표 프로그램이 결정지어지는 것이겠지요. 위에서 예를 들었던 웅진성퍼레이드가 좋은 본보기가 되겠습니다. 더불어 최근 금강 유등제나 금강부교 건너기, 공산성 백제마을, 교류왕국 퍼레이드 등에 대해서도 만족도를 조사해보면 관람자의 호응도 높아져 가고 있습니다.

　최근 몇 년 사이 프로그램이 참 다양해지고 대형화되는 추세이긴 하지만 이벤트 기획사에 의한 지역의 문화가 반영되지 않은 비슷한 프로그램 실행은 외면 당한다는 것을 담당 공무원들도 깨닫고 있습니다. 지역축제의 매력성이 반영되지 않은 채 지역주민 참여와 관계없는 프로그램은 일시적인 관광 상품은 될지언정, 메인 프로그램은 될수는 없다는 겁니다. 주민이 만들고 주민을 참여한다면 더욱 즐거운 축제가 되겠지요.

김혜식　사실상 외부기획사의 차별화되지 않는 무분별한 프로그램 참여는 자제해야 할 부분이라고 생각합니다. 또한 큰 프로그램은 주로 입찰경쟁으로 기획사를 선정하는데, 개인적인 판단으로 많은 낭비를 가져오고 있지 않나 생각합니다.

　최초 외부 입찰자가 다시 지역 업체에 하청을 주는 경우가 있는 것 같습니다. 이러한 악순환적인 구조적 문제를 극복할 수 있는 방법은 없을까요?

이태묵 사실상 이 문제는 반드시 극복해야 할 과제이며 자주 고민했던 부분입니다. 전국을 대상으로 하는 타 기획사가 맡는 경우 어느 지역에서나 흔하게 보았음직한 비슷한 축제가 되기 싶습니다. 그러나 지역의 기획사가 운영하기에는 벅찬 프로그램일 경우, 소화해 내는 데는 한계가 있습니다. 그것이 오히려 더 큰 리스크를 감당해야 하는 경우가 종종 있기에 경험 있는 기획사에게 의뢰할 수밖에 없지요. 때문에 소규모로 운영되는 지역 업체가 외면 당하는 현실이기도 합니다만, 제도적으로 지역의 정서를 잘 아는 지역 업체와 컨소시엄으로 묶어 운영하게 하는 것도 문제를 푸는 방법 중에 하나이긴 합니다. 앞으로 그런 방법들이 고려되어 추진한다면 지역 업체의 발전에도 좋을 것 같습니다.

사이버시민의 참여 유도는 감성 마켓팅이다

김혜식 최근 들어 사이버시민의 퍼레이드 참여가 많은 호응을 얻고 있습니다. 사이버시민과 관광객의 축제 참여를 위해 시에서는 어떤 정책이 필요한지, 또한 관에서는 어떤 역할을 해야 한다고 생각 하시는지요?

이태묵 사이버시민은 공주를 사랑하는 사람들로 구성된 거대한 또 하나의 시민집단입니다. 그러다 보니 공주에서 벌이고 있는 크고 작은 행사에도 관심이 많습니다. 일례로 공주 시청 홈페이지를 통해 수집하는 설문도 사이버시민의 참여가 좋은 편입니다. 그만큼 그들에게 공주는 항상 열려 있다고 생각합니다. 때문에 그들에게 항상 공주와 함께 할 때마다 많은 인센티브를 제공하고 있습니다. 백제문화제 때 역시 그들에게 참여를 통해 소속감과 즐거움을 함께 제공 하고 있습니다. 이것은 곧 참여를 통한 감성 마켓팅입니다. 기꺼이 사이버 시민들과 함께하는 시민들의 따뜻한 배려도 중요합니다.

김혜식 네, 관의 역할에 대해서는 너무 많아 몇 가지 질문으로는 충분하지 않을 것 같습니다. 여러 분야를 모두 다루면서 축제가 개선되려면 몇 권의 지침서로도 부족하지요. 지금까지 우리지역의 축제가 발전하지 못한 이유는 우리시민이 관을 너무 의지한 상태에서 축제를 치르고 있는 우리들의 책임이 있기도 합니다.

마지막으로 개인적인 입장에서 축제에 바라는 것과 관의 역할에 대해 한 말씀 해 주십시오.

이태묵 축제는 공무원들이 중심이 되어서는 안 됩니다. 그렇다고 주민들에게만 맡겨 놓아서도 안됩니다. 민과 관이 함께 하는 축제가 가장 바람직하다고 보고요. 또한 축제 때는 모두가 백제 옷을 입고 참여 했으면 좋겠습니다. 백제 옷만 입는 자체만으로도 하나가 될 수 있고 하나가 되면 흥은 저절로 나오게 되어 있습니다. 상가마다 백제 등불도 켜지고 식당마다 공주다운 식단도 정성껏 내어 놓기만 하면, 축제의 위상은 높아지고, 그러다 보면 축제 때마다 고향을 떠난 사람들의 행렬이 이어질 것입니다. 시에서는 그러한 일에 노력과 지원을 아끼지 말아야 된다고 생각합니다.

　또 다른 관의 역할로 관 운영 축제가 좋은 점은 축제인프라를 담당해주는 것이라고 생각합니다. 그러나 실제적으로 축제인프라라는 것이 너무 일시적입니다. 축제가 끝나고 나면 아무것도 남아있지 않습니다. 몽골텐트 일색의 축제가 다른 지역의 축제와 차별성을 갖지 못하는 이유가 되기도 합니다. 개인이 하는 것이 아닐진대 관에서는 체계적으로 운영한다면 극복할 수 있을 것 같은데 하는 아쉬움이 늘 있었습니다. 이러한 모든 문제점을 개선시켜 관람객이 만족할만한 축제에 함께 흥미를 돋울 수 있도록 하는 것, 축제의 품격을 높이는 일, 바로 시에서 할 일이겠지요.✽

웅진성퍼레이드

4. 백제문화제가 지역 경제 활성화에 미치는 영향, 지역 브랜드 가치 창출로서의 축제역할은 무엇인가?

정강환
배재대학교
관광축제대학원장

김혜식　해마다 백제문화제에 각별한 관심과 애정을 가져 주심에 감사드립니다. 지금 우리나라는 축제 공화국이라 불릴 만큼 각 지역마다 사활을 축제에 걸고 있는 실정입니다. 그만큼 지역 경제에 미치는 효과가 크다는 것을 깨달았기 때문이겠습니다. 그러나 오히려 축제를 잘못 인식하여 돈으로만 평가하려는 우를 범하고 있어 문제점을 안고 있기도 합니다. 그러한 측면으로 바라본 지역 브랜드가치 창출로서의 진정한 축제의 역할은 무엇인지에 대해 말씀해 주십시오.

축제는 지역을 살리는 '산업'

정강환　우리나라 대부분의 축제가 그래왔듯이 그 동안 먹고 마시는 이미지로서 부정적으로 평가되고 소비 지향적으로 여겨왔던 축제들이 지역개발에 기여하며, 지역 이미지를 부정에서 긍정으로 바꾸고, 침체에서 활력적으로 묘사시키는 데 기여하여 생산적인 축제로 평가되는 축제들이 늘고 있다는 점들이 과거의 축제들과 크게 대비되는 점들이라고 할 수 있습니다. 백제문화제도 이러한 흐름을 자각하고 지역 경제 활성화에 기여하는 노력들을 보여주었습니다.

　이러한 축제들을 성공적으로 개최하기 위해서 지자체는 물론 문화단체, 상업단체들, 관광기관 및 업체 등과의 긴밀한 협조가 필요한 작업입니다. 지역과의 광범위한 협조체계를 바탕으로 지역 활성화에 성공한 영국 에덴버러의 스코틀랜드 군악대 축제, 프린지축제, 과학축제나 일본 코치의 요사코이축제, 캐나다 퀘벡의 윈터카니발, 오타와 윈터루드 등에서 목격할 수 있습니다. 이러한 축제의 지역 활성화 효과를 체험한 영국, 프랑스의 일부 낙후지역에서는 축제를 보는 시각이 지역을 살리는 '산업'으로까지 보고 있는 실정입니다.

지역 활성화를 위한 지역축제 개최 및 마케팅전략이 국내 지역에서도 지역개발 계획에서 점차 비중 있는 형태로 포함되고 있으며, 선진국에서는 더욱 적극적인 형태로 이미 나타나고 있습니다. 더구나 최근에는 축제 투자비용 효율을 높임으로써 다양한 지역 활성화 효과를 얻을 수 있는 방향으로 추진되고 있습니다. 특히 지방자치가 잘 정착된 선진 국가, 특히 미국, 캐나다, 일본, 영국, 호주, 프랑스는 물론 개발도상국인 말레이시아까지도 이러한 지역축제 전략을 적극 수용하고 있습니다.

김혜식　그렇지요, 세계 성공한 축제의 사례를 보면 축제의 힘을 믿게 됩니다. 그러나 우리나라 일부 지역에서 축제가 잘못 받아들여져 축제를 급하게 돈으로 평가하려는 경향이 있는 것도 현실입니다. 그리하다보니 타 지역의 성공 모델을 우리지역에 접목시켜 급하게 성과를 기대하다보니 적잖이 진통을 겪고 있는 것도 사실입니다. 그런 측면으로 평가자의 입장에서 백제문화제의 현실과 극복하는 방법에 대해 말씀해주십시오.

정강환　대부분의 관이 주도하는 축제가 그러하듯이 지역의 각 단체에게 예산을 나눠주고, 매년 쳇바퀴 돌듯이 반복되는 노래자랑, 대중공연, 일반예술전시 등과 같은 특색 없는 프로그램으로 짜 맞춰 놓은 이러한 축제를 분류상 '주민 화합형축제'라고 통칭하기도 합니다. 지역 내 주민들을 중심으로 한다고 해서 '내부지향형축제'라고 불리기도 합니다. 이러한 '주민 화합형축제'들이 국내에서 개최되는 축제의 90%를 이루고 있는 것으로 추정되며 명확한 주제와 경쟁력 있는 콘텐츠 없이 이것저것 섞은 종합 세트형축제로 지속되면서 실효성이 떨어지고 발전하지 못해 결국은 소멸하는 경우까지 발생하기도 합니다. 이렇게 낭비적으로 보는 시각이 강하기 때문에 전국에 대략 1,200여 개에서 최근 800여 개 미만으로 축제의 수가 구조 조정되었음에도 불구하고 아직도 '축제공화국'으로 표현되고 있습니다. 하지만 실상 선진국들과 비교하면 턱없이 적은 수치이면서 오해를 받기도 합니다. 실례로 유럽의 네덜란드는 우리나라 인구의 30% 정도인 1천6백만 명의 인구를 가진 작은 나라임에도 불구하고 몇 년 전 유럽축제협회 요한 모멘Johan Moerman 회장의 증언에 따르면 약 5천여 개의 축제축제집계의 기준이 다를 수 있음가 있으며, 네덜란드의 2대 도시인 로테르담에서만 약 100여 개의 축제가 개최된다고 증언하였습니다. 그런 측면으로 주민 화합형축제와 상반되는 개념의 축제로 접근해야만 위와 같은 문제점을 극복할 수 있습니다.

　　백제문화제는 주민이 호스트host 관점의 역할로 적극 참여하고 축제를 선호하는 지역 및 외지방문객 그룹을 구분하여 지역을 넘어선 홍보 마케팅이 필요하며, 지방화 시대에 지역의 이미지를 높이거나, 지역마케팅 차원에서 특화브랜드를 강화하거나 특산물을 효과적으로 알리고, 지역의 문화관광상품의 부가가치를 창출하며, 단순히 경제적 관점뿐만 아니라 사회문화적 관점에서도 긍정성이 나타나는 총체적인 관점에서 일종의 지역개발 전략으로 평가될 수 있는 축제를 '지역개발형 축제'로 정의 할 수 있을 것입니다. '지역개발형 축제'는 주민화합형 축제의 상반된 개념 또는 더욱 생산적인 개념으로 볼 수 있습니다.

김혜식　네 일각에서는 주민화합형 축체로 바라보다 보니 축제를 소비재 형태로만 보는 시각이 있는데 진정한 지역 개발형 축제로 해석하면 생산적 개념으로 접근 될 것 같습니다. 또한 지역의 문화관광 상품의 부가가치를 창출한다는 측면에서 본다면 지역브랜드마케팅으로 축제만큼 좋은 촉발매체도 없는 것이 사실입니다. 때문에 단순히 경제적 관점에서의 축제가 아니라 사회문화적 관점에서 지역개발 전략으로 평가될 수 있는 축제가 요구되는 시점입니다. 우리의 축제 의식이 바뀌어야 할 때라고 생각합니다.

그렇다면 문화관광 상품적 가치로서 다른 지역의 축제와 비교 할 때 백제문화제만이 보여줄 수 있는 축제의 차별성을 어떤 것으로 갖추어야 할까요?

정강환　백제문화제의 프로그램 구성을 살펴보면 개막식과 연계하여 주요 프로그램이 연결되어 있으며, 특히, 퍼레이드와 공연프로그램의 규모나 예산단위가 타 축제에 비해 높은 편이라는 것입니다. 관광객 관점에서 프로그램이 몰려있는 특정 시간대에 방문하지 못하는 경우 백제적인 이미지를 느끼기 어려운 성향을 띠고 있습니다.

시간이 지남에 따라 축제 방문객들의 기호는 행사장에서 앉아 그저 예술공연을 구경만 하는 수동적인 관전형태를 벗어나 이제는 좀 더 역동성이 느껴지는 프로그램을 원하며 직접 체험도 할 수 있는 참여형태로 변하고 있습니다.

백제문화제의 행사전략에 대한 아쉬움은 이벤트 장소가 너무 산발적으로 흩어져 있어 좋은 이벤트를 놓치는 경우가 많다는 것입니다. 이에 주행사장과 부행사장을 보다 긴밀하게 연계시켜 줄 수 있는 별도의 연계프로그램 개발과 안내홍보부문을 강화하여야 할 것입니다. 주행사장과 부행사장 사이의 연계프로그램은 연계를 투어시스템방식을 통해 연결시켜주는 프로그램으로 주 행사장을 부행사장과 연계시켜 관광효과를 극대화할 수 있을 것입니다.

김혜식　네, 이러저러한 시행착오를 거치면서 축제가 변하고 있는 것은 사실입니다. 차츰 축제를 통해 지역개발이라는 용어자체도 달리 해석되고 있지요. 따라서 축제를 즐기는 방법도 수동적인 입장으로 모두 주체가 되길 희망하며 또한 대상의 범위도 글로벌해져갑니다. 다행히 백제의 역사 문화적 측면으로 볼 때 백제문화제는 앞으로 글로벌한 축제를 지향하는데 손색이 없는 역사적인 배경과 국제성을 지니고 있습니다. 백제문화제가 국가경쟁력을 갖추기 위해 어떠한 준비를 해야 하는지 말씀해 주십시오.

정강환 백제문화제가 갖는 특이한 역사성과 국제성을 홍보하며 해외 홍보마케팅의 역량을 집중적으로 높여야 할 것입니다. 기존 축제참관 외국인 관광객에 대한 시장조사를 선행하고 잠재관광객들을 대상으로 차별화된 홍보전략이 수립되어야 하며, 외국인 관광객의 흡인을 위해 축제간, 지역간의 연계성을 강화하는 한편, 해외유사축제와의 협력을 통해 홍보효과를 극대화하여야 할 것입니다. 아울러, 축제의 국제화에 앞서 현 축제가 내실을 강화하여야 하며, 지역주민들의 문화역량을 육성할 수 있는 시스템 구축이 선행되어야 할 것입니다. 축제사무국에 17명이 일하는 에든버러 밀리터리 타투는 해외마케팅인력은 불과 1-2 명에 불과하나, 영국국영방송 BBC의 실황중계, 영국관광공사BTA: British Tourist Authority가 국제홍보를 지원하고 있다는 사실은 백제문화제의 국제화 방안에 참고할 만한 사례입니다.

축제, 일탈성과 몰입도를 키워야

김혜식 해외 마케팅에 경쟁력을 갖추려면 해외의 선진적인 축제에도 많은 관심을 가져 야 할 것이며 벤치마킹도 필요 하겠습니다. 세계 여러 나라의 축제를 돌아보셨을 텐데요, 성공적인 역사축제를 하고 있는 축제와 비교할 때 백제문화제는 어떠한 프로그램의 차별성은 갖추어야 할까요?

정강환 먼저, 그간 백제문화제가 전시형 축제에서 체험중심의 축제로 변화되었다는 점은 긍정적으로 판단합니다. 그러나 백제문화를 보여줄 수 있는 참여형 체험프로그램이 여전히 부족한 상태로 백제시대 컨텐츠를 적극적으로 활용한 대표프로그램 개발이 필요할 것입니다. 지난 세계대백제전의 백제문화 퍼레이드의 경우, '백제기마군단 행렬'은 웅장함을 연출하지 못하는 등 기대만큼의 효과를 거두지 못했던 점과 퍼레이드가 정적인 모습만 나타낸 점도 문제로 볼 수 있었습니다. 지역축제가 국제화되고 글로벌 경쟁력을 갖는 가장 중요한 요소는 축제프로그램의 일탈성, 몰입도를 키워야 한다는 점입니다. 으깬 토마토 투척으로 유명한 스페인의 토마토축제, 축제기간 중 초대형 맥주텐트에서 매일 맥주마시기 등 파티가 벌어지는 독일 뮌헨의 옥토버페스트 등은 일탈형 프로그램 축제의 대표적인 사례입니다.

김혜식   네, 지금 많은 시행착오를 거치고 있는 중인 것 같습니다. 60년이 지나고 나서 새로 시작하는 마음으로 변화를 모색해야 할 것 같습니다. 우리의 축제의식도 변화되어야 하겠습니다. 그런 변화의 시점에서 바라본 백제문화제가 단순한 주민화합형 축제에서 생산적인 개념의 지역개발형 축제로 발전되기까지 업그레이드되기 위한 제일 취약한 부분과 개선점을 말씀해 주십시오.

정강환   백제문화제는 격년제 순환 개최로 이어오다 현재 공주, 부여를 중심으로 통합으로 개최되어 양적인 성장을 거두었습니다. 그러나 공주-부여에서 동시에 개최된 백제문화제는 유사한 행사의 연장선으로 두 행사간의 차별성이 없어 1박 2일 관광패키지 상품구성으로 미흡한 부문을 지적할 수 있습니다.

프랑스의 경우, 니스카니발 단독으로 관광상품 구성이 어렵다는 점에서 인근에서 개최되는 망똥 레몬축제와 연계하여 해외 관광상품으로 개발한 사례를 들 수 있습니다. 항상 개선사항으로 지적되어왔던 공주, 부여간의 관광객의 분산을 극복하고 관광객을 유치하기 위해서는 공주-부여간의 네트워크가 잘 이루어져야 할 것입니다.

축제 개최 도시간의 공동 홍보노력을 한다는 점에도 관심을 가질 필요가 있습니다. 캐나다에서 동시기에 개최되는 토론토의 눈 축제, 몬트리올의 빛 축제, 퀘백의 윈터 카니발과 오타와의 윈터루드가 최근 파트너쉽 협력 관계를 맺고, 공동 해외홍보를 실시함으로 동시기에 진행되는 겨울축제가 경쟁관계가 아닌 협력적인 관계를 구축하여 다가오는 축제를 위해 여행사의 투어 오퍼레이터와 외국인 저널리스트들을 위한 팸 투어FAM TOUR를 공동으로 조직했다는 점은 백제문화제에 시사하는 바가 크다고 하겠습니다.

김혜식   그렇군요. 공주 부여의 분산 축제에 대한 문제점을 지적 당하곤 했었는데, 잘만 활용하면 또 다른 힘을 가진 파트너 쉽으로서 협력관계로 시너지를 발휘할 수 있겠군요. 그렇게 백제문화제는 두 도시를 묶으며 직접적으로 주민소득에 기여하고 부가가치를 창출할 수 있는 자원입니다. 공주, 부여 두 지역이 상생적 브랜드 가치를 높이고 특산물의 부가가치를 높이는 방안에 대해 말씀해 주십시오.

정강환   두 도시가 함께 개최하는 역사 문화형 축제로서 이미지메이킹을 통해 지역특산물의 부가가치를 높이는 방안을 모색해야 합니다. 현 공주의 고맛나루, 부여의 굿드래 브랜드와 축제를 연계시키는 방안을 적극 고려해야 합니다. 단지, 현재처럼 축제장

구역에 판매소를 배정하는 소극적인 방안보다 다양한 수요자 중심의 구매 편의서비스를 제공하는 동시에 축제 컨텐츠와 백제의 역사가 융합될 수 있는 프로그램 접목방안이 필요할 것입니다. 또한 보령머드축제에서는 축제의 주요 소재인 머드를 활용한 화장품이 이미 개발되어 축제를 통해 적극 판촉하고 있음을 목격할 수 있습니다. 백제문화제의 고유성과 부합할 수 있는 1차적인 농축산물 이외 2차적인 가공상품도 고려해 볼 때입니다.

① 2010세계대백제전 기념 박물관특별전
② 제59회 백제문화제, 농특산물판매장2013

김혜식 공주의 고맛나루와 부여의 굿드래에 관련한 우수농산물 브랜드와 축제 연계는 매우 시급한 문제점인 것 같습니다. 마지막으로 백제문화제의 여러 프로그램 중에 음식부문에 있어서는 운영과 전문성이 현저하게 떨어지고 있습니다. 마지막으로 먹을거리 부문의 개선점에 대해 조언을 부탁드립니다.

정강환 백제문화제의 시급한 문제 가운데 하나가 음식부문으로 심각한 수준이긴 합니다. 금산 인삼축제에서는 음식부스 전체가 인삼을 활용한 요리이며, 안성 남사당 바우덕이축제에서는 홍삼한우탕을 개발하여 큰 호응을 얻었습니다. 전남 화순에서 개발한 힐링 푸드페스티벌의 경우는 소량의 저렴한 핑거푸드를 선보여 선풍적인 인기를 얻었으며 전량 판매되는 진기록이 연출되었다는 점 역시 기존 백제문화에서 식사 또는 안주 위주의 음식 판매 전략에서 참고할 만한 사례입니다. 그런 것에 비해 백제문화제는 오랜 역사를 지니고 있음에도 불구하고 유독 음식 부문의 발전이 미약하여 아쉽습니다. ✽

5. 축제 주인으로서 문화예술의 통합과 문화예술인들의 자발적인 축제 참여의 방법은 무엇인가?

김지광
예총 공주지회장

김혜식 백제시대의 우수한 특징 중에 예술성은 큰 자리를 차지하고 있는 것을 미루어 볼 때 축제의 주인자리가 예술인이 아닌가 생각하여 이 자리가 매우 반갑습니다. 백제시대에 발전했던 금속 공예, 도자기, 회화, 탑, 조선술 분야등 기술적인 측면뿐만 아니라 백제의 예술성은 높이 평가되고 있습니다. 그러나 현재 백제문화제때 보여 지는 예술인의 자리가 미흡한 것으로 여겨져 아쉽습니다. 때문에 예술이 빠진 기술적인 행사 뿐이 아닌가 생각됩니다. 그리하여 예술인 모두 깨달아야 할 부분이 아닌가 생각되며 앞으로의 축제참여와 주도적인 역할을 위한 허심탄회한 말씀 부탁드립니다. 우선, 그러기 위해 백제문화제를 통한 문화예술의 통합과 예술인의 역할에 대해 말씀해 주시면 감사하겠습니다.

지역 예술인들이 참여하여 문화를 이끌어나가야

김지광 백제문화제가 점점 예술성 보다는 기술인 행사에 의존해 가는 것은 가시적인 효과에 치중하기 때문이 아닐까 합니다. 예술인의 한 사람으로서 많은 아쉬움을 갖게 합니다. 대형 기획사들이 기획하는 축제에서는 단발성이 강하기 때문에 강력한 즉흥적인 효과에 가려져 검이불루 화이불치儉而不陋 華而不侈 라는 특징을 지닌 백제문화제의 이슈와 역사적 테마, 역사성을 가진 백제의 예술을 이끌어 내는 데 한계가 있었으리라 생각합니다. 그러므로 지역의 예술인들을 적극적인 참여유도를 시키지 않은 주최 측이나, 1년에 한번 백제문화를 통해 한데 묶는 역할을 해주지 않았던 지역 예술인 리더들의 외면도 함께 반성해야 할 부분이라 생각합니다.

사실상, 예전에는 한 때 많은 시도와 노력을 했던 적도 있습니다. 그러나 문화제가 점점 대형화되면서 기획사들의 자리가 점점 더 커지다 보니 순수참여 시민과 예술인들의 자리를 잃었던 것이 사실입니다.

그러나 백제문화제가 진정성을 갖추려면 백제의 역사뿐 아니라 백제문화예술의 본질을 잘 알고 있는 지역예술인들이 가장 잘 표현하고 재현해 낼 수 있다고 생각합니다. 그러기에 제가 이끌고 있는 공주예총에서는 예술인들을 어떻게 하면 통합하여 적극적으로 참여를 유도하고, 지역 예술인들이 참여하여 문화를 이끌어갈 것인가에 대한 필요성을 통감痛感하고 방법을 모색하며 함께 참여하지 못한 것에 대한 반성도 하고 있습니다. 함께 참여하는 지역민들과의 호흡을 맞춰 함께 만들어가는 문화의 주체로서의 역할로서의 역할이 시급합니다.

김혜식　다행히 열린 사고를 하시는 젊은 리더가 예술인단체를 맡아 주셔서 축제가 달라지리라고 생각하며 감사드립니다. 축제가 젊어지기를 기대합니다. 많은 축제 프로그램 중에 많은 예술인들이 동참하거나 리더가 되어야 한다고 생각합니다. 예술인들을 자연스럽게 축제 안으로 예술을 끌어드릴 방법은 무엇이며 동참할 수 있는 방법에 대한 대안은 무엇일까요?

김지광　백제문화제는 축제를 통해 문화를 재창출하는 공동 프로젝트라고 생각합니다. 그러나 외지 대형기획사들에게 자리를 다 내주어 축제 기간 동안 지역 예술인들이 설자리가 거의 없습니다. 또한 현재 백제문화제는 축제 조직 단계의 기초 구성원부터 지역 예술인들이 배제된 채 운영되고 있습니다. 초기 기획 단계부터 지역 예술인들의 참여를 권장해야 옳다고 생각하며, 각 지역 예술인 단체와 성격에 맞는 공연이나 전시 프로그램 도입 등, 관계 기관과 기획사를 비롯한 지역 예술인들의 컨소시엄을 유도하는 제도가 절대적으로 시급하다고 봅니다.

또한, 백제의 예술성에 대한 기본적인 가치성과 역사성은 교육의 한 장이 될 수 있는 부분이 충분하기에 지역 예술인들의 혼과 재능은 반드시 축제 안에서 환원되어야 한다고 생각 합니다. 물론 축제라는 틀 안에서 지역 예술인들의 백제의 문화나 예술을 통한 활용은 넘어야 할 산이 많지만 프로그램 하나하나 예술인들의 애정으로 함께 하면서 자리 잡아 가면 축제의 본질은 살아나고 백제예술의 특징을 살린 섬세하고 온화함이 깃드는 우리지역만의 독창적인 축제를 만들 수 있다고 생각합니다.

김혜식　유네스코 세계 문화유산을 지정할 때 지역에 살고 있는 사람들이 그 지역을 얼마나 사랑하고 보존하려는 의지가 있는 것만으로도 많은 점수를 얻는 것으로 알고 있습니다. 백제문화제 안에 지역 예술인들이 백제문화에 많은 애정과 부활의 의지에 따라 문화유산 지정에도 많은 영향을 받으리라고 생각합니다. 같은 맥락으로 예술가들이 참여한다는 의지만으로도 많은 콘텐츠 발굴이나 상품개발에도 큰 영향을 주리라고 생각합니다. 그러나 어떤 단체가 어떠한 방법으로 콘텐츠 발굴이나 상품 개발에 참여하면 좋을지가 과제인 것 같습니다. 구체적인 참여 방법을 말씀 해 주십시오.

김지광 각 단체와 많은 논의를 거쳐야만 하겠지만 우선 몇몇 예총 산하 단체들과 지역 예술인 들이 가장 쉽게 참여 할 수 있는 프로그램을 예로 들자면, 공산성의 밤을 노래 할 수 있는 종합 뮤지컬, 백제를 대표 할 수 있는 상징물 제작, 축제를 추억으로 간직 할 수 있는 가족사진 공모전, 백제의 미를 담은 공예품 제작 판매, 각종 홍보물 제작의 참여, 전국 백제예술 대상전, 백제 도자기 제작 경연대회, 백제인 커리커쳐, 이미지 공모 후 설치 제작, 게릴라성 소규모 퍼레이드 등 다양한 장르에 쉽게 참여 할 수 있다고 봅니다. 물론 규모가 커지면 예총단체들이 연합해서 종합예술 성격으로의 확대도 충분히 가능하리라 생각합니다.

김혜식 그렇겠네요, 그렇지만 '누가 고양이 목에 방울을 달 것인가'라는 문제처럼 처음 시도에 총대를 걸머질 단체가 애를 써 주셔야 할 것 같습니다. 예총에서 해준다면 산하단체의 연합만으로도 아주 큰 판의 예술행사를 주관할 수 있겠다 생각되어집니다. 더구나 공주에는 예총에서 주관하는 연중 문화 예술 행사가 많은 것으로 알고 있습니다. 이중 일부의 문화행사를 백제문화제 기간으로 옮기면 백제문화제가 풍성해질 것이라고 생각합니다. 예를 들자면 '공주 예술제'를 백제문화제로 연결시키는 것은 어떻게 생각하시는지요? 매년, 주제를 백제로 한정하면 해가 거듭할수록 축적되는 예술이 곧 문화라고 생각됩니다. 또한 소수 예술인끼리 즐기는 공급자 중심의 예술행사를 극복하는 방법이라고 생각합니다. 백제문화제를 통하여 지역주민이나 관광객이 함께 소통하는 예술로서 수요자와 공급자가 함께하는 축제로 확대하는 방법은 어떤지, 실현 가능한지 고견을 듣고 싶습니다.

김지광 공주 예총에서 하는 공주예술제 행사를 백제문화제 기간에 하는 것도 가능하리라고 생각합니다. 그렇게 지역 예술인들이 백제문화제의 틀 안에서 백제의 혼과 미를 모티브로 삼아 종합 예술적 성격으로 키운다면 좋은 축적의 결과를 가져오리라 생각됩니다. 또한 지역민이 주체가 된 소극적인 공주예술제가 백제문화제 기간에 이루어진다면 지역주민과 관광객이 함께 소통하는 축제로도 확대 될 수 있겠습니다.

　예를 들자면 백제의 스토리가 담겨진 종합뮤지컬 명성황후, 오페라의 유령이나 참여형

마당놀이관객이 주인공이 되는 마당놀이 또는 가요제백제의 노래를 구성하는 컨텐츠 개발은 그리 어려운 문제가 아니라고 생각됩니다.

축제는 지역 예술인들이 중심이 되어야 한다

김혜식   그렇군요. 옛 고대축제의 시원의 예를 들더라도, 그 시대의 원시축제를 주관했던 예술인 단체가 있었기에 축제가 가능한 일이었습니다. 함께하자고 마음만 먹으면 못할게 없는 큰 에너지 집단이며 지역을 끌고 나가는 리더의 집단이라고 생각합니다. 때문에 개인적인 생각으로는 축제는 그렇게 지역의 예술인 중심으로 움직여져야 한다는 생각입니다. 예술인들의 자발적인 참여를 위해 어떤 준비를 하셔야 한다고 생각하시는지요? 그리고 예총에 축제 분과 하나 신설하실 계획은 없으신지요?

김지광   지역예술인들은 항상 백제문화제를 참여 하고 싶어 했었고 걱정하였습니다. 단, 지역 예술인들이 백제문화제의 참여의 문턱을 넘는 것이 어렵기에 항상 안타깝습니다. 당연히 축제는 지역 예술인들이 중심이 되어야 한다고 생각합니다. 지역 예술인들은 항상 무대에 서기 위해 꾸준히 노력하고 연구합니다. 하지만 지역 예술인들의 "끼"를 발산하고 소통할 수 있는 장을 많이 닫아준 채 축제가 열리고 있다고 생각합니다. 참여할 무대가 많이 부족한 것이 현실입니다. 이를 해결해 나가기 위해서 예총은 관계기관과 끊임없는 이해와 설득, 교류를 할 것입니다. 그리고 축제분과 신설에 대한 의견은 매우 긍정적인 의견입니다. 사실상 예술인들이 끼가 많다고는 하지만 스스로 판을 여는 데는 부족한 것이 사실입니다. 그럴 때 축제분과에서 관련된 모든 행사를 총괄 대행하여 백제문화제 뿐만이 아니라 모든 축제와 행사를 예산 관계부터 모든 행사과정의 준비를 담당해준다면 훨씬 수월할 것으로 생각됩니다. 축제 분과 부분의 신설문제는 적극 검토하여 노력해 봐야 하겠습니다. ✳

칠지도 창작뮤지컬(2011)

6. 백제문화제는 누가 어떻게 만드나?

서은성
백제문화제
추진위원회
연출감독

김혜식　추진위원회 안의 민간 축제기획자로서 축제를 이끌고 계시다 보면 어려움이 많으리라 생각됩니다. 백제문화제추진위원회에서는 공주·부여 전체 프로그램을 분배하여 컨트롤하는 역할을 하고 있는 것으로 알고 있습니다. 프로그램 실행에 있어 공주부여의 분산 개최의 장단점, 실행상의 문제점, 개선책 등, 백제문화제만의 독특한 차별화 전략을 위한 전반적인 부분에 대해 우선 설명을 듣고 싶습니다

백제문화제만의 독창적인 콘텐츠가 있어 OK

서은성　분산 개최라는 환경 속에서 축제가 진행되어 프로그램의 집중화와 이벤트에서 콘텐츠로 파생되어지는 원소스 멀티유스One-Source Multi-Use를 제대로 실행하지 못하는 점도 있습니다. 추진위원회에서 풀어야 할 숙제이지만, 양 지역에 프로그램을 배분, 조정하고 양 지역에 특징 있는 이벤트를 만들어 내는 것이 결코 쉬운 일이 아니었습니다. 그런 것들이 추진 동력에 발목을 잡았던 일도 많았습니다. 한 가지 프로그램을 한 지역에서 성공적으로 추진하면 다음 해에는 다른 지역에서 그 프로그램을 요구하고 비슷한 유형의 프로그램이 생겼습니다. 그러다 보니 프로그램의 차별성이 떨어지면서 정체성과 희소성이 사라지고 식상함이 일찍 오게 되어 매년 똑 같은 프로그램으로 반복되는 축제로 평가절하 되는 오해도 발생하였습니다.

　축제 안의 프로그램은 단계별로 발전적 주기가 필요합니다. 이제까지 실험적 도전을 완성하는 시기였다면 이제 부터는 백제문화제만의 독창적인 콘텐츠를 만드는 과정이 필요합니다. 연출가의 입장에서 한 프로그램을 완성도 있게 만들기 위해서는 적게는 3~4년의 시간이 요구됩니다. 하나의 프로그램이 대표프로그램이자 킬러콘텐츠로 자리 잡기 위해 요구되는 것은 시간과 관심입니다. 분명 한 것은 지금도 백제문화제 주요 프로그램은 진행형으로 이제까지 진행 되어온 모든 노하우들이 대한민국 대표 역

사문화축제로 백제문화제가 자리매김하는데 큰 원동력이 될 것입니다.

김혜식 추진위원회에서 풀어야 할 숙제가 많은 것 같습니다. 연출가의 입장에서도 한 프로그램을 완성도 있게 만들기 위해서 많은 시간이 필요하겠습니다. 그러나 백제문화제가 가야할 큰 틀의 방향성을 잃지 않는 것이 중요하겠지요. 그런 측면으로 볼 때 백제문화제가 가끔 역사축제인지 종합축제인지 방향성에 대해 흔들리고 있음을 지적하곤 합니다. 백제문화제가 우리나라 대표 축제로 커갈 수 있는 경쟁력을 키우기 위해 잃지 말아야 할 것은 무엇일까요?

서은성 축제는 세부적으로 산업축제특산물, 문화축제역사, 문화, 관광, 생태축제환경 및 자원로 나뉘는데, 90년대에는 산업축제가 기획 대상이었고 2000년대에는 생태축제가 그리고 2010 이후부터 문화축제가 많이 기획되는 추세입니다.

그러나 역사와 예술 그리고 문화 관련 축제는 하루아침에 만들어질 수 없습니다. 1955년 시작된 백제문화제는 전국 3대 문화제백제문화제, 개천예술제, 신라문화제로 기록되어 있을 정도로 역사적인 바탕에 연륜까지 겸비한 축제로 문화제 고유에 명맥을 유지하고 있는 축제입니다. 특히 역사는 전해 내려오고 기록된 역사도 중요하지만 살아 있는 사람들에 기억에 남아있는 역사가 없다면 전통 있는 역사문화축제라 할 수 없습니다.

코 흘리기 시절에 부모님에 이끌려 백제문화제의 하이라이트인 가장 행렬에 참여했던 기억이 저에게는 백제문화제의 역사입니다. 40년 전, 백제문화제에 참여한 꼬마가 지금은 백제문화제를 만들어가는 사람 중에 하나가 되었습니다. 이런 경험이 저에게는 백제문화제를 만들어가는 자부심이고 지속 발전, 연구 노력하는 촉진제가 됩니다. 이런 직접적인 추억이 기획에 대상이 되기도 합니다. 현재 백제문화제 프로그램에서 어린이들이 많이 참여 할 수 있는 내용을 기획하려 노력하고 있습니다. 체험프로그램을 강화하는 목적으로 '백제 어린이 인형극과 백제도깨비 뿔났다' 등 아이들에게 친근하게 다가설 수 있고 역사를 쉽게 이해할 수 있는 재미있는 프로그램을 점차 보강하고 있습니다.

이런 과정들을 통해 백제문화제에 참여한 어린이들의 기억 속에 추억이 성장하여 100주년 백제문화제를 이어가는 미래의 원동력이 될 것입니다. 그러면 100년 이후에 백제문화제를 즐겁게 상상 할 수 있을 테니까요.

이렇듯 백제문화제는 내가 참여했던 그리고 우리들의 축제라는 추억 마케팅과 세계역사지구로의 대외적인 명분이 최대한 융합하면 역사문화축제로의 경쟁력은 자연스럽게 자리 잡을 것입니다.

무형가치에서 유형 가치로의 진화

김혜식　그렇습니다. 100주년 때는 지금 손을 잡고 축제에 참여했던 어린이들이 지금보다 훨씬 근사한 축제를 만들어 가리라는 희망을 가져 봅니다. 훌륭한 축제나무를 심는 마음으로 축제에 임해야 하겠습니다. 그만큼 각 지역마다 앞 다투어 축제와 함께 지역성장에 애쓰고 있습니다. 그러나 우리지역의 백제문화제는 오랜 역사를 가졌음에도 자꾸 퇴보하는 느낌입니다. 백제문화제만의 고유성을 간직한 경쟁력에 뒤지지 않는 전략은 무엇이 있을까요?

서은성　백제문화제는 문화축제의 성격을 가지고 역사를 테마로 치러지는 축제로 여건상 교육적 요소가 강해 무겁고 유희적 효과가 미약한 것이 현실입니다. 따라서 현대트렌드와 젊은이들의 취향에 접근하는 아이템을 프로그램화하기 어려운 실정입니다.

그러나 백제문화제의 대외적 위상과 주변지역 축제 활성화의 방향이 꾸준히 변하고 있습니다. 2012년 '제주 탐라대전' 개최를 앞두고 탐라대전 조직위에서는 기획, 프로그램 제작, 운영에 대한 전반을 우리 추진위에서 벤치마킹해 가서 성공리에 행사를 치른 사례도 있었고, 수상공연과 관련한 자료 문의는 꾸준히 이어지고 있습니다. 한마디로 백제문화제가 타 시·도 주요행사에 벤치마킹 대상이 되고 있습니다. 또한 지역적 축제 연계 부분으로 역사 문화 축제인 백제문화제의 특성상 이런 다소 부족한 부분을 우리지역에 금산인삼축제, 보령머드축제 등 특산물과 재미요소를 가진 축제들이 성장하면서 서로 상생 발전하고 있다고 생각합니다. 세계적인 축제가 단일 행사로 그치지 않고 여러 행사들이 합쳐 시너지 효과를 내어 관광객을 유치하고 집중화 하듯이 조만간 충청남도 축제가 문화, 역사, 산업 아이템들이 무장된 축제의 고장으로 성장하리라고 믿습니다. 이러한 움직임의 중심에는 백제문화제가 무형가치에서 유형 가치로 진화되는 구심점 역할로 담당 할 것이라는 확신이 듭니다.

한편으로 백제문화제 축제의 차별화에 앞서 백제의 정체성 인식 변화를 위해 장기적인 프로젝트가 추진되어야 합니다. 한마디로 '백제의 왜곡역사 바로잡기'운동을 추진하여 패망국가라는 이미지를 우선 바꿔주어야 합니다. 이 운동은 백제와 관련된 모든 분들이 공감대를 형성해야 성공 할 수 있는 프로젝트입니다. 세상에 역사적으로 안망한 왕조가 어디 있고, 망하지 않은 나라가 어디 있습니까? 그러나 유독 고대 문화강국인 백제는 패망국가란 꼬리표가 붙습니다. 왜곡된 삼천궁녀 스토리와 어버이를 효성스럽게 섬기고 형제들과 우애가 깊어 당시 해동증자海東曾子라 불린 의자왕을 많은 사람들이 방탕한 왕으로 기억하고 있습니다. 이런 잘못된 역사와 기억을 축제를 통해 바로 잡아주어야 합니다.

축제는 단 한 장의 이미지 컷으로 사람들에게 어떤 내용을 담은 축제인지 기억됩니다. 잘못 전해진 역사를 바로 잡는 것을 시작으로 예술 감각이 뛰어나고 온화하면서 섬세했던 백제가 진정한 고대 문화강국 백제의 모습으로 연상되도록 이미지 변화를 위해 노력해야 할 것입니다.

축제는 민·관의 조화 속에서 성장하는 것이 바람직

김혜식   네, 축제는 역사를 바로 잡는데도 큰 역할을 한다고 봅니다. 부디 좋은 모델이 될 수 있도록 애써주시기 바랍니다. 추진위 조직 안에 민간전문팀으로 투입되어 일하고 계시지요? 축제를 이끌어가는 입장에서의 민과 관의 협조 관계에 있어 실행상의 가장 큰 문제점이 무엇인지 말씀해 주십시오. 그리고 문제점을 극복해야 할 과제는 무엇인가?

서은성   축제 담당자공무원의 순환보직으로 인해 축제가 발전하는데 문제점이 많은 것은 사실입니다. 해마다 행정적 담당자가 바뀌어서 전문성이 떨어지고 관에서 주도하는 관중심형 축제에 익숙하다보니 축제에 참여 하는 사람들조차 축제에 수동적으로 대처하는 것이 사실입니다.

그러나 축제는 민·관의 조화 속에서 성장하는 것이 바람직하다고 생각합니다.

예로, 백제문화제추진위원회도 위원장이 민간인으로 바탕은 민간조직입니다. 특히 '2010 세계대백제전'을 마치고 예산축소 및 인력 감축의 어려운 상황에서 최석원 위원장께서는 종종 "나의 생각은 이렇지만, 결정은 서감독이 하시오"라고 말씀하시며, 싱크탱크Think Tank의 역할에 있어 민간인 책임자의 결정권을 강조하셨으며, 업무별 민간전문가와 행정담당자의 역할 분담이 명확해 짐으로 '2010 대백제전' 이후 이제까지 통합 백제문화제가 순항 할 수 있었던 계기가 되었습니다. 한마디로 축제는 일탈이지만 일탈 속에 반드시 규범이 존재해야하고, 안정적인 시스템행정+아이디어, 자유로움예술인 및 전문인이 화학 작용해야 폭발적인 힘을 얻을 수 있습니다.

또한 충남권역에도 축제 조직 이외에 충남역사문화연구원역사, 충남문화산업진흥원문화콘텐츠, 충남발전연구원도시기획 등 다양한 유관기관이 있습니다. 이런 기관들이 좀 더 유기적인 협조 체계로 '원소스 원스톱 시스템'을 구축할 필요가 있으며, 한 조사 결과에 따르면 충남 문화예술 인프라는 전국 상위권인데 문화예술 인프라 활용도에서는 전국 하위권에 머물고 있다는 통계가 있습니다. 이런 모순을 바꾸기 위해 먼저 백제문화제에서 충남 문화예술 인적 네트워크를 적극 활용하는 방법을 모색해야 합니다.

2007년부터 현재까지는 단계적으로 백제문화제의 규모를 키우고 자생능력을 가질 수 있는 시기와 과정이었다면 이제는 그 프로젝트를 완성 할 수 있는 환경을 지역 문화예술 관계자와 같이 모색해야 합니다. 전통 놀이문화, 문학, 춤과 음악 등 어려운 조건에서도 백제의 땅! 이곳에서 전통을 이어나가는 많은 분들과 함께해야 백제문화제가 명실 공히 대표 역사문화 축제로의 명맥을 이어 갈 수 있기 때문입니다.

김혜식 애쓰시는 만큼 더 많은 발전을 가져 오리라 믿으며 축제 평가에 대해 질문 드리겠습니다. 관이 주관하는 대부분의 축제가 그러하듯이 백제문화제 역시 평가하고 분석할 때 "축제에 몇 명이 왔는가" "경제효과는 얼마인가"에 관한 일반적인 평가로 축제의 성패를 가리는 경우가 일반적인 것 같습니다. 그러나 그러한 평가는 실질적인 평가 방식이 아니라고 생각합니다. 축제를 통해 얼마만큼 즐거웠는가. 우리지역의 브랜드 이미지가 얼마나 상승했느냐 등의 숫자이외의 만족도가 더 중요하다고 생각합니다. 그런 측면으로 구체적인 만족도를 도출하기 위한 구체적인 방안에 대해 말씀해 주십시오.

서은성 저도 같은 생각입니다. 축제는 양보다는 질입니다. 적은 사람이 축제를 즐겼어도 만족도가 높았다면, 그 것이 올바른 축제 일 것입니다. 예를 들어, 덴마크에 작은 공업도시인 호르센스에서는 유럽 중세축제를 매년 개최하는데, 지역적 환경대비 최대 관광객을 10만 이상 유치를 한 후 부터는 더 많은 관광객을 필요로 하지 않는다고 합니다. 그 이유는 인파가 몰려 붐비게 되면 관람객들의 만족도가 현격히 떨어져 축제의 질이 떨어지기 때문입니다.

저는 매년 백제문화제를 치르면서 틈틈이 행사 기간에 관람객과 대화를 시도하고 관람객 동선을 체크합니다. 그리고 백제문화제를 찾는 관람객에 이동코스를 유심히 관찰하기도 합니다. 그 결과 백제문화제를 찾는 관광객 중에서 시간에 쫓겨 1~2개 행사를 참여한 관람객보다는 행사장, 백제유적, 명소 등을 전체적으로 다녀본 관람객의 만족도가 상당히 높다는 사실입니다.

2013년 9월, 공주공산성 외벽공북루 좌안 공산정 앞이 붕괴 되었을 때, 제 59회 백제문화제를 치르는데 지장이 없는지 있는지에 대해 심사숙고 하던 분위기를 잠재우듯이 행사를 치르는 동안 역사와 문화를 배우고자하는 관람객에게는 공산성 성벽 붕괴지역이 관광코스가 되어 논의의 대상이고 교육의 장소가 되는 것을 보았습니다.

지붕 없는 박물관이라 불리는 공주·부여에 유적지와 박물관을 둘러보고 동시에 축제까지 참여한 관광객들의 만족 체감온도는 상당히 높다는 것입니다.

이러한 관광객 추세에 맞춰 프로그램 조정 또한 불가피 합니다. 통합 이전부터 공주·부여에서 해오던 행사와 통합 백제문화제 이후 신설된 프로그램까지 여과 없이 행사로 추진하다보니 현재 백제문화제 프로그램이 너무 많습니다. 59회를 기준으로 총 102개의 프로그램 운영되어 관람객들에게 프로그램에 정보를 전달하는 데도 한계가 있고 백제문화제와 동 떨어진 프로그램으로 백제문화제의 정체성을 훼손하기도 합니다. 중복되는 프로그램은 제외 및 폐지하고 명확한 백제문화제 행사는 육성하고, 별도의 프로그램은 함께하는 프로그램으로 약식 구분하여 역사문화축제로의 내실을 갖추어야합니다.

2007년 통합 백제문화제를 개최하고 2010 세계대백제전을 치르며, 백제문화제란 브랜드가 대외적으로 많이 알려진 것은 분명합니다. 결론은 많은 관광객이 백제문화제를 찾으며 가장 크게 생각하는 부분은 재미 보다는 교육이며 연계적으로 백제문화제 다운 프로그램 참여 및 관광이 목적입니다. 내실 있는 역사관련 프로그램 기획과 역사문화 코스 개발이 백제문화제의 장기 발전을 위한 방안이 될 것입니다.

김혜식 예산관계에 대해서도 질문 드리겠습니다. 사실상 축제 예산 문제는 매우 민감한 질문이지만 앞으로의 축제방향성을 잡을 때 중요한 문제이기도 합니다. 예산에 따라 축제의 규모를 지휘하는 입장 또한 난감하리라 생각됩니다. 백제문화제의 축제 예산과 규모가 2010년도 대백제전을 기점으로 많이 삭감되었다고 들었습니다. 그에 따른 추진위의 입장과 대책에 대해 말씀해 주십시오.

서은성 사실 '2010 세계대백제전'을 마치고, 통합 백제문화제에 지속 여부 논쟁을 시작으로 2011년부터 백제문화제는 많은 진통을 겪어 왔습니다. 예산 축소와 인력감축 그리고 관람객의 눈높이가 상향되어 추진위에서는 대대적인 변화에 대처해야 했습니다. 우선 참여 프로그램 강화를 위해 다양한 경연대회를 대응투자 방식일정부분 자부담

大阪ワッソ文化交流協会&百済文化祭推進委員会
交流協定書を締結
協定締結後、握手を交す猪熊兼勝・四天王寺ワッソ実行委員長(左)と
崔錫源・百済文化祭推進委員会執行委員長
(6月14日、ホテルニューオータニ大阪)

으로 도입하여 참여하는 축제로의 폭을 넓혔고 후원을 바탕으로 하는 이벤트를 유치하여 부족한 점을 채우기 위해 노력했습니다. 다행히 통합 이후 공주시·부여군 행사장 하드웨어 부분이 어느 정도 자리를 잡고 백제문화제를 치르면서 생긴 소프트웨어소품·콘텐츠를 적제적소 투입하여 모든 프로그램에서 예산 절감으로 저비용 고효율 축제를 만들어 가고 있습니다.

가장 중요한 것은 축제의 지속성입니다. 지속성 없는 축제는 성장 할 수 없습니다.

이제 2010 세계대백제전을 마치고, 4년 만에 60회를 맞이합니다. 그리고 콰드리엔날레Quadriannale 형식의 틀도 갖추어졌습니다. 이런 계기와 함께 60년을 넘어 100주년을 구상 할 수 있는 백제문화제가 되기 위해서는 백제권 및 충남 도민 모두의 관심과 격려 그리고 애정이 필요합니다. 많은 응원을 부탁드립니다.✳

7. 백제문화제에 바란다

최석원
전 백제문화제
추진위원회
위원장

김혜식   먼저 그 동안 백제문화제 추진위원장을 맡아 애써주신 점에 대해 시민을 대신하여 깊은 감사를 드립니다. 또한 임기동안 백제문화제를 국제적인 축제로 도약시켜 주심에 감사드립니다. 그동안 백제문화제를 맡아 추진해 오시면서 감회가 남다르실 줄 압니다. 추진위원장직을 맡게 된 배경과 직무를 떠나시면서 허심탄회한 소감 한 말씀 부탁드립니다.

'백제문화의 세계화 전략'이란 사명감으로

최석원   평생을 학교 쪽의 일만 해 오던 제가 2006년, 학교 총장의 임기를 마치고 '백제문화의 세계화 전략'이란 타이틀로 낙후된 충남의 균형개발의 성장 동력으로 삼고자, 백제문화제를 세계적인 명품 역사문화축제로 육성하려는 이완구 전 충남도지사의 권유로 백제문화제추진위원회 위원장을 맡게 되었습니다.

김혜식   새로운 조직의 탄생과 백제권을 활성화시키는 막중한 임무를 맡게 되셨는데요, 백제문화제의 새로운 도약을 앞두고 시작 단계에 있어 어려운 점은 없으셨는지요?

최석원   통합 및 행사추진에 있어 순탄하지만은 않았습니다. 2006년 말부터 백제문화제 통합추진이 시작되었는데, 양 시 · 군의 의견 조율을 담당했던 책임실무자가 협상 과정에서 어려움을 토로하며 '물 위의 백조와 같다' 라고 한 말이 기억에 남습니다. 한마디로 양 시 · 군의 의견차와 사례가 없던 통합 문화제 추진과정이 어렵다는 심정을 간접적으로 표현한 내용입니다. 물위에서 노니는 백조는 우아한 모습만 보여주지만 물속 백조의 발은 우아함을 유지하기 위해 수없이 발을 휘젓는다는 비유일 겁니다. 그 만큼 통합 문화제를 만들기 위해 고비도 많았고 어려움도 많았습니다. 그리고 공식행사인 개막식에 기관장들이 주인공이 아닌 게스트관람객 · 주민가 중심이 되도록 파격적으로 개선한 의전행사를 추진하였는데, 관례를 바꾸기가 쉽지 않았습니다. 그러나 결과적으로는 행사 개막식에서 축사를 줄이는 시도만으로도 다른 행사 관계자들이 백제문화제를 롤 모델role model로 평가해 주어 나름 보람도 있었습니다.

그런 어려움 속에서도 통합 백제문화제 추진은 공주 시민과 부여 군민이 축제로 하나 되고, 백제 문화의 우수성과 정체성을 찾는 일이라 생각하며 노력하였습니다.

김혜식　재임기간 동안 추진위원회를 이끌어 가는 리더인 동시에 구심점 역할을 충분히 해주셨기에 가능했던 일이라고 생각합니다. 민간인으로 투입되어 공무원 조직을 이끄셨는데요, 민간인이자 학자로서 바라보던 백제문화제와 추진위원장으로서 직접 참여한 백제문화제는 어떻게 다르던가요?

최석원　주민의 한사람으로서 봤을 때, 과거 백제문화제는 '안타까운 마음' 그 자체였습니다. 축제운영 시스템은 허술하게 보였고, 공직자와 지역주민들의 참여 의지는 희박한 것으로 여겨졌습니다. 그러나 2007년 위원장을 맡아보니 실상은 그렇지 않았습니다. 공직자들은 나름대로 혼신의 노력을 기울이고 있었고, 주민들의 애정도 기대 이상이었기 때문입니다. 다만, 백제문화제의 비전과 운영체계 등이 제대로 확립되지 않았고, 주민의 애정을 축제 참여로 분출시키기 위한 방안이 부족했을 뿐이었습니다. 통합 백제문화제가 해를 거듭하면서 급성장한 것은 자치단체와 공직자, 시민들의 이런 열정과 노력에 단지 목표와 방향을 도출해내고, 서로 지혜를 모을 수 있도록 분위기를 조성했기 때문으로 생각합니다. 이제 지역주민들은 스스로 참여하고 즐기면서 경쟁력있는 축제로 가기 위한 밑그림을 함께 그린다면 좋은 성과가 있으리라고 생각합니다.

김혜식　네, 축제 밖에서 축제를 바라보는 시각과 축제 안에서 축제를 바라보는 것은 다르겠지요. 그동안 축제에 대한 애정을 얼마나 가지고 이끄셨는가 짐작이 됩니다. 백제문화제는 다른 지역과 다르게 공주·부여라는 두 왕도에서 벌이는 축제로서 분산이나 통합의 개최방법에 대한 장단점도 있으리라고 생각합니다. 추진하셨던 입장에서 이에 대한 견해는 어떠하신지요?

최석원　2007년부터는 백제의 왕도인 공주·부여에서 분산 개최되던 백제문화제를 통합하여 세계적인 역사문화축제로 키우기 위해 컨트롤타워Control tower 역할을 수행하는 조직으로 탄생하였습니다. 통합 이후, 체계적으로 규모 있는 프로그램 개발을 위해 많은 시도를 했습니다. 백제향, 체험마을, 기마군단행렬2007, 교류왕국퍼레이드, 황산벌전투재현2008, 수상공연, 세계역사도시전2010, 경연대회 도입2011~ 등 다양한 프로그램 개발과 백제여권발급, 인절미축제2007, 700명 대백제인 합창단2012, 300명 전통사물놀이패2013 등 통합 의지를 담은 이벤트성 볼거리를 지속적으로 개발하여, 지역경제 활성화와 더불어 체류형 축제로 발전시키는 계기를 마련하는 등 많은 일을 했습니다.

'백제유적지구' 유네스코 세계문화유산 등재를 추진하다

김혜식   또한 백제문화제추진위원회 출범 전과 출범이후 백제문화제의 달라진 점은 무엇이라고 생각하시는지요?

최석원   출범하기 이전에 백제문화제는 철저하게 관주도형 축제로서 축제가 수동적이었다면 출범이후는 민관이 함께 만드는 능동적인 축제로서 축제가 참여형으로 바뀌었습니다. 그리고 중요한 성과이자 변화라면 백제문화를 세계적인 문화로 만들기 위해 충남 공주와 부여, 전북 익산을 통합한 '백제유적지구 유네스코 세계문화유산 등재'를 추진하는 결과를 가져온 일입니다. 그 계기가 60회 이후 백제문화제에 미래비전을 제시하는 결과가 되어 기쁩니다.

김혜식   펼쳐 놓고 보니 많은 발전을 가져온 것이 눈에 보입니다. 이러한 발전은 누군가의 숨은 노력이 있었기에 가능한 일이었다고 생각되어집니다. 앞에서 말씀하셨던 우아한 백조의 발의 수고가 있었음을 알겠습니다. 많은 결과가 있기까지 재임기간 동안 가장 어려웠던 일은 무엇이었습니까?

최석원   가장 어려웠던 점은, 어떻게 하면 역사문화 축제인 백제문화제의 역사적 사실에 충실하면서, 모두가 함께 하는 "축제의 즐거움과 감동을 배가 시킬 수 있겠는가" 하는 문제였습니다. 이러한 문제를 해결하기 위해, 그동안 역사학자들과 축제 전문가들을 자문위원으로 위촉해서, 역사학자들에게는 백제사의 고증을 맡기고, 축제 전문가들에게는 대중적인 축제의 즐거움을 배가시키는 방안을 강구토록 했는데, 모두가 열정적으로 참여해 주셔서 문제를 슬기롭게 풀 수 있었다고 생각합니다.

백제기악과 미마지가 역사 교과서에 등재되다

김혜식   가장 보람 있던 일은 무엇이며 기억에 남는 에피소드도 말씀해 주십시오.

최석원   해마다 주제를 선정하여 숨겨져 있던 다양한 백제문화를 표면화 하여 백제문화의 우수성을 대외적으로 알리기 시작한 것입니다. 그 결과, 취임 다음 해인 2008년도 에는 일본 오사카에서 일본 관광객이 전세기를 마련, 청주 국제공항을 통해 백제문화제에 참가하는 등 많은 가능성을 보게 되었습니다. 이러한 것들이 글로벌한 축제로 가는 첫 걸음이 되는 계기가 되었습니다. 또한 2011년도에는 '백제의 미소'를 테마로 하였고, 2012년도 주제는 '백제의 춤과 음악 마마지의 부활', 2013년도의 금동향로의 세계를 주제화하여 매년 다른 내용을 이슈화하려고 노력했습니다. 그 결과 백제기악과 미마지가 역사 교과서에 등재되었고, 유네스코 백제문화 유산등재 추진, 백제 음원이 개발되는 등 백제의 다양한 콘텐츠가 발굴 되었습니다.

행사를 진행하면서 아찔한 순간도 기억에 남습니다. 세계대백제전에 수상공연이 있었는데, 그때 비가 많이 와서 공연이 채 하루도 남지 않은 상황에서 무대가 물에 잠겨 공연이 취소 될 수도 있는 긴박한 상황까지 갔습니다. 그때 관련 공무원들과 자원봉사자들이 밤을 새워가며 무대를 지키고 복구해서 무사히 행사를 치룰 수 있었습니다.

특히, 부여의 수상공연 '사비미르'는 더 어려운 순간의 연속이었습니다. 공연 중 배가 들어오는 장면을 연출해야 하는데, 강물이 줄어서 비상이 걸렸습니다. 강물의 수위를 높이기 위해 상류에 있는 대청댐의 수문을 열어 물 방류량을 늘리는 방안을 모색했지만, 해결책은 아니었습니다. 그래서 금강 하구둑의 수문을 닫아 금강하류에서부터 물을 채워 강물의 수위를 높이기로 결정하고, 금강 하구둑을 관리하고 있는 한국농어촌공사의 도움을 얻어 문제를 해결할 수 있었습니다. 이런 노력이 없었다면 '사비미르' 공연은 볼 수 없었을 것입니다. 대백제전이 끝난 후에 설문조사에 의하면 가장 의미 있는 프로그램으로 수상공연이 선정되었는데, 여러 사람이 합심해서 의미 있는 공연을 이끌어 냈다고 생각하니 보람을 느낍니다.

김혜식　하나의 축제가 완성되기까지 많은 드라마틱한 일들이 뒤에서 일어났군요. 추진위원장이란 직분을 수행 중 가장 큰 보람은 무엇입니까?

최석원　가장 큰 보람은 백제문화와 백제문화제를 널리 알리기 위한 방안을 고민한 결과 백제기악을 고등학교 역사교과서에 수록하기 위해 '백제인 미마지 교과서수록 추진위원회'를 만들었고, 노력한 결과 교과서에 수록 하였습니다. 금년 60주년에는 홍보차원에서 기념우표가 우정청에서 발행 되었습니다. 또한 백제 관련된 국제기구 설립을 추진하여 국제민간교류에 역점을 두었습니다. 또 백제문화제 시원始原 프로그램을 세계 유네스코 인류무형구전 및 무형유산결작축제 부분에 등재 추진을 위해 노력하고 있습니다.

각 단체에서 릴레이 축제를 한 달 쯤 하는 것이 바람직

김혜식　축제가 우리 지역의 문화 자원으로 또는 관광자원으로 역할을 하기까지는 축제 리더와 축제 기획자들의 숨은 공로자가 있음을 기억하겠습니다. 마지막으로 백제문화제

의 지속적인 추진과 발전을 위한, 앞으로 나아가야할 방향에 대해 고견을 부탁드립니다.

최석원 우리나라 축제는 민간 주도형 축제로 갈 수 없는 현실을 갖고 있습니다. 동네 사람들이 중심이 되어 만드는 마을축제가 아닌 이상, 이상적인 것은 민관이 함께 만드는 축제가 되어야 한다고 봅니다. 지역에 민간단체 대부분이 관의 지원으로 운영되는 것이 현실이기 때문입니다. 예를 들어 불꽃놀이 하나만 보더라도 민간이 주도하면 한화를 후원업체로 유치할 수 없었을 것입니다. 하이트진로와 같은 전국단위의 기업체를 공식후원 업체로 섭외하여 축제에 참여 시키는 등의 큰일은 관에서 주도하는 하는 것이 유리합니다. 그리고 홍보의 문제도 민간 차원에서는 어려움이 많다고 봅니다. 이런 측면에서 관의 지원은 예산 뿐 만이 아니라 축제가 성공 할 수 있도록 인프라를 구축해주는 일도 관에서 지원하는 것이 바람직합니다.

그리고 공식적인 행사기간이 한 달이나 열흘씩 하는 것은 축제가 너무 깁니다. 관에서도 전 직원이 축제에 매달리다시피 하니까, 업무에도 지장이 많습니다. 프로그램을 집약하고 집중화하여 축제일수를 줄이고 대신 각 단체에서 릴레이 축제를 한 달 쯤하는 것이 바람직하다고 봅니다. 프로그램마다 각 사회단체에서 실행할 수 있도록 지원해주는 방식이 좋다는 생각을 합니다. 이미 실행시켜 본 인절미 축제를 볼 때 농협에서 주관을 하고 있는데 열심히 잘하고 있습니다. 그리고 공주 부여 박물관에서 예산을 조금씩 지원해주어 특별전을 한 달 씩 하도록 시도해 보았습니다. 그런 방식으로 프로그램을 단체별로 축제를 기획, 실행하도록 하는 방법이라면 한 달 동안 해도 무방합니다. 예를 들어 알밤축제는 열흘간, 어떤 공연프로그램은 닷새간, 음식축제는 한 3일쯤, 대학에서는 자체적으로 세미나도 하면서 릴레이 형식을 하면 되겠지요.

대신 추진위나 기관에서는 축제기간 동안 관광객을 위한 홍보나 교통, 숙소, 음식 관련 등을 지도 단속 해주는 것을 맡으면 됩니다. 추진위에서는 백제문화콘텐츠를 개발·육성해 지역 문화 사업에 성장 동력으로 키워나가도록 노력해야하고, 우리 도민들은 백제문화제를 통해서, 백제의 후예라는 긍지를 높이면서, 백제문화제를 세계적인 축제로 지속 발전 할 수 있도록, 지금처럼 역량을 하나로 결집시켜주셔야 합니다.

세계적인 명품축제로 도약하기 위해선 가야할 길이 많이 남아있습니다. 제60회 백제문화제를 맞이하는 계기로 세계인이 찾는 글로벌축제로 자리매김하기 위한 모멘텀 Momentumu을 기대하고 있겠습니다. 이를 위해 공주와 부여주민, 충남도민들이 지혜와 힘을 모아줄 것을 당부 드립니다. ✽

대담을 마치고

김혜식

요즘 흔한 말로 '청춘은 60부터'라는 말이 있다. 그리하여 올해로 갑년을 맞는 백제 문화제를 청춘이라고 생각하고 새롭게 하자는 취지에서 여러 전문가의 의견을 정리 해보기로 하였다. 앞으로도 여러 전문가들의 토론의 과정이 많아질수록 능동적이고 성숙된 백제문화제로 탈바꿈하리라 생각한다.

함께 만들어가는 축제로서 지역의 역사와 전통이 녹아있는 문화공감대를 만들어가고 축제를 통해 지역민과 함께 호흡하여 우리 지역의 정체성이 복원되길 진정 바라는 바이다.

대담해 주신 말씀 중에 가장 놀라웠던 일은 모두 백제문화제가 가야할 길에 대한 해답을 이미 알고 있다는 사실이다. 60년 동안 계속되어 오다보니 긴 역사 속에 무력하게 긴장감을 떨어뜨린 것은 아닌가 하고 반성도 들긴 하지만, 그러나 분명한 것은 우리는 최근 몇 년의 백제문화제를 통해 우리 지역이 가야 할 길과 방향성, 그리고 백제문화제를 통해서만이 백제 문화의 정체성과 백제예술의 위대함 그리고 국제성이 복원될 수 있다는 사실을 깨달았다는 것이다. 그리고 모든 이들의 노력이 현재진행형이라는 사실이다.

민선 이후, 혹자는 축제를 정치적으로 이용한다는 측면으로 부정적으로 해석을 하기도 한다. 그것은 축제를 경제적 논리로만 평가하여 축제를 통해 지역경제 활성화의 도구로 삼기 때문이라 생각한다. 그러나 진정으로 지역축제를 성공적으로 이끌고 지역을 발전시키기 위해서는 축제를 문화 콘텐츠 개념으로 접근 실행 하야 한다는 결론이 나온다.

대담을 통해 말씀해주신 지역주민을 비롯한 예술인들의 자발적인 참여에 대한 확대방안, 역사 문화 콘텐츠를 통한 체험 프로그램 개발, 관광 활성화를 위한 지역브랜드마케팅 활용, 민관의 긴밀한 협조 체계 등, 먼저 백제문화제를 즐기다 보면 지역 경제 활성화는 저절로 따라 오리라 생각한다.

축제를 구성하는 각각의 프로그램들은 타 지역의 유사한 프로그램들을 탈피하여 독창적인 백제문화 콘텐츠로 지역의 부가가치를 높여야 할 때다. 그것이 곧 우리지역의 사활이 걸린 킬러컨텐츠인 것이다. 그런 측면으로 백제문화제는 매우 경쟁력 있는 축제의 모델이다.

또한 앞으로의 국가 간의 경쟁력은 이제 나라가 아니라 우리가 살고 있는 우리지역이다. 최근 들어 관광의 추세도 바뀌어 세계의 유명 축제를 보기 위해 그 지역을 방문하는 일이 늘어난다. 그렇다면 우리 백제문화제도 우리 지역의 상징으로 키워 관광자원화 시켜야 한다. 대한민국을 방문하는 것이 아니라 백제문화제를 보러 우리지역을 방문하게 하는 것이 가능하게 해야 한다는 것이다. 그것이 곧 미래를 창조하는 일 일 것이다. 그것이 곧 창조 도시가 아니고 무엇이겠는가?

그러기 위해 백제문화제는 지역의 특화된 문화브랜드로 성장하여 우리나라의 진정한 역사 축제의 롤 모델Role Model이 되었으면 하는 바람이며, 축제경쟁력을 갖춘 블루오션으로서의 진정한 글로벌한 축제의 모습으로 거듭나길 바라는 마음이다. ✳

2부 백제문화제를 말하다

1장 대백제의 부활 / 2장 프로그램의 이모저모 /
3장 백제문화제, 미래를 위한 창조 / 4장 백제문화제의 뒤안길

편집자 주

2부는 그동안 직간접적으로 축제에 참여를 했거나 진정으로 백제문화제를 사랑하는 각계각층의 사람들의 응원을 담아 백제문화제를 자유롭게 말할 수 있도록 하였다. 서로 다르게 축제를 바라보는 개인적인 시각으로 백제문화제를 치러본 사람이면 60년 역사만큼이나 너나 할 것 없이 할 말이 많으리라 생각한다. 축제를 통해 대백제의 부활을 꿈꾸는 사람들, 축제를 만드는 사람들이 자신들이 맡았던 프로그램을 서로 이야기하거나, 백제문화제를 추억하는 것만으로도 얼마나 백제문화제를 사랑하는지 알게 될 것이다. 이러한 자료들은 훗날 백제문화제의 스토리텔링의 기초가 되는 귀한 역사자료로 남게 되리라 믿는다. 또한 이러한 허심탄회한 시행착오나 성공담은 100년 후, 혹은 더 오래 스스로 축제를 만들어가는 민간축제로 발전해 나가는데 많은 도움이 되리라 믿는다.

1장 대백제의 부활

1. 대백제의 부활

이준원

전 공주시장

고대의 백제는 동아시아 물류의 중심지였으며 "해상 실크로드"를 개척하여 일본, 중국, 인도 등과 활발한 문화교류를 통한 찬란한 문화의 꽃을 피웠으며, 일본 아스카 문화에 절대적인 영향을 끼쳤다. 많은 유물에서 보여주고 있는 백제문화는 "검소하되 누추하지 않고, 화려하나 사치스럽지는 않았다"라는 역사의 기록을 사실로 증명하고 있다. 왕성한 대외교류 활동을 통해 보여준 백제인의 우수한 정신은 백제가 동방의 대국이었음을 잘 보여주고 있다. 이러한 백제의 문화와 정신을 오늘날 우리 후손들이 잘 표현하고 빛날 수 있도록 하기 위하여 백제문화제를 개최하고 있으며 소중한 백제문화제를 역사적으로 길이 빛날 축제로 이어가는 것이 우리 후손들의 중요한 과업이라 할 수 있다.

백마강에서 치러진 백제문화제

백제문화제의 시작은 1955년으로 거슬러 올라간다. 당시 부여지역 유지들 중심으로 백제말 3충신의 제향과 낙화암에서 몸을 던진 삼천궁녀의 넋을 위로하는 수륙제가 거행되면서 백제문화제가 시작되었다. 1966년 제12회 부터는 부여와 공주에서 동시 개최되었으며 1979년 제25회부터는 부여와 공주에서 격년제로 치러졌다. 특히 1980년대 이후 행사규모를 확대하여 대한민국 대표 역사 문화축제로 발전시키려 노력하였으나 대한민국 대표축제라는 이름과는 걸맞지 않게 미비한 예산의 소규모 축제로 전락하는 결과를 낳게 되었다. 이러한 백제문화제의 획기적인 발전을 도모하기 위하

여 2006년까지 공주시와 부여군에서 관官 주도로 개최해온 행사를 충청남도와 공주시, 부여군의 대대적인 지원 하에 (재)백제문화제추진위원회의 민간주도 행사로 전환하였고, 더욱 발전하는 문화제를 만들기 위해 2010 세계대백제전을 준비하게 되었다. 2010 세계대백제전을 통하여 고대 백제인의 웅혼한 기상과 찬란한 문화를 대·내외적으로 알리고 세계인들에게 대한민국 최고의 역사문화축제로서의 그 위상을 유감없이 보여주었다.

2012년 제58회 백제문화제는 부교 관람료 및 참가부스 사용료를 받아 수익형 축제로, 관 주도가 아닌 민관 주도 참여형 축제로 변화의 발판을 마련하였으며, 특히 무령왕릉에서 발굴된 국보 보물을 유등으로 만들어 화려하고 아름다운 백제문화제를 알리었으며, 2013년 제59회 백제문화제는 황포돛배 100척을 만들어 해상왕국 대백제를 연출, 금강에 많은 유등설치로 관광객 및 시민들에게 많은 볼거리를 제공함으로써 축제의 격을 한층 높이는 계기가 되었다. 또한 908천명의 관람객과 600억원의 경제적 파급효과를 가져오면서 안전형, 학습형, 감동형 축제로 명맥을 유지하며 큰 성공을 거두었다.

세계대백제전에의 기억

가장 기억에 남는 2010 세계대백제전은 개막을 불과 한 달을 앞두고 불어 닥친 태풍과 때늦은 장마로 인해 준비에 대단한 어려움이 있었지만 모든 시민과 단체들의 협력으로 성공적으로 준비를 끝낼 수 있었다. 내용적으로도 고증을 통해야하는 스토리 발굴의 어려움도 있었지만 다양한 볼거리를 제공하여 369만 방문객을 유치한 성공적인 백제문화 축제의 장을 열 수 있었다. 또한 축제 준비와 더불어 한옥마을, 공주문화 관광지 관광도로, 산성시장 문화공원, 성곽형 담장 등 명품 관광도시를 향한 인프라도 구축할 수 있었던 좋은 기회였다. 특히 제62회 충청남도민체육대회를 개최하여 시너지효과를 배가했으며, 제51회 한국민속예술축제, 제17회 전국청소년민속예술제, 제1회 충남과학창의축전이 도민체전과 함께 해 더욱 알찬 행사가 되었다.

또한 2010 세계 대백제전 성공의 배경에는 농번기에도 불구하고 열화와 같은 성원으로 참여해 주신 시민들과 자원봉사자 등 많은 분들의 숨은 노력이 있었기에 가능하였다. 추운날씨에도 불구하고 매일 함께 고생했던 열의와 추억을 생각나게 한다. 탈장 수술을 받고도 아픔을 참으면서 최석원 위원장과 함께 백제탈을 쓰고 웅진성 퍼레이드에 참가하였던 기억은 평생 잊지 못할 추억으로 자리 잡게 되었다.

모든 다양한 행사를 성공적으로 진행하면서 소중한 백제문화제의 페이지를 엮어나갈 수 있었고, 그 중심에는 항상 최석원 위원장이 있었다. 다시 한 번 그의 노고에 감사를 드린다. 과거와 현재를 공존시킨 행사장을 보며, 많은 관광객들이 즐거워하는 모습을 볼 수 있었으며 특히 부모와 아이들이 함께 백제문화를 체험하고 즐거운 추억을 만드는 것을 지켜보면서 백제문화가 우리 주변에 생생하게 살아 있음을 온몸으로 느낄 수 있었다.

세계대백제전을 통해 축제역량, 행정역량, 시민의식 향상 등 큰 효과를 거두었지만 앞으로 해결해야 할 일들도 남아있다. 백제문화를 연구할 수 있는 다양한 지원과 노력이 필요할 뿐만 아니라 백제를 연구하는 전문적인 학술 연구기관 및 기본적인 인프라를 갖추어 나가야 한다. 내국인뿐만 아니라 외국 관광객들이 흥미를 갖고 백제문화제에 참여할 수 있도록 지금부터 세부적으로 차근차근 준비하는 것이 중요하다. 모든 과정을 꼼꼼하게 정리하여 기록하는 일도 백제문화의 발전을 위하여 의미 있는 일이 될 것이다. 특화된 전통 음식도 개발되어야 하고 적당한 가격을 책정해야 한다. 자원봉사 활동도 좀 더 체계적이어야 하고 외국인에 대한 안내 배려 방법도 좀 더 신경써야한다.

한국을 넘어 세계로

한국을 넘어 세계로 뻗어나가기 위해 흥미와 역사성을 추구하는 것이 중요한 시점

인 지금, 백제의 콘텐츠를 세계적 보편성을 갖는 콘텐츠로 개발하는데 중점을 두어야 한다. 역사문화축제가 대부분 의미를 강조하다 보면 재미가 덜하고 재미를 더하다 보면 의미가 소홀해 지기 쉽다. 이런 역사문화 축제의 한계를 극복하기 위하여 백제문화의 우수성을 현대적으로 구현하는 본래의 취지를 살리면서 모든 사람들이 적극적으로 참여할 수 있는 다양한 콘텐츠 및 프로그램 구안이 요구된다.

경제적으로 적지 않은 관광 수입이 창출될 수 있고 의미적으로는 한국의 국제적 위상과 백제문화 자산의 해외 수출길이 열리는 계기도 마련해야 한다. 백제문화제가 한국을 뛰어넘어 아시아 대표 역사 문화축제로 발돋움 할 수 있도록 해야 한다. 많은 나라들의 문명의 원류가 되었던 백제문화의 창조성, 개방성, 진취성을 우리 후손이 인식하고 재조명하여 이제는 세계로 알릴 때이다. 역사 속으로 사라져 버린 백제의 문화를 우리 스스로 다소 폄하하진 않았나 반성하고, 올바른 역사관을 정확하게 인식하고 올바르게 재조명하는 동시에 앞으로 백제문화를 올바로 알리는 것이 우리의 소명임을 깨달아야 한다.

대백제의 부활은 지금부터 시작이다. 그러나 우리가 해결해야 할 직면한 과제는 많이 산적해 있다. 명실상부한 지구촌 명품축제로 비상할 수 있도록 과제를 인식하고 하나하나 풀어가는 것이 급선무다. 찬란한 백제문화의 재조명과 정체성 확립 그리고 세계화를 위한 발걸음은 이제부터 새로운 도전이자 시작이 아닌 가 사료된다.

지금은 1500년 전 백제에서 살았던 선조들의 삶을 오늘에 되살리려는 우리 백제 후예들의 정성과 노력이 절실히 필요한 시기이다. 이 훌륭한 백제문화가 후손들에게 길이 보존되고 계승시키는 것이 이 시대를 살아가는 우리의 책무이다. ✳

2. 백제문화제 60년에 대하여

이용우
부여군수

백제문화제는 지난 1955년 백마강변에 도포 쓴 노인 어르신부터 무명 저고리의 여인네들까지 자발적으로 모인 우리의 아버지, 어머니 세대가 백제패망의 원혼을 달래기 위해 개최하기 시작한 이래 그 도도한 맥을 이어 어느덧 60회를 맞이한다.

오늘을 사는 우리세대는 지난 부모세대의 그 숭고한 뜻을 이어받아 백제가 금강과 서해 바다를 배경삼아 무한한 상상의 나래를 펴며 개척과 교류, 소통과 나눔의 정신으로 찬란한 국제문화를 꽃피웠듯이 그 정신과 가치를 오늘에 되살려 내야만 하는 시대적 과제를 안고 있다.

대동의 축제

지난 60년 역사를 이어오며 일궈낸 중요한 성과로 첫 번째는 백제문화를 지키고 선인을 기억하고 있다는 것이며, 두 번째로 백제문화제가 부침浮沈을 거듭하면서도 역사문화의 정체성과 맥을 잃지 않았다는 점이다. 세 번째로 문화제의 대동단결을 통한 주민의 결속력을 지속시켰다는 점에서 의의를 두고 싶다.

특히, 백제문화제가 그동안 많은 우여곡절이 있었지만, 우리가 축제를 통해 잊지 말아야 할 정신은 백제문화제 지난 59년의 역사를 우리 스스로 존중하고, 이를 계승하고 발전시켜 나가려는 노력과 의지다.

제60회 백제문화제가 얼마남지 않았다. 이제 부여군의 온 관심과 역량을 집중할 차례. 수많은 지역축제들이 생성과 소멸을 해왔지만 백제문화제는 반세기 명맥을 이어와 오늘날 국내 최대의 역사문화축제로 성장했다.

그러므로 제60회 백제문화제는 지역민과 함께 만들어 가는 열린 축제의 장이 되어야 하며 자발적인 민간참여와 능동적인 공무원의 자세가 어우러질 때 축제의 자생력과 생명력은 더욱 길어질 것이다.

세계인의 유산으로 부활하는 백제

지난 60여년전 부여의 백마강가에 모인 지역민들의 염원으로부터 1500년 전 백제가 이 땅위로 부활했듯이 이제는 지역민의 관심과 열망으로부터 지역과 국내를 넘어 세계인의 유산으로 다시 한 번 백제를 화려하게 부활시킬 순서다.

이를 위해 앞으로 고도 지역민이 모두 함께 백제인이라는 공감대 형성과 참여가 중요하다. 왜냐하면 행정주도로 시작됐지만 결국 고도를 보존하고 계승하는 것은 그 지역에 터를 잡고 살고 있는 주민들이기 때문이다.

백제문화제는 60년이라는 쉽지 않은 기간 동안 많은 분들의 피와 눈물과 땀이 배어있는 우리의 자랑스러운 문화축제이다.

문화제의 주제를 담아내지 못하는 프로그램들은 전체적인 틀 속에서 용해시키고, 높아진 관람객들의 눈높이를 맞추고 문화제의 정체성을 발전시켜 나갈 기존 대표 프로그램의 보완과 새로운 축제들을 개발하고 발전시켜 나아갈 것이다.

한해 두해 이러한 우리의 노력들이 쌓일 때 10년 후 아니 20년 후에는 우리의 백제문화제가 세계적인 축제로 자리매김할 수 있을 것이다. *

3. 크게 업그레이드된 백제문화제

변평섭
충청투데이
명예회장

내가 언론계에 투신하여 제일 먼저 접한 것이 1965년의 제 11회 백제문화제였다. 그해 백제문화제는 박정희 대통령이 우리나라 대통령으로서는 처음으로 축제에 참석한 행사여서 모두들 기대와 흥분을 감추지 못하였다.

대통령의 연설과 행사는 KBS, MBC로 중계되었는데 TV가 없었던 때라 라디오로만 중계되었다. 특히 인상 깊었던 것은 낙화암 수륙재로, 많은 인파가 부소산과 강변에 몰려들었던 장면이다. 그리고 '받들자 삼천열혼三千烈魂'이라는 슬로건을 내걸고 배 위에서 수륙재를 거행, 백제 멸망 때 백마강에 몸을 던진 궁녀들의 넋을 위로하는 것이 퍽 인상적이었다.

받들자 '삼천 영혼'

지금 생각하면 그 시절의 백제문화제는 이처럼 백제 멸망 당시의 희생자들의 넋을 위로하는 것에 초점을 둔 것 같다. 무엇보다 당시는 '축제'의 들뜬 분위기 보다 백제 유민으로서의 소박하고 따뜻함, 그리고 나·당 연합군에 희생된 분들을 추모하는 엄숙함이었다고 하겠다.

그로부터 45년의 세월 흘러 2010년 세계대백제전이 열렸는데 나는 문화제추진위원으로 참여했다. 역대에 없었던 240억원이라는 대백제전의 투입 예산은 축제행사로는 쉽게 상상할 수 없는 규모이다. 그만큼 대백제전에 거는 충남도민들의 기대가 각별하다는 의미일 것이다. '옛 백제의 꿈과 문화를 되살린다'는 주제로 추진되는 축제에서는 260만 명의 관람객 유치를 목표로 공주와 부여일원에서 90여개의 프로그램을 선보여 백제문화제가 크게 업그레이드되었음을 말해주었다. 특히 백제와 교류가 빈번했던 중국과 일본은 물론, 세계역사도시연맹에 소속된 20여 개 도시가 참가함으로써 '백제'는 한쪽에 감추어진 역사가 아니라 동남아를 누비던 '교류강국交流强國'이었음을 웅변 했다. 특히 한·중·일 학자들이 참석한 국제 학술세미나도 획기적인 것이었고 주한 외국인의 백제역사 순례도 참신하다는 평을 받았다.

특히 대백제전 가운데 황산벌 전투를 재현한 것은 매우 역동적인 프로그램으로 평가 받았다. 다만 주인공 '계백'이 너무 부각되지 않았다는 평이 있었다. 전투 중에 이동식 무대가 등장하여 계백의 최후를 집중 전개하고 이들 대사를 통해 충청인의 정신,

① 제58회 백제문화제
   학술회의
② 백제문화제추진위원
   회 사무실 이전 현판
   식(2011-공주)

강한 충남을 부각하면 매우 효과적이라 생각된다.

이와 같은 것들은 종래의 백제문화제를 몇 단계 올려놓은 것으로 여기에는 최석원 추진위원장의 리더십과 안목이 크게 작용했다. 나 역시 최 위원장을 따라 여러 곳을 다니며 백제문화제 홍보를 하느라 구슬땀을 흘린 기억이 난다. 어쨌든 이 축제를 계기로 백제문화제가 세계적인 축제로 거듭나리라는 가능성도 갖게 했다. 이와 같은 컨셉은 백제가 세계로 뻗어나간 교류강국임을 강하게 표현하는데 성공을 거두었다.

즉, 그것은 새로운 우리 충청인의 지표, 역동적인 새 역사의 주인임을 웅변하는 것이다. 새로 등장한 이와 같은 프로그램은 백제문화권 개발사업의 핵심에 해당하는 역사재현단지의 준공과 함께 진행되어 더욱 의미가 컸다.

충남의 축제가 되어야

성공적인 백제문화제가 되려면 홍보가 중요하다. KBS · MBC · SBS 등 주요 방송에 백제문화제를 앞두고 '백제'를 소재로 한 서동요, 정읍사 등을 다루면 홍보효과가 클 것이라 생각되며, 경북도지사 등이 YTN에 홍보 광고를 하는 것처럼 우리도 백제문화제 홍보 광고에 도지사가 등장하는 것도 좋을 듯하다.

이 기회에 강조하고 싶은 것은 백제문화제를 부여 · 공주 · 논산 뿐 아니라 천안, 서산 등 충청인 모두의 전도민의 축제가 되도록 유도해야 한다는 것이다. 정말 이것은 미래의 백제문화제를 위해서도 꼭 필요한 작업이다. ✳

4. 백제, 백제문화제 그리고 미래

권흥순
대전MBC 기자

백제와 인연이 시작되다

1993년 12월 12일 저녁 무렵 충남 부여 능산리에서 발굴된 '백제금동용봉봉래산향로'는 백제와 나의 인연의 시작이었다. 무령왕릉 발굴이 백제역사를 다시 쓰게 했다면 이 대형 향로의 발굴은 백제의 문화적 위상과 역량을 최상으로 높여 준 유물이었다. 잃어버린 백제의 역사를 찾아달라고 1,400년 만에 찾아온 백제의 사신이었다.

이듬해인 1994년 대전문화방송은 창사 30주년을 맞았다. 논의 끝에 보도국에선 금동향로를 소재로, 백제를 주제로 한 역사 다큐멘터리를 제작하기로 했고 제작을 맡게 됐다. 그건 우연이었다. 역사에 흥미도 많이 있었고 PD들이 주로 만드는 다큐 프로그램을 기자인 내가 잘 만들 자신이 없었기 때문에 고민이 거듭됐다. 그러나 조직의 결정은 명령이었다.

충남대에 재직 중이시던 윤무병 교수님과의 만남은 내겐 행운이었다. 삼고초려 끝에 윤 교수님을 설득해 협조를 이끌어냈다. 교수님은 한국 고대사에 대한 나의 무식을 깨 주셨다. 우선 교수님이 적어주신 10여권의 책을 탐독하고 나니 교수님의 말씀을 알아들을 정도가 됐다. 역사공부는 치열하게 계속됐다. 밤마다 꿈 속에서 향로를 외쳤고, 아내에게서 좋은 냄새가 나면 '향로 뿌렸냐?'고 말이 헛 나올 정도로 향로에 미쳐 살았다.

창사 보도특집 〈백제〉와 중국 추방

백제 특집은 2부작으로 결정했다. 〈제1부 1,300년의 비밀 금동향로〉와 〈제2부 남경 사비 아스카〉. 중국과 일본 취재는 필수였다. 중국을 먼저 일정에 넣어 취재를 추진했지만 사정은 녹녹하지 않았다. 중국 취재를 경험한 기자들의 충고는 한마디로 "현장에 가서 부딪혀라" 였다.

그러나 부딪힌 결과는 추방이었다. 취재비자를 발급하지 않는 중국의 처사를 이해할 수 없어 주중 한국대사관까지 동원해 비자를 받으려 했던 게 화근이었다. 취재비자가 나온 산동성을 언덕 삼아 현장에서 부딪히며 취재를 하려했던 것도 중국을 몰라도 너무 모른 결정이었다. 중국의 민주화시위를 무력으로 잠재운 1989년 6월 4일의 중국 천안문사태가 직간접 원인이었다. 내가 중국을 취재하려던 1994년 5월은 천안문사태

5주기를 앞두고 대규모 민주시위가 예상되자 중국 정부가 잔뜩 긴장한 시기였다. 한국을 포함한 서방측 기자의 입국을 막았다. 비자발급을 받으려고 가능한 모든 수단을 동원했던 나를 그들은 역사다큐 제작을 내세워 다른 목적을 가진 일종의 간첩으로 오해했던 것으로 보인다. 이런 건 모두 나중에 안 사실이다. 향로 5악사의 비밀… 백제를 침략한 나당 연합군의 총대장 소정방 후손과의 인터뷰… 무동력선인 사신배가 중국과 한반도를 자유롭게 오갈 수 있게 했던 계절풍과 조류의 실체… 야심차게 정말 열심히 준비했던 계획은 물거품으로 사라졌다.

"48시간 이내에 중국을 떠나시오!"

'체류기간 단축'이라는 표현을 썼지만 사실상 추방이었다. 한국을 포함한 세계의 주요 언론이 당시의 사건을 다뤘다. 중국 외교부 오건민 대변인의 발표를 근거로 작성된 각 매체의 보도내용은 대동소이했다. 그러나 우리가 중국에서 '당국의 허가 없이 취재활동을' 해서 추방됐다는 사실 하나만 사실과 부합하고 다른 내용은 전부 사실이 아니었다. "아! 이럴 수도 있구나…" 온몸이 굳는 느낌이었다. 이후 '정확한 보도'는 나의 기사작성 최고 최상의 지침이 됐다.

1994년 11월… 금동대향로를 주제로 한 대전MBC 창사기념 보도특집 〈백제 2부작〉은 우려곡절 끝에 방송됐다. 천신만고는 이럴 때 쓰는 말인가? 눈물이 주르르 흘렀다. 이 프로그램은 '한국기자협회 상' 등 크고 작은 작은 상까지 받았고 이듬해 1월 전국에 방영됐다.

백제역사 다큐의 지평을 연 '잃어버린 백제를 찾아서'

1998년 7월부터 이듬해 9월까지 매달 방송된 '특별기획 다큐멘터리 15부작 〈잃어버린 백제를 찾아서〉'는 대전MBC 백제 프로그램의 간판으로 등장했다. 백제역사를 다룬 다큐 가운데 백제의 건국에서 패망, 우수한 백제문화, 문화의 창조적 수용과 일본으로의 전파 등을 모두 담은 프로그램은 일찍이 없었다. 특별제작팀에 합류한 것은 행운이었다. 당시 대전MBC 내 최고의 백제 전문가였던 임치환 부장PD가 이 팀장을 맡았고, 금동대향로 특집제작으로 인연을 맺은 나, 그리고 명석한 두뇌와 천재적 편집감각을 지닌 아이디어맨 오승룡 PD현 경영관리부장가 팀원으로 참가했다.

〈잃어버린 백제를 찾아서〉 제작엔 우리나라와 일본 최고의 백제 전문가들이 동참했다. 이들을 포함한 많은 분들이 지역 방송의 열악한 제작여건을 극복하고 최고의 프로그램이 되도록 만들어 준 은인들이다. 〈잃어버린 백제를 찾아서〉는 1999년 제26회 한국방송대상 특별상과 1999년 10월 한국방송위원회의 '이달의 좋은 프로그램상' 등 10여개의 굵직한 상을 안겨주었다.

세계 대백제전 홍보 자문

1994년과 1998년 두 차례의 백제 프로그램 제작으로 나는 '백제 전문기자'라는 별명을 얻게 됐다. 허명에 불과한 별명이었으나 내심 자랑스러웠다. 2010년 세계대백제전을 앞두고 열린 대 토론회에 초청돼 언론인으로서 자문을 하게 된 것도 그 덕분이었다. 당시 내가 주문한 내용은 이렇다.

첫째, 추진주체들의 열정이다. 그간의 백제문화제를 보면 축제준비와 진행에 참여하는 공무원들은 대개 짧은 기간 동안만 그 일을 하는 경우가 많았고, 열정도 부족해 보였다. 참여폭이 점점 넓어지는 민간인도 사정은 크게 다르지 않다고 본다. 둘째, 현실적 홍보전략이다. 실적 보고식의 홍보는 메아리가 부족하다. 외지인에게 알릴 미디어 홍보는 어떻게 할 것인가? 적은 예산으로 최대의 효과를 거두려면? 관람객 모집과 수송에 절대적인 영향을 미치는 여행사와 관광버스의 운용실태 등 현실적인 대책은 아직 멀어 보인다. 셋째, 뉴미디어의 적극 활용이다. 특히 최근에는 SNS, 인터넷, 블로그 등의 비중이 커진 만큼 중요성은 자꾸 커지고 있다. 홍보전략과 관련해 당시 내가 주장했던 것과 지금도 별반 다르지 않다.

취재에서 축제 참여로⋯ '황산벌 전투' 재현 프로그램 제작

2010 세계대백제전에 대전MBC는 프로그램 제작자로 참여했다. 신라의 5만 대군과 맞서 싸운 백제 5천결사대의 구국충정을 그린 '황산벌 전투'재현 프로그램 제작을 대전MBC가 맡았고 그 총괄책임을 맡은 것이다. 취재의 대상으로 만 여겼던 백제문화제에 직접 참여한 것은 기자인 나로선 소중한 경험이자 커다란 소득이었다. 역사적 고증과 보는 재미를 함께 이뤄내야 했기 때문에 제작진의 업무는 하루하루가 일이라기보다는 그 자체 전투였다. 그야말로 고군분투였다. 총연출을 맡은 김종찬 부장PD현 편성국장는 박진감 있는 전투장면을 만들기 위해 휴가를 얻어 중국까지 가는 수고를 아끼지 않았다. 부족한 예산과 천명이 넘는 출연진의 부족한 연습시간은 최대의 난제였다.

김부장을 도와 현장연출을 맡은 노현수 PD현 광고사업국 사원의 추진력과 열정은 기대 이상이었다. 출연할 전투병력을 구하기 위해 군부대와 대학을 찾아다니며 애를 태운 건 이젠 추억이 됐다.

2010년 10월 2일 저녁 6시 논산시 논산천 둔치공원에 마련된 특별 셋트장에서 황산벌 전투는 첫 공연에 들어갔다. 전문 배우와 스턴트맨, 마상무예단, 군인, 학생 등 천2백여명이 출연하는 대규모 전투 퍼포먼스가 2시간 30분 동안 펼쳐졌다. 연극과 퍼포먼스 형태의 8막으로 구성된 '황산벌 전투'는 연막과 화약류, 포그머신, 라인로켓 등 최상의 특수효과 시스템이 적용됐다. 영상과 중계시스템도 대거 동원해 극의 임팩트 요소를 극대화했다. 그날은 가을비까지 추적추적 내렸다. 출연자들이나 수만 명의 관람객들이나 비를 피하긴 어려웠다. 빗속에 전투는 더욱 처절하게 전개되면서 사실감을 더했고 감동은 극에 달했다. 공연은 이튿날인 10월 3일에도 이어졌다.

공연은 대성공이었다. '황산벌 전투'는 그동안 백제문화제에서 몇 차례 선보이긴 했지만 철저한 고증을 통해 완벽하게 재현하는 것은 이번이 처음이었다. 이를 지켜본 사람들은 역사성과 재미, 감동을 모두 갖춘 프로그램이라며 극찬을 아끼지 않았다.

'패망'이라는 역사적 한계… 창조적 극복이 과제

백제는 패망의 한을 간직한 나라다. 하지만 망하지 않는 나라는 없다. 우리 역사만 보더라도 고조선은 물론 고구려 신라 고려 조선 등 모두 망하고 새로운 국가가 태어나 맥을 이었다. 패망의 진한 상처를 치유 없이 안고 가는 백제는 그래서 아이러니다. '황산벌 전투'는 5전 4승 1패였다. 마지막 한번 져서 끝내 진 것이다. 프로그램을 준비하면서 몇몇 지역인사는 백제가 이긴 4번의 전투만 재현하자고 목소리를 높였다. 옛 백제 땅에 살고 있는 지금 주민들의 생각을 엿볼 수 있는 대목이다. 백제문화제의 첫 번째 과제는 바로 이것이라고 본다. 백제문화제의 발전을 위한 첫째 과제는 패망이라는 역사적 한계를 창조적으로 극복해야 하는 게 아닐까? 역사가 왜곡됐다면 바로 잡아야 하고 인식이 잘못됐다면 고쳐야 한다. 둘째는 재미를 더했으면 좋겠다. 그러려면 역사를 쉽게 풀이하고 감동을 줄 수 있는 아이템을 더 개발해야 한다. 일방 관람형에서 쌍방형상호작용 체험 프로그램으로 진화해야 한다. 황산벌전투 같은 특정 프로그램을 상설화해서 테마 관광형으로 연결하는 것도 방안이 될 수 있을 것이다. 셋째 경제성을 더 확보하면 좋겠다. 두 번째로 지적한 재미와 흥미 있는 프로그램을 개발해 유료화하는 게 방법이다. 단기 행사성 축제에서 상설화 할 수 있는 프로그램이 많아지면 금상 첨화다. 하지만 이 과제는 지금처럼 민간의 참여가 제한적일 경우 실현이 어려울 것으로 보인다. 국가나 지자체의 예산지원이 있어야 하는 게 현실이지만 목표를 '완전한 민간주도 실현'으로 놓는 것은 타당해 보인다.

이런 과제들을 몰라서 하지 않는 건 아닐 것이다. 여건이 안 되니 못하는 것이리라. 하지만 여건은 '우리 모두'가 앞장서 바꿔야 한다. 그 여건을 바꾸는데 힘이 된다면 열심히 보태고 싶다.

백제를 영원히 살리는 길… 그중의 하나

정림사지 5층 석탑 지붕돌 네 귀퉁이의 살짝 치켜 올린 유려한 곡선은 통일신라 다보탑의 절제된 선을 거쳐 고려청자의 자태를 결정지었고 다시 조선여인의 버선코로 이어졌음을 믿는다. 백제 속에서 한국문화 원류의 큰 뿌리를 찾는 것이 나의 꿈이다.✳

백제문화단지의
무령왕 행차

김애란
KBS대전 프로듀서

5. 역사의 현장을 넘어 꿈의 마당으로

축제란 무엇일까? 인간의 놀이 본능인 호모 루덴스를 이야기 하지 않더라도 삶이 즐거운 건 열심히 일한 후에 누군가와 함께 '놀아줘'를 공유할 수 있을 때이다.

당신은 우리 동네 축제를 기다리십니까? 이렇게 질문한다면 어떤 이는 무엇이든 자기 만의 역할을 기대하며 축제를 기다리겠지만 어떤 이에겐 즐겁지도 않고 붐비는 인파와 주차난이 짜증나고 번잡하다 여길 것이다. 동일한 질문을 방송 제작자들에게 물었을 때 아마도 늘상 비슷하고 차별화되지 않은 대상들로 인해 결코 즐겁지 않다는 답변이 되돌아 올 수도 있다. 그러나 기획과 연출이라는 측면에서 조금만 관심을 기울인다면 축제의 소재는 새로운 기획물로 바뀌어 질 수도 있다.

축제는 우리 동네에서부터

2010년 대백제가 열리고 대전KBS는 주관방송사가 되어 개막식을 시작으로 공주와 부여의 현장을 오가며 생방송을 진행해야만 했다. 매년 되풀이되는 방송소재는 제작자에게도 큰 부담으로 다가오는데 특히 거의 모든 축제들이 그렇듯 첫 방송의 소재는 빈곤할 수밖에 없다는 점과 다른 방송사에서도 동일한 내용들을 다룬다는 것인데 이것은 제작자가 뛰어넘어야 할 벽이며, 여건만 탓할 수도 없는 현실이다. 이런 빈곤함에서 생각해 낸 것이 공주 백미고을의 두드림 팀을 만드는 것이었다. 축제를 앞두고 백미고을 맛집의 주인과 주방장이 앞치마를 두르고 밤마다 난타연습을 하면서 어설프더라도 나름 공연을 준비하고 방송에 출연하는 그림을 그리게 되었고, 그 꿈은 현실이 되었다. 축제를 만드는 사람들은 바로 우리동네 사람들, 그리고 밤마다 그날을 기다리며 준비하는 즐거움이 일상의 기쁨이지 않을까.

이런 생각을 확고하게 만들어 준 것은 몇해 전 브라질의 삼바드로모에서 리우카니발을 즐기는 삼바스쿨 사람들의 열정과 미국 게티스버그에서 만난 남북전쟁 재연에서 만난 문화충격이다. 이 뿐만이 아니다. 미국 갤베스톤 축제에서 만난 캐나다에서 비행기를 타고 날아온 은퇴노인 자원봉사자, 토마토축제가 열리는 부뇰 시민들이 자발적으로 축제에 참여하는 모습 등을 보면서 우리에게 아쉬운 많은 것들을 느낄 수 있었다.

매년 전세계의 매스컴이 열광하는 브라질의 카니발은 국가에서 3일동안 공휴일로 정해 주말과 휴일을 연속해 닷새동안 즐긴다. 그 중 리오카니발이 가장 유명한데 카니발기간 마지막 2일동안 삼바드로모에서 최고의 그룹으로 선정된 삼바스쿨팀이 퍼레이드를 한다. 저녁 8시에 시작해서 아침 7시가 될 때까지 밤새 6개 삼바스쿨의 경연이 펼쳐진다. 브라질 최고의 그룹인 만큼 화려한 의상과 기량은 말할 것도 없고 그룹당 참여 인원도 보통 4,000명에서 5,000명에 이르며, 7미터 높이의 무대차량float의 화려함은 한마디로 총체적인 예술작품이다. 이미 TV화면에서 매년 보아 온 광경이지만 현장에서 펼쳐지는 장면들은 단순한 상상만으로는 그림이 그려지지 않는 숨막히는 감탄사의 연속이다.

얼핏 보아도 참가자들의 의상이나 장신구들이 무척 화려해 보이는데 대부분의 참가자들은 카니발에 입고 나갈 옷이며 장신구를 사려고 일년동안 번 돈을 아낌없이 투자한다. 정신 나간 어이없는 일이라고 비난할 수도 있겠지만 그들은 카니발이 끝나면 다시 내년을 위해 또 다른 시작을 한다. 각기 소속된 삼바스쿨samba school에 나가 노래와 춤, 연주를 익히며 내년에 더 좋은 성적을 거두길 기대하며 할아버지와 손녀까지, 3대가 모여 신나게 삼바를 즐긴다. 그들은 삼바 자체가 인생이고 삶 자체이다. 내 삶에 축제는 무엇일까 묻게 되는 순간이다.

이제 백제의 왕도, 공주와 부여에도 백제학교가 만들어졌으면 좋겠다. 백제의 역사와 문화를 배우고 그 곳에서 말타고 활쏘며 무예를 즐기며 음악과 춤을 익혀, 백제문화제를 손꼽아 기다리면서 시민의 손으로 새로운 기획을 하고 꿈을 꾸는 학교가 만들어지기를 기대한다.

백제의 학교에서

축제를 즐기는 지구촌 사람은 토마토축제의 고장, 스페인 부뇰에서도 찾을 수 있다. 8월의 마지막 수요일, 스페인의 부뇰에서는 단 하루 그것도 단지 한시간 동안 토마토를 던지며 신나게 놀아보자며 수만명의 젊은이들이 세계 각지에서 모여 든다. 우리에게 토마토축제가 널리 알려진 것은 국내 한 TV광고와 KBS 다큐멘터리 〈문화의 질주〉에 소개되면서 부터이다. 스페인에서도 자국내 널리 알려진 것은 그리 오래 되지 않은 일이다. 1983년 TVE방송국의 유명 리포터가 축제를 소개하면서 스페인 전역으로 알려지게 되었고, 이제는 전 세계인의 이목이 집중되는 축제가 되었다.

인구 12,000명의 작은 도시 부뇰에 4만 명이 넘는 인파가 몰려와 토마토를 마구 던지다가 돌아가는데 방문객의 80%가 외지인이며 무려 50여 개국에서 찾아오고 있다.

① 빠에야를 심사하는
   축제의 여왕
② 노천극장에서 상영되
   는 토마토 영화

토마토축제의 전통은 60여 년 전으로 거슬러 올라가는데 단지 정신없이 토마토를 던지는 일탈의 행위만은 아니었다. 거기엔 자유livertad를 향한 의지와 민주주의democracia의 열망, 그리고 그 과정을 통해 주민이 하나되는 토마티나Tomatina의 정신을 담아 주민들의 적극적인 참여와 자긍심으로 가득 차 있다.

단 하루 단지 한 시간 동안 여기에서 놀다 가세요. 그들은 그렇게 축제의 장소를 관광객들에게 내어주고 토마토로 더럽혀진 거리를 청소하는 것 조차도 자랑스럽고 내집 앞을 지나가는 관광객들에게 호스를 끌어다가 샤워를 시켜주면서 손님대접을 한다. 많은 젊은이들이 거리에서 노숙을 하지만 민박을 하거나 더 많은 펜션을 지어서 소득을 올릴 생각도 없다. 그저 축제가 다가오면 친지나 친구들을 집에 초대해서 함께 보내고 토마토 축제 전날 빠에야 음식경연을 열어 전통음식을 만드는 또 다른 축제를 열어 함께 먹고 즐긴다. 아주 오래전 들판에서 음식을 해먹던 옛 모습 그대로 장작불을 피워 무쇠냄비를 걸어 놓고 재료 조차도 단순한 음식 같지만 여럿이 함께 정성을 다해 빠에야를 만들어 음식경연에 참여한다. 비록 상으로 받는 건 디저트 케익에 불과하지만 표정만큼은 진지하다. 게다가 주민들이 직접 출연하고 부뇰에서 만든 영화는 역시 토마티나를 소재로 만들어졌는데 축제 전날 노천극장에 모여 함께 감상하며 자축하는 모습도 적잖은 감동을 안겨준다.

일반적으로 우리가 알고 있는 토마토를 던지는 토마티나는 이 날을 전후로 거의 2주 동안 이렇게 다양한 이벤트들이 열리고 축제기간동안 부뇰시는 마치 명절이 된 듯 들떠 있다.

축제의 성공은 자발적인 참여와 자원봉사

시민의 자발적인 참여로 이루어지는 축제의 현장은 한여름 뙤약볕도 마다하지 않는 남북전쟁의 현장, 미국의 게티스버그에서도 찾아볼 수 있다.

7월의 뜨거운 폭염에도 불구하고, 게티스버그에는 150여 년 전의 남북전쟁을 재연하기 위해 멀리 텍사스에서 자신의 말을 태우고 온 자원봉사자가 있을 정도로 그들의 자발적인 참여는 상상을 넘어 선다. 텍사스에서 게티스버그까지 1350마일. 자동차로 달리면 20시간 거리인데 말을 싣고 간다면 아마도 두 배는 더 소요될 것이다. 먼 길을 마다않고 달려오는 열정도 대단하지만 실제로 게티스버그 들판에는 남군과 북군이 막사를 만들어 야영을 하면서 전략회의를 하는가 하면 당일의 전투실황을 그대로 재현해내기 위해 최선을 다한다.

백제문화제의 기마행렬에 말 한 필을 임대하는데 드는 비용이 100만원 정도라는데 이 축제에서는 이런 예산은 필요하지 않을 것이고, 황산벌 전투재현에 투입되는 전문 스턴트 배우나 마상무예팀과는 달리 오히려 이들 자원봉사자의 참여로 전투재현 장면은 영화촬영으로 활용돼 수익을 얻고 있는 실정이다.

전투재현에만 힘을 쏟는 것이 아니라 야전병원도 실감나는 연기로 재현하고, 막사안에서 전략회의도 군사훈련도 실전과 같다. 또한 당시의 음식이나 가재도구, 일상생활도 체험부스를 만들어 교육적인 효과와 흥미를 더하게 만든다.

역사재현 축제에의 꿈

더욱이 부러운 것은 뙤약볕아래 관람을 하는 유료방문객들이다. 어린아이들 조차 그늘도 없는 땡볕 관람석에서 서너 시간을

① 실전과 같은 전투재현을 하는 참가자들
② 짚으로 만든 의자와 연주무대

관람하는데 지루한 표정조차 찾아낼 수가 없었다. 그들의 시민의식도 부러움의 대상
이다.

왜 저들은 그토록 역사재현에 몰입하는 것일까.

지구촌 반대편 덴마크 북부에 있는 조그만 항구도시 프레드릭스하운에서 그 답을
찾아 본다. 프레드릭스하운은 1998년 선박회사가 문을 닫으면서 그들에게 위기가 찾
아 왔고 관광에 투자할 돈이 없다면 '창조'가 필요하다는 생각에서 도시 재생 아이디어
로 축제를 선택했다.

도시는 새로운 스토리가 필요했고 사람들은 옛 이야기에 눈을 돌려 역사 속에서 한
영웅을 찾아냈다. 과거 덴마크가 노르웨이, 스웨덴과 전쟁을 치룰 당시 북방전쟁의 영
웅 톨덴스키욜드Tordenskiold가 바로 그 주인공이다. 선착장을 잃은 시점에서 그들에
겐 스토리와 영웅이 필요했고 역사 속에서 영웅을 찾은 것은 축제를 여는 계기가 되었
다. 그곳엔 또 한사람의 작은 영웅이 있었는데 축제위원장을 맡고 있는 얀 마이클Jan
Michael이다. 학교 교사였던 그는 2000년도에 동료교사들과 함께 톨덴스키요드 시대
를 재현해 축제를 열어 보자는 계획을 세웠다. 마을 사람들을 설득하고 문화재단으로
부터 기금을 얻어 내고 지방정부의 보조금도 한 몫을 차지했다. 오래 된 범선들을 항
구로 불러 모으고 옛 거리와 생활풍습, 음식 등을 재현하는 한편, 당시에 입던 전통의
상들을 만들어 입고 바다위에서는 전투장면을 재현했다.

이제는 인근의 노르웨이, 스웨덴 사람들도 자신들이 보유하고 있던 오래된 범선들
을 몰고 프레드릭스하운에 찾아와 함께 전투 복장을 입고 가족들과 함께 야영을 하면
서 축제를 즐긴다.

1717년 12살의 어린 나이로 전쟁에 참여한 해군영웅 톨덴스키욜드의 이야기는 전
쟁의 역사를 축제의 장으로 끌어 왔고, 이야기를 담아 그들의 꿈을 실현해 낸 것이다.

축제는 꿈을 파는 일

드림 소사이어티Dream Society의 저자인 롤프 옌센Rolf Jensen은 바로 이 축제에 영
감을 안겨준 미래학자로 정보사회의 태양은 지고 이야기가 중심이 되는 드림 소사이어
티가 미래를 이끌어 갈 것이라고 역설하고 있다.

프레드릭스하운에서는 실제로 이야기 주머니에 소금을 팔고 있었다.

15년 전 한 주민이 소금의 생산방식을 200년 전의 것으로 만들어 50배나 더 높은

가격으로 소금을 팔게 되었는데, 이제 이 섬의 주요 산업은 소금이 되었다. 주머니 안에 담긴 소금은 똑같은 소금이 아닌 그 안에 HEART를 담고 있는 것이라고 축제위원장 얀 마이클은 설명해 주었다. 덧붙여 소프트웨어와 하드웨어만 있는 것이 아니라 미래에는 Heart ware가 필요하고 스토리텔링Storytelling의 다음 단계는 Storyliving이라고 그는 힘주어 말한다.

그들의 축제는 바로 이야기를 창조해내고 꿈을 파는 일을 실현해 낸 것이다.

삶이 축제일 수는 없다. 그러나 축제는 삶의 일부분이 되고 우리네 삶의 열망하는 한 부분이 되어 내일을 사는 이유를 만들어 줄 거라, 백제문화제 60년을 앞두고 함께 기대해 본다. ✱

"Krystaliseret oplevelsesøkonomi..."

① 톨덴스키요드 데이 축제현장
② 이야기가 담긴 소금 주머니

양창엽
전 백제문화제
추진위원회
사무처장

6. 백제문화제는 계속 진화되어야

누구든 "백제문화제가 무엇이냐?"고 물으면 "우리나라를 대표하는 역사문화축제"라고 한마디로 자신 있게 정의를 한다. 그리고 백제문화제의 특징을 3가지로 요약해서 설명해주곤 한다.

첫째는 역사와 전통을 자랑하는 축제라는 것이다. 백제문화제는 1955년 지역 주민들이 스스로 성금을 모아 성충, 흥수, 계백 등 백제말 삼충신에 대한 제향과 백제멸망과 함께 백마강에 몸을 던진 삼천궁녀의 넋을 기리는 수륙재에서 시작되었다.

둘째, 역사·문화를 테마로 성공한 대표적인 축제라는 것이다. 역사·문화를 테마로 한 축제는 연출이 어렵고, 관광객들의 흥미 유발이 쉽지 않아 생성되었다가 소멸되곤 해왔다. 백제문화제는 오랜 세월동안 보완과 발전을 거듭해오다가 2007년부터 충남도가 정책축제로 선정하여 백제문화제추진위원회 재단설립과 과감한 투자로 명품축제로 도약을 시작하였다. 2010년 국제행사2010세계대백제전를 성공적으로 추진하여 "역사축제의 롤모델"이라는 평가를 받고 있다.

셋째, 백제문화의 선양은 물론 지역균형발전의 성장축으로서의 역할을 하고 있다는 점이다. 충남 서북부에 비해 서남부권공주, 부여, 논산, 금산은 상대적으로 낙후되어 있다. 이 서남부권의 성장축을 '문화'로 삼고 백제문화제가 그 중심적 역할을 담당토록 하겠다는 지역균형발전의 철학적 의미가 담겨있는 축제라고 할 수 있다.

이 대목에서 과연 백제문화제가 지역균형발전의 성장동력으로 작동될 것인지에 대해서는 인내를 갖고 서두르지 말고 기다릴 줄 알아야 하고, 참여하고 투자하는 것을 소홀히 하거나 방관하지 말아야 한다는 것을 강조하고 싶다.

제57회, 제58회 백제문화제를 추진하다

2010세계대백제전 다음해인 2011년 1월에 백제문화제추진위원회 사무처장으로 부임했다. 공직을 마무리하고 또다시 공적기관에 발을 들여 놓은 것은 우연이 아닌 질긴 인연의 결과가 아닌가 하는 생각이 든다. 충남도 문화예술과장으로 재직 중일 때 백제문화의 세계화를 추진하면서 2010세계대백제전의 기본골격을 세우고, 국제행사 승인을 이끌어 냈고, 2010세계대백제전 행사기간 동안 일정부분 역할을 담당한 이력이 작용했을 것이다.

240억 원의 투자, 369만명의 관광객 집객, 2499억 원이 경제적 효과 등 크고 화려했던 2010세계대백제전의 감동의 여운이 채 가시지도 않은 시점에서 시작되는 제57회 백제문화제는 45억 원 정도의 초라한 규모였다. 하지만 핵심 프로그램 중심 구성, 행사 장소 및 시간대 조정, 생활축전, 4대강 사업 준공기념 행사 등과 연계하여 개최함으로써 "국제행사와 다름없는 알찬 행사였다"는 평가를 받았음을 보람으로 생각하고 있다.

제57회, 제58회 백제문화제는 2010세계대백제전 성공의 여운을 가급적 길게 이어나가면서 2014년 제60회 백제문화제 준비에 기본 목표를 두고 일했으며, 그 소중한 기억 중 몇 가지 소개하고자 한다.

첫째, "1400년 전 대백제의 부활"이라는 백제문화제의 주제를 계속 유지하면서 매년 특별한 의미를 담은 부제를 설정하고, 집중 조명을 통해 백제문화제의 품격을 높여나가는 이른바 선택과 집중전략이 주효했다고 스스로 평가한다.

제58회의 경우 미마지가 일본에 기악무를 전파한지 1400년 되는 해를 기념하여 "백제의 춤과 음악, 미마지의 부활"이라는 부제를 정해서 개·폐막식 주제공연미마지와 통했다. 공연백제기악 미마지탈춤 등, 국제학술회의고대 삼국의 춤과 음악, 웅진성 퍼레이드미마지의 부활, 체험백제탈 그리기 등 미마지 관련 프로그램이 크게 주목을 받았다.

2012년 9월 KBS역사스페셜에서 방영한 "1400년 전의 한류, 미마지의 탈춤"은 시청자들의 큰 반향을 불러 일으켰고, 미마지의 활약상은 백제문화의 우수성과 개방성을 인식하는 계기가 됐으며, 국가적 자존심을 올려주는 역할을 했다. 다만, "미마지는 최초의 한류였다"는 것을 야심차게 부각시켰지만, 그 성과는 흡족하지 않았던 것 같다.

그렇지만 특기할만한 것은 일본에 한자와 유학을 전해준 백제 왕인, 아직기와 마찬가지로 미마지가 한국 역사교과서에 수록된 점은 큰 성과로 생각한다. 미마지를 부각시킨 제58회 백제문화제 직후 미마지의 역사교과서 수록을 추진했던 공주대학교 윤용혁 교수 등 많은 분의 참여와 노력의 산물임을 밝힌다. 이러한 성과는 분명 괄목할만한 것임에도 불구하고, 세간에는 크게 부각되지 못하는 우리 사회현상에 아쉬움이 느껴진다.

둘째, 기존의 관주도 축제에서 민간참여를 통한 축제의 체질개선에 특별한 의지를 갖고 노력한 점이다.

전문가들은 하나같이 "축제는 민간주도로 가야 한다"고 주장한다. 행정가들이나 의회의원들 역시 "언제까지 지방정부가 축제비용을 부담해야 하느냐?", "축제별로 자생력을 길러야한다"는 등의 교과서적 의견을 피력한다. "막연한 얘기이고 현실성이 있느냐"고 반문하면서도 나름대로 민간참여의 유형과 방법을 결정해서 의욕적으로 시도하였다.

먼저 일반적 유형이라 할 수 있는 "보는 축제"가 아니고 "참여하고 즐기는 축제"를 만들어 가는 것이었다. 공주시의 웅진성 퍼레이드는 5000명 이상의 시민이 참여하는 민간참여형의 대표 프로그램이다. 여기에다 참여 폭을 넓히기 위하여 퍼레이드 선두에서 행진할 사이버시민 원정대 400명을 모집하는데 불과 수일내에 신청이 마감될 정도로 인기가 높았다. 농협공주시지부가 주관한 "인절미 만들기"에도 기존참여자 이외에 1000명의 참가신청을 현장 접수한 결과 인파가 몰려 500명을 더 추가해야만 했다.

이밖에도 금강과 어우러지는 만찬행사인 "다리위의 향연" 티켓도 발매 이틀만에 전량 매진되어 수익창출이 충분한 프로그램으로서의 가능성을 엿보이게 했다. 제58회 백제문화제 폐막식 프로그램으로 기획했던 "700명 대합창"도 기획단계에서 제기되었던 실현 가능성에 대한 우려를 말끔히 씻고, 관람객들에게 진한 감동을 안겨주었다는 찬사를 받았다. 특히, 합창 연습과정에서 자연스런 공감대 형성, 화합 등 효과를 계산한다면 더욱 권장할 만한 프로그램이 아닌가 생각한다.

또 하나의 유형은 직접적 참여로 민간부분이 특정 프로그램을 맡아서 기획부터 운영, 재정부담까지 모두를 전담하는 것이다.

한화그룹이 백제문화제 개막식 말미에 시행하는 중부권 최대의 불꽃축제4억원 상당가 그 대표적 사례다. 한화그룹은 기업의 이미지를 높이고, 백제문화제는 품격을 높이면서 프로그램을 다양화하는 계기가 되었다. 전국의 사진작가들과 관광객이 주목하는 프로그램을 갖고 있는 지역축제가 얼마나 있는가를 생각해보면 큰 보람이자 자랑이라 자부하면서 한화그룹 역시 메세나 운동차원을 넘어서 기업홍보 등 영업 차원에서 계산이 맞아 떨어지기 때문에 가능해지지 않았나 생각한다.

농협공주시지부의 "인절미 만들기" 프로그램도 같은 맥락이다. 인절미 유래를 스토리텔링화해서 지역의 대표 상품으로 만들고 그 상품의 원료인 쌀을 생산하는 농민들이 참여하는 프로그램이야말로 농협이 앞서는 것에 대한 명분이 있고 의미있는 것이라 생각한다.

그 밖에 공주교육지원청의 "공주문화유산 스토리텔링대회" 부여교육지원청의 "우리는 백제인! 한가족캠프", 국립부여박물관의 "백제인의 얼굴" 특별전, 공주박물관의 "마곡사, 근대불화를 만나다" 특별전 등 유관기관의 참여도 돋보이는 대목이다. 마사회 기금매년 2억원을 지원받아 시행하는 황산벌전투재현과 백제마보무예 프로그램도 빼놓을 수 없는 성과이고, 하이트진로㈜의 홍보활동1.5억~2억 상당은 성공축제에 큰 역할을 하고 있음을 감사하게 생각한다.

또 하나 특이한 것은 사업비 투자 없이 이루어진 구름관중동원의 대박 프로그램이 있었다. 월드스타 가수 비 정지훈이 소속한 국방홍보원의 "국군방송위문열차" 유치는 인맥을 통한 아이디어로 이룬 성과로서 책임자의 간구하는 정성과 열정의 산물이라는 본보기가 아닌가 생각해본다. 아이디어가 돈이고 무엇보다 강한 경쟁력이다는 것을 경험을 통해 체득한 것은 큰 보람이다.

셋째, 체계적이고 다각적인 홍보활동이 빛났다. 서울, 부산, 대전, 대구, 광주 등 주요도시 5곳과 백화점, 유명관광단지 등에서 연중 지속적으로 실시한 "백제문화제 사진 전시회"를 통하여 백제문화제 존재가치 홍보와 잠재적 관광욕구를 자극했고, 충남 지역 시외버스 700여대의 외벽에 무료로 부착한 홍보물2억 상당을 비롯 백제문화제 서포터즈 활동, 블로그, 카페 등은 홍보효과가 기대되는 분야로 더욱 정성을 들여야 할 것으로 사료된다.

못다한 아쉬움 몇가지

퍼레이드교류왕국대백제, 백제역사문화행렬, 웅진성퍼레이드 등은 규모나 질적차원에서 관광상품으로서의 가치가 있어 기업 등 민간이 비용을 부담하여 책임운영하는 직접 참여 대상의 가치가 충분하다. 기업과 백제문화제가 상생하는 계기가 될 것으로 기대되었으나 여건 성숙이 미숙했음이 아쉽다. 부연하자면 기업이나 민간단체에서 홍보의 방법을 전향적으로 고민해볼 가치가 있다고 본다. 이렇게 하기 위해서는 백제문화제추진위원회의 특별한 노력이 전제되어야한다. 기업의 참여를 단순한 후원차원의 범위를 넘어서 투자 개념으로 접근할 수 있도록 해야 진정한 성공이라고 확신한다.

수익창출이 가능한 프로그램 개발, 기업홍보관을 축제장에 유치하는 방안 등 재정확충방안 모색과 백제문화제의 대표 프로그램을 타지역 축제나 행사 때 시연하는 방안 등 "돈 안들이고 홍보하는 좋은 방안"이 구상단계에서 벗어나지 못했던 점도 아쉽다.

백제문화제추진위원회 최석원 위원장님의 제안으로 구체화 과정에서 무산되었다거나 추진이 미흡한 것 또한 특별하게 아쉽다. 실제로 마곡사가 주관이 되는 "불교문화EXPO"는 관계기관 간 대화를 순조롭게 진행하는 과정에서 뜻하지 못했던 상황변화로 중단되어야만 했다. 언젠가 이 과제가 이루어졌으면 하는 바람이다. 이렇게 될 때 백제문화제는 더한층 업그레이드될 것으로 확신한다.

또 하나는 축제 전체 또는 특정 프로그램이 유네스코 세계문화유산에 등재하는 문제인데 이 과제 또한 후임자들이 그 의미를 되새겨서 시간을 두고 이루어 나가기를 바란다.

역사는 마음의 고향, 문화는 경제다

"역사는 마음의 고향이요, 유물은 역사의 그릇"이라는 말이 있다. 백제는 동북아의 중심축으로서 해상왕국이었고 문화강국이었다. 1400여년 전 대백제의 부활은 우리 모두의 몫이다. 그 노력을 게을리 해서는 우리 모두가 스스로를 부정하는 것이고, 많은 것을 얻지 못하고 후회 할 것이다.

"문화는 경제다. 문화에 대한 투자가 곧 경제다"라고 말한 미테랑 프랑스 대통령의 문화에 대한 높은 가치와 인식에 모두가 새롭게 관심을 가질 때 백제문화제의 진화는 추춤거리지 않고 계속 진행될 것이다.❋

700명 대백제인 합창단
(2012)

7. 북한산에서 금강을 생각하다

안태경
고양문화재단
대표이사

지금도 간혹 그분들이 생각난다. 공주 고마나루 실경수상공연장 객석에 앉아 계시던 그분들! 나는 직업특성상 공연을 무대에 올린 후에는 주로 객석에 앉아 공연보다는 관객들의 눈치를 살피게 된다. 조마조마한 마음으로 "재미없어 하지는 않나?", "우리 얘기에 공감하나?" 공연이 끝나면 관객 반응에서 감지된 생각을 메모해 득달같이 무대 뒤로 달려가 제작진들과 다음날 공연에 반영하곤 하는 게 내 일이 된다.

그날, 공주 고마나루 실경공연 〈사마이야기〉 공연 첫 날이었다. 역시 객석 중간쯤에 웅크리고 앉아 관객들의 표정을 관찰하고 있었다. "백제는 영원 하리! 이 땅은 영원 하리! 백제!" 대합창에 이어 커튼콜로 공연이 끝날 때였다. 그때까지 무대를 주목하던 그분들이, 분연히 일어났다. 마치 칼 빼 치켜든 우리의 사마왕, 무령왕인 것처럼. 그리고는 서로 악수와 포동을 거듭하며 주고받는 말이 들려왔다. "자랑스럽지 아녀? 우리가 우리 동네서 이런 공연을 만들었다는 게~ 자랑스럽지 아녀?"하며 서로 축하를 한다. 50대초 예닐곱 넥타이부대 아저씨들이, 자기들이 공연을 만들었다고? 그렇다. 우리네는 반만 하고 나머지 반은 관객들이, 사람들이 만든다. 공감했다는 거다. 정말 고마웠다. 비가 오나? 눈앞이 흐려진다.

최근 두 세기 동안 인간은 스스로를 아담 스미스가 정의한대로 '자신의 이익을 추구하는 물질적 존재'라고 믿으며 살아왔다. 인간은 태생적으로 '탐욕적이어서 정신적, 육체적 노동으로 물질세계에서 필요한 것을 생산적 자산으로 고쳐 놓는 존재'라는 것이다. 이를 다윈은 '자신의 신체적 생존과 영속성'의 추구라 보았고 프로이트는 '물질적 이기심을 성적인 면'으로 설명하면서 '경제적 이기심의 인간'의 모습을 더욱 공고히 해왔다.

이에 대해 제레미 리프킨은 『공감의 시대』에서 인류의 역사와 생각의 흐름에 대해 모두 재검토해야 한다며, 인간본성에 대한 새로운 견해로 '공감'이라는 매우 희망적인 메시지를 전한다. 공감의식을 결정하는 거울신경세포mirror neuron라는 생물학적인 메커니즘 등을 근거로 제시하면서, 인간은 '적대적 경쟁보다는 유대감을 가장 고차원적 욕구로 지향하는 존재' 즉, 호모 엠파티쿠스homo empathicus, 공감하는 인간이라는 것이다. 인간의 본성이 '근본적으로 정에 민감하고, 우애를 갈망하고, 사교적이며, 공감을 넓히려는 성향'이 있으며 이를 인간 스스로 믿을 때, 우리는 21세기의 모든 지구적

위기의 돌파구를 찾아내어 '생물권에서 지속가능한 균형을 회복'할 수 있는 희망을 발견할 수 있다는 것이다.

그날 목격한 고마나루에서의 '공감'이 내 두 눈을 적신 것이다. 공감은 우리 시대의 유일한 희망이며, 그중 문화예술은 가장 고양된 형태의 공감 커뮤니케이션 수단이기 때문이다.

나에게 백제 즉, 공주와 부여는 '신화의 공간'이었고 '역사의 공간'이었고 4대강 개발이 한창인 작금의 '정치의 공간'이었다. 이야기의 보고였고 눈부신 문화유산이었고 안기고 싶은 자연이자 우주였다.

'신화적 사고'의 시대, 고대사회 구성원들의 삶은 자연과 그들의 신과 밀접히 연관되어 있다. 근현대, 이성과 합리의 극단적인 '과학적 사고'는 인간이 자연을 마음대로 지배할 수 있다고 생각해 지구를 할퀸다. '피로사회'로 스스로를 내몰아 스스로가 스스로를 속박하고 착취자이자 피착취자가 된 인간들은 비로소 반성을 시작해 자연친화적, '환경적 사고'가 필요하다고 목소리를 높인다. '신화적 사고'에서, '과학적 사고' 그리고 인간이 자연과 융화하려는 '환경적 사고'는 인류사고의 커다란 흐름이다.

신화적 사고와 제의식에서 출발한 인류의 예술 역시 이성·합리·과학의 틀거리에서 분화·발전의 과정을 거쳐 왔다. 오늘날의 닫힌 공간인 옥내극장의 예술양식으로는 인간, 자연, 우주가 조화되는 절박한 갈망을 담아내기에는 한계를 느낀다. 자연과 만나고 우주와 조화를 이루려는 예술가들의 노력이 우리를 강으로, 산으로, 바다로 안내하기 시작한다. 이제 우리 시대의 공연예술은 성숙한 시민사회의 힘과 결합한 축제정신과 새로운 다빈치형 융합예술의 큰 흐름 속에 그 몸을 던져야 한다.

2010세계대백제전은 '금강을 따라 흐르는 역사와 문화'이다. 백제의 역사와 문화를 금강에서 꽃피우고자 한 것이다. 공주 고마나루 〈사마이야기〉와 부여 낙화암 〈사비미르〉. 핵심구성요소는 자연환경, 역사문화유산, 스토리이다. 첫째, 자연환경은 공동체가 살아왔고 앞으로도 함께 할 가장 상징적이고 아름다운 공간이다. 둘째는 과거와 현재에 공동체가 일구어온 삶과 꿈 그리고 지식과 철학, 예술 등의 문화가 총체적으로 응축되어 있는 역사와 문화유산이다. 셋째는 그 공통체가 나름의 방식으로 자연계와 인간계를 바라보는 하나의 창恣인 신화, 전설 등 스토리이다. 이 세 가지가 하나로 잘 결합해 완성된 작품을 '환경적 사고', '신화적 사고', '제의성', '축제정신'을 투영하며 분화된 다양한 형태의 예술쟝르와 현대과학이 가능케 한 첨단 무대기술의 융합으로 새로운 실경공연 창출을 가능케 할 것이다. 우리에게는 연미산, 곰굴, 곰사당, 금강변 백사장, 솔밭 등 경관이 아름답고 유서 깊은 명승지 고마나루의 자연환경이 있다. 대륙의 기상을 이어받은 갱위강국 웅진백제를 이룬 무령왕사마 이야기와 고마나루 전설이 전해지고 무령왕릉과 백제문화유산을 물려받았다. 이거면 충분했고 선조들에게 감사했다. 역사와 신화를 예술적 상상력으로 결합해 창조한 인물 사마와 고마의 연꽃처럼 피고지는 사랑이야기 〈사마이야기〉가 고마나루 야외무대에 오른다.

왕좌는 피에 물들어 주인을 잃은 지 오래
고마나루, 백제의 피와 눈물이 서쪽 바다로 흐르는 곳
그 물결을 거스르며 왕자 사마가 돌아온다.
웅진이 불타버린 그날
살아남은 자들이 하늘을 향해 맞두들이영고를 벌이니
대륙 북방을 호령하던 북부여의 영고가 가슴 속에서 다시 살아나고
마치 그 북소리에 이끌려 나온 듯,
절망에 젖어있던 이곳 웅진 사람들 앞에
왕자 사마가 돌아온다.
"저 고마나루 흐르는 강물이 백제의 피와 눈물!
보라, 흐르며 씻어가지 않더냐. 또 흐르지 않더냐!"
사랑하는 여인을 잃은 슬픔을 강물에 띄워 보낸 사마왕자는,
백제의 꺼져가는 운명을 자신의 운명으로 떠안고
북벌을 향한 혼을 불태운다.
새로운 왕을 맞이한 웅진사람들은 큰 나라 대백제를 꿈꾸며
사마와 함께 힘차게 북으로 말을 달린다.
고마나루 너머, 바다로 나가는 돛을 쳐 올린다.

실로 놀라운 일은 무대가 아니라 객석에서 벌어졌다. 예상을 훨씬 뛰어 넘는 반응이 객석으로부터 터져 나왔다. 총감독인 내가 당황스러울 정도였다. 그들은 이미 '우리가 뛰놀던 곳'에서 '우리의 이야기'를 공연으로 만든다는 것을 알고 박수치고 환호할 준비를 하고 온 것이다. '나의 터전', '고향의 이야기'를 통해 역사의 질곡 속에서 소외되어 왔던 한반도의 서쪽 지역, 백제라는 역사적 문화적 자긍심을 느꼈으리라. 공감의 순간이고 공연의 절반을 관객이 만드는 순간이다.

실경공연은 자연을 무대로 하기에 인공적 무대와는 공간개념과 범위가 다르다. 배우들의 연기 공간 뒤의 산과 하늘이 무대배경이 된다. 인간이 의도하지 않은 바람에

흐르는 구름이, 눈과 비가 무대배경이 되기도 한다. 바람소리, 새소리, 천둥소리가 음향효과가 되고 지는 노을, 물위에 드리운 안개, 갑작스런 번갯불이 조명이 되기도 한다. 저 멀리 산봉우리 사이의 계곡이 무대가 되기도 하며 날아드는 새떼가 무대배경을 만들기도 한다. 무대의 깊이가 적게는 수백 미터에서 수 킬로미터 때로는 구름 너머 무한대일 수도 있다. 이렇듯 실경공연은 인간 의도와는 관계없는 자연의 섭리가 작용함으로써 공연공간의 환경은 변화무쌍해진다. 이러한 공연공간에서 인간의 상상력은 유한의 공간에서 보다 더욱 자유롭게 과거의 역사 속으로 무한의 우주로 뻗어나갈 수 있다.

어제 북한산 누리길을 걸었다. 주소가 '고양시 북한산동 1-1번지'라는 백운대와 인수봉을 올려보는데 우리 역사와 설화가 겹친다. 임진왜란 때 설화 '밥 할머니'가 겹치고, 드라마 '정도전'이 겹치고 백제 최고의 미녀 '구슬아씨한씨미녀'가 겹친다. 구름 너머로 얼굴들이 보인다. 그리운 얼굴들이다. 신경림 「남한강」의 돌배와 연이가 보이고 신동엽 「금강」의 신하늬가 보이고 금강의 사마와 고마와 대무녀가 보인다. 이 산하! 우리네 얼굴들이 보인다. 공주 고마나루의 그 얼굴들이 보인다. 〈사마이야기〉 객석에서 본 50대 충청도 아저씨들 얼굴이 만경대 낙조에 걸려 보인다.

그분들 만나면 꼭 술 한 잔 정성스레 올려야겠다. "〈사마이야기〉는 당신들이 만드셨다"고, "그래서 눈물로 감사드렸다"고, "당신들 말씀대로, 진정 당신들 손으로 '대백제' 만들어달라"고, "눈짓하면 작은 일이라도 기꺼이 달려가겠노라"고, "충남도민 모두가 '사마왕'이시고 '고마'이십니다"라고 "이 땅. 공주, 부여, 논산… 충청남도, 대백제!" 우리 손으로 만들어보자고!✳

사마이야기(2010)

8.백제를 담기위한 백제문화제의 노력

최혜영
한양대학교 관광학과
박사과정

국내 관광이 발전함에 따라 축제시장도 지속적인 발전을 하고 있으나 막연한 지역성장의 기대감으로 무분별하게 개발되어, 현재 양적으로 팽창한 축제는 각 축제마다 참신성과 진정성이 떨어지고 있다는 지적을 받고 있다. 따라서 정형화와 획일화된 현재의 축제시장에 그 지역만의 진정성이 있는 역사자원 및 문화자원에 현대적 면모를 더하여 독창적이고 참신한 축제를 개발하고, 재생산해야 할 필요가 있다. 특히 오랜 역사를 통하여 다양하고 독특한 문화자원이 풍부한 지역의 역사문화자원을 축제의 주제로 활용한다면 매우 훌륭한 관광자원으로 탈바꿈 할 수 있다.

관광자원으로서의 축제

축제의 주제는 그 축제를 함축적으로 표현한 상징적 개념으로 지역의 문화관광자원과 축제의 가치성을 높여주는 중요한 요소이며, 방문객들이 축제를 방문하는 주요 목적이 된다. 특히 주제가 참신하거나 진정성을 가질수록 사람들은 축제에 대해 더 많은 관심을 갖게 되며, 이는 축제방문객의 만족도와 매우 밀접한 관련이 있다. 이러한 점에서 축제는 축제방문객에게 무엇을 이야기 할 것인가에 대한 뚜렷한 중심주제가 분명히 제시되어야 한다.

이런 관점으로 볼 때 백제문화제는 축제에 주제를 반영하기 위해 꾸준히 시도해왔다. 백제문화제에서는 매년 '백제'라는 주제가 반영된 다양한 프로그램을 통해 공주와 부여가 소유한 백제의 문화를 알리기 위한 노력을 하고 있다. 대표 프로그램 중 하나인 교류왕국 퍼레이드는 과거에는 공주에서만 시행하였으나 2012년부터는 부여에서도 2차례 확장 시행하여 방문객들에게 야간퍼레이드를 통한 시각적 흥미 제공뿐만 아니라 축제장 체류시간 연장의 효과를 얻을 수 있었다. 지금도 백제마을, 백제문양의 루미나리에, 금강부교, 황포돛배 등 종래 주제반영 프로그램의 꾸준한 개선과 새로운 프로그램을 제작하고 운영하는 등 매년 향상된 프로그램으로 방문객의 흥미를 유도하고 있다.

비단 프로그램뿐만 아니라 축제장의 하드웨어에도 백제를 반영하기 위한 노력이 보였다. 축제의 주요 시설물인 부스를 전통 초가 및 너와집 형태로 설치하여 축제에 역사적 분위기를 적극 반영하였다. 또한 공주 부교 건너기와 함께 제공한 백제 등불향연 등은 공산성에 출입할 때 주간뿐만 아니라 야간에도 방문객의 백제문화 이해에 도움을 주었고, 경관을 제공함으로서 백제문화제의 상징물로 자리 잡았다. 축제장 및 시내 권에 설치한 백제문양등과 백제문양등을 단 소원터널이 주제반영 측면에서 중요한 역할을 했다. 동시에 백제문양등을 통과하면서 백제 유적지 발굴 현장을 볼 수 있게 하여 백제문화제에서만 볼 수 있는 참신한 역사 주제가 담긴 프로그램이 제공되었다.

축제를 통하여 백제를 공부한다

역사문화축제에서 가장 중요한 요소 중 하나는 방문객이 그 문화와 역사를 직접 체험하여 이해하고 배우는 것이다. 자칫 지루해 질 수 있고 딱딱한 역사를 이해하기 쉽고 재미있게 하여 다양한 프로그램을 제공하는 것은 매우 중요하다. 이런 점에서 백제문화제는 탁본 체험, 무령왕 왕관 만들기 체험과 같은 방문객이 직접 참여하는 프로그램과 무령이야기, 백강전투 등의 공연 프로그램을 제공함으로써 가족단위의 방문객의 역사에 대한 호기심을 유발시켰다. 그러나 현대 축제의 필수적 성공요건은 탈일상성, 대동성과 같은 축제의 기본적 기능을 강화하는 것이다. 다양한 백제시대의 문화에 현대적 감각을 삽입하여 방문객들이 다함께 어울려 즐길 수 있는 프로그램을 제작한다면 보다 더욱 성공적인 축제가 될 수 있을 것이라 생각한다.

2007년 공주와 부여의 통합 이후 백제문화제는 10여 년간 끊임없이 백제를 담은 프로그램 개발에 노력한 결과 지속적인 발전을 이루었다. 앞으로도 지금처럼 계속 새로운 프로그램을 개발하고 실현한다면 세계적인 명품축제로 자리 잡게 될 것이다. ✱

① 금강부교
② LED 백제선 **유등**

2장 프로그램의 이모저모

1. 백제문화상품 전국공모전

이찬희

공주대학교
문화재보존과학과 교수

축제에는 볼거리, 먹을거리, 즐길거리가 있어야 한다고 한다. 그 외 중요한 것은 지역적 상품을 만들어 판매하여 경제적 이익을 창출하여야 한다. 따라서 재백제문화 제추진위원회에서는 백제역사의 자긍심을 고취하고 백제문화에 대한 우수성과 독창성을 바탕으로 국제적 관심을 유도하여 백제문화상품에 대한 참신한 아이디어를 발굴하고 디자인 창작열을 높인 우수한 인재를 발굴하고자 "백제문화상품 전국공모전"을 개최하기로 하고 공주대학교 백제문화원형복원센터 주관으로 하고 충청남도/백제문화고부가브랜드디자인사업단의 후원을 받아 2011년부터 1) 상품화 실현 가능한 백제문화원형 콘텐츠 및 아이디어 상품디자인 공모 2) 일반에 공개되지 않은 순수 백제문화원형을 응용한 상품 발굴 3) 공모전과 병행한 기존의 백제문화상품 전시 및 판매 4) 공모전 수상 우수제품에 대한 관련단체와의 연계 상품개발 추진을 목적으로 공모전을 하였다.

개최년도	개최지 및 기간		공모전 출품수		운영 종사자	
			출품수	입상자	운영위원	심사위원
2011	공주시 예술회관	10월06일목~10월09일일	183	163	5	19
2012	부여시 백제문화제 주무대 옆	9월29일토~10월07일일	197	159	5	16
2013	공주시 백제문화제 주무대 옆	9월28일토~10월06일일	238	172	5	17

이와같이 공모전의 출품수는 해마다 증가하고 있다. 이들 성과를 요약하면 다음과 같다.

1) 백제문화의 전국적 홍보 및 공모전 참가자의 백제문화제 행사 참가 유도
2) 백제문화상품의 상품성 연계 개발로 문화상품에 대한 지역적 발전 도모
3) 공모전 수상 작품을 이용한 백제문화제 브랜드상품 활용가능성 확보
4) 백제문화제를 관람하는 관객에게 백제문화의 진정성에 대한 홍보 효과 상승
5) 백제문화권의 지역특성화 상품개발 계획의 새로운 방향성 제시
6) 공모전을 통해 다양한 문화상품을 선보이며 새로운 지역 인프라 구축

각 해의 대상수상작품은 다음과 같다.

2011년도 / 대상 / 이슬비 / 백제바라기 / 도자기

• 작품 내용 :
백제의 왕관문양과 봉황을 본으로 하여 디자인한 식기
백제의 가장 대표적인 두 상징을 활용하여 백제의 미 표현

최우수상 / 김동현 / 백제의 혼 / 귀금속

• 작품 내용 :
백제구슬의 구조를 모티브로 하여 디자인한 장신구 모음
백제 구슬의 구조적 장점을 부각하여 개성적 장신구 제작

2012년도 / 대상 / 이재호 · 정혁진 / 연꽃의 화려한 외출 / 귀금속

• 작품 내용 :
백제의 불교문화를 상징하는 연꽃의 아름다움을 표현한 여인 장신구
여인의 규방문화와 연꽃의 아름다움을 모티브로 하여 만든 여성 용품

최우수상 / 김혜란 / 백제의 연못 / 도자기

• 작품 내용 :
국내 최초의 인공연못 궁남지를 모티브로하여 디자인한 탁상 용품
궁남지의 돌 모양과 다양한 연꽃을 혼용하여 아름다운 연못을 재현

2013년도 / 대상 / 유기현 / BAEKJE / 귀금속

• 작품 내용 :

백제의 문양을 넣은 루프타이, 무령왕릉에서 출토된 유물의 문양을 활용한 디자인으로 한국 전통 가옥인 한옥과 백제의 문양을 재구성

최우수상 / 박소현 / 백제의 숨 / 도자기

• 작품 내용 :

백제의 곡옥曲玉을 장식하듯 주병에 고리를 연결하여 형상화 백제유물인 곡옥은 새 생명과 희망, 영기의 싹, 생명의 씨앗, 용의 원초적 형태, 태아의 형상 등 여러 가지 의미를 가진다.

시상내역을 종합하면 다음과 같다.

개최년도	시상내역						
	대상	최우수상	우수상	장려상	특별상	특선	입선
2011	1	1	4	10	20	60	67
2012	1	1	4	10	20	60	63
2013	1	1	4	10	20	65	71

백제문화상품 공모전의 특징은 백제문화제 추진위의 지원을 받고, 공주대학교에서의 대응투자와 출품비를 받아 운영하고 있다. 이것은 추진위에서 100% 지원을 받지 않는다는 의미와, 학생들 중심으로 작품을 제작하여 공모한다는데 중요성이 있다.✽

2. 축제의 장이 된 공산성

이남석

교수 · 공주대학교
박물관장

'백제문화제'와 같은 역사문화축제의 주제는 그 축제를 함축적으로 표현한 상징적 개념으로 지역의 문화관광자원과 축제의 가치성을 높여주는 중요한 요소이다. 특히 백제문화제는 백제 고도로서의 역사성과 문화자원에 기반하여 우리 지역만의 독특한 고유성을 가지고 있는 대표적인 축제로, 다른 어떤 지역의 축제보다 중요한 문화적 컨텐츠와 정체성에 기반 할 뿐만 아니라 관광객의 공주 · 부여지역에 대한 이해를 증진시키는 중요한 역할을 한다고 할 수 있다.

특히 지난 제 57~58회 백제문화제에서는 공주시와 공주대학교 박물관에서 진행 중인 사적 제12호 공산성 성안마을 내 발굴조사현장에서 특별유적전시 '1,500년 전 백제와의 만남'이라는 주제로 발굴현장 공개전시와 역사문화체험을 함께 진행한 바 있다.

공산성은 백제 웅진도읍기 왕성으로서 역사적 의미가 매우 높은 지역일 뿐만 아니라, 백제시대 와당을 비롯하여 정관19년명645 옻칠 갑옷이 출토되는 등 백제 역사전개에 있어서 상징적 의미를 지니고 있는 중요한 지역이기도 하다. 따라서 이와 같이 역사적 의미가 있는 유적에서 축제의 일환으로 발굴현장공개와 역사문화체험을 진행함으로써, 관광객들에게 올바른 역사적 고증을 거친 백제문화의 역사적 매력을 전달할 수 있을 뿐만 아니라, 지역민의 문화적 긍지와 관심을 고취시키는데 중요한 기회가 될 것으로 기대되었다.

유적의 전시와 체험행사의 진행은 발굴조사를 담당한 공주대학교 박물관의 연구진이 직접 진행하였다. 현장에서 전문가에게 직접 듣는 공산성과 유적이야기는 물론, 시간대별로 '나도 고고학자'라는 주제 속에 발굴현장에 함께 참여하는 '땅속에서 찾아낸 백제! 발굴현장 탐험', '1,500년 전 백제의 타임캡슐-밤-', '두드려서 찾아낸 백제문양-탁본-' 등의 다양한 체험활동을 함께 진행하였다.

이러한 체험활동을 통하여 대부분의 사람들이 박물관과 같이 전시실 안에 놓여 있는 유물과 무형의 사진매체를 통하여 접할 수 있던 '백제문화'를 직접 체험하고 느낄 수 있는 기회가 되었다. 특히 참여하는 '백제문화제' 속에 진정성이 있는 백제의 유형 '문화재'를 직접 활용함으로써, 생동감 있는 백제 문화의 조명과 인식의 기회가 될 수 있었으며, 공주시의 역사브랜드가치를 높이는데 기여하였다.

나아가 백제문화제에 참여하는 관람객들로 하여금 현재에 살아있는 백제 문화재를 보여주고 직접 체험할 수 있는 프로그램을 통하여, 백제문화에 대한 관심의 고취와 더불어 지역의 소중한 문화유산을 새롭게 인식하는 계기를 마련하였다고 평가된다.

이러한 축제 속 백제문화재 체험을 통하여 공주·부여지역의 백제 문화적 특징을 상징적으로 표현할 수 있었을 뿐만 아니라, 백제문화에 대한 공감대를 형성하여 문화 교육과 재사회화 기회를 제공하였다는데 큰 의의가 있다. 특히 문화제文化祭 속에 문화재文化財를 만나는 '과거와 현재가 공존하는 축제 속 역사문화의 장'이라는 긍정적인 평가를 받았다. ✽

① 백제문화제 중 발굴현장을 답사하는 모습
② 백제문화제 중 발굴체험에 참여하는 모습

조동길
공주대학교
국어교육과 교수

3. 백제문화제와 전국고교생백일장 대회

공주와 부여에서 해마다 열리는 백제문화제가 갑년을 맞았다. 애초 백제 충신들의 충절을 기리기 위한 간단한 추모 제례로 시작된 행사가 이제는 전국 3대 문화제로 손꼽히는 대표적 문화 축제로 크게 성장하였다. 행사의 주체, 내용, 참여자의 면에서 그 동안 많은 변화가 있었지만, 법인 성격의 추진위원회가 구성되고 최석원 위원장이 초대부터 그 책임을 맡아 현재에 이르기까지 꾸준히 노력한 결과 이제는 행사 규모나 수준에서 손색없는 국제적인 축제의 면모를 갖춰 그야말로 괄목할만한 성장과 발전을 이룩하게 되었다.

백제문화제는 말 그대로 망국의 한과 슬픔으로 점철된 백제의 역사와 이미지를 오늘의 우리 앞으로 불러내서 그 가운데 찬란했던 문화를 계승하고 발전시킴으로써 더욱 풍요롭고 살기 좋은 미래를 건설하자는 취지의 역사 문화 축제다. 따라서 이 축제는 백제와 관련된 고고학적 유물이나 문화만을 조명하는 과거 회귀적인 축제가 아니다. 많은 시민들이 함께 참여하고 즐기면서 공동체적 동질성을 지향하고 확인하는 시민 모두의 현재형 축제라고 할 수 있다.

문학이 사라진 백제문화제

이런 이유로 이 축제에는 지역 예술인들이 참여하는 행사가 초창기부터 계속 주요 프로그램으로 편성되어 왔다. 음악, 미술, 문학, 사진, 무용, 연극에다 최근에는 과학 분야까지 추가되어 더욱 다양하고 흥미 있는 내용으로 시민들의 발길을 끌었다. 그런데 문학 분야의 경우, 문학의 밤 행사로 이어져오던 중 1988년에 웅진문학상으로 바뀌어 잘 진행되어 왔던 것이 2006년에 와서 갑자기 프로그램에서 삭제되어 버렸다. 전국적으로 작품을 공모하여 우수한 작품을 시상하는 이 행사는 우리나라의 많은 문인들이 관심을 갖는 문학상이었는데, 운영상의 물의나 비리 등 특별한 이유도 없이 슬그머니 사라져 버린 것이다. 행사를 주관하여 왔던 공주문인협회는 이에 대해 어떠한 설명이나 해명도 들은 바가 없다. 이유 없이 사라진 이 조치로 인해 전시민의 축제인 백제문화제에서 문학 관련 프로그램은 눈 씻고 보아도 찾을 수 없게 되어 버렸다.

필자는 이에 대한 문제점과 부당성을 알리기 위해 지역신문에 칼럼을 써서 기고하였다. 문학 분야 행사는 다른 프로그램에 비해 예산도 많이 들지 않는데, 이를 없앤 것은 담당자들의 문화의식이 실종되었기 때문이라고 매우 비판적으로 썼다. 이 글을 읽은 최석원 위원장이 어느 날 사석에서 그 문제점 지적에 공감한다면서 문학 행사를 신설해 보는 방향으로 노력해 보자는 제안을 했다. 마침 공주대에서 10년 넘게 이어져 오던 전국고교생 백일장 대회를 학과 간의 형평상 더 이상 지원할 수 없다는 학교 당국의 통보가 와 있던 상황이라 참여자의 숫자 면에서 웅진문학상보다는 그게 낫겠다 싶어 백제문화제 전국고교생 백일장 대회를 하는 것으로 정리가 되었다. 그러므로 이 행사는 전적으로 최석원 위원장의 결단과 배려로 이루어진 일이라 할 수 있다. 참고로 말하자면 웅진문학상 행사는 재작년 공주시장의 특별한 결정에 따라 부활되어 백제문화제와 관계없이 별도 행사로 시행되고 있다.

제1회 백제문화제 전국고교생백일장은 2011년 10월에 부여 부소산성에서 열렸다. 필자가 추진위원장을 맡아 공주사대 국어교육과에서 주관한 첫 대회는 처음 시행하는 행사라 홍보를 많이 하지 못했는데도 전국에서 천여 명이 넘는 학생들이 참여하여 대성황을 이루었다. 당일 수많은 참여자를 통제하고 관리하기 위해 국어과 학생들이 대거 자원 봉사자로 나서 도움을 주기도 했고, 특히 부여 지역 고등학교 교장 선생님들의 배려로 많은 학생들이 부소산에 올라와 가을의 정취를 느끼며 작품을 창작하기 위해 고심하는 모습은 많은 관광객들에게 좋은 인상을 주기도 했다. 다음 날, 국어과 교수들을 중심으로 구성된 심사위원회에서 엄정한 심사를 한 결과 경남에서 참가한 학생의 작품이 장원으로 뽑혔고, 이 작품은 백제문화제 폐막식 행사장에서 시상과 함께 낭송되어 문화제 피날레의 한 장면을 장식하게 되었다. 이로써 백제문화제에서 사라져 버렸던 문학 행사가 부활되었음은 물론 문화제에 명실 공히 모든 예술 분야가 망라되는 그림이 완성되었다고 할 수 있다.

다음 해 제2회 행사는 공주 공산성에서 시행되었다. 주최 측과 공주와 부여를 번갈아 가며 행사를 하기로 약정이 되어 있기 때문이다. 주관하는 입장에서 보면 많은 인원이 이동하는 번거로움을 피할 수 있고, 관리하기에도 편한 점이 있어 공주에서 계속 행사를 하고 싶으나 주최 측의 사정도 있으니 고집할 수는 없는 일이다. 약 8백 여 명의 학생이 참여한 제2회 행사도 유사한 다른 백일장에 비하면 규모 면에서 대단한 성황이었다고 할 수 있다. 전년도의 경험이 있어 제2회 행사도 관리와 통제가 잘 이루어졌고, 심사 과정이나 시상 문제도 큰 무리 없이 원활하게 진행되어 좋은 결과를 얻었다.

제3회 행사는 작년에 부여의 백제문화단지에서 열렸다. 마침 행사 일정과 고등학교의 중간고사 기간이 겹치는 바람에 참가자는 전년에 비해 크게 줄어 약 5백여 명만 참석하여 큰 아쉬움을 주었다.

하지만 전국에서 문학을 좋아하고 사랑하는 실력파 고등학생들만 참여하여 내용 면에서는 오히려 더욱 알찬 행사가 되었다. 예년과 마찬가지로 국어과 학생들과 교수들이 거의 모두 행사에 참여하여 전국 예비 문사들에게 공주대를 널리 알리는 홍보 효과를 크게 거두었음은 물론 백제문화제를 더욱 성공적으로 만드는 데도 일조를 하였다고 할 수 있다.

이어지는 백암정 행사

올해 행사는 공주에서 열릴 예정이다. 지난 세 번의 행사를 바탕으로 앞으로의 발전적인 방향을 생각해 본다면 적정한 예산의 추가 확보와 아울러 행사 장소와 관리에 변화를 줄 필요가 있다고 생각한다. 문화제의 성격상 불가피한 점이 있기는 하나 수많은 관광객이 오가는 혼잡한 장소는 조용히 사색하고 글을 쓰는 백일장의 성격에 잘 맞지 않는다. 또한 많은 시간과 노력이 들어가는 행사 관리에 합당한 추가 예산 지원이 필요하다. 덧붙여 고등학교 중간고사 기간을 피할 수 있는 일정 조정도 고려해야 할 사항이다. 이런 점이 보완되고 조정된다면 이 행사는 더욱 발전하고 성장하여 백제문화제를 한층 더 멋있게 완성 시키는 역할을 담당할 수 있게 되리라고 믿는다.

백제문화제에서 별다른 이유 없이 사라져 일그러졌던 문화 예술 쪽 행사가 이 백일장으로 인해 다시 채워지게 된 것은 최석원 위원장의 균형감 있는 문화의식과 현명한 판단의 결과임은 재언의 여지가 없다. 행사를 주관했던 사람으로서 깊이 감사의 말씀을 드리며, 앞으로 이 백일장이 더욱 내실 있는 전국 최고 수준의 행사가 되어 백제문화제의 성공과 함께 우리 지역의 아름다운 경관과 문화를 널리 알릴 수 있는 계기가 바라는 마음 간절하다. ✱

전국고교백일장

4. 백제금동대향로 특별전과 제59회 백제문화제

박방룡
부산시립박물관장

2007년 12월 국립경주박물관 학예실장에서 국립공주박물관 관장으로 발령받으면서부터 필자는 백제문화에 눈을 뜨기 시작하였다. 공주박물관 관내 현황을 파악해 가면서 틈틈이 웅진백제의 도성都城문화를 연구에 몰두 하게 되었고, 신라문화와는 다른 백제만의 특징이 하나 둘 눈에 들어왔다. 경주에 신라문화선양회 주관으로 신라문화제를 집행하는 경주시 산하 조직이 있듯이 공주와 부여 공동으로 백제문화제를 준비하고 집행하는 백제문화추진위원회가 있다는 사실을 이때 알게 되었다. 그리고 백제문화제추진위원회 최석원 위원장과도 인사를 나누는 기회를 갖게 되었다.

백제와의 첫 인연, 공주

당시의 박물관은 국립기관으로서의 특성 때문인지, 지역사회의 유대감이 두텁지 않아 지역과는 무언가 유리되어 있는 분위기였다. 가을에 개최된 백제문화제는 대단하였지만 박물관은 관장이 개막식에 내빈으로 참석하는 것 외에는 별 달리 하는 일이 없었다. 이렇게 공주와 인연이 되어 백제문화에 겨우 입문한 상태에서 필자는 서울의 국립중앙박물관 유물관리부장으로 발령받아 공주를 뜨게 되었다. 그러나 서울에 있는 동안에도 한성漢城백제의 흔적을 찾아 다니게 되었고 그러던 중 2011년 겨울 사비泗沘백제의 도성, 부여에 있는 국립부여박물관으로 발령받아 다시 '백제'로 돌아왔다.

부여는 공주와 더불어 백제문화의 정수가 오롯이 남아 있어서 공주에서 근무할 때부터 한번 살아보고 싶다고 생각했던 고도古都였는데, 꿈은 이루어진다는 말대로 사비백제의 수도에 자리 잡고 있는 국립부여박물관에 관장으로 근무할 수 있는 행운이 왔던 것이다.

2012년 58회 백제문화제를 기하여 백제인의 얼굴을 찾아보자는 의미에서 공주에서 부여로 천도를 단행하신 성왕의 흉상을 재현하고 능산리고분에서 나온 부부인골을 시뮬레이션과 모형으로 연출하여 전시하여 호평 받은 "백제인의 얼굴" 전시를 하였다. 나름대로 의미 있는 행사였다고 자부할만한 전시였다. 이 전시를 위해 백제문화제추진위원회에서는 홍보비 일부를 지원해 주어 박물관이 백제문화제에 동참한다는 자부심을 가지게 되는 계기가 되었다. 뿐만 아니라 이것이 계기가 되어, 2013년 백제금동대향로 특별전 개최가 가능하게 되었다. 2013년은 백제금동대향로 발굴 20주년을 맞는 해였기 때문에 무언가 특별전을 개최해야 했던 시점이었다. 그러나 중국 혹은 일본으로부터의 유물 대여가 이루어져야 하고, 이를 위해서는 예산 문제가 해결되지 않으면 안되었다. 특별전에 대한 필자의 제안에 대해 최석원 위원장은 적극적인 지원을 약속하였다. 이렇게 하여 백제금동대향로 특별전 개최 작업은 시동하였다.

난산難産, 백제금동대향로 특별전

2012년 6월 18일 백제금동대향로의 근원이 되는 중국 한漢나라 향로를 조사하기 위해 중국 낙양洛陽의 낙양박물관을 4박 5일 일정으로 방문하였다. 전시실을 둘러보니 10점 가까운 향로와 관련유물이 있었다. 백제금동대향로와 비교할 만한 수준의 유물은 없었다. 그러나 꼭지에 봉황이 있고 용이 신선세계를 상징하는 봉래산蓬萊山모양으로 된 향로의 몸체로 된 것은 백제대향로의 모티브와 상통되는 면이 없지 않아 비교전시 자료로는 좋은 것으로 생각되었다. 최대한 다양한 자료를 검토한 끝에, 보험금과 운송료를 감안하여 15점 정도로 대여 유물을 선정하였다. 중국에 다녀 온 후 다시 박경은 학예연구사와 함께 일본의 도쿄, 교토, 나라의 여러 박물관 소장 향로 10여점을 조사하고 대여 약속을 받았다.

그런데 문제는 일본 향로유물과 중국 낙양박물관의 향로를 대여 받는 일이 생각처럼 쉽지 않다는데 있었다. 중국유물은 한국에 도착해야 오는 것이지, 오기 전까지는 절대 안심할 수 없다는 것이 경험자들의 이야기였다. 정말 한 달이 지났는데도 아무런 소식이 없어서, 낙양박물관에 상황을 다시 문의하였다. 하남성문물국에서 대여료 여부와, 중국 향로가 일본 박물관에 수장된 경위에 대해 문제를 삼아 허가를 미루고 있다는 것이었다.

한편 일본 측으로부터는 정식 대여 허가 공문을 접수하였으나, 중국에서의 문제 제기 때문에 섣불리 공문을 답신 할 수 없는 상황이었다. 일본 박물관 소장 중국향로의 수장 연유를 일본측에 조심스럽게 타진하여 입수 연도 등 소략한 내용을 정리하여 중국 측에 전달하였지만, 문제 해결 여부는 미지수였다. 이렇게 문제가 꺼림찍하게 얽힌 상태에서 개막 날짜는 임박해 오고 있었다.

유물 대여 문제가 잘 풀리지 않는 어려운 상황에서 백제문화제추진위원회와 국립부여박물관, 국립공주박물관 3개 기관이 백제문화제추진위원회 사무실에서 업무협약을 체결하고 향후 백제문화 창달에 기여할 것을 다졌다. 이 협약은 "발굴 20주년 백제금동대향로" 특별전시에 큰 도움이 되었다.

'금동대향로의 세계'로 치러진 백제문화제

백제문화제추진위원회와 업무협약이 체결되고 난 뒤 필자는 중국과 일본 유물 대여의 어려움을 최석원 위원장께 의론하였다. 중국측은 별다른 진척이 없이 지지부진하였으나 완전히 포기할 상황은 아니었고, 일본측에서는 대여 여부를 조속히 결정하라는 독촉이 이어지고 있었다. 중앙박물관에 예산지원을 요청하였지만 어렵다는 회신을 받았다. 위원장께서는 예산문제는 백제문화제추진위원회에서 협조하겠으니 낙양박물관과 일본의 박물관 양쪽 모두 대여하는 것으로 하고 추진하자는 방침을 제시해 주었다. 얼마 후 낙양박물관장이 하남성문물국과 북경에 있는 중국 국가문물국을 직접 방문하여 대여허가를 마무리 지어 가까스로 중국 향로를 대여 해 올 수 있게 되었다. 그러나 일본 박물관 소장 중국 향로 대여는 포기한다는 것이 조건이었다.

"백제금동대향로 특별전시"는 59회 백제문화제와 함께 빛이 났다. 그리고 금동대향로는 특별전 만이 아니라 '금동대향로의 세계'라는 큰 타이틀로 59회 백제문화제가 진행되었다. 만약 최석원 위원장의 각별한 협조가 없었다면 성공적인 특별전이 가능했을까? 지금 생각해도 아찔하다. ✻

권인선
박사 · 제문화제
자문위원

5. 참여형 프로그램 국제창작무용경연대회

백제문화제 축제기간 동안에는 다양한 이벤트가 준비되어 있다. 그 이벤트 중에서 축제의 참여성에 중점을 두고 2011년에 처음 시작된 이벤트가 있다. "국제창작무용경연대회"가 그것이다.

국제창작무용대회로 되다

축제장의 주무대에서 펼쳐지는 춤사위는 관람객의 시선을 끌며 발걸음을 멈추게 한다.

국제창작무용경연대회는 축제의 참여성을 강화하고 백제의 역사와 문화를 춤과 더불어 현대적 방향에서 재조명하고, 글로벌 백제문화제로 도약하는 계기를 마련하기 위한 기획 프로그램이다.

국내 및 해외의 남녀노소 누구나 참가 가능하고 경연은 학생부초 · 중 · 고와 일반부대학 · 일반로 나눠 개인과 단체로 치러지며, 경연종목은 한국무용, 현대무용, 생활무용재즈댄스, 댄스스포츠, 힙합, 민속무용, 치어댄스 등 무용의 모든 장르를 대상으로 한다. 최고 영예의 대상 1팀에게는 상금 200만원, 금상 2팀학생, 일반에게는 단체 100만원과 개인 50만원의 상금을 수여하는 등 은상, 동상, 장려상, 인기상, 특별상을 선정해 시상한다.

첫 대회는 제57회 백제문화제로 공주에서 개최되었으며, 2012년은 부여, 2013년 대회는 공주에서 개최되었다. 첫 대회에서는 개인, 단체의 구분 없이 단체의 경연만 있었다. 신규프로그램으로 운영 결정이 다소 늦어져 국내 및 해외 홍보의 부족으로 기획했던 팀 수에는 미치지 못하였지만 첫 대회임에도 불구하고 일본에서 참가하였으며, 국내에서 거주하고 있는 태국과 인도네시아의 참가로 해외 11팀을 포함해 총 41개 팀이 참가하였다.

국내에서도 충남 지역을 비롯하여 서울, 경기, 충북, 전라도 등 각 지역에서 참가하였으며 참가자의 대상 또한 학교, 무용학원, 복지관 등 초등학생에서 노인에 이르기까지 다양한 계층이 참가하였다는 점에 주목할 만하다.

이렇게 첫 대회는 다양한 장르의 무용 경연을 통해 관람객에게 신선한 볼거리를 제공하고 남녀노소 폭넓은 계층이 참여하여 함께 즐길 수 있는 참여형 프로그램으로써 지속적으로 발전 가능한 기반을 마련할 수 있는 계기가 되었다.

2012년 대회부터는 학생부와 일반부 모두 개인과 단체로 구분하였는데 개인 36명, 단체 37팀이 참가하였고 2013년 대회에서는 개인 40명, 단체 35팀이 참가하였다.

첫 대회와 달리 개인 부문을 추가하여 참가자에게 선택의 폭을 넓혀 보다 많은 사람이 참가할 수 있게 하였으며, 일본에서의 꾸준한 참가와 더불어 중국, 몽골, 우즈베키스탄 등의 국적을 가진 유학생, 국내에서 무용 활동을 하고 있는 팀들의 참가로 국제대회로써의 면모를 갖추게 되었다.

함께 만들어 가는 축제

국제창작무용경연대회는 백제문화제추진위원회가 주최하고 공주대학교 산학협력단이 주관하여 추진위원회의 보조금, 공주대학교의 대응투자금과 참가자의 참가비로 대회를 운영한다.

축제에 참가한다고 하면 무조건 무료라는 생각을 불식시키며 국제창작무용경연대회의 참가자 전원은 단체와 개인별로 각각 참가비를 내고 이 대회에 참가한다. 그래서 이 대회가 함께 축제를 만들어가는 이벤트로써, 축제 프로그램의 참여성 강화를 위한 백제문화제추진위원회의 경연 도입의 목적에 부합하는 프로그램으로 자리잡을 것이라고 생각한다.

대개의 사람들은 무용이라는 특수성 때문에 전문인만이 무대에 오르고 발표를 할 수 있다고 생각한다. 하지만 백제문화제 국제창작무용경연대회에서는 전문 무용인 뿐만 아니라 춤을 배우고 즐기고 있는 대중들에게 열려 있는 장을 마련하였다.

앞으로는 민간의 주도하에 참가자와 관람객이 적극적, 능동적으로 함께 즐기고 참여할 수 있는 축제, 지역 주민과 참가자가 이끌어가는 축제로 만들어 가는 노력이 모든 축제에 필요할 것이다.

국제창작무용경연대회는 프로그램 자체로써 역할을 다하면서 타 프로그램과도 연계성을 갖고 상호 협력하며 참여한다.

국제창작무용경연대회 참가자들은 대회를 마치고 축제장을 돌며 타 이벤트에도 참여한다. 특히, 해외 팀은 백제문화제의 해외공연단 이벤트와 웅진성 퍼레이드에도 참가할 뿐 만 아니라, 백제의 역사와 한국의 다양한 문화를 경험하며 축제를 마음껏 즐기고 돌아간다.

2011년에는 대회에서 대상을 수상한 팀이 백제문화제와 교류하고 있는 일본 오사카의 시텐노지 왓소 축제에도 참가하여 백제문화제를 홍보하고 공연을 선보임으로써 백제문화제의 위상을 널리 알리는 계기가 되기도 하였다.

해외공연단 프로그램, 퍼레이드 참가 뿐만 아니라 그 외에도 대회에서 수상한 대상과 다수의 팀은 폐막식 식전공연에도 참여한다. 국제창작무용경연대회는 일회성 프로그램이 아닌 축제의 연계프로그램으로 백제문화제를 대표할 수 있는 프로그램으로 성장 발전할 수 있는 양질의 조건을 갖고 있다.

참가자들은 대회를 마치고 나면 또 참가하고 싶다는 의사를 밝히고 다음 해의 대회를 기다리며 돌아간다. 그렇게 첫 대회부터 3회째 대회까지 꾸준히 참가하는 팀은 일본의 2팀과 국내의 다수 팀을 포함하여 10여 팀이 된다.

국제창작무용경연대회는 해를 거듭하며 명실상부하고, 글로벌 백제문화제의 프로그램으로 자리 매김하고 있지만 국내 그리고 해외 각 국에서 보다 많은 팀이 참가할 수 있도록 구체적인 방안을 모색하고 꾸준히 참가하고 있는 해외 관계자와의 인간적이고 지속적인 유대관계가 필요하다.

다시 가고 싶은 축제, 스스로 찾아가는 축제, 그리고 직접 참가하고 싶은 이벤트, 그럼으로써 국내·외의 참가자에게 백제 문화에 관심을 고취시키고 백제문화제를 국제적으로 홍보하여 세계인이 참여하는 "글로벌 축제"의 한 축을 이루는데 도움이 될 것이라 생각한다. ✻

6. 백제문화제와 공주인절미

신용희
금강뉴스 대표

한국을 대표하는 역사문화축제, 백제문화제가 2014년 갑년甲年을 맞았다.

백제문화제는 1955년 부여 '백제대제집행위원회'가 주민들의 성금을 모아 '백제대제'라는 명칭으로 백제말 3충신 성충, 흥수, 계백을 추모하는 삼충제와 백제여인의 넋을 위로하는 수륙재가 시작이었다.

1966년 공주시가 참여하고, 1979년부터 부여와 공주시에서 격년제로 개최해 왔다. 2007년부터 충청남도 주관하에 (재)백제문화제추진위원회가 설립되어, 공주시와 부여군이 통합 개최로 전환됐고, 2010세계대백제전의 성공적 개최 등으로 국내 최고의 역사문화축제 및 세계 명품축제로 거듭나고 있다.

60회를 맞는 백제문화제가 세계 명품축제로 자리매김한 데는 여러 가지 요인을 꼽을 수 있지만 여기서는 공주가 인절미의 본향本鄕임을 알리면서 주민들이 자발적인 참여로 백제문화제를 성공으로 이끌어낸 인절미 축제와 관련한 기획, 진행 과정, 성과, 과제 등을 살펴보고자 한다.

인절미의 유래

1624년 2월8일, 이괄의 난亂을 피해 인조仁祖 조선 16대 왕는 공주로 피난을 오게 된다. 왕을 태운 가마가 공주 우성을 지나올 때 한 백성이 인조에게 떡을 진상했다. 허기에 지쳐있던 인조는 이 떡을 아주 맛있게 먹었는지라 "내 지금까지 이토록 맛있는 떡은 처음이로다! 이 떡이 무슨 떡이냐?"하고 물었으나 떡 이름을 아는 사람이 없었다. "그러면 이 떡을 가져온 사람이 누구냐?"고 묻자 "임씨 성을 가진 백성이 진상하였나이다"라고 신하가 대답했다. 이에 인조는 "천하에 절미絶味로다"라고 말했다. 이후 '임씨 백성이 진상한 매우 뛰어난 맛'의 이 떡의 이름을 '임절미'라 부르게 되었다. 그 후 '인절미'는 발음하기 수월하게 '인절미'가 되어 공주사람들의 입으로 전해지면서 '공주떡'으로 정착하게 되었다. 또한 공주에는 인조대왕과 관련해서 정안의 석송동천石松洞天, 우성의 소물牛井과 조왕골助王, 공산성의 쌍수雙樹 등의 이름이 지금까지 전해 내려오고 있다.

주민자발적 참여 축제로 의미 더해

2007년 제53회 백제문화제 때 처음으로 시작된 인절미 축제는 3가지 목적으로 진행됐다.

첫째 백제문화제가 관官주도의 축제에서 시민들의 자발적인 민民 주도 참가로 위상을 높여 세계적인 축제로 부상하기 위함이다.

둘째 전통 먹거리인 '떡'을 통해 FTA자유무역협정 등으로 어려운 농업인들을 격려하고 쌀 소비촉진을 하기 위함이다.

셋째 인절미를 국내기네스기록700m에 등재하여 공주 떡의 브랜드 가치를 높이고자 했다.

인절미의 본향本鄕은 공주

인절미 축제 주제는 '공주 떡 잇고, 공주 마음 나누자'로 정하고 2007년 10월 23일 토 15시~17시까지 공주 금강대교에서 공주향토문화연구회회장 윤여헌와 공주대학교 경영행정대학원 최고경영자과정 총동문회회장 성기창 및 (주)주금강뉴스대표 신용희가 공동으로 행사를 진행하였다.

주민의 자발적인 참여와 모금 및 후원으로 진행된 인절미 축제는 공주 시민 2,000여명이 참가하여 제 53회 백제문화제 행사 중 가장 주목받는 행사였으며 TV와 언론매체를 통해 인절미는 '공주떡'임을 전국에 각인시켰다.

여기서 가장 주목해야할 사항은 200여명의 자원봉사자들로 강북발전협의회, 공주여성단체협의회, 대학생공주대학교 / 공주교육대학교 / 공주영상대학교, 고등학생공주금성여고 / 공주고등학교 등 그들의 활약이 인절미 축제 성공요인이었음을 강조하고 싶다.

이들은 행사장의 거리380m가 길어 통제하기 어려운 상황에서 각자 정해진 위치에서 시민들에게 행사 진행을 도와 세계에서 가장 긴 700m 인절미 기록에 도전, 기네스북 한국기록원에 등재될 수 있었다.

또 한국농업경영인공주시연합회에서는 15가마의 찹쌀을, 농협에서는 5가마의 콩과 떡 가공비 등을 협조하였고 공주연기축협, 농업경영인여성연합회, 공주시이장단협의회, 새마을공주시지회, 공주시떡류협회 등 각 단체의 협조가 없었다면 인절미 축제는 성공하지 못했을 것이다.

한 가지 아쉬운 점은 다음해인 제 54회 백제문화제 인절미 축제에서 행사 시작 10여 분 만에 참여한 시민들이 인절미를 잇기도 전에 보따리째 싸들고 가는 어처구니없는 상황이 발생, 성수대교 끊어지듯이 인절미가 끊어진 점이다. 이 부분은 성숙하지 못한 시민의식과 함께 자원봉사자의 활약을 간과한 주최측의 안이함이었다고 필자는 생각한다.

인절미축제(2007)

'한·중·일 3국 떡잔치' 한마당을 열자

이제 공주떡 인절미는 공주시민들의 사랑을 받고 있다. 2년 전부터 공주농협 공주시지부와 11개 지역농협에서 주최하는 인절미 축제가 백제문화제의 메인프로그램이 되면서 공주사람들을 하나로 모이게 하는 한편 각 농촌체험에서도 주요 프로그램으로 자리잡게 되었다. 백제문화제가 지향하는 '참여형 축제'로 올해 지역 주민과 기관·단체, 기업 등이 한층 성숙한 모습을 보여줄 것이라는 점에서 인절미 축제가 갖는 의미는 값진 성과가 아닐 수 없다. 아울러 세계인의 입맛에 맞는 인절미 상품 개발로 축제의 수익성 창출방안 등은 앞으로 우리가 풀어가야 할 숙제로 남는다.

백제문화제는 올해 제60회를 맞이하여 세계적인 명품축제로 자리매김하기 위해 삼국문화교류전과 한·중·일 문화특별전 등을 준비하고 있다고 들었다.

그렇다면 '한중일 3국 떡잔치' 한마당은 어떨까?*

김주호
배재대학교
관광이벤트
경영학과 교수

7.백제문화제 프로그램의 새로운 관점, 다리위의 향연

'다리위의 향연'은 그간 백제문화제가 제공한 콘텐츠 또는 프로그램의 매너리즘에 대한 새로운 시각이라 할 수 있다. 오랜 세월 개최되면서 백제의 역사를 보여주는 프로그램은 퍼레이드, 공연 그리고 최근에 들어서 시도되고 있는 역사체험 등으로 요약된다. 이러한 가운데 제 58회 백제문화제 공주시에서 보여준 '다리위의 향연'은 역사축제가 태생적으로 갖는 경직된 프로그램의 한계를 극복하는 방법과 상품화를 제시하였다.

다리위의 향연은 60년을 맞는 백제문화제가 역사적 이미지를 부각하고 전통계승의 차원을 넘어 그간의 성과를 기반으로 지역을 살리는 산업의 관점으로 나아간다고 할 때 작은 시도지만 '백제문화제의 새로운 발견'이라 하겠다. 2년간의 짧은 시도지만 몇 가지의 특징과 시사점이 있다.

백제문화제, 그리고 '다리위의 향연'

첫째, 역사축제의 상품화 모델을 제시하였다. 특산물 또는 공산품을 소재로 하는 축제는 판촉으로써 훌륭한 도구이다. 축제방문객들이 즐기고 느끼는 것 자체가 축제의 소재를 구입할 수 있도록 유도하는 의미가 자연스럽게 전달된다. 대표적으로 금산인삼 축제는 축제장을 방문함과 동시에 인삼 달인 물을 제공하고 홍삼을 우려낸 물로 족욕을 하며 프로그램에 참여하면 인삼과 홍삼사탕을 제공하므로 인삼과 관련한 제품을 구입하지 않을 수 없도록 만든다. 백제문화제는 역사를 축제의 주요 소재로 다루면서 상품을 근간으로 하는 축제와는 다른 무형적인 이미지 또는 브랜드 자산을 형성하고 이를 통해 지역에 생산적 효과를 기대하는데 즉각적인 경제적 효과를 기대하기 어렵다는 한계가 있다. 세계대백제전에서 보여 준 역사뮤지컬 등은 이러한 한계를 극복하기 위한 적극적인 방안이었지만 구매가격이 부담되고 투입비용 또한 만만치 않았다. 반면 다리위의 향연은 경영적인 관점에서 적정 수요를 예측하고 투입대비 손익분기점을 확보하기 용이하다. 특히, 음식이라는 특징은 선호여부에 따라 구입을 결정하는 것이 아니라 반드시 섭취해야 하는 본능적인 욕구가 있으므로 구입확률이 매우 높다는 장점이 있다. 백제의 역사 현장, 그 중심이 금강이었다면 근대문화재로 지정되고 백제 역사가 펼쳐진 금강의 바로 위에서 백제시대 복식을 하고 정찬과 함께 예술공연까지 접한다면 시중의 점심보다 훨씬 고만족을 느낄 수 있다. 실제로 예약 개시 하루 만에 티켓이 동날 정도의 인기와 조사결과 7점 만점에 4.99의 만족도를 참고한다면 향후 지속적인 관심이 필요한 백제문화제 속의 상품화 가능성을 보인 것으로 평가하겠다.

둘째, 역사체험의 새로운 관점을 제시하였다. 다리위의 향연을 슬로건으로 정리하자면 '역사 현장에서의 우아한 한 끼'로 이야기 할 수 있다. 백제문화제가 60년을 이어오면서 퍼레이드가 지속적으로 풍성하고 강력한 프로그램으로 자리 잡았고 개폐막식을 비롯한 무대공연은 대규모 방문객을 유치하는 역할을 하고 있다. 지난 10년 이래 백제문화제에서 새로운 프로그램의 변화를 꼽는다면 체험프로그램의 등장이다. 공주의 공산성과 부여의 구드래 등에서 백제시대 유물과 생활양식을 체험하도록 프로그램을 배치하면서 백제역사에 대한 교육적 흥미성을 강화시켰다. 체험프로그램의 트렌드속에서 지속적인 진화의 모습은 백제문화제가 사라지지 않고 명맥을 이어 온 중요한 요인 중의 하나로 볼 수 있다. 그러나 새로운 프로그램의 형식은 잠재방문객들의 욕구를 대변해야 하므로 항상 고민해야 할 문제이다. 그러한 점에서 다리위의 향연은 체험형식의 혁신을 제공한 것으로 보아도 좋을 듯하다. 유물제작이나 복식체험 등에 국한되었던 역사체험을 마치 백제 역사 속 주인공이 되어 역사의 현장을 상상하고 풍광을 느끼며 우아하게 식사할 수 있는 방문객 중심의 사고와 수 천원 내외의 작은 체험이 아닌 수 만 원 대의 고가 유료체험프로그램을 통해 프로그램을 제공하는 공급자 입장이 절묘하게 부합하는 프로그램이라 하겠다.

셋째, 백제문화제 최대 약점으로 지적되어 온 음식 분야의 개선 방향을 제시하였다. 백제문화제의 난점은 상품과 음식으로 매년 방문객 만족도 평가에서 나타나고 있다. 추진위원회는 지자체와 협조하여 가격과 음식의 질을 관리하고 있지만 방문객들의 만족도는 프로그램과 축제서비스의 만족도를 추월하지 못하고 있다. 이러한 현실속에서 현재 1회에 그치고 있는 다리위의 향연이 축제기간 중 주간뿐만 아니라 환상적인 석양이 있는 야간의 금강에서 수시로 제공될 수 있다면 만족도와 수익성을 고려할 때 축제의 오랜 약점을 극복할 수 있는 훌륭한 대안이 될 것으로 판단한다.

백제문화제의 새로운 가능성

넷째, 체류형 관광프로그램의 가능성을 보여 주었다. 2013년의 다리위의 향연은 2회 째 개최되면서 새로운 가능성을 보여 준 한 해였다. 한 끼 식사의 이벤트로 그치지 않고 숙박과 연계하는 백제문화제의 다양한 체험 중 하나로 그 역할을 하였다. 공주시에서 외지인들로 구성된 사이버시민들에게 숙박과 백제문화제 체험, 퍼레이드 참여와 함께 패키지로써 다리위의 향연을 유료로 판매하였는데 2012년과 다름없이 400명을 목표로 하는 티켓이 하루 이틀 사이 전량 판매되었다. 숙박과 체험참가 등의 이유로 한 끼 식사비 이상의 비용을 지불해야 했지만 식사까지 백제시대 복식을 입고 체험할 수 있다는 장점은 판매부진에 대한 운영상의 걱정을 해소시켰다. 좀 더 나아가 부여군 에서도 프로그램을 연계 할 수 있다면 1일 형 체류에서 공주와 부여 두 지역 모두에 혜 택을 제공하는 숙박형 체류로의 확대가능성을 엿 볼 수 있는 시험대였다.

마지막으로 다리위의 향연이 지속적으로 성공하기 위해서는 커뮤니티의 관심과 적 극적인 참여가 요구된다. 당초 이 프로그램은 한국관광공사에서 전국에 지역협력형 관광상품화의 일환으로 공모를 통해 배재대학교 관광이벤트연구소에서 전국 8개 사 업 중 하나로 공모에 당선되면서 백제문화제추진위와 대전시에 기획과 예산을 지원하 면서 시작되었다. 2회 째는 지역의 프로그램 참여가 늘었지만 보다 더 주변의 식당가, 지역주민의 서비스 등이 확대되어야 할 것이다. 유료형, 숙박형, 방문객의 높은 참여 도와 만족도를 고려할 때 지역의 적극적인 참여가 전제된다면 현재의 성과 보다 훨씬 나은 혜택이 지역주민들에게 돌아 갈 것이기 때문이다. ✳

제58회 백제문화제.
다리위의 향연

3장 백제문화제, 미래를 위한 창조

1. 함께 참여하여 명품축제 만들기

서만철
전 공주대학교 총장

1995년 지방자치 실시 이후 지역축제는 매년 그 수의 증가와 함께 축제들 간 경쟁이 심화되어 왔다. 이러한 상황 속에서 프로그램의 중복성, 전시 및 과시성 등의 폐해로 지역축제는 점차 그 매력이 저하되고 있어 안타까움이 더해지고 있다.

시류에 편승하여 축제의 양적 활성화에 치우친 결과 천편일률적인 유사축제, 비체계적인 기획과 운영, 예산낭비 등과 같은 축제의 역기능적 측면이 크게 부각되고 있어 사회적으로 지역축제에 대한 구조조정의 공감대가 점차 강하게 형성되어 가고 있는 실정이다.

콘텐츠의 중요성

이러한 상황을 타파하고 지역축제가 성공하기 위해서는 컨텐츠 즉 내용이 우선 충실하고 독창적이어서 내·외부인들에게 충분히 매력적이어야 할 것이다. 그러기 위해서는 축제의 독창적 내용에 대한 지속적인 연구와 발굴, 지역민들의 적극적인 참여, 그리고 외부인들의 관광욕구나 동기유발을 위한 고도의 축제기획이 요구된다.

그러나 관이 중심이 된 지역축제는 운영 면에서 볼 때 행사의 초기 준비와 추진력에는 긍정적인 측면이 있으나 축제가 어느 정도 궤도에 오른 상태에서는 더 이상 변화를 주거나 콘텐츠 다양성의 창출 등에 한계를 보일 수밖에 없는 양면성을 동시에 내포하고 있다.

우리 공주-부여 지역에는 전국적인 명성과 전통에 빛나는 백제문화제가 올해로 벌

써 60회째를 맞이하게 되었다. 그동안 백제문화제가 이 만큼 성장한 데에는 관 중심의 기획과 운영의 긍정적인 결과라는데 크게 이의를 제기할 사람은 아마도 드물 것이다. 그럼에도 불구하고 필자는 환갑을 맞이하는 백제문화제가 이제는 변화와 함께 관 중심의 한계를 극복하고 새롭게 도약해야 하는 의미 있는 시기가 도래하였음을 강조하고 싶다.

말 그대로 백제문화제는 과거 융성했던 백제시대의 창조적 그리고 선도적 문화를 기리는 축제로서 웅진−사비를 중심으로 한 조상들의 높은 문화적 자긍심을 계승ㆍ발전시켜 나아가자는 축제이다. 따라서 이러한 백제문화제가 우리 지역을 넘어 세계적 축제로 자리 잡기 위해서는 그 문화적 우월성에 대한 현대적 표현과 민간중심의 다양한 운영시스템 및 기관들의 적극적인 참여가 무엇보다 중요하다고 생각한다.

그동안 필자가 속한 공주대학교는 백제문화제의 전통과 내용을 충실히 하는데 큰 몫을 담당해 왔다고 자부한다. 약 1000여명의 교직원 집단이 음양으로 문화제에 관여하며 특히 관련 전문가 교수집단은 국제 학술회의 등을 주도함으로써 백제문화제의 세계화에 이바지하고 있다. 또한 그들은 다양한 스토리텔링 및 지속적인 문화콘텐츠의 발굴에도 기여함으로써 문화제의 내용을 더욱 풍부하게 만들고 있으며, 문화제 폐막 이후의 평가와 발전적 대안 제시 등에도 중요한 역할을 다하고 있다. 나아가 유학생들의 참여와 홍보 등은 백제문화제가 지역의 대학기관 등과 연계함으로써 얼마나 많은 시너지효과를 창출하는지를 보여주는 롤 모델이 되기에 충분하다고 사료된다.

공동 참여로 명품 축제 만들기

공주대학교는 직접적으로는 문화제 프로그램에 대응투자를 하면서 참여하고 있다. 백제문화제상품공모전, 국제창작무용대회, 전국고교백일장대회 등이 그것이다. 우리 지역에는 공주대 등 학술기관 외에도 다양한 연구기관 및 경제단체 들도 많이 있다. 따라서 이 기관들이 백제문화제의 발전이라는 공동의 가치에 인식을 함께하며 적극적으로 참여한다면 우리 지역의 대표 축제인 백제문화제는 더욱 풍성하고 다양해짐으로써 세계적 명품 축제로 거듭 날 수 있으리라 확신한다.

이제 백제의 깃발 아래 민관 모두가 주인으로 참여함으로써 세계인들이 찾을 수 있는 백제문화제의 새로운 전기가 마련되기를 진심으로 기대하고 또한 소망한다. ✳

박정주
충청남도
문화체육관광국장

2. 백제문화제, 그리고 갑년

백제문화제가 벌써 갑년을 맞게 되었습니다. 일제강점기의 질곡과 전쟁의 아픔을 뒤로하고 1955년 소박한 지역축제로 시작하였습니다만, 알차게 성장하여 지역정체성을 정립하는데 기여함은 물론 대한민국을 대표하는 축제로 굳건하게 자리매김을 하였습니다.

60회를 이어오기까지 지역주민들과 공무원, 학생 등 많은 분들이 헌신적인 열정으로 참여하여 주셨습니다. 그러한 노력들이 밑거름이 되지 않았다면 오늘의 백제문화제가 성공할 수 있었을까요? 노고에 깊이 감사드립니다.

아울러 백제문화제 통합 등 큰 변화를 겪는 한가운데서 7년2007~2013 동안 큰 줄기를 잡아주시고 백제문화와 백제문화제의 세계화를 이끌어주신 최석원 백제문화제 추진위원장님께도 감사드립니다.

재임중에 백제문화제의 정체성을 확립하여 큰 도약의 계기를 마련하시더니, 퇴임 후에는 그 오랜동안의 고뇌, 노하우를 도정과 지역을 위해 정리해 주시는 어려운 일을 해주셨습니다.

사실 백제문화제의 발자취를 돌아보면 굴곡과 발전과정에 시대적인 애환과 고민들이 고스란히 녹아 있습니다. 부여, 공주, 대전까지 이어지는 외연의 확대, 규모와 프로그램의 증가, 분산 또는 통합개최 등 여러가지 변화도 있었습니다. 그러한 다양한 시도를 통해 백제가 가지는 상징성에 의한 도민정서의 통합과 참여, 역사성과 축제를 통한 교육적 효과, 축제 로서의 재미가 어느정도 조화되면서 성공적인 축제로서 평가받게 된 것 같습니다.

그러나 지금껏 그래 왔듯이 국민들의 생각 특히, 백제문화제에 참여하는 관광객들이 원하는 것은 보다 다양해지고 수준도 높아지고 있습니다. 앞으로 백제문화제는 보다 큰 차원에서 세계화를 지향점으로 삼고 있습니다만 모시고자하는 해외관광객들의 요구는 더 까다로울것입니다. 이들의 요구를 더 잘 충족시켜 주되, 재정적인 제약과 어려움속에서 효율을 높여야 하는 것이 우리가 안고있는 고민과 숙제이기도 합니다.

59회 백제문화제 종료후에 도는 전문가, 도·시군·공무원들과 머리를 맞대고 수차례 논의를 거쳐 백제문화제를 어떻게 보다 효율적으로 발전시킬 것인가에 대한 고민을 하였습니다. 그 결과를 정리하면 우선, 축제가 끝난 후에 무엇인가 남아야 한다는 것입니다.

　일회성으로 끝나는 것이 아니고 지속적으로 발전시키기 위해서는 인프라가 매년 축적되어 다음 축제에는 이런 기반을 이용하여 예산도 절약하고 프로그램 수준도 높여 행사를 효율적으로 할 수 있게 해야 한다는 것입니다.

　둘째, 지역주민들에게도 무엇인가 남아야 한다는 것입니다. 축제가 지역주민들의 삶속에서 이루어지고 지역주민들에게 실질적인 소득 증대에 기여하도록 기획되어야 하고 주민들은 축제에 주인으로 참여하여 오랫동안 그 기억을 토대로 참여와 개선점을 찾을 수 있게 하자는 것입니다.

① 의당 집터다지기
② 사비천도행렬

　셋째는 대표프로그램에 관한 것입니다. 59회 백제문화제 기간에 102개의 프로그램이 공식적으로 시행되었는데 제례 등 유사한 프로그램이 너무 많다고들 합니다. 대표프로그램으로 퍼레이드를 선정하였습니다만 향후 프로그램수를 줄이고 규모는 늘리고 관광객 등 다양한 주체가 참여하여 즐길 수 있게 해야한다는 것입니다. 이와 관련하여 부여군에서는 백제역사유적지구 유네스코 등재와 연계하여 백제문화제의 시원인 수륙재도 유네스코에 등재해야 한다는 여론이 있습니다. 이를 위해서는 관련 제례를

정리하여 통합하고 정형화된 절차와 의미부여를 통해 유네스코 무형문화재 등재요건에 맞게 탁월한 보편적 가치Outstanding Universal Value를 정립하는 것이 시급한 과제입니다.

넷째, 관광객들의 만족도를 높여 다시 방문할 수 있게 여건을 마련하는 일입니다. 관광객들의 가장 큰 불만은 먹거리와 연계체험, 숙박입니다. 특히, 먹거리는 축제때마다 쫓아다니는 뜨내기 장사꾼이 판을 칠수록 불만이 높아지는 경향이 있습니다. 따라서, 지역을 대표하는 식당, 주민들이 중심이 되어 질좋은 대표 음식을 맛볼수 있는 기회를 시급히 만들어야 합니다.

마지막으로 실질적인 주민들의 관심과 참여 속에서 백제문화제가 더 발전할 수 있다는 것입니다. 그것이 자원봉사, 퍼레이드 참가자, 향토음식을 판매 하는 사장님이든 관계없이 다양한 모습으로 지역주민들이 참여하시고 조언을 해주시고 스스로 고쳐나가는 노력을 할 때 진정한 주민들에 의한 백제문화제의 발전이 가능할 것입니다. 흔히 백제문화의 정수를 표현하는 말로 "검이불루 화이불치"를 언급합니다. 백제인의 빼어난 문화예술혼을 이어받은 백제의 후예로서 "교육적이지만 지루하지 않고 재미있지만 난잡하지 않은 백제문화제"를 만들어 국내는 물론 세계인이 사랑하고 즐기는 축제로 발전되길 기원해 봅니다. 백제문화제를 정리하는 어려운 일을 해주신 최석원 전 백제문화제 추진 위원장님께 다시 한 번 감사드립니다. ✱

3. 백제 문화의 시금석 '검이불루 화이불치'

정재윤
공주대학교
사학과 교수

백제는 다른 나라에 비하여 독특한 문화를 가졌다. 유물을 보면 은은한 톤의 소박한 모습이어서 언뜻 주목되지 않지만 보면 볼수록 감칠맛 나는 진한 향기가 느껴지는 것이다. 그렇다면 백제의 빛깔은 어디에서부터 연유되었을까?

이와 관련하여 가장 먼저 떠오르는 말은 '검이불루 화이불치儉而不陋 華而不侈'라는 모토이다. 이 문장의 연원은 백제의 시조 온조왕이 도읍을 옮긴 이듬 해 정월 궁실을 지을 때 내린 지침이다. 이때 왕은 '검소하되 누추하지 않으며, 화려하되 사치로와서는 안 된다.'라는 취지로 궁실을 조영하는 기본 방향을 제시하였다. 국정의 최고책임자가 언급하였기 때문에 이는 백제가 추구한 문화 정책의 핵심이 될 수 있다.

'검이불루'의 철학

'검이불루'는 혹자는 온조왕 때 기사를 신뢰할 수 없고, 너무 세련된 문투이기 때문에 백제 당시에 만들어진 것이 아니다 라고 말하기도 한다. 그러면 이를 어떻게 받아들여야 할까 검토하여 보기로 하자. 먼저 '검'과 '화', '불루'와 '불치'는 대구가 되고 있다. 아울러 검소함을 지향하되 누추해서는 안 되며, 화려하되 사치로와서는 안 된다는 기본적인 전제를 달아, 남을 배려하되 일정한 품격을 유지하려는 자세도 엿보인다. 이와 같이 문장은 대구와 대조를 통해 전달하려는 의지를 잘 표현하였다. 그런데 이러한 단문 단계의 표현은 후에 점차 운율을 가지며 사륙변려문四六騈儷文으로 발전하였다. 때문에 이 문장은 온조왕 때로 시기는 확정할 수 없지만 백제 초기 단계의 것임은 확인할 수 있다. 설사 그 시기를 확정할 수 없더라도 궁실을 꾸미는 지침이며, 이를 나라 전체로 확대한다면 도시 경관에 대한 방향성이기도 하다. 따라서 백제왕이 지향한 신조였다는 점에서 백제 문화의 특성을 잘 드러내는 표현인 것은 분명하게 하겠다.

그렇다면 백제왕은 왜 이러한 모토를 주장하였을까. 이 문장의 핵심은 검소함이다. 그러나 지나치게 검소하여 누추하게 보이는 점을 경계하고 있다. 아울러 화려함을 언급하고 있으나 바로 사치롭지 않아야 된다는 기본적인 전제를 깔아 이를 제한하고 있다. 화려함도 어디까지나 검소함에 가리는 부차적인 것이다. 다시 말하면 백제왕은 검소함 즉 소박함을 가장 강조하고 있는 것이다. 백제 토기나 마애불에서 은은한 회백색 톤의 소박함이 잘 드러나는 것도 이와 관련이 있는 듯하다. 그렇다고 백제 문화가 소박함만을 추구한 것은 아니다. 금동대향로에 보이는 화려한 금속공예품은 다른 나라에서 흉내 낼 수 없는 빼어난 기술이다. 이와 같이 화려한 기술을 가졌으나 사치로움을 경계하고 있는 것이다.

이는 백제로부터 선진 문화를 수입한 신라나 왜가 화려하고 사치로움을 강조하고

① 백제문화제와 공산성
② 백제마보무예

있는 것과는 분명하게 차이가 난다. 사치로움을 뽐내고 있는 이들의 문화는 백제 문화의 외면 만을 수용한 것이며, 백제인들이 추구한 철학이나 사상까지 고려하지 않았다. 백제금동대향로는 화려한 금속공예기술의 정수이지만 이에는 백제의 불국토 사상과 신선사상이 녹아있는 다시 말하면 백제인들이 추구한 이상향의 응축물이었다. 기교가 아닌 화려하지만 절제되고 응집된 표현을 하여 지나친 화려함을 경계한 것이다. 한껏 화려함을 뽐낼 수 있지만 검소함을 먼저 추구한 백제인들의 철학과 사상이 느껴진다.

이러한 백제인들의 정체성은 나라 이름에서도 드러난다. 온조왕은 비류의 신하와 백성들이 귀부해 올 때 '백성들이 즐겨 따랐다' 하여 나라 이름을 백제百濟로 고쳤다. 이 때 백제의 사전 상 의미는 백성 '백百'자에 따를 '제濟'자가 된다. 이와 같이 백성들이 자발적으로 따랐다 하는 것은 백성들이 원하는 나라를 세웠다는 의미이다. 백성들과 동고동락同苦同樂하려는 국가의 방향성과 정체성을 제시한 것이다.

더불어사는 세상

더불어 사는 세상을 지향하였기 때문에 백제는 백성들을 배려한 문화 정책을 펼친 것으로 생각된다. 왕과 귀족들의 극도로 화려한 사치로움을 배제하며 검소하고 소박한 생활을 지향함으로써 백성들을 배려하여, 이들이 백제 신민으로써 자부심과 정체성을 느낄 수 있도록 한 것이다.

백제 문화는 신라나 왜처럼 화려한 문화를 드러내놓지는 않았다. 그 이면에는 소박함을 지향한 백제의 정체성이 깔려 있기 때문이다. 서산 마애삼존불에서 볼 수 있는 순진무구한 백제의 미소, 백제 그릇받침에서 느껴지는 은은한 회백색 톤의 향기는 절로 우러나오는 우리의 장 맛이요, 진국인 것이다. 자신의 존재를 드러내 놓은 것보다는 한 켠을 차지하고 있는 듯 없는 듯 자연과 동화된 모습 속에서, 우리는 백제인의 얼굴과 생활의 자취를 느낄 수 있다. 이러한 면에서 '검이불루 화이불치'는 백제 문화의 정수를 보여주는 시금석이라고 해도 과언이 아닐 것이다. ✽

4. '삼천궁녀'에 대한 두 가지 정서

'백제문화제'라면, 떠오르는 단어가 '삼천궁녀'이다. 연이어 '의자임금'도 따라다니는 '바늘과 실'의 관계이다. 사실 '삼천궁녀의 민속학적 이해'를 2000년 어느 학술대회에서 발표한 일이 있다. 이로 인하여 KBS 역사스페셜과 중앙 일간지보기 : 동아일보 등에도 취급한 일이 있다.

'해동의 증자', 의자왕

의자임금의자왕, 재위 641~660은 많이 억울한 사람이다. 《삼국사기》《삼국유사》를 보면, 의자임금은 무임금무왕, 600~640의 큰 아들원자로 '뛰어나고 훌륭함'웅위과 '날쌔고 굳셈'용감이 있고 '겁이 없고 용감한 기운'담력과 '결단을 내릴 수 있는 능력'결단성이 있을 뿐만 아니라 '일상하는 행동'행실과 '두터운 덕행'후덕이 있는 '해동증자'로 불렸던 군주였다.

증자BC약 505~BC 436는 공자BC 551~BC 479의 제자중 한 사람이다. 부모에게 극진한 효도를 보였으며 매일 3 번씩 자신을 반성할 만큼 자기 관리에 엄격하였다. 공자의 '어질고 의로움의 길'인의지도를 담아 《효경》을 저술하기도 하였다. 일설에는 《대학》도 그의 저술이라고 한다. 제자로는 공자의 손자인 자사BC 483~BC 402가 있다.

의자임금의자왕이 '의롭고 자비로움'義慈이라는 평가를 받은 것은 증자의 행위와 같았기 때문일 것이다. 그러므로 의자임금은 해동의 효자인 셈이다. 기록마다 그 효도를 적고 있다.

그런데 의자임금 16년657년 3월이 되면, '거칠고 음란함'황음과 '즐거움에 빠짐'탐락에 사로잡힌다는 것이다. 바로 전 해에 성을 고치고 신라BC 57~AD 935 30여개의 성을 빼앗은 임금이다. 반 년 사이에 무슨 일이 일어날 수 있단 말인가?

그래서 의자임금은 많이 억울하다.

이 때 들이대는 것이 '3,000궁녀'이다. 보통 '궁녀'란 '궁중에서 임금과 왕비 그리고 왕세자를 가까이 모시어 시중드는 여자들'이다. 그런데 이들을 몽땅 '임금의 첩'후궁으로 바꾼 것이다. 1454년《세종실록지리지》에 의하면, 부여 일반 백성이 1,337명, 관리[수호군 등]가 274명으로 총 1,611명이다. 이것이 15세기 부여가 수용할 수 있는 인구이다. 18세기 중반이 되어야 일반 인구가 3,507명이다. 우선 부여는 3,000명의 궁녀를 수용할 만한 공간이 없는 곳이다.

그러면 '3,000'이란 숫자가 어디에서 나온 것인가? 불교에서 흔히 쓰는 숫자일 뿐이다. '삼천대천', '삼천세계', '삼천대천세계' 등이다. 불교에서 '三千大千'은 '小千', '中千', '大千'과 같은 숫자 체계System이다. 수미산과 4대주 그리고 그 주위 대철위산을 1 세계라 한다. 여기에 '천 개를 합하여 소천'이라 하고 여기에 '천 개를 합하면 중천. 또 천 개를 합하면 대천'이 된다. 이러한 인도 방식의 생각이 보편화되어 버린 것이다.

'삼천'의 유래

'삼천'이 처음 등장한 것은 조선 시대 민재인1493~1549에 의해서이다. '백마강부'에

서 '삼천기여운'이란 구절에서 비롯된 것이다. 백제의 멸망을 궁녀가 많아서라고 '의자임금 타락 씌우기'를 한 것이다. 그러므로 '삼천궁녀'는 의자임금을 타락시킨 주인공이 된 것이다.

그런데 해방과 1959년 사이에 손로원 작사의 '백마강'이 유행되면서 '삼천궁녀'의 성격이 바뀐다.

아 달빛 어린 낙화암의 그늘 속에서
불러 보자 삼천궁녀를

추억의 '삼천궁녀'가 된 것이다. '아 오천 결사 피를 흘린 황산벌에서 불러보자 삼천궁녀를' 2번 가사에는 슬픔에 젖게 하는 존재가 되었던 것이다.

'낙화암' 즉 '꽃이 떨어져 죽은 바위'는 언제 생겼는가? 《삼국유사》에서 낙화암은 '타사암' 즉 '떨어져 죽은 바위'이었다. 그러다가 '낙화대' 즉 '꽃이 떨어진 대'라고 기록되기도 하였다. '낙화'라는 단어를 처음 쓴 것은 이곡1298~1351의 '부여회고'부터이다. 이곡은 이색1328~1396의 아버지이다. 이후 '낙화암'의 위치는 요지부동이다.✱

낙화암

5. 2010 세계대백제전의 축제와 의전

한찬희
전 세계대백제전
조직위 사무처장

2014년 60회를 맞이하는 백제문화제는 국내에서 가장 오랜 연륜을 간직한 축제 중의 하나로, 한국을 대표하는 역사문화축제로 평가받고 있다. 해마다 100개 이상의 축제 프로그램이 개최되어 150만명 내외의 국내외 관람객이 방문하는 등 외형도 국내 최대 규모에 속한다. 백제문화제가 국내에서 열리는 축제 중 가장 평가받는 성공사례로 꼽히고 있는 이유는 백제의 역사와 문화를 소재로 한 차별화된 축제 콘텐츠, 역사적 명소와 축제의 결합, 축제에 대한 지역주민의 자부심 및 참여성 등이 복합적으로 작용한 결과이지만, 크게 드러나지 않는 곳에서 획기적인 개혁을 이룬 부분의 공헌도 적지 않다. 그 대표적인 사례가 '의전절차의 간소화'라고 감히 자부한다.

어느 행사에서나 장황한 축사나 환영사 등으로 시간을 빼앗겼던 기억이 누구에게나 있기 마련이다. 무슨 인사들이 그렇게 많이 나서서 불필요한 인사말로 그 행사의 주역이어야 할 지역주민 및 관람객들을 지루하게 만드는지 이해하기 어렵다. 더욱이 자신의 인사말이 끝나기가 무섭게 자리를 비워 행사장 분위기를 썰렁하게 만드는 사례가 관행처럼 인식되기도 한다. 이런 민망한 모습은 의전 간소화가 시대적 흐름으로 자리매김한 요즘 축제장에서도 적지 않게 볼 수 있다.

축제와 의전

불과 몇 해 전만해도 백제문화제 또한 예외일 수 없었다. 도지사, 시장, 군수 등 자치단체장과 국회의원, 광역의회의원, 기초단체의회의원 등 선출직 인사, 지역 유지 등이 특별대우를 받으면서 행사장 전면을 가득 메웠고, 주요 내빈 참석자 소개 및 판에 박힌듯한 일률적인 격려사·축사 등이 줄을 이었다. 이에 따라 후진적인 행사라는 지적을 받기도 했으며, 외부 전문기관의 객관적인 축제 평가에서 백제문화제가 혁신적으로 개선해야 할 공통적인 문제점으로 대두되고 있었다.

유럽, 미국, 일본 등 세계적인 명품축제는 불필요한 의전 및 형식 등을 과감히 생략하고, 오랫동안 축적된 축제의 프로그램 연출을 통해 관람객을 열광케 하고, 진한 감동을 불러일으키는데 초점을 맞추고 있다. 관람객들은 해마다 낭만과 감성을 일깨우는 축제에 참여하기 위해 항공편과 숙소를 다투어 예약하였고, 결과적으로 그 지역의 전통문화 계승과 엄청난 경제적 수익 창출로 이어짐으로써 세계적인 명품축제로 명성을 이어가고 있다.

　백제문화제추진위원회는 2007년 출범과 동시에 하루빨리 고쳐야 할 사안으로 '불필요한 의전'을 꼽았고, 이의 간소화를 위해 파격 행보에 나섰다. 사실 백제문화제가 충청남도, 공주시, 부여군 등 3개 자치단체 주최로 개최하다보니 주요 인사만해도 백제문화제추진위원장을 비롯 충남도지사, 충남도의회의장, 공주시장 및 공주시의회의장, 부여군수 및 부여군의회의장, 공주와 부여의 국회의원 및 교육감 등 아무리 적게 잡아도 10명 이상이었다. 이래서는 '백제문화의 세계화'의 목표달성이 불가능해질 수 있다는 판단이 나왔다.

　그래서 백제문화제는 뼈를 깎는 고통을 감수하며 스스로 의전절차의 간소화에 착수하였다. 이에 따라 공주-부여 통합개최 원년인 2007년 제53회 백제문화제에서는 개막식 개최지인 공주시장의 환영사, 충청남도지사와 공주지역 출신 국회의원의 축사, 백제문화제 공동주최자 중 한사람인 부여군수의 개막선언 등 총 4명으로 간소화됐다. 충남도의회의장 및 공주시의회의장 등 주요 인사들은 10분 분량의 '내빈축하 영상 메시지'에 담아 개막식장에서 방영하는 것으로 대체되었다. 물론 폐막식도 부여군수의 폐회사, 충청남도지사의 치사, 부여 국회의원의 축사 등으로 단촐하게 구성됐다. 이같은 의전절차의 변화는 당시 축제관행에 비춰볼 경우 가히 파격적이라 할 만하였다.

　이듬해인 2008년 제54회 백제문화제에서는 공주·부여 국회의원의 축사가 생략되었다. 개막식 개최지인 부여군수의 환영사, 도지사의 축사, 공주시장의 개막선언 등의 순으로 개막식 행사가 진행되었으며, 그해 폐막식은 공주시장의 폐회사, 충남도지사 축사, 부여군수의 폐막선언 등으로 한층 간소화되었다. 2009년 신종플루의 여파로 '프레2010대백제전'을 건너뛴뒤 개최된 2010세계대백제전에서는 대통령이 참여하는 행사의 특성이 반영되어 의전행사가 한층 축소되었다. 그해 개막식은 충남도지사의 개회사에 이은 대통령의 축사만으로 공식행사가 진행되었고, 폐막식은 내외 귀빈의 인사말이 하나도 없이 자원봉사자 및 관람객 위주로 진행되어 기존 의전행사의 틀을 깨고 국제적인 행사로 도약했다는 평가를 받았다.

　2011년 제57회 백제문화제 때부터 개막식의 경우 충남도지사의 축사 및 개막식 개최지 시장·군수의 개막선언, 폐막식은 폐막식 개최지 시장·군수의 폐막선언 등으로 대폭 간소화되어 오늘에 이르고 있다. 이와함께 행사장 전면을 기관·단체장 위주로 채우던 관행도 개선하여 한화그룹, 진로 등 백제문화제를 후원하는 기업 관계자, 오사

카왓소문화교류협회大板ワッソ文化交流協会 등 백제문화제와 상호 교류하는 외국인단체 등에게 무대와 보다 가까운 좌석을 대폭 배정해주고 있다. 이러한 노력은 2010 IFEA 세계축제협회 피나클어워드에서 2010세계대백제전이 프로그램 연출과 의전 등 행사 운영 전반에 걸친 평가에서 금상 2, 은상 2, 동상 1개3개부분 5개 분야 수상를 수상케 한 계기가 되었다.

'간소화 혁명'의 실현

백제문화제는 의전절차를 간소화하는 과정에서 많은 어려움을 감내해야 했다. 당시 최석원 백제문화제추진위원회 위원장은 의전행사의 대상을 3명도지사, 시장, 군수 이내로 줄이기로 하고, 본인부터 개·폐막식 등 공식행사 때 축사 및 인사말을 일체 하지 않기로 하였다. 그때부터 주변에서 엄청난 압력이 들어왔고, 심지어 상소리까지 들어야 했다. 온갖 압력에도 최석원 위원장은 무대응으로 일관할 것으로 알고 있으며, 지금은 개막식 및 폐막식을 통틀어 3명으로 고정돼 있음이 시민들로부터 호평을 받고 있다. 또한 문화체육관광부에서 매년 문화관광축제를 평가할 때에서도 공식행사의 축사인원이 3명이상인 경우 점수를 받지 못하는 것으로 알고 있다.

하지만, 백제문화제 행사장에서는 아직도 대접 받으려는 인사들의 자리선택 전쟁이 크게 개선되지 않아 축제 진행자 및 관련 공무원들을 힘들게 하고 있다. 지금 백제문화제는 명실공히 세계적인 명품축제로 자리매김해야 할 시점이다. 이런 상황에서 지역의 지도급 인사들이 겸손과 겸양을 통해 백제문화제를 도와주는 역할을 해 주어야 한다. ✳

① 제53회 백제문화제 개막식(2007)
② 교류왕국퍼레이드대 백제 퍼포먼스

유재룡

전 백제문화제
추진위원회 총괄과장

6. 도전의 연속, 백제문화제 회고

2006년 어느날 충청남도의 문화국장이시던 정동기 전 충청남도의회사무처장이 필자를 찾아 그동안 공주와 부여에서 분리해서, 격년제로 실시하던 백제문화제를 통합하여 규모를 확대하고 대한민국 대표축제로 키우는 일을 맡아달라는 부탁을 해오셨다.

당시는 사무관 초임으로 고향 공주와 부여, 그리고 충청남도에 기여할 수 있는 의미 있는 일이라 선뜻 대답은 하였으나, 두 지역의 통합과정과 기존의 축제관련단체 문제 등 쌓여진 현안에 많은 고민을 거듭 하였다. 그러던 중 최석원 위원장님이 초대 백제문화제추진위원회 위원장으로 취임하시면서 최 위원장님의 지도하에 백제문화제의 세계화를 위해 많은 일들을 할 수 있었다.

비록 시간이 많이 흘렀고, 잊혀져가는 이야기이지만 최석원 총장님의 혜안과 추진력, 지도력을 되새기면서 초창기 백제문화제추진위원회 시절을 회고해 보고자 한다.

왓소축제와 이노쿠마 위원장

백제문화제추진위원회의 법인 설립과 위원장님 위촉 등 조직을 정비하면서, 가장 먼저 생각한 것은 먼저 백제문화제의 격을 해외의 유수축제와 함께 할 수 있는 방안이었다.

그 방안으로 백제시대의 문화전파에 감사해하는 일본 오사카의 왓소축제를 생각하게 되었고, 국제적 교류를 위해 왓소축제와 자매결연을 추진하게 되었다.

왓소축제는 오사카의 중심지인 사천왕사시텐노지 일원에서 이루어지던 역사 재현 축제로서 아주 큰 규모로 치루어지고 있었고 집행위원장은 저명한 역사학자이신 이노쿠마 교토여자대학 교수님이 맡아오고 있었다.

이노쿠마 위원장은 학자답게 신중하고, 절차를 중요시하는 분이었는데, 자매결연에 대해 구두 합의 후 왓소축제측의 절차를 이행하는 도중 이노쿠마 위원장께서 우연치 않게 백제문화제와 왓소축제가 자매결연을 추진하는 것을 모 중앙지에서 기사를 게재한 사건이 발생하였다. 이 사실을 알게된 왓소축제에서는 강력하게 항의하였고, 협상이 결렬될 입장에 서게 되었다. 그후 2주일 여 간의 대화와 설득을 통해 2007년 3월 자매결연을 맺게 되었다.

어찌보면 우리가 머리를 숙인결과라고 이야기 하는 분들도 있겠지만, 백제문화를 받아들이고 축제로 발전시킨 왓소축제와의 자매결연은 백제문화제의 격을 높인 결과가 되었고, 지금까지 돈독한 관계를 유지하고 있다.

공고구미의 제39대 금강조

10여년전 미국의 시사주간지 〈타임〉이 커버스토리에서 일본의 건축회사인 "곤고구미"가 소개 된 적이 있었다. 서기 578년 쇼토쿠 태자의 요청에 의해 백제사람 "유중광"과 3명의 기술자가 사천왕사를 건립한 후, 유중광 선생이 쇼토쿠 태자의 부탁을 받고 일본에 남아 사천왕사의 보수 관리를 맡으면서 가업으로 이루어 졌고, 백제의 금강에서 떠나왔다 해서 금강이라는 이름으로 무려 39대를 이어오는 세계에서 가장 오래된 기업을 이룬 것이다.

최석원 위원장께서는 이를 착안하여 제39대 금강조인 "금강이륭"씨를 백제문화제에 초청하는 일을 지시하셨고, 이를 위해 금강조를 여러 번 방문하고 금강조의 실무진들을 설득하여 대백제전 개막식에 "백제의 문화를 일본에 전하기 위해 떠난 후손의 1,500년만의 귀환"을 이루어 냈다.

이일을 추진하면서 많은 어려움이 있었지만 가장 어려웠던 일은 일부 일본인들의 편견이었다. 하지만 1년 여의 끊임 없는 설득과 진정성이 "금강이륭"씨 에게 전해졌고 더위가 유독 심했던 제54회 백제문화제2008년에는 건강이 허락하지 못해 참여하지 못하고 2년후인 대백제전에 참석하게 되었다. 금강이륭씨는 대백제전에 개막식에 부여를 방문하고, 선조인 유중광 선생의 고향인 부여에서 명예 군민증을 받는 등 의미 있는 선조의 고향에서의 시간을 보내고 귀국하였다.

후에 그 일을 주관하던 영업부장인 "사카모토"씨는 특별히 우리를 자신들의 신사와 백제시대부터 이어오던 그들만의 목재를 조립 공장을 보여 주었고 이를 계기로 백제의 건축기술의 우수성을 확인할 수 있는 뜻 깊은 시간이었다.

폭탄주의 위력 "도쿄의 백제문화 교류협회"

2008년 2월 이완구 지사께서 홋카이도의 유끼마쯔리를 견학하고 백제문화제에 반영할 것을 지시하셨고, 우리는 최석원 위원장님을 모시고 홋카이도와 도쿄를 방문하게 되었다.

당시 도쿄에는 서산이 고향인 박찬호씨가 여행사를 운영하고 있었고, 우리는 박찬호 사장과 함께 일본의 여행사들과 여행상품을 개발하려는 계획을 추진하였다. 박찬호 사장은 고향인 충남에서 개최되는 백제문화제에 깊은 관심을 갖게 되었고, 그와 교류하고 있던 일본 국회의 보좌관협회 부회장인 야마다씨를 소개해 주어 자연스럽게 그와 함께 저녁을 먹는 자리에서 뜻하지 않게 폭탄주 대결이 이루어졌다.

잔술로 먹던 폭탄주는 '아폴로13호'라는 3잔을 한꺼번에 먹는 과잉을 불러냈다. 이를 계기로 야마다씨와 필자는 아주 친밀한 사이가 되었고 지금껏 우정을 나누는 호형호제의 사이가 되어 백제문화에 대해 관심을 갖게 되었다.

야마다씨는 곧바로 전 우정본부장인 구스다 슈지씨를 회장으로 전 일본 중소기업협회 총감독인 니시자와씨와 유력인사들이 참여하는 '백제교류협회'를 조직하게 되었고 지금까지도 매년 백제문화제에 참가하고 대백제전 행사시에는 사이따마 지역의 불교신자들 회장 : 호시 100여명과 함께 백제의 불교전래 감사행사를 개최하기도 했다.

또한 회원 중 니시자와씨는 아카사카 로타리클럽 회원으로 활동하고 있었는데 백제문화제에 참여하면서 자연스럽게 우리지역에 관심을 갖게 되었고, 이를 알게된 최석원 위원장님께서는 공주의 공산성 로타리 클럽과 자매결연을 주선해 주시어 우호관계를 유지하고 있다.

청주공항 활성화사업 그리고 홍세희씨, 시가현의 한글학교 학생들

2007년 자매결연을 맺은 후 오사카 왓소축제를 방문하게 되었다. 지금은 공주시의장으로 활동하고 있는 고광철 의원은 우리 일행에게 시가현에 거주하고 있는 홍세희씨를 소개시켜주었고, 왓소축제 행사에서 홍세희씨의 도움을 받게 되었다. 이를 인연으로 홍세희씨는 백제문화제의 홍보를 위해 맹활약 하게 되었다.

홍세희씨는 중앙대에서 일본어를 전공한 재원으로 고국과 우리 문화에 대한 자긍심이 투철하였고, 묵묵히 한글학교 자원봉사와 한국 문화 알림이 활동을 전개하고 있었다. 이때부터 홍세희씨는 백제문화제 홍보대사로 위촉하게 되었고 많은 행사에 무상으로 자원봉사를 해주었다.

2008년 삿뽀로의 '유끼 마쯔리'에서도 홍세희씨는 백제문화제 홍보를 위해 적극적으로 도와 주었고, 그 행사가 있던 어느날 저녁 공주대 윤용혁 교수와 함께하는 식사자리에서 한글학교에 수학하는 일본인들과 함께 유명가수의 콘서트를 참여한 이야기를 하게 되었고, 그것이 계기가 되어 한글학교 학생들을 대상으로 전세 비행기를 취항하는 계획을 추진하게 되었다. 5개월여의 준비를 거쳐 150여명의 관람객을 모을 수 있었다.

이일은 때마침 이완구 도지사께서 추진하던 청주공항 활성화 사업과 맞물려 추진되었고, 청주공항을 활용한 첫 일본인 관광객의 한국방문이었을 뿐 아니라 이후 오사카와 청주공항간의 항공노선을 개설하게 되는 기폭제 역할을 하였다.

이 행사는 단순히 전세비행기의 취항이라는 의미보다는 여행사가 주관하지 않은 순수민간행사로 그동안 묵묵히 일본에 우리 문화를 전파해오던 홍세희씨와 그녀를 믿고 따라준 시가현내의 많은 한글학교 학생들 그리고 백제문화제추진위의 적극적인 후원으로 이루어낸 우리나라 축제역사상 최초의 전세비행기 취항의 기록과 청주공항 개항 이래 첫 일본어 안내방송 등 많은 기록을 남기게 되었다.

또한 전세비행기 관람객 일원으로 참여 하게 된 시가현립박물관의 마피박사와 일본의 경마선수권에서 482승을 거둔 전설적인 경마선수인 '도히 유끼히로' 등의 시가현 도래인클럽의 하병준회장 등 많은 일본인과 재일동포 들이 이를 계기로 한국과 백제문화에 대해 매력을 느끼게 되었고, 지속적으로 방문하고 있다. 필자는 그 당시의 기억들을 되새기며 이 지면을 통해 다시 한 번 홍세희씨에게 감사의 인사를 드린다.

이와 함께 충남도와 백제문화추진위원회는 2010세계대백제전의 주요 고객인 일본 관람객 유치를 위해서는 인근 청주공항과 일본의 오사카, 후쿠오카 지역간의 정기항로가 필요하다는 인식아래 수차 개설 건의하는 등 노력을 거듭하였다. 그 결과 청주↔ 오사카^{주4회, 정기노선, 대한항공} 노선과 청주 ↔ 후쿠오카 특별운행, 아시아나 노선이 개설되어 대백제전 행사기간 중 청주공항을 통한 일본 방문객들의 원활한 방문이 이루어질 수 있었다.

'청주공항 – 일본 노선'은 2010년 9월 1일 일본 오사카공항을 출발한 대한한공 KE-736 정규편이 승객 100여명을 태우고 청주공항에 내려앉으며 시작되었다. 이날 취항은 이후 무려 13년 만에 재개되는 양 지역 왕복 정규편 취항이다. 사실 청주공항은 1997년 4월에 개항한 뒤 5개월여 동안 일본 등 국제노선을 정기노선으로 취항했으나 경기침체 여파로 그해 9월 말 정기노선이 폐지된바 있다. 2010세계대백제전을 계기로 옛 백제와의 깊은 연緣을 갖는 일본 관광객 유치를 위해 그간 발벗고 뛴 충남도의 각고의 노력이 보태어진 결과이긴 하지만, 청주공항이 중부권 허브공항으로 도약할 수 있는 발판을 구축했다는 의미에서 경제적으로도 매우 뜻깊은 일이 아닐 수 없다. 2010세계대백제전 기간 중 총 76편의 항공기로 6,858명의 일본인 관광객을 유치한 것으로 집계되었다.

금동대향로의 5악사 재현

금동대향로에는 260여개의 정령들이 새겨져 있다. 많은 정령들이 새겨져 있어 대부분의 사람들은 그냥 지나치지만 우리에게는 너무도 중요한 문화적 자원이다.

필자는 문화산업팀장으로 재직하면서 이 정령들을 어떻게 콘텐츠화 할까를 고민하였고 실제로 10여개는 캐릭터화해서 활용하고 있지만, 그중 백제5악사의 사업은 세월이 흐른 지금도 백제금동대향로를 보면서 "네가 어떻게 그런 기특한 생각을 했는지?"라며 내 자신에게 칭찬하는 마음의 보물이 되었다.

2008년 한여름 제54회 백제문화제의 개막식을 준비하던 중 다툼이 일어났다. 개막식의 행사의 주요 내용인 상황극의 내용이 금동대향로의 5악사가 현실에 나타나 세상의 복을 찾아와 5악기를 연주하고 불국정토를 이룬다는 금동대향로의 정신을 표현하고자 했다. 그러나 5악기의 연주는 우리의 전통음악의 연주가 아닌 기계음이었고, 당시 총괄과장으로 근무하던 필자는 기획사의 감독을 심하게 질책하게 되었다.

필자는 사건이 있던 1990년대 중반 우연히 길을 지나다 "금동대향로의 모형 앞에서 연주하던 5악사"의 TV방영 장면을 기억하였고, 그 음악을 찾아서 연주토록 요구 한 것이었다. 1주일여 흐른 후 감독은 필자에게 백제음악의 형태가 없었고 비슷한 악기로 재현한 지역방송의 프로그램이었다는 이야기 하게 되었고, 필자는 바로 최석원 위원장님께 보고한후 마침 필자가 겸직하고 있던 충청남도 문화산업과 문화산업팀의 2009년 특수시책으로 준비하고 김무환 부여군수의 동의를 얻어 백제5악사의 복식과 악기 재현사업을 시작하였다.

사업을 시작은 하였으나 어떤 방법으로 할지를 두고 왈가왈부하고 고민을 거듭하던 중 박윤근 문화국장을 방문한 국립 민속박물관장이신 신광섭 관장께서 크게 기뻐하시며 국립국악원과 국립민속박물관과 함께 할 것을 권유하였다.

신광섭관장의 권유로 다음날 국립국악원의 악기연구소로 향한 우리는 "지금까지 우리나라에서는 조선조 악학궤범의 의거 조선시대 악기를 복원하는 수준에 머물러 있다"는 얘기를 듣고 망연자실할 수밖에 없었다. 그러나 한사람, 적극적인 생각으로 가능성을 비춰준 현재 국립국악원 부산분장장인 서인화 연구관을 만났고, 몇 차례의 회의와 회의를 거듭한 끝에 충청남도, 부여군, 국립국악원, 국립민속박물관, 충남문화산업진흥원 5

① 청주공항-오사카 간
  사이 공항 연결 일본
  단체관광객 132명 입
  국(2008), 청주공항
② 2008년 백제문화제
  추진위원회의 축제
  를 만드는 사람들

개기관은 "백제5악사의 복원 및 재현을 위한 양해각서"를 체결하고 사업에 착수하였다.

복원은 실물이 없었기 때문에 불가능하였지만 재현을 위해 제일 먼저 추진한 것은 천산 남·북로와 중국, 한국 등 동시대의 동굴 및 벽화를 조사하는 일과 유사 악기의 수집이었다.

동굴 및 벽화의 조사에서 우리는 뜻밖의 결과를 얻을 수 있었는데, 필자는 이사실에 크게 환호하였다. 내용인 즉, 모든 벽화의 합주단은 대부분이 4인이었던 사실이다. 잘 아시다시피 백제는 부여족의 영향을 받아 5라는 숫자를 숭상하였고 그 이유는 주역에 5를 "하늘"로 표했기 때문이다. 그 동안 일부의 사람들이 백제금동대향로를 중국에서 들여온 것이라는 망언에 분노해오던 필자로서는 백제 고유의 향로인 것을 주장할 수 있는 근거로 생각해 기쁜 마음을 감출 수 없었다. 실제로 몇 달 후 일본 왓소축제의 이노쿠마 위원장과 백제금동대향로에 대해 이야기 하던중 필자의 이야기에 이노쿠마 위원장도 적극적으로 동의하였고, 필자가 지금까지도 자랑스럽게 생각하는 부분이기도 하다.

또 다른 방안으로는 국립국악원에서 중국의 남북조시대의 악기에 대한 수집을 추진하였고 우리도와 국악원이 공동으로 일본의 악기조사에 나섰다.

일본의 자료조사에서는 천리대학의 사또 고지 교수를 만나 뜻깊은 이야기를 알게 되었고 일본 기악의 복원과정에서 겪은 이야기는 음계와 음역의 설정에 큰 도움이 되었다.

이야기인 즉, 일본은 서기 701년 음악개혁을 단행하여 당악과 백제등 고대3국의 음악을 중심으로 선생과 제자를 두어 지속적으로 육성하였다고 한다. 그러던 중 메이지 유신과 함께 음악교육기관이 철폐 되었는데 나라현의 동대사를 중건하고 그 준공행사로 뜻 깊은 행사를 준비하였다 한다. 사또 고지 교수는 당시 이일을 맡은 책임자였고 남아있는 자료를 중심으로 복원 작업을 추진하였으나 여러 부분의 없어진 악보를 복원하는데 큰 어려움을 겪었다한다. 그때 어느 시골의 피리를 연주하는 집안을 알게 되었고 그 사람의 연주와 비교해보니 남아있는 악보와 일치하여 그 연유를 물으니 그 집안은 백제계로 대대로 피리를 연주하였다는 이야기로 사또 고지교수는 일본기악은 백제기악에서 전래되었다고 믿는다는 이야기였다.

또한 사또 고지 교수로부터 매년 문화의 날 개방되어 전시되는 정창원의 유물 중 비슷한 악기를 보았다는 이야기를 듣고, 최석원 위원장과 국립국악원 관계자들이 일본 국내청등 지인들에게 악기만이라도 볼 수 있는 기회를 달라는 부탁을 하였으나 실행되지 못하였다.

할 수 없이 우리는 동시대 악기와 일본 기악을 중심으로 음역을 연구하고, 백제5악사를 카이스트와 함께 최신형의 독일산 스캐너를 통해 스캔하게 되고 3D로 복원, 영상물을 중심으로 악기의 크기와 형태를 추정하여 당시의 악기들의 형태와 대입하였을 뿐 아니라 백제시대인 6세기의 인골을 토대로 연주자의 인류학적 특성을 파악하고 동시대의 형태에 맞는 악곡의 작곡과 당시와 조선, 근대, 현대의 변화의 정도에 따라 10곡을 작사 작곡하는 등 2년여의 노력 끝에 백제5악사의 재현을 이루었다.

악기를 재현하고 처음 개최하는 연주회는 학계는 물론 이완구 도지사님과 최석원 위원장님은 물론 학계, 언론의 많은 관심속에 이루어졌고 드디어 대 백제전의 개막공연에서 이명박 대통령을 모시고 80인조 국립국악단의 연주와 일본 왓소축제의 초청공연 등을 통해 세상에 자리 잡았고, 지금은 부여국악단에 모든 자료와 연주물품을 인계하여 활용하고 있다.

2년 여의 작업을 하면서 어려운 점도 많이 있었지만 이일에 운이 따랐는지, 중요한 순간순간에 많은 분들이 도움을 주셔서 행복한 마무리를 할 수 있었다. 그중에서도 재현작업의 길을 인도해 주신 신광식 관장님과 서인화 연구관의 인사이동으로 자칫 멈출 수 있었던 때에 국립국악원장에 취임하시어 전폭적인 지원을 아끼지 않으셨던 박일훈 원장님 많은 어려움 속에서도 끊임없이 도와준 이용식 실장님, 시작의 길을 열어주고 인사이동으로 자리를 옮긴 후에는 80인조 악단을 구성해 최고의 환경 속에서 우리도가 필요로 하는 만큼의 연주공연을 주도해준 서인화 장장님께 이 지면을 빌어 감사의 인사를 드린다.

왓소축제의 백제배왓소호 기증

2008년 여름 곤고구미 방문과 가나자와시의 "요사코이 소란"과의 교류를 위해 일본을 방문한 필자는 일본을 방문하는 길에 왓소 축제의 축제물품관리 체계를 견학하기로 하고 사무국장인 마쯔모토씨와 함께 왓소축제의 물품창고를 방문하게 되었다.

물품창고는 오사카항 근처에 위치해있었는데 아주 정갈하고 체계적인 관리로 언제라도 바로 축제에 투입할 태세가 되어 있는 것을 보고 관리체계와 분류법 등을 학습하게 되었다.

그런데 창고 한구석에 배5~6척이 비닐에 쌓여져 있는 것이 의아해서, 그 연유를 물으니 사천왕사 근처의 대로에서 할 때에는 많은 배들이 소요 되었는데, 오사카성 근처로 행사장이 이동한 한 후로는 필요가 없어서 구석에 넣어 두고 있다는 이야기였다.

그 이야기를 들은 필자는 귀국해서 최석원 위원장님과 함께 그 배를 기증받아 양국

간의 우호관계를 돈독히 함은 물론 비록 일본에서 복원한 백제배이지만 처음 시도한 것이니 이를 활용하는 방안을 논의하였다. 그러나 아무리 가까운 친구라도 그 배를 선뜻 달라고 하는 것은 무리였다. 절차와 명분을 중시하는 그들에게는 자칫 실례로 받아들일 수 있는 사안이기 때문이었다.

그 후 수차례 일본을 가게 되면 필자는 반드시 왓소축제위원회를 방문해서 그들과 술자리를 갖고 조금씩 우리의 의도를 내놓았고, 4개월 여후 이사회에 정식 안건으로 부의하였고 이사회에 통과되었다는 연락을 받고 최석원 위원장님과 배의 인수를 위해 오사카를 방문하게 되었다.

하지만 우리는 계약서를 보고는 큰 실망을 느낄 수밖에 없었다. 그들이 배의 임차 계약서를 내놓은 것이다. 필자는 "우리가 돈이 없어서 왓소호를 얻어가는 것이 아니다" "양국간의 우호관계와 양 축제간의 영원한 우의를 위한 것이요" "한국의 학생들에게 교육적인 효과와 축제에 활용함으로써 왓소축제의 홍보를 위함이다"라고 설득했고 3~4시간의 줄다리기 끝에 우리의 최종제안인 "영구무상임차"에 합의하고 배를 수송하여 왓소호란 명명과 함께 백제문화제 퍼레이드행사에 활용하게 되었다.

왓소호는 축복속에 한국에 도착하였고, 왓소사무국의 우따가와씨가 전수교육을 위해 공주에 오기로 하였으나, "누가 이 배를 운영할것인가?"의 문제로 고민하게 되었고 최석원 위원장님이 내놓으신 제안인 지역의 봉사단체로 하여금 계속 운영토록하자는 계획을 "공산성 로타리 클럽"과 협의하여 매년 왓소호의 운행을 맡아오고 있다.

다만 아쉬운 것은 왓소호의 유지관리를 위해 보관과 교육의 장을 위한 공간을 마련하겠다는 약속이 지켜지지 않아, 왓소호의 퍼레이드 사진을 보면 아쉬움이 더한다. ✻

7. 공산성 '백제마을'

이훈
공주대학교
겸임교수

2014년, 벌써 백제문화제가 60회를 맞이하게 되었다. 2010년에는 대백제전을 맞아 백제문화제의 꽃을 피웠고 각종 다양한 행사들이 공주와 부여 곳곳에서 화려하게 펼쳐졌던 기억들이 새롭다. 매년 풍성한 가을마다 벌어지는 백제문화제는 온가족들이 나들이 하듯 놀러와 다양한 백제문화제를 체험하고 한껏 즐거움을 나누다 돌아가는 한 편의 드라마였다. 다양한 행사 중에서도 백제의 향기를 흠뻑 느낄 수 있는 공주 공산성의 '백제마을'은 역사문화축제인 백제문화제의 백미라 할 수 있을 것이다.

체험 축제로의 백제향, 백제마을

백제마을이 조성되는 공산성은 백제 웅진의 왕성으로 왕궁지와 성안마을에 백제 주거유적이 존재하는 공주의 대표적인 유적 사적12호 으로서 백제시대부터 조선시대까지 다양한 유적이 분포하고 있어 뛰어난 역사성을 간직하고 있다. 또한 2,660m의 성벽으로 둘러 쌓인 포곡식의 산성으로 금강과 접하고 있는 모습은 역사성과 자연경관을 함께 갖춘 뛰어난 입지환경을 보여 준다.

공산성내의 백제마을은 공북루를 중심으로 주거지, 대장간, 화장실, 공방 등을 조성하여 다양한 체험을 즐기고 백제 옷을 입고 백제인이 되어보는 등 다채로운 백제의 역사문화를 체험하는 공간으로 마련하였다.

백제마을이 백제문화제의 대표체험으로 출발한 것은 2007년 53회 백제문화제에서 '백제향'에서부터였다.

2007년 이전 백제문화제에서는 체험콘텐츠가 적어 젊은 층, 가족단위 관람객 보다는 연령층이 높은 관람객이 다수였으나 가족단위 관람객의 유입을 유도하기 위해 온 가족이 함께 체험하고 즐길 수 있는 '백제향'을 공산성에 조성하게 되었다. 한편 성안마을에 조성된 '백제향'은 공북루 앞에 부교를 놓아 강건너 둔치와 연결하면서 구도심과 공산성, 둔치에서 행해지는 다양한 행사들이 함께 연계되면서 관광객들의 발길을 이어지게 만들었다.

'백제향' 백제마을 운영은 충남역사문화연구원에서 처음 주관하였다. 연구원에서는 2010년 대백제전을 위해 단계적 목표를 세우고 다양한 행사를 계획하여 추진하고자 하였으나 2008년부터는 입찰을 통해 백제향을 선정하는 바람에 단계적으로 백제향을 추진하려던 사업은 무산되었다. 어른 아이뿐만 아니라 소외 계층 없이 모두가 함께하

2010 대백제전 All Together 백제향

2009 장애인, 노인과 함께

2008 청소년, 대학생으로 확대

2007 가족 중심 어린이 체험

충남역사문화연구원 '백제향' 단계별 추진 계획

는 역사문화축제를 계획하였으나 계획대로 실현되지 못한 것이 아쉽다.

또한 입찰에 선정된 여러 대행업체들의 백제문화에 대한 이해부족으로 프로그램의 부실과 1회성 운영으로 말미암아 체계적으로 프로그램이 진행되지 못하면서 백제마을에 대한 기대가치가 떨어졌다.

2011년 57회 백제문화제부터 다시 공주시에서 백제마을을 조성하면서 백제식 움집인 '다리네집'을 재현하였는데 '다리'는 무령왕의 왕비 팔찌에 새겨져 있는 팔찌 공인의 이름을 딴 것이다. '다리네집'은 계룡 입암리유적에서 확인된 백제식 주거지 중 움집 31호를 모델로 삼았으며, 움집 내부의 부뚜막 등도 재현하여 당시의 음식문화을 이해할 수 있도록 하는 등 옛 모습을 살펴보고 체험할 수 있도록 조성하였다. 또한 대장간 체험 등 다양한 행사를 통해 백제문화 체험활동을 운영하였다.

백제문화제기간에 공산성에서 운영되는 행사는 백제마을만은 아니다. 공산성 서문인 금서루를 중심으로 하는 수문병교대식은 나름대로 공주를 찾는 관광객들에게 큰 호응을 얻고 있다. 백제문화제 이전에는 토, 일요일에 주로 운영하지만 백제문화제 기간에는 상시 운영하고 있는데, 관광객들이 흥미를 갖고 공산성을 찾게 만드는데 홍보효과를 톡톡히 보고 있다.

한편 최근 몇 년 동안 공산성 내에서는 공주대학교박물관에 의해 성안마을과 공산성 성벽 등 발굴조사가 계속되었다. 다양한 유적과 유물이 확인되었는데 특히 2011년 10월에는 성안마을 건물지조사에서 645년의자왕 5년을 가리키는 정관 19년명貞觀 十九年銘이 쓰여진 옷칠갑옷이 삼국시대 최초로 출토되어 세간의 이목을 집중시켰다. 백제문화제의 대표적 체험공간인 공산성의 상징성과 중요성을 보여주는 사건이었다.

또한 이러한 발굴조사 현장을 발굴조사 체험장과 함께 백제문화제와 연계된 행사로 활용하면서 백제문화의 조명과 인식의 기회가 되었다.

또한 백제마을과 함께 성안마을의 야간행사로 이어지는 연등터널이나 공북루 앞 금강 유등 등 다양한 행사가 공산성 안에서 진행되고 있다.

이러한 다양한 체험행사가 펼쳐지는 공산성의 뛰어난 공간적 특성은 백제문화를 직접 체험하고 느낄 수 있는 살아있는 백제문화의 장으로서 커다란 의미가 있다.

축제 공간이 된 공산성

이처럼 천혜의 자연환경과 역사문화적 환경을 갖춘 공산성과 그 안에서 이루어지는 다양한 행사가 백제문화제 또는 공주의 상징 공간으로서 중요한 의미를 가지고 있고 많은 성과를 보이고 있지만 한편으로 아쉬운 점이 많은 것 또한 사실이다.

아직까지 공주시 공무원들이 공산성의 가치를 제대로 파악하지 못하고 있는 것처럼 생각된다.

앞에서 지적한 것처럼 공산성의 역사성과 자연환경의 공간적 입지는 어디에 내놓아 비교해보아도 뒤떨어지지 않는다. 포곡식의 적절한 자연지세 속에 조성된 성벽과 성내의 고적들, 금강과 어울려 구도심과 신시가를 아우르며 중심 공간으로 자리한 공산성, 이러한 뛰어난 조건을 제대로 활용할 수 있다면 더 바랄 것이 없을 것이다. 인공적으로 만들어진 공간이 아닌 자연과 인간의 역사가 어울어진 공주의 상징이다.

몇 가지를 지적해 보면 다음과 같다. 먼저 백제마을의 운영에 있어서 중장기계획이 필요하며 행사의 운영에 일관성 있어야 한다.

1회성 행사로 끝나고 잊혀지는 것이 아니라 지속적으로 새로운 기획과 아이디어의 창출을 통해 발전시켜나가는 필요하다. 그리고 담당공무원이 바뀌어도 행사자료 등이 잘 보관 관리되어 다음 행사에 활용될 수 있게 하고, 또한 공무원의 행사 운영에 있어서도 전임자와 후임자 사이에 일관성이 유지되도록 해야 한다.

또 하나는 공산성 전체를 무대로 삼는 행사가 기획되어야 한다. 지금까지 공산성 전체를 대상으로 한 행사는 추진된 적이 없었다. 단기간에 기획될 것은 아니더라도 한 번쯤은 공산성 전체를 대상으로 해볼 필요가 있지 않을까?

성안마을로 국한되지 않고 무대를 넓혀서 동, 서, 남, 북문과, 공북루를 중심으로 한 백제마을이나 쌍수정 앞 왕궁지, 영은사 등 공산성을 구성하는 모든 지역을 함께 아울러 백제마을로 만드는 모습을 기대해 본다.

'백제마을'의 복원을 위하여

다음은 성안마을에서 이루어지는 다양한 행사들이 백제문화제 기간에는 하나의 유기적인 시스템 아래 협력적 체제를 구축할 필요가 있다.

지금까지 백제마을, 수문병교대식, 발굴체험 등 백제문화제 기간에 모두 독자적으로 행사를 진행하여 왔다. 그러다보니 백제마을을 조성하면서 성안마을의 발굴조사와 일정이 맞지 않아 행사공간의 확보와 주변 환경 조성에 있어서 서로 어려움을 겪었고 관광객 또한 기대만큼 만족하지 못한 점이 많았다. 또한 연등터널과 같은 야간행사를 위한 시설물은 낮에는 백제마을과 위화감을 조성한 점도 지적된다.

한편으로 금서루에서 진행하는 수문병교대식이나 공주대학교 박물관의 발굴체험장에서 운영되던 성벽다지기와 같은 체험활동을 백제마을과 연계하여 이벤트 행사로 진행한다면 좋은 시너지효과를 보일 수 있을 수 있었을 텐데 그러지 못해 아쉽다.

이처럼 백제문화제기간에 공산성에서 진행되는 다양한 행사는 백제마을이라는 큰 틀 안에서 시설물의 조화를 이루고, 다양한 행사가 서로 융합되어 서로 보완하고 상승효과를 볼 수 있도록 하나의 종합시스템으로 운영될 필요가 있다.

그리고 다양하고 수많은 행사 속에 시민과 관광객을 만족시킬만한 퍼포먼스나 이벤트를 개발하고 다양한 예술이 표현되는 공산성 백제마을을 조성해야 한다.

하드웨어의 구축이 중요하지만 시민과 관광객은 스토리텔링이나 예술적인 시도가 없으면 축제에 대한 흥미를 갖지 못한다. 따라서 행사의 곳곳에 스토리텔링과 예술성이 스며있는 작은 퍼포먼스나 이벤트가 숨어 있어 마을잔치처럼 축제를 벌여야 한다.

이를 위해서는 지역의 예술인과 대학학과와 연계된 투자와 지원이 필요하고 다양한 콘텐츠 개발이 뒤따라야 백제문화의 살아있는 진수를 보여주는 역사문화축제로서 발전할 수 있을 것이다.

마지막으로 성안마을에 옛 마을형태를 복원하고 백제인의 생활모습을 재현하여 공산성의 상징성을 살리고 고대인의 생활상을 체험할 수 있는 공간으로 만들 필요가 있다.

공산성에서는 다양한 유적과 유물이 확인되었기 때문에 백제시대 왕궁과 백제마을을 복원할 수 있을 뿐만 아니라 옛 생활모습도 재현할 수 있을 것이다. 또한 최근에는 3D입체영상이나, 증강현실, 융복합 기술 프로그램 등 최신 기술을 통해 당시 모습 다양하게 표현 할 수 있는 방안도 있다.

그리고 유적과 유물에서 백제적 예술문화의 특징을 찾아내어 백제 디자인을 개발하고 그것을 공산성 백제마을에 표현하는 것 또한 중요하며, 이를 통해 공산성이 가지고 있는 역사문화와 자연경관이 어우러진 공간으로서의 최선의 가치를 살릴 수 있어야 한다.

백제의 축제문화는 중국의 사서인 삼국지三國志 위지魏誌 동이전東夷傳 한조韓條에 '마한사람들은 조상에게 제사지내고 난 뒤 모두 모여 가무를 즐기고 밤낮을 가리지 않고 음주를 즐기는데 쉼이 없었다祭鬼神 群聚歌舞 晝夜飮酒 無休.'에서 찾아볼 수 있듯이 풍요로운 가을 하늘 아래 모두 함께 모여 흥겹게 음주가무를 즐기는 모습을 구현하는 것이 최선이 아닐까.

백제인의 스토리가 담겨 있고 백제를 상징하는 다양한 디자인으로 조성한 백제마을에 시민과 관광객이 모두 함께 즐기는 체험공간을 만들어 해마다 다시 찾고 싶은 공산성을 만들자. ✳

백제향에서 백제를 체험하는 모습

4장 백제문화제의 뒤안길

1. 백제문화제와 문화원과의 인연

나태주
시인, 공주문화원장

사람을 제대로 알기 위해서는 일을 함께 해보고 술을 같이 마셔보고 돈 거래를 해보아야 한다는 옛말이 있다. 일을 해보면서 그 사람의 능력을 알게 되고 술을 먹어봄으로 그 사람의 심성을 깨닫게 되고 돈거래를 해봄으로서 그 사람의 양심을 파악하게 된다는 말이다.

최석원 추진위원장이라는 사람은

주변에서는 최석원 추진위원장을 겪어본 많은 사람들이 그를 '작은 거인'이라 부른다. 왜 그러는지 일을 같이 해보면서 그 말의 의미를 알게 되었다. 낯 뜨거운 칭찬이 아니라 정말로 위원장으로써 도량이 넓고 주변 사람들을 챙기는 마음이 남달랐다. 항상 그 분의 주변에 좋은 일꾼들이 모이는 이유도 여기에 있지 않나 싶다. 늘 좋은 사람들이 함께 그를 응원하고 있었다.

문화원장으로서 추진위원의 일원이 되어 회의에 참가하는 기회가 많아졌다. 가까이에서 함께 일을 하거나 회의를 하다 보면 번번이 신경을 거슬리게 하는 위원이 더러 있게 마련이다. 그러나 회의 진행을 하면서 한 번도 그분이 얼굴을 붉히거나 화를 내는 경우를 보지 못했다. 늘 상대방의 의견을 경청하고 그 반대 의견을 다른 각도로 해석하려고 애쓰는 것을 보았다. 놀랍다는 생각을 하지 않을 수 없다.

한번인가는 우스갯소리처럼 우문을 던진 일이 있었다. 화낼 만한 일에 왜 화를 내지 않느냐고? 그랬더니 대학교 총장의 일을 하면서 하도 복잡한 일을 치르다 보니 이

정도의 일에는 화를 내서는 해결이 안 되는 것을 알았기에 마음이 쓰이지 않노라는 대답이었다. 역시 사람에게는 캐리어란 것이 중요하고 맡은 자리의 역할이 중요하구나, 그런 생각을 하게 된다.

추진위원회가 결성되고 그 위원장에 추대를 받아 일을 하게 최석원 위원장은 크고 복잡한 행사를 치르기에는 그런 통합의 능력이 탁월한 분이 리더가 되는 것이 적격이라는 생각을 하게 되었다. 주변의 판단과 권유는 적확했고 최석원 위원장은 2007년부터 2013년까지 장장 7년 동안 추진위원장의 소임을 훌륭히 치러냈다. 2010년 세계대백제전을 성공적으로 치러냈다.

① 제 1회 전국시낭송대회(2013)
② 매사냥시연(2012)

공주문화원과의 인연

공주 문화원과 공주에서 열리는 백제문화제와의 인연은 초창기에 공주문화원에서 전적으로 맡아서 진행되던 시절부터 시작 되었다. 그러나 본인이 문화원장이 되기 수년전부터, 그러니까 2007년부터는 충청남도와 공주시와 부여군이 합동으로 공주, 부여 두 군데서 동시에 문화제를 개최하기 시작하였다.

우리 공주문화원에서 맡아서 하는 행사로는 문화제의 정신적 뿌리라고 할 만한 '웅진백제 사대왕 추모제'와 '혼불채화 행사' 등 두 가지 프로그램을 맡아 진행한다. 별로 버거운 행사는 아니지만, 경쟁력있는 역사축제로 위상을 높이는

데 매우 중요하고 의미 있는 프로그램이라 생각되어 할 때마다 늘 최선을 다한다. 이에 더하여 한번인가는 본인이 문인이기고 해서 최석원 위원장으로부터 전국의 고등학교 학생을 대상으로 한 백일장을 개최해 보라는 권고를 받은 일이 있었다. 그러나 더 많은 일을 확대시키기에는 문화원의 인력으로는 한계가 있어서 공주대학교의 조동길 교수가 적당한 인물 같아 그쪽으로 사업을 양보한 일이 있었다. 그 이후 3~4년 간 공주부여를 번갈아 개최하며 계속되어온 백일장은 전국단위로 넓혀 아주 좋은 성과를 내고 있는 것으로 안다.

대신에 작년2013년에는 전국적으로 붐을 이루고 있는 시낭송대회를 문화제 기간에 유치할 수 있도록 신설해줄 것을 요청하여 백제문화제 시낭송회를 전국규모로 개최한 바 있다. 시낭송대회 역시 추진위원회에서 진행하는 프로그램으로 공주와 부여가 교차 개최하도록 되어 있다. 앞으로 이 행사도 전국적인 인기를 얻으면서 확대되리라 믿는다.

그동안의 백제문화제 7년간의 성공개최 뒤에는 최석원 위원장의 각 분야가 함께 만드는 축제를 위해 탁월한 지도력과 포용력이 많이 작용하였음을 알겠다. 감사를 드리며 앞으로의 더욱 좋은 일, 의미 있는 아름다운 일에 또 다른 능력과 지도력을 발휘해줄 것을 기대해 보는 마음이 멀고도 크다. ✳

2. '별에서 온' 무령왕, 그리고 백제문화제

윤용혁
공주대학교
역사교육과 교수

제60회 백제문화제 기념으로 '공주'라는 이름의 소행성 별이름 등재를 추진중에 있다. 2013년 제59회 백제문화제에 참석하여 공주 명예시민증을 받은 일본의 사토 나오토佐藤直人 씨로부터 공주 별 등재에 협조하겠다는 약속을 받은 것에 근거한 것이다.

2013년 연말에 공주별이름선정위원회회장 최석원 전 공주대 총장를 결성하고 몇 차례의 회의를 거쳐 공주, 백제, 고마나루, 계룡산, 금강 등의 후보 명을 올려 시청 홈페이지를 통하여 1천에 육박하는 여론의 투표를 거쳤다. 2014년 2월에 2주 동안 시청 홈페이지에 팝업창을 설치, 설문을 받은 결과 가장 많은 지지를 받은 것이 '공주GONGJU'였다. 때마침 한 방송국에서 '별에서 온 그대'라는 드라마가 인기리에 종영된 시점이어서 언론에서도 공주 별이름 짓기에 대해서 많은 보도를 해주었다. 공주 별이름에서의 여론 투표 결과는 총 913명 참여에서 공주 36%323명, 고마나루 31%286명, 백제 15%138명 등이었다.

'무령왕' 별이 되기까지

공주 별의 등록을 추진하고 있는 사토 나오토佐藤直人 씨와의 인연은 2012년 '무령왕' 별의 등재로 맺어진 것이었다. 2012년 2월 24일 일본 사가현 가라츠시唐津市는 가라츠와 관련한 3개 소행성의 이름이 '국제천문학연합IAU 소천체명명위원회'에 의하여 인정되어, 공식 등록되었음을 발표하였다. 새로 명명된 소행성 이름의 하나가 '무령왕武寧王'이었던 것이다.

'무령왕'이 별 이름으로 이르는 데는 토미다 미츠히로富田滿博, NPO법인 문화포럼 사라이 이사장, 63 씨의 역할이 있었다. 소행성의 발견자 사토 나오토佐藤直人, 58씨와는 사이타마현에 거주하던 시절, 교육 봉사활동을 함께 하던 오랜 이웃집 친구였다. 퇴직 후 고향 가라츠에 돌아온 토미다 씨는 천문

와시마시즈요는 제59회 개막식의 식전행사에서 무령왕노래를 불렀다.

연구자 사토 씨에게 소행성에 가라츠 관련의 이름을 붙여주도록 요청 하였다. 사토 씨는 1995년 이후 139개의 소행성을 발견한 인물이다. 작년 6월 제10회 무령왕축제에도 참가한 토미다 씨는 시청과 협조하여 가라츠의 별 이름을 시내 학생들에게 공모하였다. 그 결과 183건이 응모되었는데 토미다 씨가 포함된 가라츠시의 위원회는 3건 중에 '무령왕'을 포함하기로 결정, 그 결과를 가라츠 시장이 사토 씨에게 전달하였다. 사토 씨는 국제천문학연합IAU에 소행성 3건에 대한 명명을 신청하였고, 그것이 동 위원회에 의하여 공식적 인정 및 등록이 이루어진 것이다.

'무령왕' 별이 되기까지는 공주와 가라츠와의 10년이 넘는 시민 레벨 교류가 배경이 되고 있다. 2002년 이후 무령왕국제네트워크협의회회장 정영일는 가라츠의 무령왕축제에 매년 공주시민 방문단을 모집하여 참가해 왔으며, 2006년에는 양국 시민모금에 의한 무령왕 기념비 건립이 이루어졌다.

자료에 의하면 '무령왕' 별은 3개중 가장 밝은 19.0 등급, 지구에서의 거리는 4.1억 km, 육안으로는 보이지 않지만 밤 8시 경 목성 방향의 서쪽 하늘에 위치하며 태양을 5년 3개월 만에 한 번씩 공전公轉 한다. 큐슈.오키나와 지역에서 최대 크기의 천체망원경을 가진 오키나와현 이시가키시마石垣島 천문대에서는 이들 별의 운행에 대한 자료를 촬영하고 관련 자료와 사진을 공개하였다.

'무령왕' 별과 노래는 시민 교류의 열매

2013년 9월 28일 제59회 백제문화제의 첫 날, 무령왕릉 입구 웅진백제역사관에서 '무령왕 별과 노래'가 공연되었다. 마침 백제문화제 가라츠 방문단에는 '무령왕' 별의 공로자 사토나오토 씨가 동행하였고, 거기에 '니리무세마'라는 무령왕 노래를 백제문화제 개막식의 식전행사에서 부르게 된 사가현의 가수 와지마 시즈요和嶋靜代가 포함되어 있었다.

무령왕의 탄생에 대한 내용을 담은 '니리무세마임금님의 섬'는 수년 전 가라츠에서 만들어졌으나 공주에서는 정식으로 불려진 적이 없었다. 후루카와 하루오古川治生 작곡의 무령왕 노래는 하야시노우에 기미마로林之上 公麿가 다음과 같은 가사를 붙인 곡이다.

　1. 바람을 등에 지고 왜국 땅으로 / 기이한 인연인가 바다 섬에서 / 가카라의 동백꽃 기뻐 반

기며 / 왕자님 탄생했네 오비야우라 / 푸르른 바닷바람 가슴속 깊이 / 오! 아름다운 왕의 섬 니리무세마

2. 왕자는 어머니와 나라 땅에서 / 정해진 운명 따라 잘도 자라서 / 여덟 척 훤칠한 키 하늘 찌르고 / 홍~안의 빛난 얼굴 멋진 미소년 / 나라의 서울에서 불던 바람이 / 정겹게 떠오르네 니리무세마

3. 시대의 운명인가 백제 기우니 / 아버님 크신 뜻을 가슴에 품고 / 백제의 25대 임금이 되어 / 지용을 겸비해서 정사 돌보신 / 대백제 큰 나라의 무령왕이여 / 오! 나의 고~향이여 니리무세마

무령왕국제네트워크 회원 등 60명이 참석한 가운데 씨의 특강이 있고, 무령왕 노래 '니리무세마'가 불리워졌다. 프로그램의 이름은 '무령왕, 별과 노래'였다. 1시간 여 진행된 이 프로그램에 이어 11시부터 왕릉에서는 4왕추모제가 거행되었다. 말하자면 '무령왕, 별과 노래'는 백제문화제의 오픈닝에 해당하는 역할을 한 셈이다.

별로 다가오는 백제문화제의 '무령왕'과 '공주'

2014년 제60회 백제문화제에서는 '무령왕, 별과 노래'에 해당하는 프로그램이 다시 선을 보일 것이다. 그 맘 때에는 백제문화제 60년을 기념하는 '공주' 별이 탄생하여 있을 것이다. '무령왕'과 '공주'를 콘텐츠로 한 '별과 노래'가 어떻게 구성될 것인지에 대해서는 지금부터 논의하게 될 것이다. ✳

일본. 가라츠 무령왕국제네트워크협의회방문

최창석
세계구석기축제
조직위원장

3. 나와 백제문화제와의 인연

나는 백제문화제와 많은 인연이 있는 사람이다. 나는 백제문화제를 통해 어려웠던 시기를 잘 넘기기도 하였고, 백제문화제가 기회가 되어 생각지도 않았던 승진의 꿈도 꿀 수 있었으며, 백제문화제 참여를 통해 즐거운 생활을 해왔던 사람이다. 최근에 공주교육장으로 근무하며 최석원 백제문화제 조직위원장님과 교분을 맺게 되고 그에 따라 그 분이 추진하는 백제문화제를 도우려는 많은 노력들을 기울이기도 하였다.

지금부터 47년 전, 1967년 내가 고등학교 2학년이고 내 동생이 중학교 2학년이던 아주 오래된 시절. 그 당시 우리는 공주 사람들이면 다 아는 시장 바닥 중동 147번지에서 어렵게 살고 있었다. 그 해 10월에 백제문화제가 열렸는데 그 당시 봉황중학교 2학년이던 내 동생이 백제문화제 가장행렬의 왕으로 뽑혀 참가하게 되었다. 왜 선발되었는지는 모르겠고 단지 이유라면 얼굴이 좀 잘 생겼기 때문일까? 당시 우리는 봉황중학교에 아무런 빽도 돈도 인맥도 전혀 없는 평범하고 가난한 집이었기 때문이다. 여하튼 이목구비가 수려한 내 동생이 왕관을 쓰고 가마에 앉아 행차하는 모습을 우리 동네 많은 사람들이 보았고 많은 동네 사람들은 우리 집을 부러워했다. 선친의 사업 실패로 연탄장사 등으로 가난하게 살면서 실의에 빠져 있던 우리 집에 경사가 난 것이다. 그로부터 우리 가족은 백제문화제 얘기만 나오면 동생 이야기를 하며 웃음꽃을 피우고 행복한 시간을 보낼 수 있었다.

'백제왕'을 배출한 가문

1989년. 지금부터 25년 전, 나는 당시 공주여중의 사회과 교사로 새마을과장의 직책을 맡고 있었다. 방학을 앞 둔 7월 초 어느 날인가 당시 교장 선생님이시던 윤명재 교장선생님께서 수업이 끝나서 쉬고 있는 나를 교장실로 호출하시었다. 말씀인즉슨 당시 이관용 문화원장으로부터 '예술분과위원장'의 직책을 맡아왔는데 예술분과위원장이 하는 일이 가장 행렬을 비롯해서 무용 등 많은 백제문화제 행사를 책임지고 해야 한다는 것이며 당신께서 잘 모르니 최과장 네가 책임지고 일을 맡아 달라는 것이다. 당시는 공주 관내 학교에서 백제문화제에 중요 행사 즉 가장 행렬 등을 공주에 있는 학교들이 나누어 맡아 참여하고 총괄을 문화원에서 하였는데 우리 공주여중에서는 가장 행렬 중 '불교의 전래'라는 주제를 배정받아 수년 간 참여하였다. 그래서 나도 한, 두 번 공주여중의 가장 행렬은 주관하였지만 전체를 책임지라니 당황스럽기만 하였다. 어찌되었던 교장 선생님의 압력 그리고 어떤 면으로는 보면 내 긍정적인 생각, 한번 해보자는 나의 오기로 교장 선생님의 지시를 수용하고 본격적으로 업무에 들어갔다.

석 달 여간 나는 많은 노력을 기울였다. 지금 잘 생각이 나지 않지만 부여에 트럭을 타고 가서 가장 행렬 도구나 무용복 등을 빌려 오던 일당시는 백제문화제가 공주와 부여가 격년으로 이루어지던 때임, 각 학교의 예행연습 때 학교를 찾아가 담당 선생님들과 수시로 상의를 하던 일 등이 생각난다. 수업은 수업대로 하며 틈틈이 시간을 내 일을 처리하다 보니 정말로 많은 어려움이 있었지만 행사의 계획, 준비, 추진 등에 신명을 다 바쳤다. 그 중 가장 기억에 남는 행사는 가장 행렬이다. 약 5천 여 명의 가장 행렬 참가자들, 즉 경찰 선도 사이드카를 비롯해서 기마대 행렬, 문주왕 웅진 천도에서부터 시작된 각 학교의 가장행렬 대열, 일반 주민들까지 공주고등학교의 그 큰 운동장을 가득 메운 것이다. 이 많은 사람들이 본부석에 있는 내 명령에 따라 일사분란하게 움직이는 것이다. 얼마나 통쾌한 일인가! 현재의 중동 사거리에는 높은 관람 단상을 설치해 놓고 문화원장과 군수를 비롯한 기관장들이 앉아 행렬을 관람하고 격려하였으며 시간을 맞추기 위해 문화원 진행자 한 명이 사거리에서 계속 나에게 무전기로 신호를 보내 출발 시간을 조정하였다. 그 당시 백제문화제의 최고의 압권은 더 말할 것이 없이 가장행렬이었다. 모든 행렬이 공주고를 다 출발했을 때 나는 본부석 바닥에 털썩 주저앉고 말았다. 서 너 시간의 긴장이 한순간에 풀린 것이다. 여하튼 문화원측에서 잘했다는 칭찬을 받았고 가장행렬은 성공리에 끝났다.

가장행렬의 추억

그 해의 마지막이 가까워오는 12월 29일 아침. 나는 스카우트 학생들과 땅 끝 마을부터 국토 순례를 하는 행사에 참가하여 전라남도 순천의 어디쯤인가 있었다. 그런데 갑자기 교감선생님께서 연락이 왔다. 개인 전화가 없을 시기이니 핸드폰 연락이 아니고 스카우트 본부를 통해 행사장으로 연락이 왔는데 급히 학교로 올라오라는 명령이었다. 우리 아이들을 같이 간 선생님께 부탁하고 부랴부랴 올라와 보니 내일 30일 도교육청에서 모범공무원 표창이 있는데 당신이 선정되어 표창을 받으러 가야한다는 것이다. 교육감님이 직접주시는 상이라 꼭 참석을 하여야하고 정장을 입고 가라는 것이다. 나는 아닌 밤중에 홍두깨 격이 되었다. 생각지도 않은 엄청난 표창이 나에게 주어진 것이다. 이유는 우리 윤명재 교장선생님이 백제문화제를 성공적으로 잘 추진하여 문화원장에게 고맙다는 인사를 받았고 그 보답으로 나에게 선물을 주려고 백방으로 노력해서 나온 결과였다. 백제문화제 덕에 40도 안된 약관의 내가 5·60대나 그것도 충남 전체의 중, 고 교사 중 1년에 단 2명에게만 주어지는 대단한 상을 탄 것이다. 그 상은 교감 승진에도 엄청난 특전을 주는 상이었다. 그때부터 나는 교감을 한 번 해보자는 꿈을 갖게 되었다.

지금부터 8년 전. 나는 부여중학교 교장 직을 무려 5년 동안이나 수행했다. 여러 가지 일을 많이 하였고 백제문화제도 적극적으로 후원하였다. 부여의 백제문화제 가장 행렬은 부여중이 출발점이 되었고 행사 기간 중에는 공용주차장으로 제공되기도 하였다. 여러 가지 불편함이 있었지만 불평 한마디 하지 않고 적극 협조를 하였다. 그리고 학생들과 직접 삼충제 행사, 가장 행렬 행사 등에 참가하고 학생들과 사진도 찍어가며 백제문화제를 즐기었다. 나는 공주도 중, 고 학생들을 적극적으로 백제문화제에 참여시켜야 한다고 주장하는 대표적인 사람이다. 백제문화제의 가장행렬이나 여러 가지 행사에 직접 참가함으로서 백제의 후예로서의 자긍심 그리고 공주인이라는 소속감 등을 키울 수 있고 이는 평생에 기억될 의미있는 지역 행사의 참여라는 주장이다.

교장, 교육장으로의 참여

공주 교육장으로 부임해서는 2년을 열심히 백제문화제에 참여했다. 첫해는 마침 충청남도교육청에서 실시한 지역교육청 평가에서 우리 교육청은 최우수교육청으로 많은 상금을 타게 되었는데 이 상금 중 일부를 활용하여 우리 공주교육지원청의 100여명 직원에게 모두 백제 옷을 사 입혔다. 그리고 교육청 현관에서 백제문화제 출정식을 갖기도 하고 전 직원의 행사 참여를 독려하였다. 또 하나 최석원 위원장님과 MOU를 체결하고 천만 원의 후원금을 받아 백제문화제 역사상 최초로 '공주와 백제의 스토리텔링 대회' 기획하여 실시하였다. 먼저 이해준 교수와 협의하여 '공주와 백제의 이야기거리' 자료를 만들었다. 공주에는 곰나루의 전설로 시작하여 근, 현대사에 이르기까지 많은 아름다운 이야기를 비롯해 교훈이 될 이야기들이 많이 전해오는 곳이다. 이런 자료들을 체계적으로 정리하여 책자로 만들어 초, 중, 고에 보급한 것이다. 그 후에는 그 이야기를 바탕으로 창작성을 가미하여 극화시켜 발표하는 것이다. 좋은 작품을 만든 학교에 교육장상과 상금을 주어 격려하였다. 이 아이디어는 내가 30년 전 공주여중에서 사회를 가르칠 때 첫 번째 나오는 향토 단원을 지도하면서 학생들에게 지역에 아름다운 이야기를 찾아보고 그것을 간단히 극화하거나 코미디화 하여 발표해보라는 과제를 내어 수업을 한 적이 있으며 이 숙제 발표가 그 때의 여중 학생들에게 상당히 인기 있는 한 수업 방법이었다. 옛날의 수업 방식에서 아이디어를 내 나는 30년 후에 공주 전체의 학생들을 대상으로 '스토리텔링 대회'를 개최한 것이다. 물론 백제문화제 때 실시된 이 '공주의 스토리텔링 대회'는 많은 초, 중학교와 학생들이 참여해 대 성공을 이루었고 지금까지 진행되고 있다.

'스토리 텔링' 대회를 열다

나는 여러 가지 다양한 취미를 가지고 있는데 그 중에 하나로 내 놀만한 것이 1988년부터 시작해서 26년 간 계속한 윈드서핑이란 취미활동이다. 토, 일요일 바람이 좋으면 논산시 가야곡면에 있는 탑정 저수지에서 나를 비롯한 윈드서핑 동호인 모임인 '마파람'의 회원들이 서핑을 즐기는 모습을 볼 수 있을 것이다. 2011년 백제문화제 때 이 윈드서핑을 이용해 백제문화제를 어떻게 도울 수 없을까? 하는 궁리를 하다가 금강에 서핑 보드를 한번 띄워보자 하는 생각을 하였다. 10여 년 전, 부여의 백제문화제 때 당시 서오선 부여박물관장의 부탁으로 백마강에 '축 백제문화제'란 대형 글자판을 달고 6대의 서핑보드를 띄웠던 기억이 다시 생각났고 이를 금강에 적용시킨 것이다. 물론 백제문화제가 코앞에 닥친 9월에 생각난 아이디어이기에 추진 본부에 이야기 할 수도 없었고 예산 지원도 받을 수 없는 행사이다. 내가 마침 회장이라 회원들의 동의를 얻어 배 5척과 회원들을 참여시켰다. 백제문화제 로고를 인쇄하여 세일에 부착하는 경비, 배를 탑정저수지에서 공주로 이동하기 위한 몇 십만 원의 경비는 내가 개인적으로 부담하였다. 관광과장에게 부탁하여 점심 티켓은 하루에 10여장 정도 지원을 받아 봉사하는 우리 회원들에게 점심을 제공할 수 있었던 것이 그나마 다행이었다. 이리하여 토, 일요일 공산성 아래 공주 백제문화제 역사상 처음으로 윈드서핑 보드가 뜬 것이다. 이 행사는 백제문화제 행사 팜플렛에 나온 것도 아니고 문화제 추진 본부 측에서 인정한 공식행사도 아니며 언론에 그렇게 스포트라이트를 받은 행사도 아니다. 그러나 백제문화제를 사랑하는 한 공주인이 공주를 찾은 관광객에게 하나라도 좋은 볼거리를 제공하기 위해 즉흥적으로 만든 퍼포먼스로서 눈요기 거리는 되었을 것으로 생각된다. "금강에 뜬 서핑 보드를 보았는가? 보았다면 즐거웠는가? 주위에 떠있는 놀이 기

① 추진위 / 공주 · 부여
   교육지원청 MOU체결
② 백제옷을 입은 공주
   교육지원청 직원들
③ 봉황중 최태석 백
   제문화제 참석사진
   (1969)

구 오리 배와는 잘 어울렸는가?" 등의 공식적인 조사는 하지 않았지만 나를 비롯한 서
핑 동호인은 금강에서 최초로 서핑을 해보는 경험을 하였고 둔치를 찾은 사람들과 금
강교를 왕래한 많은 사람들은 신기하게 윈드서핑 배가 금강에서 항해하는 것을 볼 수
있는 계기가 되었을 것이다.

공산성에서 선보인 윈드서핑

지금까지 몇 가지 예를 들어 백제문화제와 나와의 인연을 말해보았다. 결론적으로
나는 백제문화제와 많은 인연이 있고 공주에서 태어나 64년간을 살아온 사람으로 백
제문화제를 지극히 사랑한다. 그리고 교육계에 몸담았던 사람으로 우리의 후손들이
백제문화에 대한 정체성과 공주인으로서의 긍지를 갖고 열심히 살아가기 위해서는 공

주의 초, 중, 고 학생들이 백제문화제에 적극 참여해야 한다고 주장하는 사람이다. 우리 공주에는 다행히 최석원 백제문화제 조직위원장 같은 훌륭한 분이 있어 지금까지 백제문화제를 전국 3대문화제로서 손색이 없게 잘 이끌어오셨다. 그 분이 하신 일 중에 특히 감동받은 것은 2011년 9월 (주)한화의 지원을 받아 공주 금강교에서 벌어진 개막식 불꽃 놀이였다. 그 엄청난 퍼포먼스를 예산 한 푼 안들이고 유치한 그의 인맥과 수완이 존경스럽고 공주 사람으로서 고마울 뿐이다. 그 날 금강교에서 떨어지는 수백m의 흰 불꽃을 본 나의 느낌은 마치 남미 '이과수 폭포'의 장관을 보는 느낌이었고 나에겐 평생 잊지 못할 추억이 되었다. 이러한 훌륭한 분이 공주대 교수직의 정년을 마치신다고 하고 거듭 축하를 드리고 백제문화제 추진위원장도 물러난다고 하시지만 그동안 백제문화제에 쏟아왔던 사랑이 변치 않으셔서 백제문화제의 품격을 높이고 백제문화제가 대한민국 국민들에게 더욱 더 사랑받는 축제가 될 수 있도록 일조를 해 주실 것을 간절히 기대해 본다.✱

이가와 유카
井川由架

백제문화제,
일본홍보대사

4. 백제문화제 홍보대사로서의 나의 사명

나는 2006년 무령왕 교류 카라츠시 실행위원회의 회원으로 처음 공주시를 방문하였다. 그 때 왠지 공주시에 강하게 끌렸고, 그 후 매년 백제문화제에 참가하였고 개인적으로 공주시를 방문하면서 공주 무령왕국제네트워크 회원분들과 친밀한 관계를 맺게 되었다.

중지된 '고토' 연주

그리고 2009년 7월, 공주시를 방문하였을 때 백제문화제 일본 홍보대사로 위촉 받았다. 당시에는 홍보대사로서 무엇을 해야 하는가 너무 막연하여 상상조차 할 수 없었다.

홍보대사로 위촉을 받은 첫해, 2009년에는 백제문화제까지 시간이 많지 않았지만, 나는 일본의 전통 문화의 하나인 고토お箏를 가르치고 있었으므로, 백제문화제에서 제자인 일본의 중·고생들과 연주를 하기 위해서 준비하였다. 하지만 그 해는 인플루엔자의 영향으로 백제문화제 자체가 중지 되었다.

그리고 2010세계대백제전이 개최되기까지 1년간은 일본 각지를 돌며 정말로 많은 장소와 주위, 이벤트에 참가하여 백제문화제를 홍보하였다.

우선 첫 홍보는 재후쿠오카 대한민국 총영사관을 방문하여 총영사를 만나고 담당 영사가 각 현청에 한국의 백제문화제 일본인 홍보대사로 위촉 받았음을 보고해 주어 큐슈 각 현청에서 백제문화제를 홍보할 수 있었다.

사가현에서는 지사를 직접 만나 백제문화제를 알릴 수 있었으며, 그 외의 현청에서도 국장 이상의 관계자를 만나 백제문화제를 소개하였는데, 각 현청에서도 적극적으로 백제문화제를 홍보해줄 것을 약속해 주었다. 각 현청의 방문을 마친 후에는 백제와 관계가 깊은 큐슈의 각 도시에 가서 홍보 활동을 하였다.

무령왕 탄생지이며 나의 고향이기도 한 사가현 가라츠시, 공주시와 자매 도시인 구마모토현 나고미마치, 부여군과 자매 도시의 후쿠오카현 다자이후시, 백제의 마을이 있는 미야자키현 미사토쵸, 미사토쵸에서 열리는 백제 축제에는 이벤트도 참가하였다. 그외 15곳 이상의 도시를 다니며 백제문화제를 홍보하였다.

일본 큐슈지역에서 백제문화제추진위원회가 주최한 홍보 이벤트에도 참가하고 기업의 많은 사람들과도 만나 홍보하였다. 그렇게 많은 사람들을 만나면서 한국에 가 본 사람은 많았지만, 공주시나 부여군에 가 본 사람은 정말로 몇 명 되지 않았지만 나의 이야기에 많은 사람이 귀기울여 주었다.

백제문화제 홍보를 위해 뛰다

나는 홍보뿐만 아니라 내가 다니는 한국어 교실에서는 '백제문화제 투어'를 기획해, 실제로 내가 방문단장으로 백제문화제에도 참가하였다. 그 중에는 백제의 역사와 축제의 매력에 매료되어 2년 간격으로 백제문화제에 참가하고 있는 친구도 있다.

2010세계대백제전에서는 2009년 인플루엔자로 인해 백제문화제가 중지되어 참가할 수 없었던 일본의 중·고생들이 백제문화제 주무대에서 공주시 충남연정국악원 단원들과 함께 연주를 하였는데, 아이들에게는 귀중한 체험을 할 수 있었던 기회였다.

① 공주시 명예시민 위촉
② 대백제전 공연 추진 및 연주(2010)

그리고 나는 그 해에 백제문화제 홍보대사로서의 활동과 열정을 인정받아 공주시로부터 '공주시 명예시민증'을 받았다. 내가 사랑하는 공주시로부터 시민증을 받을 수 있던 것은 매우 기쁘고 자랑스러웠다. 한국에 나의 고향이 생겼구나라는 마음이 들면서 앞으로도 백제를 위하라는 의미라고 생각하였다. 이 또한 내가 백제문화제 홍보대사로 활동하고 있었기 때문에 받을 수 있었다고 생각한다.

2009년 홍보대사로 임명되며 임기는 2년이었다. 그 후 백제문화제추진위원회 위원장께서 계속 홍보대사로서 활동해 주었으면 좋겠다는 의견과 나의 백제문화제에 대한 사랑과 관심으로 홍보대사로서의 사명감과 보람을 느끼며 올해로 6년째 활동하고 있다.

2014년 올해에는 홍보대사로서 백제문화제를 홍보 할 수 있는 큰 이벤트가 5

월에 일본에서 있다. 일본에서 내가 부회장을 맡고 있는 한일 전통음악 국제네트워크 협의회의 주최로 백제와 관계가 있는 큐슈의 구마모토 · 다자이후 · 가라츠 3개 도시에서 '아득한 백제로'라는 타이틀로 한일의 전통 악기를 사용하여 일본 25명, 한국 25명의 연주자가 오케스트라 공연을 실시한다.

3개 도시의 주 공연을 비롯하여 학교를 방문하여 연주하는 등 총 11곳에서 공연이 있을 예정이다. 모든 공연 장소에서 백제문화제와 관련한 홍보물을 배포하며 홍보 활동을 할 예정으로 준비하고 있다.

백제문화제의 홍보는 나에게 있어서 대단한 일이었으며, 백제문화제 홍보를 위한 방문으로 나는 쉽게 만날 수 없는 분들 뿐만 아니라 정말로 많은 분들을 만나 다양한 이야기를 할 기회를 가질 수 있었다.

'백제인'으로의 환생

그러한 분들과의 만남과 대화는 나에게 정말로 귀중한 시간이었다. 또 한국에서도 많은 분과 알게 되어 친구가 되며, 나의 휴대전화에 등록되어 있는 사람의 반은 한국 분들이다.

백제에 대해서도 많이 공부하며, 일본과의 깊은 관련을 알게 되고, 지금은 백제와 백제문화제에 대한 어필은 나의 사명과 같이 느껴진다.

나의 어머니는 나의 활동을 보면서 "이렇게까지 홍보하며 활동하는 너는 백제인으로 환생한 것 같은 기분이 들지 않니?"라고 말씀하셨다.

그러나 일본 내에서 백제문화제를 홍보하며 홍보대사로서 활동할 수 있었던 것은 나 혼자의 힘이아닌 재후쿠오카 대한민국 총영사관, 무령왕 교류 카라츠시 실행위원회의 회원, 그리고 가족과 친구들의 협력이 있었기 때문에 할 수 있었다고 생각한다.

금년 백제문화제의 60주년 기념의 해를 맞아 내가 백제문화제추진위원회가 기대하고 있는 만큼 홍보하고 활동할 수 있을까라고 생각하지만, 최선을 다해서 즐겁게 활동하고자 한다.

마지막으로 나에게 백제문화제 홍보대사라는 귀중한 기회를 갖게 된 것에 이 지면을 빌려 감사의 말씀을 전하고 싶다. 또한 백제문화제가 앞으로도 영원히 지속되기를 기원하는 마음이다. ✱

5. 세계대백제전에의 기억

이존관

전 백제문화제
추진위 기획과장

백제의 자존심을 세우기 위해 민선 4기에 들어와 이완구 도지사가 백제문화제를 국내 최초의 문화제로 육성하기 위하여 2007년도에 재단법인 백제문화추진위원회 설립 및 "700년 대백제의 화려한 부활"이라는 슬로건 설정과 함께 예술 감독을 공개모집, 채용하고 공주시 산성동에 사무실을 개소하는 등 본격적인 백제문화제 육성의 대장정에 돌입했다.

백제문화제가 국민들로부터 사랑을 받기 위해서는 교통·숙박·음식 등 완벽한 손님맞이도 중요하지만 무엇보다 관람객에게 볼거리를 제공하는 프로그램이 문화제의 성공을 좌우하는 중요한 기능을 담당한다.

그 동안 백제문화제가 국민들로부터 사랑을 덜 받은 것은 혁신적인 킬러 프로그램이 없었고 역사문화축제 이다 보니 제례 중심의 행사로 개최되어 국민들이 보고 즐길거리가 없었다는 점을 인식하고 참신한 프로그램 개발에 박차를 가하였다.

대백제 기마군단, 기마병이 낙마하다

대백제기마군단 행렬 연출은 이완구 도지사의 아이디어로 태동하게 되었다. 연출 주제는 대백제국의 기마군단 행렬재현으로 백제인의 웅대한 기상을 선양하는데 중점을 두고 말 185필 동원하여 백제군의 3군軍출전 행렬을 재현하였다.

연출에 있어서 가장 어려웠던 점은 말 확보와 안전의 문제였다. 말이 예민하여 새로운 환경소음, 조명, 사람에 적응하는데 어려움이 있어 사고의 위험성이 항상 내재되어 있었고, 또한 살아있는 동물로 통제하기가 매우 어려웠다.

실제 연출 시 말을 통제하기 위하여 신경안정제를 말에 투여하는 등 안전대책을 강구했으나, 말 통제가 이루어지지 않아 기마병 10명이 말에서 떨어져 갈비뼈가 부러지는 중상을 입는 등 아찔한 장면이 있었으나 다행히 관람객은 다친 사람이 없었다. 말확보는 우선 도내의 말을 확보하고 부족시 인근 타시도의 말을 확보 연출하였으나 예산1필당 100만원정도 임대과 결부된 관계로 충남승마협회 등의 협조가 미흡하여 많은 어려움을 겪었다. 돌이켜보면 관람객에게 웅장한 볼거리를 제공하였으나 사고의 위험성이 내재되어 있어 사망자가 발생하지 않은 것이 큰 다행이었다고 생각한다.

앞으로 기마군단 행렬을 연출할 경우는 말의 규모를 축소50~70필하고 프로급의 기마병을 모집하여 안전대책을 강화, 다이내믹한 연출을 한다면 백제문화제에서만 볼 수 있는 특색 있는 대표 프로그램으로 정착할 수 있을 것이다.

황산벌 전투, 행사장을 둘러싼 '전투'

황산벌 전투 재현은 하나의 모험 속에서 출발하였다. 다른 사람들이 성공하기 어렵다는 것을 극복하고 이루어 낸 백제문화제 최고의 성공작품이었다. 세계에서 유일하게 전쟁에 나가기 전에 사랑하는 아내와 자식을 죽이고 출전하는 계백장군의 충성심과 기개를 어떻게 연출해야 관람객에게 감동을 줄 수 있을지 많은 고민을 했다. 이를 위해 관계전문가와 10여회 이상의 회의 개최, 「백제문화제추진위원회·32사단·논산시」가 역할을 분담하여 추진하였고, 계백장군 등 주요배역은 공중파 방송 사극출신 배우를 섭외하였다.

준비하는 과정에서 제일 어려웠던 점은 행사장 선정과 전투신 연출에 필요한 병사 1,000명을 확보하는 것이었다. 행사장 선정에 있어 백제문화추진위원회와 논산시간 생각이 달랐다. 논산시는 실제 전투가 있었다고 추정되는 연산에 있는 한민대학교 주변에서 행사를 개최할 것을 요구하였다. 백제문화추진위원회에서는 관람객이 유치가 쉽고, 행사장이 넓은 논산천에서 행사를 개최할 것을 주장하였다. 이러한 견해차 해소와 벤치마킹을 위해 논산시 추진위와 일본의 전투재현 장소를 방문하였다. 일본도 마찬가지로 하천변에서 전투신을 연출하였다. 이런 내용을 보고 논산시에서도 결국 관람객 유치가 용이한 논산천을 행사장으로 확정하였다.

백제군과 신라군이 싸운 것은 5,000명대 50,000명으로 이런 장면을 연출하기 위해서는 최소한 병사 1,000명_{백제군 300명, 신라군 700명} 확보가 관건이었으며, 이를 위해 논산시에서 건양대학생과 고등학생을 동원하는 등 많은 협조를 해주었다. 또한, 전투신을 연출하기 위해 행사장인 논산천에서 5일간 사전연습을 했다. 전투재현일 2일 전까지 전혀 그림이 나타나지 않아서 큰일났다고 생각했다. 예산은 예산대로 투자되고, 고생은 고생대로 하는데 연출내용이 오합지졸이었다. 그래서 대행업체, 백제문화제추진위원회, 논산시가 긴급회의를 개최 대책을 강구하고 행사당일 최종 리허설을 가졌다. 그런데 상황이 급반전되었다. 전투 연출신이 제대로 나타나기 시작했다. 이렇게만 연출 한다면 야간행사이기 때문에 성공할 수 있다는 자신감이 생겼다.

오후 6시 30분, 드디어 도지사, 논산시장 등 주요인사와 관람객 2만여명이 운집한 가운데 전투 신이 시작되었다. 결과는 대성공작 이었다. 이완구 지사도 고생하였다고 격려해주었고, 관람객은 한 편의 영화를 보는 것 같았다며 호평하였다.

수상受賞감이 된 수상 공연

수상공연은 국가에서 시행하는 4대강 개발사업의 하나인 금강개발사업과 연계하여 추진한 프로그램이다. 준비과정에서 가장 어려웠던 점은 행사장 조성이었다. 자주 비가 내렸고, 행사장 조성을 담당하는 건설사들이 예산을 절약하기 위해 협조를 잘 해주지 않아서 대전지방국토관리청과 SK건설 및 GS건설을 수없이 방문하였고 하루에도 협조해준다는 내용이 수없이 변경되어 천당과 지옥을 왔다 갔다 했다.

또한 부여행사장의 경우 문화재 지역과 연접되어 문화재 위원들로부터 현상변경 허가를 받는데 많은 어려움이 뒤따라 한국에서 가장 힘 있는 위원회가 문재위원회라고 느껴질 정도였다.

대백제전의 대표 프로그램인 수상공연의 성공개최를 위해 많은 노력을 경주하였고, 특히 우리나라에 수상공연의 사례가 없어서 외국의 수상공연을 벤치마킹하였으며, 또한 국내의 수상공연 전문가로 자문단을 구성하여 많은 회의와 토론을 통해 문제점을 도출하고, 이를 해결해나가는 노력을 지속으로 실시하여 프로그램의 완성도를 높여 나갔다. 아울러 1개월 전부터 현장에서 예행연습을 실시하여 현장에 맞는 연출력을 높여나갔고 공연장 관리, 인력 운영 및 시설 관리, 안전문제, 우천시 대책 등 체크리스트를 통한 준비상황을 최종 점검하고 수상공연을 무대에 올려 연출하였다.

공연결과는 대박이었다. 많은 사람이 공연을 보려고 인산인해를 이루었고 전국의 유명인사도 수상공연을 보기위해 보이지 않게 로비가 들어왔다. 지금도 수상공연을 다시 했으면 좋겠다고 말하는 사람들이 많이 있으나 예산문제가 관건이다.

긍지, 자부심, 사명감으로

세계 대백제전백제문화제가 성공한 것은 무엇보다도 충남도, 백제문화추진위원회, 공주시, 부여군 및 지역민들이 혼연 일체가 되었고, 여기에 더하여 담당공무원들의 열정과 헌신, 그리고 보편적으로 우수한 대행사를 선정한 결과이다.

앞으로 백제문화제가 지속발전하기 위해서는 공주, 부여의 지역민들의 주인정신과 함께 봉사하는 마음자세가 필요하고 행사준비를 공정하고 투명하게 준비해야한다. 특히, 행사를 준비하는 사람들이 사심이 없어야한다. 예를 들어 능력에 미달하는 업체를 지역에 있다는 이유만으로 선정하는 오류를 범하면 백제문화제의 수준도 퇴보하고 업체의 발전도 정체하는 등 양쪽 모두 손해를 보는 결과로 나타난다.

또한 성인들이 보고 참여하고 즐길 수 있는 프로그램 개발에 가일층 노력해야한다. 현재의 프로그램은 성인들의 관심을 끌만한 프로그램이 없어 자칫하면 대백제전 이후 퇴보하고 있다는 평가를 받을 수 있다.

아무쪼록 백제문화제는 우리가 지키고 발전시켜야 할 문화유산이다. 따라서 종사자 여러분들께서는 긍지와 자부심, 그리고 사명감을 가지고 열심히 노력해 주길 바란다. ✳

① 국제안면도꽃박람회
　개막식 참석(2009)
② 세계대백제전조직위
　원회 직원 기념촬영
　(2010)

6. '공주, 옛 사진전'을 통해 바라본 백제문화제

김혜식
사진작가

2010년대 백제전 때 필자는 제법 큰 프로그램의 옛 사진전을 기획 전시한 적 있다. 공주지역에서 사진작가로 활동하면서 재능기부 차원에서 지역의 사진을 한데 모아 사진 아카이브를 구축해보고자 하는 뜻을 피력하던 것이 계기가 되었다. 개인이 소장하고 있는 사진을 공모하고 각 학교에 흩어져 있는 사진을 모으는 방식으로 전시 제목은 '공주, 옛날이야기'로 정하였다. 전시방식은 모두 세 꼭지로 구성하였다. 문화기획자인 김명신씨의 도움을 얻어 사진전은 기획되었으며, 한 달간의 전시가 끝나고 전시를 관람한 많은 사람들의 요청을 받아 공주시에서는 '공주, 옛날이야기'라는 제목의 책으로까지 출판하기에 이르렀다.

'공주, 옛날이야기'

1부는 개인적인 공모 사진, 2부는 각 학교에서 기증받은 사진, 3부는 그 동안의 백제문화제 역사를 보여주는 옛 사진과 2010 대백제전의 사진을 함께 꾸미며 포토 에세이 형식으로 필자가 기획 출판하였다. 지금도 가끔씩 '옛 사진전'을 이야기하면서 책을 구하기를 원하는 사람이 있다. 그럴 때는 친절하게 시청에 몇 권 남아있을 거라고 안내를 한다. 지금까지 몇 년 전의 사진전을 얘기 한다는 것은 하고 난 후의 보람으로 여겨진다.

더 큰 보람이라면 공모전 부문 대상을 받으신 지인준 어르신을 만나게 된 일이다. 아는 분을 통해 어렸을 적부터 사진찍기를 좋아하셨다는 정보를 입수 한 후 대 여섯 번이나 집으로 방문을 했다. 많이 망설이셨다. 어르신뿐만이 아니라 공주에서 사진 공모전을 통해 얻는 일이란 쉬운 일이 아니다. 사진 특성상 나와 사진을 함께 찍은 개인적인 관계가 드러나거나 나의 정보를 공개한다는 것은 망설일 만하다. 그러나 얼핏 본 사진 한 장이 여러 번 발걸음을 하게 하였고, 결국은 몇 장의 귀한 사진을 얻어 전시장에 걸 수 있었다. 1940년대 초 금강나루의 쌀 공출 사진과 '공산성의 엄복동 자전거 대회' 사진이 대표적인 수확이었으며 워낙 사진 정리를 잘해 놓으셔서 그 안에 공주의 역사가 모두 들어있다고 해도 과언이 아니었다.

또 반죽동 윤종성씨의 아버님 사진이다. 교직에 근무 하시면서 찍은 사진 앨범 정리를 잘 해 놓으셨었다. 함께 다락방을 뒤지면서 앨범 째 빌려다 스캔작업을 하였지만

① 사진첩 제작
② 공주 옛사진전(2010)

일부 사진은 개인사를 이유로 발표를 망설이기도 하였다. 그러나 앞으로 그런 사진도 모아 놓으면 몇 십 년 이후에는 공주를 알 수 있는 귀중한 자료가 되리라고 생각한다.

사진기의 역사는 고작 200년 안 쪽이다. 게다가 공주로 온 선교사를 통해 들어온 사진기를 통해 얻어진 장면으로 공주를 안다고 해도 100년 전 이다. 어찌 귀중하지 않을 수 있을까. 전시를 마치고 확대 작업과 수정을 마친 1,000여 컷의 사진을 모두 파일째 공주대 지수걸 교수님께 넘겨드렸다. 사진을 통해 공주를 스토리텔링 자원으로 쓰려고 애쓰시는 교수님의 손으로 가면 자료로 남기는데 유리할 것 같아서였다. 지역의 역사가 담긴 사진은 지역의 또 다른 자원이라는 측면으로 본다면 그것은 개인의 것이어서 안 된다는 생각에서였다. 아니나 다를까. 더 많은 이야기를 끌어내기 위한 작업으로 곧바로 읍사무소 자리에서 이야기 전시를 시작하셨다. 그리고 최근에 출간한 '구술로 듣는 공주의 역사와 문화'라는 책을 비롯하여 학교에서 출간되는 책과 함께 공주근대사를 연구하는 많은 자료로 활용하시는 것을 볼 수 있었다. 또한 보람있는 일이다.

결국 축제라는 것은 단순히 먹고놀자고 벌이는 놀이판만은 아니다. 지역의 집단 정서를 축제를 통해 함께 공유하고 즐기며 문화를 재창조하는 일이다. 그것이 곧 관광자원이 되고 지역 경제까지 책임지는 자원이 되는 것이다. 그런 차원으로 본다면 백제문화제건 작은 사진전이건 지역의 정체성을 찾는 훌륭한 일이라고 생각한다. 내가 만들고 내가 즐기는 축제, 즉 내가 주인공이어야 한다. 그렇게 옛 사진전이 호응을 얻고, 축제가 끝나고도 많이 아쉬워하는 이유는 〈내가 그때 거기에 있었다는 것〉이다. 즐거운 추억이라면 얼마나 더 신나는 일이겠는가.

옛 사진전을 마치고 필자는 큰 깨우침 하나를 얻었다. 대부분의 사람들이 간과하는 부분이 백제문화제가 역사 축제이다 보니 지난 시간만을 가지고 이야기하는 경향이 많다는 것이다. 그러나 언젠가는 지금도 역사가 된다는 사실로 가장 중요한 것은 지금을 이야기 할 줄 알아야만 한다.

'백제문화제 박물관'이 필요하다

필자가 조금이나마 축제에 발을 담그면서, 분명하게 느끼는 것은 자원의 활용도 좋지만 자원을 만드는 일이었다. 그러자면 '백제문화제 박물관' 하나가 있었으면 좋겠다고 제안하는 바이다. 내 이야기를 담을 그릇하나, 내 추억을 덜어낼 그릇하나, 축제가 담길 공간이 필요 하다고 생각한다. 더불어 백제문화제 박물관이 내 추억을 퍼내는 큰 국자가 되어주길 희망한다. ✻

백제문화제 공주 가장
행렬 무령왕 행차(1966)

문경호
대전과학고 교사

7. 미마지, 교과서에 오르다

"윙~" 혼자 남아있는 조용한 교무실 한편에서 휴대폰이 요란하게 소리를 냈다. 백제문화제추진위원회에서 대변인으로 일하는 이성열 선생님이었다. 휴대폰 너머로 "많이 바쁘시죠? 고등학교 한국사 교과서가 새로 나왔다고 하던데 혹시 미마지와 관련된 내용이 실렸나 해서요."라는 약간 조급한 목소리가 들려왔다. 미마지라는 이름을 듣는 순간 아차 싶은 생각이 들었다. 그러고 보니 미마지가 교과서에 실렸는지 확인해 달라는 전화가 전에도 한 번 오긴 했었다. 그 때는 교과서가 출판되기 전이라 교과서가 나온 후 확인해 보고 연락을 하겠노라고 했었는데, 학교일이 바빠서 그 말조차도 잊고 있었던 것이다. 전화로 안부를 묻고 몇 마디를 더 나누는 짧은 시간에 파노라마 사진처럼 지난 2012년 겨울, 미마지 교과서 수록 추진위원회에서 함께 일했던 여러 교수님들의 얼굴이 머릿속에서 한 분씩 흘러지나갔다.

잊혀진 인물 미마지

이제는 아는 사람이 좀 많아졌지만 2012년 "백제의 춤과 음악, 미마지의 부활"이라는 주제로 제58회 백제문화제가 열리기 전까지 미마지는 우리 기억 속에서 지워진 인물이었다. 간혹 교과서에 백제에서 일본에 건너가 선진문화를 전해준 인물로 왕인 박사나 노리사치계 등이 소개되긴 했지만 미마지는 그렇지 못했다. 그가 일본에 전했다는 기악이라는 말도 생소하기는 마찬가지였다. 그런 점에서 백제문화제추진위원회에서 개최한 국제학술대회는 우리 역사가 잊고 있었던 미마지에게 생명을 불어넣은 사건이라 할 수 있다.

국제학술대회에서 은사이신 윤용혁 교수님이 "미마지를 교과서에 수록하는 것이 필요하다"는 제안을 하신 후, 2012년 11월 19일에 그것을 본격적으로 추진하기 위해 뜻을 같이 하는 사람들이 백제문화제추진위원회 사무실에 모였다. 모임의 이름은 "미마지 교과서 수록 추진위원회"라고 하였으며, 백제문화제추진위원장이셨던 최석원 백제문화제추진위원장님이 회장직을 맡으셨다. 대학에 시간 강사를 몇 번 나간 적이 있어 성함은 여러 번 들은 적이 있지만 가까이서 뵌 것은 그 때가 처음이었던 것 같다. 생각보다 체구는 작았지만 첫인상은 뜻이 굳고 강인해 보였다. 최석원 위원장님이 간단히 미마지를 교과서에 수록해야 하는 당위성에 대해 말씀을 하시자 나머지 위원들은 각자의 영역에서 그것을 가능하게 할 방안에 대해 말씀을 드렸다. 그리고 이후에도 두어 차례 더 모여 중·고등학교 역사 교과서에 수록된 백제사 관련 내용들을 분석하고, 미마지 관련 내용을 어느 부분에 어떻게 넣어야 하는가에 대해 의견을 나누었다. 그때마다 최석원 위원장님은 논의 과정에서 생겨난 문제점을 명료화하고 그것의 해결방안을 잘 제시해 주셨다. 대개 위원들이 각각의 의견을 발표하는 형태로 회의가 진행되었으므로 말씀하실 기회는 많지 않았지만 위원들의 의견도 잘 정리해 주셨다. 그때그때 상황판단도 빠르셨던 것으로 기억한다.

최석원 위원장님은 역사를 전공하신 분은 아니지만 역사학자 못지않게 많은 지식을 가지고 계셨다. 회의가 끝나고 식당에서 식사를 할 때면 종종 지명이나 향토사와 관련된 이야기를 하곤 했는데, 그때마다 총장님이 이야기의 흐름을 주도하셨다. 사곡면 통천포의 '구린내'가 실제는 구리를 뜻하는 동천銅川이었다는 이야기도 흥미로웠고, 무령왕릉에서 출토된 왕과 왕비의 관식에서 검은색·푸른색의 녹이 발견되는 것으로 보아 알려진 것처럼 순금이 아니라 구리와 은이 섞였을 것이라고 하신 말씀도 인상 깊게 기억에 남는다.

몇 번의 회의 끝에 마침내 위원회의 입장을 담은 자료를 정리하여 교육부와 국사편찬위원회, 그리고 교과서를 제작하는 여러 출판사에 공문과 함께 발송하였다. 최석원 위원장님의 뜻에 따라 미마지가 교과서에 꼭 수록되어야 하는 이유를 명확히 설명하였고, 백제 문화의 일본 전파 부분에서 그것을 꼭 수록해 줄 것을 간곡히 부탁하였다. 마침 교육부에 학과 후배가 파견근무를 가 있어 그의 교육부의 협조를 얻는 것도 크게 어렵지 않았다. 또한, 당시는 2011년 개정교육과정에 따라 고등학교 한국사 교과서가 한창 집필되고 있던 중이었으므로 위원회가 발빠르게 움직인다면 교과서에 관련 내용을 수록하는 것은 불가능한 일은 아니었다. 다만 여러 지방자치 단체에서 자신의 지역과 관련된 인물, 사건 등을 교과서에 수록해 줄 것을 출판사에 요구하는 일이 많던 시기였으므로 출판사와 교과서 저자들이 얼마만큼 잘 협조해 줄 것인지는 판단하기 어려웠다.

미마지, 한류의 원조로 부상하다

공문과 자료를 출판사에 보낸 이후에도 추진위원회는 미마지와 관련된 학술대회를 개최하고, 이미 발행된 중학교 역사교과서와 고등학교 동아시아사 교과서에도 미마지 관련 내용이 수록될 수 있도록 노력하기로 하였다. 그러나 나는 학습연구년제 파견이 완료되어 더 이상 추진위원회에서 일하지 못하고 다시 학교로 돌아와야 했다. 간혹 그 후의 일이 궁금할 때도 있었지만 학교 생활과 그 무렵 태어난 둘째 아이 때문에 바빠서 잊고 지냈다. 새 교과서가 학교에 도착했을 때도 교과서 선정에 바빠서 관련 내용을 찾아보지 못했다. 그러던 중에 이성열 선생의 전화를 받고 비로소 교과서를 살펴보게 된 것이다.

총 8개의 고등학교 한국사 교과서 중 미마지 관련 내용이 수록된 교과서는 두 권이다. 그 중에서도 특히 비상교육에서 출판한 교과서에는 미마지가 일본에 백제기악을 전했다는 사실뿐만 아니라 그가 전한 백제기악이 어떤 것인지에 대해서도 자세히 기술하였다. 생각 밖의 수확이었다. 8개 교과서 중 겨우 2개 교과서 밖에 안 되니 적다고 할 사람도 있을지 모르지만 그간 미마지 관련 내용이 교과서 어디에도 없었던 것을 고려하면 결코 적은 수확이라고 할 수 없는 것이다.

1,400년 간 우리나라 사람들의 기억에서 까맣게 잊혔던 미마지는 그렇게 해서 다시 살아났다. 교과서에 실리게 되었으니 이제는 많은 학생들이 미마지란 인물에 대해 알게 될 것이고, 그에 따라 다음 번에는 더 많은 교과서에 미마지라는 이름이 실리게 될 것이다. 미마지를 교과서에 싣게 된 데에는 추진위원회의 회장을 맡아 적극적으로 일하신 최석원 위원장님의 공이 컸다. 그동안 위원장님께서 이루신 다른 어느 분야의 업적보다도 잊혀진 역사 속 인물에게 숨을 불어넣은 이번 일이 가장 큰 업적이 아닐까 감히 생각해 본다. ✱

①·② 제58회 백제문화제. 미마지공연

8. 백제문화제, 세계 속의 백제상품

이태묵
전 공주시 시민국장

백제문화제가 올해로 60년을 맞습니다. 물론 공주와 부여에서 동시에 개최됩니다. 충청남도가 함께 하면서 규모도 10배 이상 커졌고, 축제 기간도 3일간에서 10일로 늘어났습니다. 충청남도와 공주, 부여 등이 공동으로 재원을 출연하여 추진위원회를 만들고 축제를 담당하는 공무원도 파견하여 축제의 전문화를 꾀하는 등 백제문화제 역사상 최대의 변환기를 맞은 때가 2007년입니다.

운동장을 탈출한 축제, 미로를 찾다

그동안 다른 지역의 축제들이 뛰면서 앞으로 나아갈 때 백제문화제는 단지 국내 3대 축제라는 자부심으로 자만만 해 왔습니다. 2년마다 공주와 부여가 격년제로 개최하는 것도 문제였지만, 축제 때마다 반복되는 100여 가지가 넘는 프로그램에다가, 적은 예산을 문화단체들끼리 나눠 먹는 식으로 축제를 치르다 보니 기억에 남는 프로그램이 없는 실정이었습니다. 그리고 이런 점이 오히려, 수십 년 간 일관해 오던 관행을 탈피하여 기존의 프로그램을 새롭게 개선·확충하는 기회가 되었던 것입니다. 공주는 축제 장소를 종합 운동장에서 금강과 공산성으로 옮기고 금강에 부교를 놓았는데, 다행히도 두 번째 축제를 치를 때라서 프로그램을 확충하는 것만이 고민이었던 시점이었습니다. 즉석에서 정하던 백제왕을 전국에서 뽑는 일이 생기고, 학생들을 동원하여 치르던 가장행렬도 16개 읍면이 겨루는 웅진성 퍼레이드로 바뀌었고, 금강 부교와 금강 유등, 금강교 백제 문양 루미나리에Luminaries 등 새로 등장한 콘텐츠들이 축제의 중심으로 자리 잡기 시작했습니다.

어떤 축제든 지역 주민의 참여가 없는 축제가 없듯이, 백제문화제도 공주 시민들의 혼을 보여 주는 축제장이 되도록 한 것입니다. 살아가고 있는 현재의 단면만이 아닌 오랜 세월 동안 켜켜이 쌓아 놓은 문화의 모든 것을 보여 주는 기회가 아닐 수 없습니다. 그러나 단지 축제의 예산을 늘리고 프로그램을 다양화하고 공무원을 증원했다고 해서 결코 성공하는 축제가 될 수는 없습니다.

무엇보다도 중요한 것은 지역민들의 자발적 참여가 절대적인 요소입니다. 행정력은 조연에 불과할 뿐이기 때문입니다. 그 옛날 백제 왕도로서 훌륭한 문화를 꽃피웠듯이, 그런 역사의 재현은 백제의 후예인 공주 시민만이 할 수 있는 몫입니다.

제60회 백제문화제기념
국제학술회의 안내장

그동안 백제 문화제하면, 가장행렬 아닙니까? 53년간 중심 프로그램으로 백제왕과 백제 병사들의 칼과 창을 든 행렬이 전부였습니다. 여름방학 끝나고부터 한 달이 넘도록 준비해서 나오는 학생들을 동원한 퍼레이드였지만 그래도 학창 시절의 추억거리로는 충분했었습니다. 하지만 학생들은 수업에 지장을 받는다고 호소를 했고, 농번기와 겹친 시민들은 그 역할이 없다는 것이 축제가 더 이상 커질 수 없었던 한계였습니다.

이러한 요소들을 감안해서 다시 준비한 것이 웅진성 퍼레이드입니다. 학생들은 물론이고 공주 시민, 사이버 시민, 관광객들 모두가 참여할 수 있고, 야간 시간을 선택했으므로 보여 주는 것 이상으로 스스로 놀이를 가미한 것은 새로운 축제의 발판이자 백년, 천년 이어 갈 방향이라는 점에서 그 의미가 큽니다.

축제로 먹고 사는 이태리 시에나의 팔리오Palio 축제가 그렇습니다. 인구 4만 명에 불과한 도시이지만 말 달리는 경기 하나로 7백 년 전통을 이어 오면서 수백만 명의 관광객들을 끌어모으고 있습니다. 프로그램이 다양한 것도 아니고 축제의 예산이 넉넉한 것도 아니고 그렇다고 화려한 무대도 아닌, 단지 지역민들이 17개 구역으로 나뉘어 경기하는 말의 출전과 경기를 응원하는 과정뿐입니다.

그럼에도 축제 시즌만 되면 이태리 국내는 물론 이웃 나라에 사는 시에나 출신들의 귀향 러시가 이루어지고 밤 새워 노는 과정 자체가 관광 거리가 되고 있습니다. 축제 비용도 보조금이 30% 정도이고 대부분은 자발적 경비로 충당합니다. 시에나 팔리오 축제를 보면서 우리 백제문화제도 못 할 게 없다는 생각을 하게 됩니다.

오히려 이런 방향을 가능케 할 수 있는 곳이 일본 쪽입니다. 왓소 축제나 무령왕 탄생제 등은 백제를 사모하는 일본의 축제들입니다. 거기다가 최근 오사카에 사는 재일교포들, 일본 내 공주 역사 모임도 몇 달 전부터 백제문화제 참여 일정을 잡아 놓고 있고, 해마다 참여하는 무령왕 탄생지인 가라쓰시唐津市에서도 참가 인원을 크게 늘려 놓고 있는 실정입니다. 공주 사람들보다도 더 적극적입니다. 무령왕릉에 와서 1천4백 년

묵은 심향목을 피워 놓고 절을 하고 간 일본 천황 당숙이 "백제는 우리 조상"이라고 말했던 것을 보더라도, 백제가 일본인의 조상으로서의 혼을 보여 줌으로써 이런 좋은 여건이 될 수 있었던 것입니다. "일본 사람들이 돌아오는 행렬을 만드는 것, 이것이 백제문화제가 살 길"이라는 이어령 전 장관의 말씀도 이를 뒷받침하고 있습니다. 툭하면 독도를 자기네 영토라고 큰소리를 치며 문제를 야기하고 있지만, 백제만큼은 교과서 왜곡도 없었고 단지 숭배하고 절하는 일본의 모습만 봐도 이미 충분한 방문객을 확보하고 있는 것이 아닌가 싶습니다. 북경 올림픽 때 세계적 자존심을 자랑하는 일본 야구를 두 번씩이나 짓밟은 사람은 다름 아닌 백제 사람 김경문 감독인 것을 알면 일본 사람들도 결코 싫어만 하지는 않을 것이라고 생각합니다.

이렇듯 백제문화제는 밖에서 더 관심이 많습니다. 출향 인사 50만 명의 고향이 공주이고, 일본인의 절반 이상이 백제 문화권에 속하는 인구입니다. 이들의 관심을 사로잡을 수 있는 것은 백제의 혼이 유일한 상품입니다. 백제의 틀 안에서 벌어지는 축제라 생각하고 안주하는 태도로 적당히 하는 자세로는 좋은 상품이 될 수 없습니다. 지역 사람들이 주인 의식 없이 보조금이나 공무원 조직의 힘에 편승하거나, 고향을 찾은 출향 인사들이 구경꾼으로만 전락한다면 또다시 백제문화제는 형식상의 축제로만 끝날 수 밖에 없을 것입니다.

세계 사람들이 몰려오면 막상 보여 줄 수 있는 게 별로 없다고 그러지만, 무령왕릉이나 박물관보다도 더 좋은 상품은 오늘날 우리가 살아가고 있는, 생활하고 있는 모습 그 자체입니다. 퍼레이드에 어떻게 참여하고 어떤 식으로 노느냐에 따라 백제 상품으로서의 충분한 가치를 가늠할 수 있습니다. 택시를 타 보고 식당을 가 봐도 백제 옷 입고 일하고 있는 우리들 한 사람 한 사람이 백제의 상품이고, 상가마다 백제의 등불을 밝히고 공주의 인심을 내어 놓는다면 축제를 즐기는 인파는 많아질 것이고, 공주에 오래도록 머무르게 되는 것, 이것이 돈이 되는 것 아닌가 싶습니다.

공주의 최대 축제이자, 다른 여느 도시가 아무리 노력해도 따라잡지 못할 세계적인 문화 상품, 백제 문화제! 그것은 시민들의 참여로 만들어진다는 것을 이 기회에 확실히 심어 놓는 것. 이게 백제의 혼입니다.

2009년 백제문화제 취소 이후의 한 가지 생각

2009년에 신종 인플루엔자로 인하여 다 준비해 놓은 백제문화제가 목전에서 갑자기 취소되고 말았습니다. 설마 신종 플루가 55년의 전통을 잇는 백제문화제까지 꼼짝 못하게 할 수 있을까 했었지요. 매일 평균 500여 명씩 감염되고 8명이나 사망했다는 뉴스를 들었을 때는 어쩔 수 없는 조치였지요. 1천억 원 이상을 쏟아붓고도 입장료 수입에만 의존하고 있는 인천 도시 축전도 방문객이 한산할 정도였으니까요.

유난스럽다 싶을 만큼 위생 상태가 철저한 일본인들도 우리처럼 신종 플루로 행사들을 취소하고, 무령왕릉에 매일 1백여 명씩 찾던 일본 관광객들도 뚝 끊어진 것을 볼 때, 잘한 조치라는 생각도 들었습니다. 하지만 아쉽습니다. 취소되던 해, 그 어느 해보다도 풍성한 백제 문화제가 되도록 준비해 왔기 때문이지요.

탈을 쓰고 나아가 한판 겨룰 16개 읍·면·동민들과 사이버 시민들 말입니다. 봄부터 아이디어를 짜 내고 전문가를 모셔다가 벼르면서 준비해 온 열정들이 멈춰선 것…, 그것은 허탈감이었고 자리에 누워 마음이라도 추슬러야 할 지경이었습니다. 전국 동호인들의 작품을 공모해 놓은 단체나 마지막 색칠 작업을 하던 광고업자, 프로그램 운영자 그리고 식당, 여관을 새로 단장해 놓은 분들의 상심이 누구보다도 크다는 것을 실감하고 있으니까요.

이런 아쉬움은 우리 지역 못지않게 밖에서도 크게 들려오고 있습니다. 무령왕릉을 찾은 경주 시청 공무원들로부터 백제문화제를 부러워하는 이야기를 들었지요. 단순히 인사치레로 건넬 수 있는 이야기라고 치부할 수도 있겠죠. 그렇지만 무령왕릉에 와 있는 자체만으로도 자극을 받은 것 아닐까요? 우리가 즐기려고 하는 축제를 넘어 이제 신라 사람들에게까지 백제 문화의 우수성을 심어 주는 기운이 계속 뻗어 나가고 있는 시점이지요.

일본 사람들의 관심은 더 크지요. 해마다 백제문화제만 기다리는 사람들이 수십 명씩이나 됩니다. 후쿠오카福岡에 사는 이가와 유카 씨는 직장을 다니는 남편까지 휴가를 내서 함께 오려고 한국어 공부까지 준비해 왔다며 무척 아쉬워하고 있으니까요. 그옛날 백제가 다시 살아나고 있는 듯한 분위기가 아닙니까.

솔직히 저의 주변에는 "그렇게 많은 돈을 써 가며 백제 문화제를 꼭 치러야 하느냐"며 시큰둥한 반응을 보이는 지역 사람들도 더러는 있습니다. 물론 그렇게 이야기할 수도 있겠지요. 그렇지만 나라마다 도시마다 경쟁적으로 축제를 하는 이유가 어디에 있을까요? 우리와 같은 전통을 지니면서 세계적으로 유명한 역사 축제는 영국의 에딘버러 축제가 있어 수천 억을 벌어들이고 있고, 이탈리아 시에나 팔리오 축제는 수백만 명의 관광객을 끌어들이고 있습니다. 이런 걸 보더라도, 다시금 소위 축제가 산업이라는 말을 강변하지 않더라도, 역사의 훌륭한 정신을 계승한다는 의미를 결코 가볍게 여겨서는 안된다는 생각이 듭니다.

　그동안 반세기를 넘긴 백제 문화제가 국내에서 오래된 축제의 하나로 그 명맥을 잘 유지해 온 것은 훌륭한 일입니다. 하지만 큰소리 칠만한 축제가 되지 못한 것도 사실입니다. 축제로서 외형만 생각했지 어떤 것을 얻을지 생각하지 않았고, 또 축제를 하지 않았을 때는 어떻게 될 거라는 의심도 하지 않는, 아무런 계산이 들어 있지 않은 현상 유지형 축제를 해 왔던 것입니다. 되돌아보면 먹고 살기 어려운 때라서 행정 관서나 시민들의 관심이 적었고, 축제 비용조차 너무 적게 지원해 준 탓이라는 생각도 듭니다. 그런데 일본 사람들은 참 다르다는 느낌입니다. '일본의 힘'이라는 어느 작가의 글에서도 잘 쓰여져 있지만, 일본 해군이 진해 앞바다에서 이순신 장군을 '일본 실패학'의 대상으로 연구하고, 진혼제를 올리고 출병하여 러일 전쟁을 승리로 이끌었다는 것은 이미 잘 알려진 사실이지요.

　그 뒤, 일본의 영웅이 된 도고 헤이하치로 제독은 "영국의 넬슨 제독보다 훌륭한 인물이 이순신 장군이고, 그는 나의 스승"이라는 내용의 말을 했습니다. 일본 해군 영웅이 한국의 영웅, 그것도 일본 해군을 때려잡은 한국 해군의 영웅을 경외했다는 것은 일본인들에게는 자존심이 상할 일이지요. 그렇지만 당시 일본 해군이 이순신을 배웠고 그런 바탕 위에서 러일 전쟁을 승리로 이끌었고, 또한 그런 전과를 바탕으로 한국을 병탄한 제국 시대를 열었다는 점은 명백한 진실입니다.

　지금도 진해 앞바다를 찾는 일본인들이 많다고 합니다. 일본 해군 사령부의 이순신 장군 진혼제는 연중행사라고 합니다. 무령왕릉에도 일본인들이 그치지 않고 찾아옵니다. 연중 관람객의 5%나 되는 3만여 명이 일본인이라고 하니 상당히 많은 숫자가 아닐 수 없습니다. 백제 문화가 고스란히 살아 있는 큐슈九州 지방 사람들이 많습니다. 나라현奈良縣에서는 세 곳의 고등학교가 수학여행을 35년째 무령왕릉으로 오고 있고, 우리가 외면하고 있는 박정자의 이삼평 비를 참배하고 정안 김옥균의 생가지를 찾는 사람들도 일본 수학여행단들입니다. 우리는 무령왕이나 이순신 장군의 진정한 위대함을 얼마나 알고 있을까요? 아직도 학생들을 동원하여 사람 숫자를 메우고 있는 제례의 모습을 보면서 백제의 역대 왕들은 무어라고 할까요?

　공주나 부여를 찾는 일본인들이 그치지 않는 것도 단지 구경 거리 때문만은 아닐 거라고 생각합니다. 일본의 경험에서 보듯 많은 지혜를 얻으려고 하지 않을까요? 백제 문화제가 겉치레 행사로 그치는 것이 아닌, 백제에 관한 한 일본인들보다 더 겸손하고 적극적으로, 현재를 살고 있는 우리들에게 주는 정신이 무엇인지 곰곰이 따져 봐야 할 때인 것 같습니다. 이것이 백제 문화제가 취소된 뒤에 든 생각 한 가지였습니다.

백제문화제 세계화의 길

백제문화제는 우선 백제 사람들이 즐기는 축제장이 되어야 합니다. 그동안 우리 백제 문화제가 반세기 동안 고증에 입각한 제례 중심의 축제장을 만들었다면, 이제는 백제 사람들이 몰려와 즐기는 축제장을 만들어 내는 것입니다. 이게 세계 속의 축제의 방향이기도 합니다.

다행히도 근년의 백제문화제에서 그 가능성을 보여 주었습니다. 강남과 강북 사람들이 이틀간씩 나누어 야간에 펼쳐 낸 웅진성 퍼레이드가 그것입니다. 시민들이 직접 프로그램을 개발하고 백제 탈을 만들어 쓰고 나왔는데 그 자체만으로도 큰 의미가 있다고 봅니다. 백제인의 자긍심을 불어넣어 주는 것도 중요합니다. '백제'라는 브랜드는 지구상에 우리에게만 있는 것입니다. 다른 도시가 결코 흉내 낼 수 없는 자산입니다.

그러나 백제가 말로만 그친다면 의미가 없습니다. 지역민들에게 '돈'이 되고 '소중한 문화'라는 것을 인식시키는 것이 큰 과제가 아닐 수 없지요. 이러한 인식 변화는 많은 시간과 노력이 필요할 겁니다. 백제의 우수한 역사를 지속적으로 발굴함과 동시에 방송, 영화, 소설 등 다양한 문화 콘텐츠를 통해 문화 상품을 제작하도록 하는 것입니다.

우리 문화제가 다른 분야보다도 상품화하기에 유리한 여건은 일본이라는 나라가 있다는 점입니다. 한 민족끼리도 한 시대의 문화를 이해하는 것이 어려운 일인데, 더욱이 다른 나라의 사람들에게 관심과 흥미를 유발시킨다는 것은 정말 힘든 과제가 아닐 수 없습니다. 이런 가운데 '백제' 브랜드가 가까운 나라 일본 사람에게는 금방 먹힌다는 것은 큰 장점입니다. '백제'라는 국제적인 소비 시장이 일본인 셈이지요. 우리의 훌륭한 역사를 잘 포장하고 그것을 제대로 파는 것, 그것이야말로 세계 속의 축제 상품일 것입니다.

백제문화제 60년, 많이 발전했습니다. 시민이나 상인들이 축제에 적극 참여하고 있습니다. 해를 거듭할수록 진화하는 백제문화제가 공주와 부여의 경제와 도시경쟁력으로 작용하기 시작했습니다. 하지만 이 시점에서 세계 속의 축제상품이 되기 위해서는 시민들의 힘만으로는 한계가 있습니다. 잦은 인사이동의 공무원들도 한계가 있기는 마찬가지입니다. 세계 유명 축제처럼 축제를 디자인할 축제 전문가가 필요한 시점입니다. 백제문화제 추진위원회의 전문성 있는 역할을 기대합니다. ✳

:: 백제문화제 관련 참고문헌 ::

단행본

윤준웅, 2009, 백제문화제 반세기 발자취, 부여문화원.
(재)백제문화제추진위원회, 2008, 백제문화제 관련 용어 표준화 연구.

백서

최석원, 2008, 『제53회 백제문화제 결과보고서』700년 대백제의 화려한 부활 그 빛나는 발자취, (재)백제문화제
　　　추진위원회.
최석원, 2008, 『제54 백제문화제 결과보고서』세계명품축제로의 희망을 쏜 그 아름다운 기록, (재)백제문화제추
　　　진위원회.
최석원, 2011, 『2010세계대백제전 백서』1400년전 대백제의 찬란한 문화가 부활하기까지, 2010세계대백제전
　　　조직위원회.
최석원, 2012, 『제57회 백제문화제 백서』'갱위강국의 꿈' 백제 다시 서다, (재)백제문화제추진위원회.
최석원, 2012, 『제58회 백제문화제 백서』백제의 춤과 음악, 미마지의 부활, (재)백제문화제추진위원회.
최석원, 2013, 『제59회 백제문화제 백서』다시 피어나는 향, 백제금동대향로 비밀의 문을 열다, (재)백제문화제
　　　추진위원회.

화보집

중도일보사, 2007, 『제53회 백제문화제 화보집』백제문화제.
신수용, 2008, 『제54회 백제문화제 화보집』700년 대백제의 꿈.
2010세계대백제전조직위원회, 2010, 『2010세계대백제전 화보집』1400년전 대백제의 부활.
백제문화제추진위원회, 2011, 『제57회 백제문화제 화보집』제57회 백제문화제.

평가보고서

공주대산학협력단, 공주대 백제문화연구원, 2007, 『제53회 백제문화제 평가보고서』700년 대백제의 꿈.
공주대산학협력단, 공주대 백제문화연구원, 2008, 『제54회 백제문화제 평가보고서』700년 대백제의 꿈 '교류왕

국 대백제'.

정강환, 2010, 2010세계대백제전 평가 및 개최 효과 분석, 2010세계대백제전 조직위원회.

유기준, 2011, 제57회 백제문화제 평가보고, 백제문화제추진위원회.

정강환, 2012, 제58회 백제문화제 축제평가 및 방문객 분석, 백제문화제추진위원회.

유기준, 2013, 제59회 백제문화제 평가보고서, 백제문화제추진위원회.

국제학술회의

백제문화제추진위원회, 2008, 백제문화의 세계화를 위한 국제학술회의 대백제국의 국제 교류사, 충청남도역사
　　　문화연구원, 한국전통문화학교 등.

백제문화제추진위원회, 2009, 해외축제전문가 초청 백제문화제 세계축제 도약을 위한 국제세미나, 세계축제협
　　　회 한국지부, 배재대학교 산학협력단.

2010세계대백제전조직위원회, 2010, 『2010세계대백제전 국제학술회의』교류왕국, 대백제의 발자취를 찾아서,
　　　충청남도역사문화연구원.

백제문화제추진위원회, 2011, 『제57회 백제문화제 국제학술회의』동아시아 불교와 백제, 충청남도역사문화연구원.

백제문화제추진위원회, 2012, 『제58회 백제문화제 국제학술회의』백제 伎樂과 味摩之, 충청남도역사문화연구원.

백제문화제추진위원회, 2013, 『제59회 백제문화제 국제학술회의』백제금동대향로, 고대문화의 향을 피우다, 충
　　　청남도역사문화연구원.

포럼

충청남도, 2010, 2010세계대백제전의 성공적 개최방안을 위한 충남미래포럼, 충남미래포럼, 충남역사문화연구원.

연구용역

충청남도, 백제문화제추진위원회, 2007, 백제문화제 기본계획 연구용역, 에프엠커뮤니케이션즈.

메티기획컨설팅, 2008, 2010세계대백제전 기본종합계획.

충청남도, 2010, 2010세계대백제전 종합실행계획, 충남발전연구원.

2010세계대백제전조직위원회, 2010, 2010세계대백제전 회장 조성 실시계획 보고서, 충남발전연구원.

충청남도, 2012, 삼국문화교류전 개최를 위한 타당성 조사, 충청남도역사문화연구원.

언론사관련

충청투데이, 2011, 백제여 영원하라『2010세계대백제전 성과와 과제』.

대전일보사, 2011, 30일간의 또다른 역사.

중도일보, 2011, 제국의 찬란한 꿈을 찾아서.
연합뉴스, 2011, 2010세계대백제전 1400년전 대백제의 부활.
디트뉴스24, 2011, 세계대백제전을 성공으로 이끈 사람들.
오마이뉴스, 2011, 잃어버린 백제사, 대백제전으로 되살아나다.
대전CBS, 2011, 2010세계대백제전의 성공적 개최와 향후 발전방향.

학위논문

김지은, 2006, 백제문화제의 역사문화적 특성 강화 방안 연구, 공주대학교 석사학위논문
안태경, 2013, 지역축제 공연콘텐츠 개발을 위한 실경實景공연의 활용과 사례 연구 : 2010세계대백제전 실경공
　　　연 사마이야기를 중심으로, 단국대학교 석사학위논문
이상률, 2004, 지역축제의 활성화 방안에 관한 연구 : 공주 백제문화제를 중심으로, 공주대학교 석사학위논문
이상봉, 2014, 지역축제 환경단서가 지역이미지에 미치는 영향 : 백제문화제를 중심으로, 우송대학교 석사학위
　　　논문
이주영, 2005, 백제문화제 실태 및 활성화 방안에 관한 연구 , 한남대학교 석사학위논문
이태경, 2011, 장소마케팅 전략을 통한 지역이벤트 활성화방안에 관한 연구, 단국대학교 석사학위논문
이태묵, 2011, 수변형축제 타당성을 위한 내륙형축제와의 비교연구 : 공주지역 축제를 중심으로, 배재대학교 석
　　　사학위논문
최기협, 2011, 백제문화단지 활성화를 위한 방안 연구, 한남대학교 석사학위논문
최혜영, 2013, 역사문화형 축제의 주제반영성 비교연구 : 2012년 공주부여 백제문화제와 한성백제문화제를 중
　　　심으로, 배재대학교 석사학위논문
한미진, 2000, 문화관광자원의 활성화 방안에 관한 연구 : 백제문화제를 중심으로, 한남대학교 석사학위논문

학술논문

고호석, 2006, 관광객행동특성 분석을 통한 백제문화제 발전 및 개선방안, 마케팅과학연구Vol.16 No3, 한국마
　　　케팅과학회
구중회, 1999, 백제문화제百濟文化祭의 현장 연구 , 백제문화 Vol.28, 공주대학교 백제문화연구소
김수경 외, 2009, 백제문화제 참가동기와 사후만족 및 행동의도 연구 : 정주의식 변수 역할을 중심으로, 대한경
　　　영학회 학술연구발표대회
김종택, 1999, 문화관광자원으로서 백제문화제에 대한 실증적 고찰 : 백제문화제의 참여동기와 만족도를 중심으
　　　로 , 관광정책학연구, Vol.5 No1 , 한국관광정책학회
김종택 외, 2004, 지역이벤트 상품개발을 위한 관광자 행동에 관한 연구 : 백제문화제 참여동기요인을 중심으로,
　　　관광경영연구Vol.21, 관광경영학회
김종택, 2009, 지역축제의 성과와 만족도의 영향요인의 연구-백제문화제를 중심으로 동북아관광연구, Vol.5

No1, 동북아관광학회

김시중, 2012, 관광객의 축제 참여동기가 만족도 및 행동의도에 미치는 영향 -백제문화제를 대상으로-, 한국지역지리학회지, Vol.18 No4, 한국지역지리학회

김시중, 2012, 축제 사후이미지가 관광객 만족 및 충성도에 미치는 영향 ,한국경제지리학회지 Vol.15 No1, 한국경제지리학회

마유리, 2011, 한국과 일본 축제의 백제복식 재현에 관한 연구 : 백제문화제와 사천왕사왔소축제의 행렬복식을 중심으로 , 대한가정학회지 Vol.49 No5, 대한가정학회

선종갑, 2005, 백제문화제 관광객 참가동기요인과 행동요인에 관한 연구, 관광정책학연구, Vol.11 No3, 한국관광정책학회

선종갑, 2008, 백제문화제 참가자의 관광활동 선호도에 따른 시장세분화, 호텔관광연구 Vol.30, 한국호텔관광학회

유기준, 2002, 백제문화제의 방문동기에 관한 연구, 문화관광연구 Vol.4 No4, 문화관광연구학회

유기준, 2003, 백제문화제 반세기의 현황과 평가에 관한 연구 : 공주의 백제문화제를 중심으로, 백제문화 Vol.32, 공주대학교 백제문화연구소

유기준, 2004, 백제문화콘텐츠와 지역문화축제의 연계활용 방안 고찰, 백제문화 Vol.33, 공주대학교 백제문화연구소

유기준 외, 2012, 백제문화제 프로그램에 대한 이해관계자 집단별 중요도-성취도 분석, 관광연구논총Vol.24 No1, 한양대학교 관광연구소

유기준 외, 2012, 축제방문객의 집단별 만족도 비교 연구-제57회 백제문화제를 중심으로, 한국지역지리학회지, Vol.18 No2, 한국지역지리학회

윤용혁, 1996, 백제문화제의 현황과 개선방안, 백제문화 Vol.25, 공주대학교 백제문화연구소

이유화 외, 2009, 백제문화제의 세계화 방안모색을 위한 새로운 백제문화제 만들기, 한국관광학회학술대회발표논문집

이재호 외, 2013, 백제문화제 활성화을 위한 문화상품에 관한연구 : 백제문화상품 전국 공모전 분석을 통하여, 디지털정책연구, Vol.11, 한국디지털정책학회

이해준, 2006, 백제문화제 역사고증의 과제, 역사와 역사교육 Vol.11, 웅진사학회

임경환 외, 2005, 지역문화축제 관광객행동특성 비교분석을 통한신라문화제 발전 및 개선방안 - "신라문화제"와 "백제문화제"의 사례를 중심으로, 경주연구Vol.13